中国银行业
法律合规前沿问题研究
（第四辑）
（2018）

中国银行业协会 编

中国出版集团　全国百佳图书
中国民主法制出版社　出版单位

图书在版编目（CIP）数据

中国银行业法律合规前沿问题研究. 第四辑，2018 /中国银行业协会编. --
北京：中国民主法制出版社，2018.11
ISBN 978-7-5162-1934-8

Ⅰ．①中… Ⅱ．①中… Ⅲ．①银行法－研究－中国 Ⅳ．①D922.281.4

中国版本图书馆CIP数据核字（2018）第283856号

责任编辑 / 修文龙
装帧设计 / 郑文娟

书　　名 / 中国银行业法律合规前沿问题研究（第四辑）（2018）
作　　者 / 中国银行业协会　编

出版·发行 / 中国民主法制出版社
社　　址 / 北京市丰台区右安门外玉林里7号（100069）
电　　话 / 010-62155988
传　　真 / 010-62168123
经　　销 / 新华书店
开　　本 / 16开　710mm×1000mm
印　　张 / 21.25
字　　数 / 323千字
版　　本 / 2019年12月第1版　　2019年12月第1次印刷
印　　刷 / 涿州市京南印刷厂

书　　号 / ISBN 978-7-5162-1934-8
定　　价 / 75.00元
出版声明 / 版权所有，侵权必究。

编　委　会

目　录

第一篇

担 保

商业银行跨境保函业务法律风险与防范研究

工商银行总行法律事务部课题组

摘　要

　　近年来，随着全球一体化的纵深发展以及中国经济与全球经济的深度融合，在"一带一路"建设、中国企业"走出去"的征程中，跨境保函在贸易、投资、国际合作领域中的增信助力作用凸显，银行跨境保函业务正以此为契机，打造全行经济新常态下新的利润增长点。本课题报告通过对银行跨境保函主要业务类型、风险事件及其诱因进行全面梳理，以相关风险事件为切入点，同时结合典型司法案例及最高人民法院关于审理独立保函纠纷案件的最新司法解释，深入分析跨境保函涉及的法律适用规则、索赔环节的审查标准、欺诈止付原则、跨境司法冲突等法律问题，系统总结银行跨境保函业务各环节涉及的主要法律风险，并为加强跨境保函法律风险防范提出针对性的意见和建议。

　　本课题报告分为四章，主要内容如下：第一章明确本课题项下跨境保函的界定，梳理总结跨境保函担保责任独立性、偿付条件单据化、相符索赔标准化、单据审核表面化等基本特征，对直接和间接开立的跨境保函所涉法律关系进行简明解析，并对银行跨境保函业务发展趋势以业务规模、种类分布、业务集中度等为维度进行清晰的图示展现。第二章在简要介绍银行近年跨境保函总体风险事件发生情况基础上，以欺诈止付权利滥用风险、核心条款瑕疵风险、国别法律风险为切入点，对跨境保函业务法律风险分布情况进行重点梳理与深入分析。第三章围绕近年银行典型保函案例及最高人民法院再审案件或指导案例中有关司法裁判观点，以审单和拒付须遵循国际惯例、明确保函适用规则、完善保函文本、深入理解欺诈例外止付纠纷裁判思路为维度，对跨境保函开立、审单、拒付、止付等操作环节的法律风险进行剖析和总结。第四章结合银行跨境保函业务实际及经典案例，从深入领会新司法解释精神、做好保函文本的条款设计、谨慎审单并规范拒付、妥善处理跨境保函争议等四方面，提出防范跨境保函相关法律风险的可行性意见和建议。

跨境保函业务作为银行担保业务中主要的业务品种，是中间业务收入的重要来源之一。随着中国企业"走出去"步伐的加快，越来越多的重要客户在国际工程承包、船舶建造、设备租赁等领域向银行申请开立跨境保函。该业务已成为银行维护与客户关系的重要切入点，未来还将面临更多发展机遇。

由于独立性、单据性、不可撤销性等基本特征，跨境保函具有不同于其他业务的风险特点。特别是该业务中银行担保金额较高而担保费较低，一旦发生受益人索赔等风险事件，开立保函的银行可能面临高达数百倍于担保费的赔付风险。近年来，随着国际经济环境的诸多变化，银行因跨境保函引发的争议与纠纷的数量及涉案担保金额均呈明显增长趋势。保函案件具有涉及法律关系复杂、境内外法律冲突、单笔风险敞口较大等特点，必须予以高度重视并审慎应对。由于国内保函申请人和部分境内机构对跨境保函的法律关系及银行担保责任存在认知偏差，加之国内关于跨境保函的立法在很长一段时间内存在空白等客观因素，在出现受益人索偿纠纷时，保函开立银行往往面临境外受益人依据国际惯例提出的权利主张与境内申请人依据国内法采取的欺诈止付抗辩相互冲突的两难境地。如果处理不当，势必给银行带来较大经济损失；特别是境外败诉后，不仅相关海外资产面临被当地司法机关强制执行的风险，海外分支机构的正常经营也会受到较多负面影响。更为严重的是，在某些跨境保函纠纷中，境外受益人还通过向境外监管部门及外交部门投诉、在银行同业之间散布负面言论等方式对银行造成不利声誉影响。在此背景下，系统研究银行跨境保函业务可能面临的各种法律风险，并采取有针对性的风险防范措施，对银行跨境保函业务的可持续健康发展具有重要的现实意义。

第一节　跨境保函及业务发展概况

一、跨境保函的界定和基本特征

（一）跨境保函的界定

银行保函作为银行担保业务的主要业务品种，是银行应基础交易合同一方当事人（申请人）申请，以其自身信用向基础交易合同另一方当事人（受益人）作出的，担保基础合同项下某种责任和义务履行的付款保证书面承诺。根据保函申请人、担保行和受益人注册地或住所地、相关事实发生地以及担保物所在地是否位于不同国家（或地区），保函可进一步划分为国内保函和跨境保函。[1]

虽然银行保函系依据特定的基础交易合同而产生，但对于银行保函与基础交易合同的关系即所谓的保函属性，各国法律和实践认识并不一致，保函也

---

[1] 严格地讲，"跨境保函"与"涉外保函"、"跨境担保"与"涉外担保"，是两组相互联系的概念，前者是后者的载体和表现形式。"跨境担保"是在金融行政监管关系中使用的概念。根据国家外汇管理局《跨境担保外汇管理规定》（汇发〔2014〕29号）第2条、第3条规定，"跨境担保"是指担保人向债权人书面作出的、具有法律约束力、承诺按照担保合同约定履行相关付款义务、可能产生资金的跨境收付或资产所有权的跨境转移等国际收支交易的担保行为，按照当事人的注册地，跨境担保分为"内保外贷"、"外保内贷"、其他形式跨境担保。"内保外贷"是指担保人的注册地位于境内，受益人和被担保人的注册地均位于境外。"外保内贷"是指担保人的注册地位于境外，受益人和被担保人的注册地均位于境内。"其他形式跨境担保"是指担保人的注册地位于境内或境外，受益人和被担保人的注册地分别位于境内和境外。另据《跨境担保外汇管理操作指引》第4部分第1条规定，其他形式跨境担保还包括担保人、受益人、被担保人的注册地均位于境内，担保物权标的财产位于境外的情形，以及担保人、受益人、被担保人的注册地均位于境外，担保物权的标的财产位于境内的情形。"涉外担保"是在民商事关系中使用的概念。根据《最高人民法院关于适用〈中华人民共和国涉外民事法律关系适用法〉若干问题的解释（一）》第1条和《最高人民法院关于适用〈中华人民共和国民事诉讼法〉的解释》第522条对于涉外民商事关系的认定，符合以下四个条件之一的，可以认定为涉外担保，一是担保人、受益人或被担保人的注册地位于境外，二是担保人、受益人或被担保人的营业地位于境外，三是担保合同或担保申请合同的订立、履行等事实发生于境外，四是担保物权标的财产位于境外。对比上述两个概念，"跨境担保"的认定因素包括三方当事人的注册地、担保物权标的财产所在地；"涉外担保"的认定因素包括三方当事人的注册地、三方当事人的营业地、相关事实的发生地、担保物权标的财产所在地等。由此可见，"涉外担保"所涵盖的范围大于"跨境担保"。相应地，"涉外保函"与"跨境保函"的认定因素亦有所区别，范围应亦有所不同。但在此需特别说明的是，为本课题研究目的，并方便起见，如无特别交代，课题报告中"跨境保函""涉外保函""保函""独立保函"的表述不作区分，含义相同。

因此被分为两类：从属性保函与独立性保函。从属性保函作为传统的担保方式，其法律效力依附于基础商务合同；银行作为担保人履行保函约定的偿付责任取决于基础合同项下当事人违约的认定，担保行承担第二性的、间接的付款责任。独立保函[2]是从20世纪中叶起，英美金融机构基于从属性保函发展出的一类能够满足国际经贸交往中快速索偿需求的新型保函产品。这种保函的法律效力独立于其所依据的基础交易合同，银行作为担保人只要在保函有效期内收到受益人提交的合格索偿文件，就将无条件地向受益人支付担保款项。根据付款机制选择上的不同，独立性保函又可分为见索即付保函、凭第三方单据付款保函和凭裁决书付款保函。其中，根据国际商会《见索即付保函统一规则》（以下简称"URDG758"），见索即付保函是指任何已签署的承诺，无论其名称或者描述如何，该承诺保证根据相符索赔要求的交单提供付款。[3]因其索赔的便捷性，有助于保函受益人快速实现担保权益，在合同标的金额巨大、交易结构复杂、涉及合同当事方众多的国际工程承包、船舶建造、设备租赁等业务领域，见索即付保函已成为适用范围最广的银行担保方式。

结合银行跨境保函业务的开展情况，除非特别说明，本课题报告项下的跨境保函特指境内银行应客户申请，向受益人开立的，不可撤销地承诺在符合保函约定条件时即承担担保责任的涉外保函。

（二）跨境保函的基本特征

1. 担保责任独立化

我们认为，跨境保函担保责任的独立化是该类保函的基本法律属性，是识别、防控相关法律风险，以及妥善应对保函风险事件的认知前提和法律基础。根据URDG758第5条的阐释，跨境保函独立于基础交易关系和申请开立保函的合同关系，担保人在保函项下的付款义务，不受除担保人与受益人关系之外的其他任何关系项下产生的请求或抗辩的影响。[4]跨境保函的这种独立化属性是对传统担保中有关担保责任成立、担保责任范围、担保责任履行、担保责任

2　《最高人民法院关于审理独立保函纠纷案件若干问题的规定》将"独立保函"定义为：银行或非银行金融机构作为开立人，以书面形式向受益人出具的，同意在受益人请求付款并提交符合保函要求的单据时，向其支付特定款项或在保函最高金额内付款的承诺。

3　中国国际商会：《国际商会见索即付保函统一规则（URDG758）》［M］.北京：中国民主法制出版社，2010年4月第1版，第9页。

4　中国国际商会：《国际商会见索即付保函统一规则（URDG758）》［M］.北京：中国民主法制出版社，2010年4月第1版，第17页。

解除等维度从属性的突破，主要表现在：

（1）担保责任的成立具有独立性。跨境保函担保责任的产生与基础合同相互独立，保函一经开出，担保责任即已产生，且其有效性并不取决于基础交易的有效性。

（2）担保责任的范围具有独立性。跨境保函可以约定独立的责任数额，担保责任的范围可不以基础合同项下主债务的范围为限，除非特别约定，亦不必随着主债务范围的变更而相应变更。[5]

（3）担保责任的履行具有独立性。跨境保函中担保人的付款义务取决于保函规定的条件，而非保函所提及的基础交易。在受益人提交符合保函要求的单据后，担保人必须履行担保责任，而不能援引基础合同的原因拒绝履行。担保人所实际履行的担保责任大小并不必然等同于基础合同当事人的实际损失，而是取决于保函所规定的责任范围或担保金额。

（4）担保责任的解除具有独立性。跨境保函中担保责任的解除源于保函独立的解除事由（比如保函有效期届满或约定的特定事件发生），而不会因基础合同中的原因予以解除。基础合同中债务人转让债务或者当事人修改基础合同，亦不会导致保函担保责任的免除或变更。需要特别指出的是，跨境保函的有效期是担保人在出具担保时即已指定的期间，与基础合同的履行期间无必然关联，也不适用我国担保法中有关"保证期间"的规定。

（5）担保责任抗辩事由上的独立性。除欺诈外，跨境保函中的担保人不享有基础合同项下债务人在该基础债权债务关系项下的抗辩，不得以基础债权债务关系下的抗辩理由对抗受益人。

2. 偿付条件单据化

客观上，跨境保函的独立性是以规范、标准的单据化交易方式来支持和实现的。保函受益人在索偿时无需证明基础交易项下债务人违约的事实，只需提交符合保函约定的单据，一旦满足相符交单的要求，就有权获得偿付。对此，URDG758第6条明确规定了跨境保函开立行处理的仅仅是单据，而不是与单据相关的货物、服务或履约行为。[6] 这里的单据是指保函受益人向保函开立行提

5　在从属性担保中，根据《最高人民法院关于适用〈中华人民共和国担保法〉若干问题的解释》第三十条规定，保证期间，债权人与债务人变更主合同，减轻债务人债务的，保证人应当对变更后的合同承担保证责任。

6　中国国际商会：《国际商会见索即付保函统一规则（URDG758）》［M］.北京：中国民主法制出版社，2010年4月第1版，第17页。

交的一切证明保函付款条件成就的文件，包括索赔书和支持声明。URDG758第7条特别指出，除日期条件外，保函中不应只约定某一项条件，但却未同时约定表明满足该条件要求的单据。对于上述非单据化的条件，担保行可以不予理会。[7]保函的单据化特征直接表现为担保金额、付款期限、付款条件和付款责任均取决于保函自身条款及索赔书和保函所规定其他单据的提交。至于基础合同债务人的违约事实或受益人由此遭受的实际损失，对于保函开立行而言可在所不问。

3. 相符索赔标准化

显而易见，相符索赔的标准化是偿付条件单据化的内在和必然要求。只有在与保函条款相符的情况下，受益人才有权得到担保行的偿付。URDG758第2条明确指出，"相符索赔"是指满足"相符交单"要求的索赔，判断相符的顺序为：第一，交单要与保函条款相符，比如索赔单据（包括该索赔书自身、任何支持声明以及保函所要求的其他单据等）必须符合保函规定；第二，要与URDG758所要求遵循的相关适用规则相符，只要该等规则未被保函修改或排除；第三，在保函及URDG758均未作出规定的情况下，必须符合见索即付保函国际标准实务。[8]

4. 单据审核表面化

与跟单信用证类似，担保行只对受益人提交的索偿单据是否符合跨境保函条款约定做表面、形式的审查，即通过审查单据来判断保函付款条件是否成就，而无需核实基础交易的实际情况，也不受基础合同履行或其他因素的干扰。例如，URDG758第19条规定，担保人应仅基于交单本身来确定其是否符合表面上的相符交单。保函所要求单据的内容应结合该单据本身、保函和URDG758进行审核。单据的内容无需与该单据的其他内容、其他要求的单据或保函中的内容等同一致，但不得矛盾。[9]

（三）跨境保函的主要法律关系

1. 直接跨境保函

在这类保函中，银行接受保函申请人的申请向受益人直接开立保函。其

---

7 中国国际商会：《国际商会见索即付保函统一规则（URDG758）》[M].北京：中国民主法制出版社，2010年4月第1版，第19页。

8 中国国际商会：《国际商会见索即付保函统一规则（URDG758）》[M].北京：中国民主法制出版社，2010年4月第1版，第7页。

9 中国国际商会：《国际商会见索即付保函统一规则（URDG758）》[M].北京：中国民主法制出版社，2010年4月第1版，第43页。

中主要涉及三方当事人，即保函申请人（基础合同项下的主债务人）和受益人（基础合同项下的债权人）及担保行，对应的法律关系包括（见图1）：保函申请人与受益人基础交易项下的合同关系；保函申请人与担保银行因保函申请而形成的合同关系；保函受益人接受担保银行担保形成的独立担保关系。如果商业银行采取电开形式，利用通知行将跨境保函通知给受益人，则在该保函流程中加入了通知行一方当事人，其功能仅限于通知和传递保函文件，不对受益人承担任何其他义务，且在履行通知职责时，通知行承担的是一般注意义务，若出现因签发通知延迟或保函在传送过程中出现过错导致申请人受到损失，应当由担保人对申请人承担过失责任。[10]

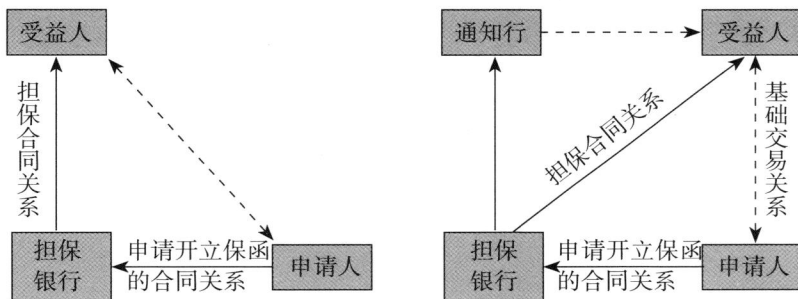

图1　直接跨境保函法律关系

2. 间接跨境保函

在这类跨境保函业务中，由于保函受益人所在国金融管制等原因，或出于对保函开立人缺乏了解和信任以及便利性需要的考虑，境外保函受益人可能会要求保函由其本国银行开立，在这种境外银行"搭桥"转开的情况下，跨境保函的开立流程为：境内银行接受保函申请人申请，向境外银行提供反担保函，该境外银行（转开行）如接受反担保函，则向境外或者其本国受益人开立保函，在保函申请人出现基础合同项下违约的情形下，受益人依据保函约定的条件向境外银行索偿，境外银行承担担保责任后依据反担保函向境内银行追偿。

间接跨境保函主要包含四方当事人：保函申请人（基础合同项下的主债务人）、保函受益人（基础合同项下的债权人）、保函开立银行（境外银行）和反担保函开立银行（境内银行）。对应的法律关系包括（见图2）：保函申请人

10　周辉斌：《银行保函与备用信用证法律实务》[M].北京：中信出版社，2003年6月第1版，第251页。

与受益人在基础合同项下的基础交易合同关系；保函申请人与境内银行因反担保函的申请而形成的合同关系；境内银行与境外银行因反担保函的开立而产生的独立担保合同关系；境外银行与保函受益人之间因保函开立而形成的独立担保合同关系。在这种运作模式下，因保函申请人、反担保函开立银行、保函开立银行与保函受益人分别位于不同国家，受到不同的法律关系和监管规制，可能面临法律适用和法律冲突等问题。

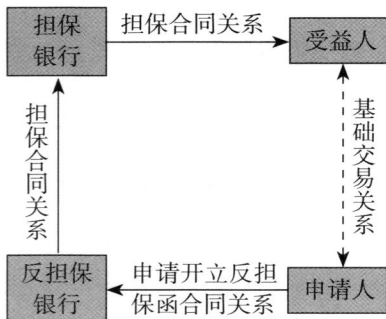

图2　间接跨境保函法律关系

（四）跨境保函的基本类型

根据所担保基础交易的类型不同，银行对外开立的跨境保函可分为融资性保函和非融资性保函两种。融资性保函指担保的基础交易为融资性交易的保函，主要包括借款、发行有价证券、透支、融资租赁等融资性交易。融资性保函的基础法律关系相对简单，被担保人在基础交易下是否存在违约也较为清晰，出现复杂争议的情形相对较少，风险主要来源于被担保人信用风险，法律风险的复杂程度相对较低。非融资性保函担保的基础交易为货物贸易及服务贸易（如工程承包）等非融资性交易，因该类基础交易关系的复杂性，发生争议的可能性相对较高，成为跨境保函法律风险的主要来源。实践中，常见的非融资性保函类型包括：

（1）投标保函，用于担保投标人在投标过程中不撤标，以及中标后根据标书条件签约。投标保函可以看作是对投标保证金的替代性安排。此类保函主要在涉外工程项目中使用，因其法律关系相对简单，实践中较少发生争议。

（2）预付款保函（又称退款保函），用于担保申请人在未能按照合同条款交付货物、设备、工程或服务时，偿还受益人已向申请人支付的预付款（加利息）。此类保函在工程、造船项目中较为常见。其中，造船预付款保函因受航运经济周期和市场价格波动影响，且具有单笔保函金额大、基础合同风险隐蔽等特点，近年来成为银行跨境保函风险的主要来源之一。

（3）履约保函，用于替代履约保证金，主要担保申请人未能按约交付货物、设备、工程或服务的延误罚金或损害赔偿，金额往往是合同价款的5%—10%。

（4）质量维修保函，用于替代受益人要求申请人缴纳的保证金，担保申请人交付的货物、设备、工程或服务在质保期内符合合同约定，金额往往是合同价款的5%。

二、跨境保函的主要调整规范

（一）国际惯例与条约

为顺应晚近国际私法中统一实体法规范潮流，国际商会、联合国国际贸易委员会等国际组织，先后制定了意在规范各国独立担保相关问题的三个国际惯例和一个国际公约[11]，构建了国际规则规制跨境保函的基本框架和体系：

1. 1978年《合同担保统一规则》（Uniform Rules for Contract Guarantees，以下简称"URCG"）

URCG由国际商会第325号出版物于1978年6月公布，是该机构制定的第一份关于担保事项的统一规则。该规则因以下原因未被国际商事交易当事人广泛认同，适用范围比较有限：一是没有明确界定及区分独立性担保和从属性担保；二是该规则规定的担保方式仍为从属性担保，在最大限度防控受益人恶性欺诈的同时，在本质上否定了对银行独立担保的承认；三是该规则要求银行承担实质性审单义务。

2. 1992年《国际商会见索即付保函统一规则》（The Uniform Rules for Demand Guarantees ICC Publication No.458.1992 Edition，以下简称"URDG458"）

URDG458由国际商会和联合国贸易法委员会合作起草，并由国际商会第458号出版物于1992年4月公布，该规则主要特点如下：一是确立了见索即付保函独立性原则；二是最大限度平衡了跨境保函各方当事人的利益；三是适用范围较广泛，国内贸易和国际贸易均可选择适用；四是规则相对简单，可操作性不强，未对保函的通知、生效、修改等关键操作环节做具体规定。

11　郭德香：《国际银行独立担保法律问题研究》[M].北京：法律出版社，2013年9月第1版，第82—113页。

3. 2010年《国际商会见索即付保函统一规则》（The Uniform Rules for Demand Guarantees ICC Publication NO.758.2010 Edition, 以下简称"URDG758"

URDG758由国际商会第758号出版物于2009年12月公布，该规则是对URDG458的"升级换代"[12]，其主要特点如下：一是突出规定了国际保函的独立性；二是国际保函的单据性特征得以明确；三是强调了相符索赔和交单原则；四是明确了国际独立保函的不可撤销性；五是内容规定更加全面，用语更加准确；六是编排更加科学合理，相关规定按照保函的实务操作流程依次排列，但其对保函欺诈的认定和法律后果等问题仍未作出明确规定。

4.1995年《联合国独立担保和备用信用证公约》（United Nations Convention on Independent Guarantees and Stand by Letters of Credit，以下简称《公约》）

《公约》由联合国大会于1995年12月决议通过，2000年1月1日起生效。作为独立担保立法顺应国际私法统一化潮流的重要标志之一，《公约》具有以下特点：一是明确只适用于银行独立保函和备用信用证；二是确定保函独立的法律性质；三是确定保函当事人的权利义务依据；四是为独立担保中"欺诈例外"原则的"欺诈"提供了判断标准。

（二）国内法

虽然中国人民银行、国家外汇管理局有关监管规定曾从对外担保及其业务项下外汇收支的行政审批及监督管理角度对跨境担保有所涉及[13]，但我国对独立保函的法律规制在很长一段时间都存在空白。2016年11月18日发布的《最高人民法院关于审理独立保函纠纷案件若干问题的规定》（法释〔2016〕24号，以下简称《独立保函司法解释》），通过明确独立保函的法律性质，明晰独立保函各方当事人之间法律关系，统一了独立保函纠纷案件的司法裁判标准。《独立保函司法解释》主要涉及以下五个方面：

认可独立保函性质并统一独立保函认定规则。《独立保函司法解释》规定，独立保函是指银行或非银行金融机构作为开立人，以书面形式向受益人出具的，同意在受益人请求付款并提交符合保函要求的单据时，向其支付特定款

12　需要特别指出的是，URDG758的施行并未废止 URDG458，当事人若在保函中约定适用 URDG458，则该规则仍可适用于该保函。

13　例如，中国人民银行《境内机构对外担保管理办法》（人民银行令 1996 年第 3 号，已废止）、国家外汇管理局《境内机构对外担保管理办法实施细则》（〔97〕汇政发字第 10 号，已废止）、《跨境担保外汇管理规定》（汇发〔2014〕29 号）。

项或在保函最高金额内付款的承诺。对于独立保函的认定标准，《独立保函司法解释》第3条明确规定：除非保函未载明据以付款的单据和最高金额，以下三种情况可认定为独立保函：（1）保函载明见索即付；（2）保函载明适用国际商会URDG等独立保函交易示范规则；（3）根据保函文本内容，开立人的付款义务独立于基础交易关系及保函申请法律关系，开立人仅承担相符交单的付款责任。独立保函不适用担保法关于保证的规定。此外，《独立保函司法解释》第23条[14]打破了此前法院仅承认跨境保函独立性的局面，将独立保函的适用扩展到了国内交易当中。

明确独立保函的独立性和单据性特征。《独立保函司法解释》明确独立保函独立于基础交易关系和保函申请关系，只要受益人提交的单据与独立保函条款、单据与单据之间表面相符，受益人请求开立人依据独立保函承担付款责任的，开立人不得以基础交易关系或独立保函申请关系对付款义务进行抗辩。

严格界定欺诈情形及证明标准。《独立保函司法解释》第12条将独立保函欺诈情形类型化为串通虚构基础交易、单据欺诈、判决或裁决认定债务人无付款责任、受益人确定债务已完全履行或保函付款到期事件未发生、滥用付款请求权的其他情况等五种情形。

严格规范止付程序。为避免司法实践中法院不当止付独立保函造成的不良影响，《独立保函司法解释》明确人民法院裁定中止支付独立保函，必须同时满足以下条件：止付申请人须提交证据证明欺诈具有高度可能性，不予止付将给止付申请人合法权益造成难以弥补的损害，且止付申请人提供了足以弥补被申请人因止付可能遭受损失的担保。《独立保函司法解释》还对止付裁定的期限、内容、复议机关、错误申请的赔偿责任等进行了明确，并将转开保函下转开行善意付款的情形规定为"欺诈例外的例外"[15]，严格防范止付程序的滥用。

确立开立保证金的质权性质。《独立保函司法解释》第24条规定，对于按照特户管理并移交开立人占有的独立保函开立保证金，人民法院可以冻结但不得扣划。即独立保函开立保证金符合金钱特定化和移交占有两项条件的，具有金钱质权的性质。上述规定解决了长期以来独立保函保证金性质不明的情

14　《独立保函司法解释》第二十三条规定，当事人约定在国内交易中适用独立保函，一方当事人以独立保函不具有涉外因素为由，主张保函独立性的约定无效的，人民法院不予支持。

15　《独立保函司法解释》第十四条第三款规定，开立人在依指示开立的独立保函项下已经善意付款的，对保障该开立人追偿权的独立保函，人民法院不得裁定止付。

况，保障了银行对独立保函保证金的受偿权。

三、跨境保函业务发展情况

跨境保函业务是与国家战略发展相适应的金融工具。2015年中国货物贸易进出口额3.96万亿美元，占全球总额的11.90%，实现对外投资1180.2亿美元，同比增长14.7%，对外承包工程业务完成营业额1540.7亿美元，同比增长8.2%，新签合同额2100.7亿美元，同比增长9.5%。我国"十三五"规划更是明确提出要"加快建设贸易强国"。中国在贸易、投资、工程承包领域的规模和地位为银行保函业务带来了巨大的发展空间。作为对外贸易、投资、工程承包重要的增信工具，保函是对外经济关系中的先导性业务。"一带一路"、中国企业"走出去""中国制造2025"等国家战略为保函业务的未来发展带来源源不断的需求空间，人民币国际化、自贸区建设以及资本项目开放推动的货币和资本流动催生新的保函需求，工程保函、船舶保函、融资保函、发债保函、并购保函等成为必备的银行金融服务。

保函业务的市场规模高速增长，是经济新常态下银行重要的利润支撑点和增长点。2015年，工、农、中、建四大商业银行保函余额达到24450亿元（见下表），保函业务的规模体量大，已经远远超越信用证业务，是其3.4倍。从全球来看，保函的市场规模也远远超越信用证，保函已经成为银行涉入贸易投资领域的主流业务。[16]

2015年四大商业银行保函余额

银行	工商银行	农业银行	中国银行	建设银行	合计
保函	3436.43	2333.76	10770.7	7909.3	24450.19
信用证	2463.47	1589.05	1217.2	1962.43	7232.15

跨境保函业务面临多种风险，既可来源于保函申请人或被担保人的违约行为，也可来源于受益人的恶意欺诈，还可因保函条款存在瑕疵引发保函纠纷，甚至可能因为司法机关的止付令而令银行遭到"内外夹击"，进退维谷。总体而言，虽然保函风险涉及信用风险、操作风险和法律风险，但最终风险暴露时都会转变为法律风险。特别值得注意的是，当前全球低迷的经济形势激发了市

16　原擒龙、王桂杰：《银行发展保函业务的机遇与挑战》[J].中国城市金融，2016年第9期，第44页。

场主体的风险规避意识，在扩大跨境保函业务需求的同时，也使得保函索赔和纠纷有所增加。近年来，工程保函、船舶保函领域纠纷频出，保函索赔笔数也逐年增加。[17] 从实践看，跨境保函业务的法律风险主要包括以下几方面。

四、欺诈止付权利滥用风险

（一）关于"欺诈"

1. 法律界定

在我国，欺诈虽是合同法第54条规定的合同可撤销原因之一，但该法并未对欺诈予以明确定义。根据《最高人民法院关于贯彻执行〈中华人民共和国民法通则〉若干问题的意见（试行）》第68条规定，一方当事人故意告知对方虚假情况，或者故意隐瞒真实情况，诱使对方当事人作出错误意思表示的，可以认定为欺诈行为。为此，有学者将"欺诈"定义为当事人一方故意编造虚假或歪曲的事实，或故意隐匿事实真相，使表意人陷入错误而为意思表示的行为，并概括如下构成要件：（1）有欺诈人的欺诈行为。既可以是积极作为（如故意制造虚假或歪曲的事实），也可以是消极的不作为（如故意隐匿事实真相）。但在不作为的情况下，只有行为人按照法律或习惯，负有告知义务而故意不告知时，才构成欺诈。（2）欺诈人必须有欺诈的故意。即行为人须有使表意人受欺诈而陷入错误，并因此为意思表示的目的，至于是否有取得财产上的不法利益的故意，则在所不问。（3）须表意人因相对人的欺诈而陷入错误。所谓表意人陷入错误，不仅指表意人原无错误，纯因相对人的欺诈行为而陷入错误的情况，而且也包括表意人原已有错误，因相对人的欺诈行为而使其难于发现错误或加深其错误的情况。（4）须表意人因陷入错误而为意思表示，即错误与意思表示之间有因果关系。（5）欺诈行为必须达到有悖于诚实信用的程度。目的明显的善意欺诈（为对方的利益）和社会能接受的欺诈（如对产品作一般夸大的广告），不构成法律上的欺诈。只有能引起意思表示的瑕疵，为一般社会观念所不能容许的诈欺，才构成法律上的欺诈。这类欺诈不论目的是否合法，也不管被欺诈人有否受到损害，都不影响欺诈成立。[18]

---

17 原擒龙、王桂杰：《银行发展保函业务的机遇与挑战》[J].中国城市金融，2016年第9期，第45页。

18 余延满：《合同法原论》[M].武汉：武汉大学出版社，1999年12月第1版，第220—221页。

2. 表现形式

对于跨境独立保函欺诈的具体表现形式，最高人民法院《独立保函司法解释》第12条明确，具有下列情形之一的，人民法院应当认定构成独立保函欺诈：（1）受益人与保函申请人或其他人串通，虚构基础交易的；（2）受益人提交的第三方单据系伪造或内容虚假的；（3）法院判决或仲裁裁决认定基础交易债务人没有付款或赔偿责任的；（4）受益人确认基础交易债务已得到完全履行或者确认独立保函载明的付款到期时间并未发生的；（5）受益人明知其没有付款请求权仍滥用该权利的其他情形。我们认为，可将上述欺诈表现形式大体归结为"没有真实的交易基础""单据欺诈""付款请求权滥用"三类情形。

（二）"欺诈例外"原则

如前文所述及，跨境保函作为见索即付的独立保函，不受基础合同约束，只要符合保函规定的索赔条件，担保行就应当向受益人支付保函项下款项。但这种独立性为受益人进行欺诈性索款提供了方便。为此，"欺诈例外"原则得以确立，即在保函受益人存在欺诈的情况下，担保行不应支付保函款项。跨境保函的欺诈例外应用于受益人依据保函约定，向担保行索偿保函项下款项时，申请人申请确认索款行为无效，要求担保行终止保函项下款项支付的情形。将欺诈索赔作为担保人在单据表面相符的情况下拒绝付款的重要抗辩理由，以阻止受益人恶意利用担保人无法根据基础合同及其履行情况行使抗辩权的制度缺陷，滥用独立保函所赋予的索赔权利，谋求不正当的利益，是民法中诚实信用原则以及权利不得滥用原则在银行跨境担保业务中的体现。[19]

（三）欺诈止付

"欺诈例外"原则在跨境保函业务中集中体现在担保行或保函申请人可以受益人欺诈为由向法院申请止付令，对受益人的索偿不予付款。需要指出的是，就担保行而言，见索即付保函的独立性、单据性决定了其仅负形式性审单义务，并不承担基础合同及其履约状况的调查、核实义务。因此，尽管担保行通过完善的审单操作可以在较大程度上避免基于保函单据的欺诈，但却难以审查和识别基础合同中的欺诈情形。此外，担保行即便遭受欺诈，也可以根据保函申请合同向申请人追偿，因此缺乏提起欺诈例外抗辩的动力。实践中，更多

19　笪恺：《国际贸易中银行担保法律问题研究》[M].北京：法律出版社，2000年5月第1版，第120页。

的是保函申请人通过运用"欺诈例外"原则阻却保函独立性，转而根据基础合同以受益人欺诈为由向法院申请止付令，禁止担保行对受益人履行担保责任。在我国，法院根据保函申请人的申请，在诉讼前与诉讼过程中发出止付令，性质上属于一种诉前保全或诉讼保全措施，是程序法上的救济措施。这两种保全措施的共同特点在于：利害关系人或当事人只要声称情况紧急，不立即进行保全就会使其合法权益受到难以弥补的损失，在提供担保情况下，就会得到此类救济；同时，这两类保全措施都具有暂时性的特点，在诉前保全中，利害关系人不在提出保全请求后30天内提起诉讼的，在诉讼保全中，法院的终局判决与保全措施不一致的，相应的保全措施都会马上解除。当然，止付还有另一种形态，即法院的终局止付判决。这一类止付判决是法院根据相关实体法，对是否存在欺诈进行实体审理，并作出实体认定。

（四）欺诈止付滥用对银行的不利影响

由于全球经济持续低迷，欧债危机、恐怖主义、地区动荡等情况都以不同方式影响和放大保函业务所涉基础交易中各当事方的信用风险。在银行因跨境保函被诉的多起案件中，保函申请人均以受益人欺诈为由向法院申请裁定保函止付。法院止付令的高频申请除因基础合同当事人对保函偿付条件是否满足发生分歧外，也与保函申请人出于自身各种特殊需要而视止付令为救命稻草的心理驱动有关。在跨境保函实务中，担保行对外承担着第一性的付款责任，当担保行收到法院止付令时，担保行又因具有履行境内民事诉讼司法裁定的义务而无法正常向境外受益人进行资金划付，从而陷入两难的境地：一方面，如果担保行违背国内法院止付令，擅自进行对外资金划付，将相应承担妨害民事诉讼协助执行的法律责任；另一方面，如果担保行执行止付令，则可能招致境外受益人或保函转开行的境外法律诉讼，甚至将导致外国法院对银行统一法人下的海外分行资产进行司法冻结或强制执行的极端情况，并对银行在保函业务领域的国际声誉造成不利影响。

五、核心条款瑕疵风险

通常一份保函文本包含担保责任、金额、期限、索赔条件、适用法律及争议解决等基本条款，同时根据保函项下基础交易的特殊情况，还可能涉及保函展期、转让与让渡、正本归还和自动失效等常见条款。保函条款的风险是保函本身隐含的风险，由于保函文本是直接约束保函申请人、担保银行和保函受益人的法律文件，保函条款的安排是否完备将直接关系到担保银行在保函项下的风险大小。保函条款如果存在关键要素缺失、内容模棱两可、表述歧义丛生、前后文字矛盾等文本漏洞的情况，就很容易引发保函纠纷和诉讼。从业务实践看，跨境保函文本常见法律风险主要包括：

（一）担保责任约定不明

担保责任条款是保函最核心的条款之一，是担保行据以承担保函担保责任的合约基础，是甄别保函为见索即付独立保函亦或传统从属性保函的标尺，是基础交易违约引发保函索赔时银行责任的认定关键。实践中，部分保函文本会出现保函担保性质约定不清晰的情况。例如，一方面约定银行作为第一债务人承担"见索即付"的担保责任，另一方面又约定银行的付款义务需以当事方在基础交易项下的支付义务被确定为前提。又如，保函约定"如果申请人在任何情况下未按合同规定履约或者违反合同项下相关义务，在接到首次索赔后，无论申请人是否有争辩或抗辩，银行都将承担担保责任"。根据上述约定，在发生索偿时，银行是否应以受益人提交申请人在基础合同项下的违约证明为付款前提存在较大不确定性，极易引发保函索偿争议。

（二）担保金额存在敞口

作为担保行对受益人作出的付款承诺，保函所约定的担保金额条款是保函的核心要素之一，代表了担保行的责任限额。如果保函对偿付币种、汇率换算方式、利率及利息计算期限等情况未予明确约定，都会导致担保金额不明确进而引发争议。另外，银行在开立申请一方付款义务逐渐减少的融资类保函、预付款保函以及建设工程履约保函时，如果未设置保函金额递减条款，也可能出现风险敞口。此外，部分保函当中还会存在"保函金额补足条款"，即约定担保行的担保付款不得作任何扣减，如因预提税或其他原因做了扣减，担保行应增加其履约总额，使得受益人实际收到的担保款项等于未作任何扣减时其应收到的付款金额。上述约定可能会增加担保行的担保金额上限，须关注相关风险。

（三）非单据化条件暗设陷阱

如前所述，保函的单据化是保函独立性的实现形式。然而在实际保函业务中，经常出现一些"非单据化条件"。对此，URDG758第7条指出，独立保函的非单据化条件是指保函中约定一项条件，但未规定表明满足该条件要求的单据。[20] 非单据化条件之所以极易在发生保函索赔时引发纠纷和争议，就是由于保函中并没有要求使用单据来证明该条件已被满足，这无疑使履行情况易被利益相对方所质疑，银行亦无法通过对单据的表面相符审查来认定保函偿付条件是否成就，进而被动陷入基础合同纠纷。实践中，非单据化条件有时会较为复杂和隐蔽[21]，通常包括索赔条件的非单据化和其他保函要素的非单据化。索赔条件的非单据化表现为仅约定在出现某个事实情况时触发索赔条件，但没有要求用相应的单据来证明。由于保函索赔条款约定担保行赔付条件，非单据化的索赔条件极易在是否构成"相符索赔"问题上引发争议。其他保函要素的非单据化表现在将一些涉及事实认定的因素确定为保函担保权益的实现条件，而银行难以掌握这类事实的真实情况。如将工程完工作为保函失效条件，以货物贸易的交易量作为保函减额的条件等。

（四）进退维谷的"不展期即付款"条款

"不展期即付款"条款是指保函中约定如担保行不同意展期，即需将担保金额全额支付给受益人，且无需受益人另行提交其他索偿请求。开立含有此类条款保函的银行往往只能被动地接受受益人的延期要求，有些保函历经十多年都未失效，保函的效期约定名存实亡。此类条款多存在于国际投资和国际项目承建类跨境保函中，如果项目所涉地区政局动荡、社会不稳定，或者保函受益人所在地区为受制裁等敏感地区，则很容易引发风险。实践中，此类条款常见于开往中东（尤其是伊朗）等地的保函。例如，某境内银行曾应客户申请委托中东地区某银行转开了对外承包工程项下十三笔保函，并在该境内银行向该转开银行开出的反担保函中约定"只要履约保函的开证行提出书面展期通知，我行即应相应延长反担保函的担保期限，如我行未对反担保函进行展期即应付款。"上述保函开立后，由于国际政治经济环境发生变化，该转开银行被境内银行归入涉敏范畴。后该转开银行对上述多笔保函分别以信函方式提出展期要求，在此种情况下，保函开立行理应依据行内涉敏事项的处理原则不延期并终止相关业务，但由于保函中"不延期即付款"条款的存在，使该境内银行陷入保函存与废的两难境地。

20　中国国际商会：《国际商会见索即付保函统一规则（URDG758）》［M］.北京：中国民主法制出版社，2010 年 4 月第 1 版，第 19 页。

21　陈璐：《国际贸易中独立保函的单据化问题研究》［D］.对外经济贸易大学。

（五）转让条款导致受益人不确定风险

保函的转让指保函项下受益人索赔权的转让，即在转让后，保函的受让人将取得原受益人在保函项下向担保行索偿的权利。实务中，跨境保函转让往往是受益人出于资金融通需求，与基础交易项下相关权益转让相结合的保函转让。由于保函的实质是以银行的信用为申请人的融资或履约行为进行增信，但保函转让失控可能会随之产生风险，一方面，担保行也许会发现自己要对从未知晓的新受益人担责，而新受益人可能并不满足担保行对保函业务关系准入的法律、合规或资信情况的标准[22]。另一方面，一旦保函转让至与原基础交易无关的第三方，则受益人不当索赔的可能性会明显增加。为此，保函转让的风险不可忽视。虽然对于适用 URDG758 的保函，除非明确约定保函可以转让，则推定保函不可转让[23]，但对于不适用 URDG758 的保函，保函的可转让性一般需依据准据法判断，如其所适用的准据法并不限制保函的转让，则需要在保函中对其转让作出适当限制。

七、国别法律风险

由于中资企业"走出去"业务所涉国家包括一些发展中国家或欠发达国家，开立到这些国家的保函面临的国别法律风险同样不容小觑。主要包括以下几个方面：

一是 URDG 等保函国际规则不被认可。尽管大多数国家的法院会认可当事人选择适用 URDG 等国际规则的效力，并根据当事人选择的规则来判定各方当事人间的权利义务关系，但也存在少数例外情况，即使当事人选择了 URDG，有些国家的法院也拒绝承认 URDG 的适用性。例如，哈萨克斯坦最高法院曾在1998年判决当事人选择的 URDG 不能适用，因为"URDG 不是哈萨克斯坦法规的一部分，不是国际公约也不是国际惯例"。[24] 又如，在联合国贸易法委员会公

22　Georges Affaki & Roy Goode：《国际商会见索即付保函统一规则 URDG758 指南》[M].北京：中国民主法制出版社，2012 年 9 月版，第 246 页。

23　URDG758 第三十三条（a）："保函只有特别声明'可转让'方可转让，在此情况下，保函可以就转让时可用的全部金额多次转让。反担保函不可转让。"

24　Georges Affaki & Roy Goode：《国际商会见索即付保函统一规则 URDG758 指南》[M].北京：中国民主法制出版社，2012 年 9 月第 1 版，第 248 页。

布的一起突尼斯案例中[25]，突尼斯城上诉法院认为因突尼斯是《联合国独立担保与备用信用证公约》成员国，公约在该国的效力高于国内法，也优先于当事人选择适用的 URDG458 规则，因此排除了 URDG458 在该案中的适用。

二是外国法律强制性规定与保函条款冲突风险。由于 URDG 等国际规则均为业界制定的供当事人选择适用的规则，在与当事方所在国强制性法律存在冲突时，其效力往往会被法院否定，导致保函开立银行面临风险。例如，印度孟买高等法院在 IndusInd Bank Ltd. V. Union of India 一案中认定，银行保函中要求受益人在指定期间内索偿的规定是无效的。在向此类国家[26]开出保函时，银行所依赖的 URDG 所确定的过期后不得追偿原则将不被承认，保函期限面临敞口风险。

第二节　跨境保函典型风险事件解析及启示[27]

一、谨慎审单，合理拒付，切实遵循国际惯例

在跨境保函法律制度中，单据及审单始终处于核心地位。正如 URDG758 第 6 条所指出的，担保人处理的是单据，而不是单据可能涉及的货物、服务或履约行为。[28] 因此，可以认为，跨境保函的付款行为是围绕单据展开的，受益人基于相符交单而请求担保行付款，担保行在审查单据过程中亦可以基于单据

25　Matutrading Company, Ltd. v. North Africa International Bank 案，摘要载于联合国贸易法委员会 A/CN.9/SER.C/ABSTRACTS/116 号文件，转引自高翔、朱宏生：《研判保函到期日的不确定性问题》［J］.中国外汇，2013 年 11 月，第 28—32 页。

26　此类国家还包括泰国、约旦、黎巴嫩等。对于叙利亚法下保函中规定的有效期是否被该国法律推翻的问题，英国法院曾在 2011 年裁定叙利亚法下保函的延期需经开立银行的同意或满足保函规定的其他条件，不会自动延期。但因该判决仅是英国法官对叙利亚法律的解释，案件审理过程中两方当事人聘请的叙利亚专家也给出了截然相反的意见，叙利亚法下保函的期限问题仍存在不确定性。参见高翔、朱宏生：《研判保函到期日的不确定性问题》［J］.中国外汇，2013 年 22 期，第 28—32 页。

27　最高人民法院《独立保函司法解释》规定，2016 年 12 月 1 日《独立保函司法解释》施行后尚未终审的案件，适用《独立保函司法解释》；《独立保函司法解释》施行前已经终审的案件，当事人申请再审或者人民法院按照审判监督程序再审的，不适用《独立保函司法解释》。本章所述及的案例均已终审，故不适用《独立保函司法解释》，但相关裁判思路已不同程度的在《独立保函司法解释》中予以体现，相关案例具有借鉴和指导意义。

28　中国国际商会：《国际商会见索即付保函统一规则（URDG758）》［M］.北京：中国民主法制出版社，2010 年 4 月第 1 版，第 19 页。

存在不符点予以拒付。受益人的"相符交单"与担保人的"不符点查明"之间的分歧直接导致了大量跨境保函纠纷。例如，2014年9月，现代重工有限公司（下称"现代公司"）作为跨境保函受益人与工商银行浙江分行（下称"浙江分行"）发生独立保函项下索赔拒付纠纷并诉至杭州市中级人民法院，嗣后上诉至浙江省高级人民法院，其主要案情如下[29]：

2013年11月22日，浙江分行向现代公司开出一份不可撤销见索即付保函，并载明："经申请人（浙江中高动力科技股份有限公司，下称'中高公司'[30]）请求，浙江分行不可撤销地承诺，在收到现代公司通过其通知行（韩国外汇银行）转发的首次书面索偿要求，声明申请人违反合同项下的付款义务以及违约行为时，在7个营业日内向现代公司支付任何一笔或数笔总额不超过6648010美元的款项。现代公司提交付款索偿要求时，需一并提交以下单据：1. 凭指示的标注运费到付通知人为申请人的清洁海运提单副本；2. 经签署的装箱单副本三份；3. 经签署的商业发票副本三份；4. 原产地证书；5. 车间测试报告。保函金额按照申请人或浙江分行已付的款项或款项加利息金额自动按比例减少。保函自签发之日起生效，最迟于2014年7月8日到期。保函下的任何索偿要求必须于到期日或之前送达浙江省分行，该书面索偿要求必须通过现代公司的通知银行采用快递或经验证的SWIFT信息形式发给浙江分行。不接受其他提交方式。到期后，不论保函是否交还浙江分行进行作废处理，保函均应自动失效。保函需遵守国际商会第758号出版物，2010年版URDG。"2014年4月10日，浙江分行收到现代公司通过其通知行提出的关于要求支付涉案保函项下6648010美元的首次索赔要求，并于5月4日收到现代公司通过通知行快递的索赔单据，包括有：记名提单副本、三份装箱单副本、三份商业发票副本、原产地证明、车间测试报告。该提单显示收货人为中高公司、通知人为中高公司，包装件数为13件。装箱单显示货物说明为三套柴油发电机组，共计31件。2014年5月8日，浙江分行以索赔单据存在不符点，索赔不相符为由拒付。本案中双方争议焦点为：1. 浙江分行据以拒付的不符点是否成立；2. 浙江分行拒付通知的作出是否构成有效拒付。考虑到涉案保

29　相关判决参见杭州市中级人民法院〔2014〕浙杭商外初字第60号、浙江省高级人民法院〔2016〕浙民终157号，网址为：https://cgc.law.stanford.edu/zh-hans/judgments/zhejiang-2016-zhe-min-zhong-157-civil-judgment/。

30　2013年11月8日，中高公司作为卖方与现代公司签订《72MW柴油电站之9×8MW柴油发电机组供货合同》。

函正文已明确适用其 URDG758，法院认为该约定有效并以该规则为依据调整当事人之间的权利义务关系。

（一）何为"相符交单"

拒付点是否成立这一问题，易言之，就是受益人向浙江分行提出索赔申请时是否做到了相符索赔、相符交单的问题。URDG758第2条明确规定，"相符索赔"是指满足"相符交单"要求的索赔；"相符交单"是指所提交的单据及其内容首先与该保函条款和条件相符，其次与该保函条款和条件一致的URDG758规则有关内容相符，最后在保函及 URDG758规则均无相关规定的情况下与见索即付保函国际标准实务相符。[31] 根据 URDG758第19条规定，担保人在审查受益人是否相符交单时应仅基于交单本身确定其是否构成表面相符交单，保函所要求的单据的内容应结合该单据本身、保函和 URDG758规则进行审核。单据的内容无需与该单据的其他内容、其他要求的单据或保函中的内容等同一致，但不得矛盾。[32] 基于上述国际惯例规定，法院认为，保函开立人在独立保函单据审查过程中应当适用表面相符、严格相符的原则，而不采用镜像相符或实质相符原则。本案中，浙江分行出具的保函明确列明了五个单据条件，而根据现代公司的交单情况看，其提供的系指明收货人为中高公司的记名提单，并非保函条款交单第1项中的指示提单，同时，第2项单据装箱单反映的货物件数与提单反映的件数亦不一致。根据 URDG758的规则，担保人的审单首先应严格遵循保函的条款和条件，在保函条款和条件明确清晰的情况下，担保人仅需考虑单据与保函条款条件是否表面相符即可，基础合同的履行情况并不是担保人审单时所需考虑的因素，而凭指示的提单与记名提单[33]在国际贸易中属两种不同类型的提单，存在的差异是明显和确定的。因此，法院认为，可据此判断受益人所提单据的内容与保函内容、单据的内容与其他要求的单据存在不符点。

31　中国国际商会：《国际商会见索即付保函统一规则（URDG758）》［M］.北京：中国民主法制出版社，2010 年 4 月第 1 版，第 7 页。

32　中国国际商会：《国际商会见索即付保函统一规则（URDG758）》［M］.北京：中国民主法制出版社，2010 年 4 月第 1 版，第 43 页。

33　"凭指示提单"（Order B/L）又称"指示提单"，是指在提单收货人栏内只填写"凭指定"或"凭某人指示"字样的提单，该种提单可以背书转让，因此又称为"可转让提单"，在海运领域使用较多。"记名提单"（Straight B/L）是指在提单上填有特定收货人名称的提单，该种提单只限于特定收货人提货，不能转让，因此又称为"不可转让提单"。因此，法院对于两类提单差异明显和确定的判定是正确的。参见姚梅镇、余劲松：《国际经济法概论（修订版）》［M］.武汉：武汉大学出版社，2004 年 7 月第 3 版，第 246 页。

（二）何为"有效拒付"

有效拒付的形式载体是拒付通知，URDG758第24条d款、e款、f款从拒付通知的频次、内容、时效、效力四个维度对有效拒付进行了界定和明确：（1）频次上，当担保人拒绝赔付时，应就此向索赔提交人发出一次性的拒付通知；（2）内容上，该通知应当明确拒绝赔付的意思表示以及说明每一个不符点；（3）时效上，拒付通知应毫不迟延地发出，最晚不得迟于受益人交单日翌日起第五个营业日结束之前（除非保函另有约定）；（4）效力上，如果担保人未能按照上述要求发送拒付通知，则其将无权宣称索赔书以及任何相关单据不构成相符索赔[34]。

根据URDG758第18条的规则，除非保函禁止多次索赔，即只允许索赔一次，否则可以多次索赔。当索赔因不符而被拒时，该索赔不复存在，受益人可以在失效日当日或之前再次提交索赔。[35] 因此，本案中现代公司先后四次提起索赔，浙江分行分别针对性地采取了如下方式的处理：

第一，对于不完整的索赔。根据URDG758第15条a款的规定，"保函项下的索赔应由保函所指明的其他单据所支持，并且在任何情况下均应辅之以一份受益人声明，表明申请人在哪些方面违反了基础关系项下的义务，该声明可以在索赔书中作出，也可以在一份单独签署的随附于该索赔书的单据中作出，可在一份单独签署的指明该索赔书的单据中作出。"[36] 同时，第20条a款规定，"如果提交索赔时没有表示此后将补充其他单据，则担保人应从交单翌日起五个营业日内审核该索赔并确定该索赔是否相符。"[37] 据此，任一索赔通知项下，均应有索赔交单的行为，即受益人根据保函向担保行提交单据，审单时间应到交单补充完毕时才起算。本案中，现代公司于2014年4月10日通过通知行向浙江分行发出索赔通知后，单据并未于当时提交。因浙江分行收到单据时间为2014年5月4日，故浙江分行应从收到单据翌日起审核该索赔。因此，2014年5月8日，浙江分行向通知行发出拒付通知并提示不符点，系在完整交单后的第四个营业日即审单期限内，且如前所述其拒付理由成立，构成有效的拒付。

34　中国国际商会：《国际商会见索即付保函统一规则（URDG758）》［M］.北京：中国民主法制出版社，2010年4月第1版，第55页。

35　中国国际商会：《国际商会见索即付保函统一规则（URDG758）》［M］.北京：中国民主法制出版社，2010年4月第1版，第41页。

36　中国国际商会：《国际商会见索即付保函统一规则（URDG758）》［M］.北京：中国民主法制出版社，2010年4月第1版，第35页。

37　中国国际商会：《国际商会见索即付保函统一规则（URDG758）》［M］.北京：中国民主法制出版社，2010年4月第1版，第45页。

　　第二，对于违反特定交付方式的索赔。由于本案所涉保函约定"书面索偿要求必须通过通知银行采用快递或经验证的 SWIFT 信息形式发给浙江分行，且不接受其他提交方式。"根据 URDG758 第 14 条的规则，在保函规定了特定交付方式且明确排除其他方式交付的情况下，现代公司未通过通知银行而直接于 2014 年 5 月 20 日以函件方式提出索赔并不符合保函约定，不是保函项下的有效索赔通知，法院认为浙江分行未予处理并无不当。

　　第三，对于未修改单据的索赔。浙江分行于 2014 年 6 月 3 日收到现代公司于 5 月 30 日寄送的修改单据，故分行审单时间应从 6 月 4 日起计算。2014 年 6 月 9 日，浙江分行以现代公司对保函的偿付要求及修改后的提单非凭提示提单，仍有不符点为由拒绝索偿要求。因该拒偿通知发出时间为交单后的第四个营业日，系在审单期限内作出，且单据中提单的相关内容未作修改，保函条款的不符点仍然存在，法院认定浙江分行该次拒付通知的作出有规可依，亦构成有效的拒付。

　　第四，对于拒付通知到达时间超过规定期限的索赔。浙江分行 2014 年 7 月 8 日收到索赔通知，2014 年 7 月 15 日回复基于提单非凭指示的不符之处，仍拒绝现代公司的索偿要求。现代公司主张其收到拒付通知时间为 2014 年 7 月 16 日，已经超过审单时间。根据 URDG758 第 24 条 e 款及第 1 条的规则，拒付通知应毫不延迟地发出，最晚不得迟于涉案保函约定的收到书面索偿要求的七个营业日内。对于拒付通知的发出，"发出"意为发送，担保人对拒付通知到达交单人的时间并不承担责任。[38] 法院认为，浙江分行此次发出拒付通知的时间亦未超过审单期限，亦构成有效的拒付。

二、务必明确适用规则，完善保函文本设计

　　跨境保函文本所辖的条款，通常应涉及担保责任、金额、期限、索赔条件、适用法律及争议解决等基本要素。保函条款清晰是国际见索即付保函实务成功的关键。[39] 由于实务中保函的条款表述具有较强的个性化特征，国际惯例与准据法适用的复杂性较为突出，关键事项约定不明、文字表述含混不清的保函条

　　38　Georges Affaki& Roy Goode：《国际商会见索即付保函统一规则 URDG758 指南》［M］，北京：中国民主法制出版社，2012 年 6 月第 1 版，第 75 页。

　　39　中国国际商会：《国际商会见索即付保函统一规则（URDG758）》［M］，北京：中国民主法制出版社，2010 年 4 月第 1 版，第 15 页。

款是引发受益人与担保人之间争议的重要原因。例如，2012年9月，招商银行成都科华路支行（以下简称"招行科华支行"）与保函受益人成都华川进出口集团有限公司（以下简称"华川进出口公司"）间因拒付引起保函纠纷并诉至法院，历经一审、二审和再审程序。[40] 其主要案情如下：

2011年12月29日，招行科华支行向华川进出口公司出具保函，该保函的主要内容为："应保函申请人四川希望华西建设工程总承包有限公司（以下简称'华西建设公司'）的要求，招行科华支行向华川进出口公司开立本保函，保证华西建设公司为工程目的使用预付款，并承担预付款金额即1500万元（人民币，下同）的保证责任[41]；招行科华支行在收到华川进出口公司提交的索赔文件及华西建设公司违约的书面证明后7个工作日内，向华川进出口公司偿付不超过金额为1500万元的预付款赔偿金；招行科华支行承担保证责任的条件是：（1）华川进出口公司向招行科华支行提交的书面索赔文件必须在华川进出口公司向华西建设公司提供了预付款之后，并且于保函有效期内送达招行科华支行；（2）华川进出口公司应向招行科华支行提交证实华西建设公司已违约的书面证明；（3）保函之保证金额随华西建设公司所完成的工程进度按比例自动递减。保函适用中华人民共和国法律，受中华人民共和国法律管辖；除非华川进出口公司自动中止或放弃保函项下的权利，保函开立即行生效，于2012年10月5日失效。"2012年9月27日，华川进出口公司向招行科华支行提交索赔书，称华西建设公司未能正确和忠实地履行合同义务，且严重违反了基础合同约定，要求招行科华支行立即履行保函项下义务，向华川进出口公司支付1500万元。华川进出口公司索赔同时提交了保函复印件、华川格鲁吉亚公司于2012年9月24日出具的违约证明（英文）、银行资金汇划补充凭证、我国驻格鲁吉亚大使馆经济商务参赞处出具的"关于格鲁吉亚司法大楼项目最新进展事"（以下简称"最新进展事"）。2012年10月11日，招行科华支行向华川进出口公司出具了"拒付通知"。结合本案一审、二审、再审审理情况，涉案保函文本所辖

40　相关判决参见最高人民法院〔2014〕民申字第 2078 号、四川省高级人民法院〔2013〕川民终字第 750 号民事判决，网址为：http://www.court.gov.cn/wenshu/xiangqing-4577.html。

41　2011 年 12 月 21 日，华川进出口公司与华西建设公司签订协议，约定：华川进出口公司将位于格鲁吉亚第比利斯的格鲁吉亚司法部公正大厦工程安装工程、二次装饰工程发包给华西建设公司，合同价款为人民币 6000 万元，开、竣工日期分别为 2012 年 2 月 1 日、2012 年 8 月 10 日，工程质量标准为合格；华川进出口公司向华西建设公司支付预付工程款的时间和数额为，双方签订合同后的 1 周内支付合同金额的 25%；华西建设公司在合同签订 1 周内，向华川进出口公司提供合同金额 25% 的银行履约保函。

条款对于担保行而言的缺陷主要体现在以下四方面：

（一）担保责任条款未明确从属性保函属性，引发定性偏差

1. 涉外因素的前置确定

如前文所述，保函有从属性保函和独立性保函之分。对于独立性保函所体现的独立担保，在最高人民法院《独立保函司法解释》公布前，有观点认为，我国法律、法规、司法解释对独立担保没有强制性、限制性规范，法官在裁判独立担保案件时，只需遵循意思自治原则，尊重当事人依法成立的合同，按照合同约定裁判即可。[42] 但在审判实践中，对独立担保的法律效力限于国际经济活动中。[43] 因此，在确定涉案保函是否可定性为独立保函并承认其法律效力之前，首先应明确该保函是否具有涉外因素。[44] 根据最高人民法院《关于贯彻执行〈中华人民共和国民法通则〉若干问题的意见（试行）》第178条第1款以及《最高人民法院关于适用〈中华人民共和国涉外民事关系法律适用法〉若干问题的解释（一）》第1条的规定，产生、变更或者消灭民事权利义务关系的法律事实发生在我国领域外的，为涉外民事关系。此案中尽管涉案保函的申请人、受益人和担保人都在我国境内，但因产生、变更、消灭涉案保函关系的法律事实发生在格鲁吉亚，因此法院认定涉案保函为涉外保函。

2. 担保责任条款未明示保函独立属性

法院根据保函中具有见索即付和凭单付款意思表示的内容认定保函独立属性。虽然担保人招行科华支行在上诉中认为，因保函并未标注"见索即付""独立保函"，且与基础合同密切相关，所以该保函不具有独立性，但二审法院认为，虽涉案保函未标注"见索即付""独立保函"字样，但不能作为否认保函独立性的依据和理由。是否为独立保函，应根据其文本内容所体现的担责条件的意思表示进行判断，即审查其是否与主合同、主债权没有从属关系、附随关系，而保函称谓的表述可以多样化。根据《中华人民共和国担保法》第5条第1款"担保合同是主合同的从合同，主合同无效，担保合同无效。担保合同另

42　曹士兵：《中国担保制度与担保方法（第三版）》［M］.北京：中国法制出版社，2015年1月第3版，第47页。

43　李国光等：《最高人民法院〈关于适用《中华人民共和国担保法》若干问题的解释〉理解与适用》［M］.长春：吉林人民出版社，2000年12月第1版，第30页。

44　如前文所述，最高人民法院《独立保函司法解释》第23条已明确当事人可在国内交易中约定适用独立保函。因此在《独立保函司法解释》于2016年12月1日正式施行后，将不再将涉外因素作为独立保函认定的前置条件，将重点关注保函文本表述。

有约定的，按照约定"的规定，招行科华支行向华川进出口公司开立的保函中承诺："保证人保证在收到受益人提交的索赔文件及承包人违约的书面证明后7个工作日内，向受益人偿付不超过金额为1500万元的预付款赔偿金"，同时明确规定其承担保证责任的条件是依据受益人提交的单据，体现了保证人见索即付和凭单付款的意思表示。此外，该保函虽提及与之对应的基础合同，也提到开立保函的目的是为工程预付款的使用提供担保，但并未规定保证人承担保证责任需要在单据之外考虑基础合同的履行情况、承包人违约的事实等，保函的有效期和保证金额亦是依据文本的规定来确定，与基础合同的履行期限和合同价款等并无必然联系。因此，法院判定，涉案保函应为独立保函而非从属性保函。

（二）忽视约定保函适用的国际惯例规则，制约担保行审单与拒付

在我国相关法律对于独立保证这一担保形式未作出明确规定情形下，一审、二审法院根据双方约定的承担保证责任条件，将涉案保函定性为独立保函的法律依据是我国担保法第5条第1款的相关规定。此外，URDG758第1条a项规定，URDG适用于任何明确表明适用该规则的见索即付保函或反担保函。即经当事人明示同意，URDG规则才能作为合同条款的组成部分。因此，由于涉案保函未约定适用URDG758，一方面，相关审理法院未主动援引该规则作为本案纠纷的处理依据，另一方面，招行科华支行在申请再审时根据URDG758所主张的华川进出口公司没有提交与保函条款及URDG758相一致的单据、英文违约证明的中文译本超过了最迟交单日期构成不相符交单的抗辩主张，未得到最高人民法院支持。此外，招行科华支行在再审申请中提出的，根据《中华人民共和国涉外民事关系法律适用法》第2条规定的最密切联系原则，本案应当适用《联合国独立担保与备用信用证公约》的主张，因涉案保函已载明适用我国法律，且我国并非该公约成员国而当事人并未就适用该公约达成合意[45]，故中华人民共和国法律为处理本案的准据法，再审申请人招行科华支行认为应当适用《联合国独立担保与备用信用证公约》的主张亦未获得最高人民法院的

---

45 国际私法条约的直接适用和优先适用的前提条件是：在某一具体案件中，双方当事人所属国均是该条约的缔约国；或者，如果双方当事人在合同中，或在发生争议后，共同选择适用某一国际私法条约，只要这种选择符合下列条件，该国际私法条约就可以得到适用：（1）当事人的选择是共同的明示选择，其具体形式既可以是书面的，也可以是口头的；（2）具体案件的诉讼问题属于该国际私法条约调整的事项；（3）当事人的选择不违反我国法律中的强制性规则和公共秩序。参见肖永平：《国际私法原理》［M］.北京：法律出版社，2003年12月第1版，第297页。

支持与认可。

（三）索赔条款设计有欠完备，徒增担保行拒付难度

索赔条款是跨境保函核心条款，其设置的索赔条件是担保行核实受益人提交的相关单据是否构成相符交单，进而决定是否拒付的根本依据所在。涉案保函索赔条件的设置体现在以下三个方面：（1）华川进出口公司向招行科华支行提交的书面索赔文件必须在华川进出口公司向华西建设公司提供了预付款之后，并且于保函有效期内送达招行科华支行；（2）华川进出口公司应向招行科华支行提交证实华西建设公司已违约的书面证明；（3）保函之保证金额随华西建设公司所完成的工程进度按比例自动递减。法院认为，涉案保函为独立保函，担保行在收到受益人提交的满足保函约定的书面索赔文件时，即应向受益人支付确定数额款项。受益人索赔时无须证明基础交易项下债务人的违约事实，担保行仅有义务审核保函项下受益人提交的索赔文件表面真实性，不审查单据之外基础交易的实际履行情况。在确定招行科华支行是否应当支付保函项下赔偿金时，应当依照保函约定的三项条件进行审查。针对上述索赔条件以及招行科华支行的有关抗辩，法院认为，上述索赔条件既未限定预付款支付时间，又未规定受益人应证明的具体违约内容，也未约定保函当事人以外的第三人出具的违约证明应当使用何种语言，还未约定受益人提交的违约证明应采用何种形式、违约证明应由谁出具以及其应证明的具体违约事件。因此，只要华川进出口公司向华西建设公司提供了预付款，受益人提交的书面证明能够反映承包人存在未履行相关合同项下义务的情形，即应视为符合保函约定的索偿条件。

（四）保证金额递减条款非单据化，保函赔付风险敞口失控

通常，保函项下保证金额递减条款本是锁定并动态调整保函赔付风险敞口的有效手段。招行科华支行认为，涉案保函对保证金额约定了递减条款，在承包工程已竣工并交付使用，且产值远高于保函担保金额的情况下，保证金额应递减为零。但法院认为，涉案保函中"保函之保证金额随承包人所完成的工程进度按比例自动递减"的约定并未规定应提交何种单据表明工程进度情况，也未约定担保人应当依据何种情形确定已完成的工程量。鉴于保函法律关系中，担保行处理的是单据，无需对基础交易的实际履行情况进行审查，因此在保函没有规定相应单据，亦未约定减额判断标准的情况下，担保人不能仅凭减额条款完成减额。鉴于此，招行科华支行关于保证金额已递减为零的抗辩理由未能

取得法院的支持。

三、深入理解裁判思路，正确运用欺诈止付

在跨境保函业务开办过程中，经常会发生银行在将索赔通知发送保函申请人后，保函申请人以保函欺诈为由向有管辖权法院申请止付令，中止担保行就保函项下担保款项的对外支付，嗣后银行作为保函欺诈纠纷第三人被动进入民事诉讼程序，给银行跨境保函业务的正常运转带来重大不利影响。在我国现行法律和司法解释中，由于对独立保函缺乏直接明确的法律界定，因此尚未就独立保函欺诈形成统一的审判标准。但值得关注的是，2015年6月《最高人民法院关于人民法院为"一带一路"建设提供司法服务和保障的若干意见》（法发〔2015〕9号）发布并通报了八起典型案例，其中包括发生于2011年的江苏太湖锅炉股份有限公司（以下简称"太湖锅炉公司"）与卡拉卡托工程有限公司（以下简称"卡拉卡托公司"）及中国银行无锡分行（以下简称"中行无锡分行"）间保函欺诈纠纷[46]，该案主要案情如下：

2010年4月，太湖锅炉公司依其与卡拉卡托公司的加里曼丹炼铁项目基础合同约定，向中行无锡分行申请开立了受益人为卡拉卡托公司的预付款保函。预付款保函载明："根据太湖锅炉公司的要求，无锡中行不可撤销的承诺，在收到卡拉卡托公司第一份书面请求及书面声明之时，立即向卡拉卡托公司支付任何不超过或总计不超过255.2万美元的款项。书面声明载明：卖方违反了合同项下义务。保函在预付款支付之日生效，最迟在2011年7月4日有效期满。保函受国际商会第458号出版物即 URDG458 规则的约束。"2011年7月1日，中行无锡分行收到卡拉卡托公司的预付款保函索付申请，要求兑付保函项下所有款项，并附有受益人陈述一份，内容为卡拉卡托公司申明太湖锅炉公司已经违反基础合同项下义务，还附有前述卡拉卡托公司于2011年5月26日向太湖锅炉公司发出的标题为"违约通知"的信件。太湖锅炉公司于2011年7月8日向法院提起诉讼，并以卡拉卡托公司隐瞒事实构成欺诈为由要求中止支付中行无锡分行开立的预付款保函项下款项。无锡市中级人民法院于当日作出中止支付裁定。经实体审理后，2012年11月8日无锡市中级人民院作出一审判决，认为不存在保函欺诈。太湖锅炉公司不服一审判决，向江苏省高级人民法

46　参见江苏省高级人民法院〔2013〕苏商外终字第 0006 号民事判决，网址为：https://cgc.law.stanford.edu/zh-hans/judgments/jiangsu-2013-su-shang-wai-zhong-zi-0006-civil-judgment/。

院提起上诉，二审法院维持一审判决。在本案一、二审判决中，审理法院对于独立保函有关欺诈的裁判思路和观点，主要体现在以下四方面：

（一）跨境保函欺诈纠纷的法律适用

首先，涉案预付款保函中明确约定适用 URDG458，该规则第27条规定："除非在保函或反担保函中另作规定，制约的法律应是担保人或指示人（依情况而定）的营业处所。"因此，涉案保函有关争议应适用保函开立机构中行无锡分行所在国，即中华人民共和国法律。其次，有关预付款保函欺诈的争议，依据我国法律规定应识别性质为侵权纠纷。根据《中华人民共和国涉外民事关系法律适用法》第44条规定："侵权责任，适用侵权行为地法律，但当事人有共同经常居所地的，适用共同经常居所地法律。侵权行为发生后，当事人协议选择适用法律的，按照其协议。"由于太湖锅炉公司与卡拉卡托公司没有共同的经常居所地，争议发生后，也未就适用法律达成协议，故应适用侵权行为地法律。由于本案中预付款保函系由中行无锡分行开具并由其对外兑付，所涉保函索偿如存在欺诈，太湖锅炉公司为侵权行为的实际结果承受人，故侵权行为地在中国境内，应适用中华人民共和国法律。

（二）"欺诈例外"及其认定依据

虽然根据 URDG458，涉案预付款保函独立于基础交易，且该规则本身未规定欺诈例外，但依据"欺诈使一切归于无效"的法理，受益人违反诚实信用原则欺诈性索款的，可使保函的独立性归于无效，构成独立性的例外。通过在合同自由与合同正义之间取得恰当的平衡，可以在维护见索即付独立保函商业效用的同时起到防止债权人欺诈索赔侵害债务人利益的作用，因此各国通常均将欺诈例外纳入国内法调整。《最高人民法院关于贯彻执行〈中华人民共和国民法通则〉若干问题的意见（试行）》第68条"一方当事人故意告知对方虚假情况，或者故意隐瞒真实情况，诱使对方当事人作出错误意思表示的，可以认定为欺诈行为"可以作为认定欺诈性索偿的法律依据。

（三）对基础交易的有限审查

人民法院在审查保函受益人向担保银行提交的索偿单据内容是否存在虚假或伪造等情形时，虽然不应全面审理基础交易关系，但可以就基础合同与保函相关的内容以及履行情况进行必要、有限的审查，以利于判断是否构成欺诈。有限审查的范围，应当仅限于受益人是否明知基础交易债务人并不存在违约事实或其他付款到期事实，还滥用索赔权恶意索赔。受益人提交符合保函规定的单据是推定基础交易的债务人违约事实的有效证明。

（四）欺诈止付的审慎作出

如止付申请人能够充分、清楚地举证证明已经全面履行了基础交易的义务，而受益人可以明确无误地认定为欺诈性索赔保函的，人民法院才能止付保函。而对于基础交易的履行存在争议、受益人本身也存在违约事实等情形，并不能认定构成欺诈。对于双方存在较大争议而且需要由对基础合同有管辖权的司法或仲裁机构裁决予以确定的事实，则不应在止付裁定环节越权予以认定，而应充分尊重独立保函规则"先赔付、后争议"的商业安排。

第三节　跨境保函法律风险防控的意见和建议

业务发展与风险防控是跨境保函业务的两个抓手，二者相辅相成，不可分割。如前文案例所反映的，跨境保函业务的风险涵盖相关当事方的信用风险、银行操作风险和有关法律风险，因此，多措并举是跨境保函业务多维度风险防控的必然要求。对于跨境保函业务相关信用风险和操作风险，可以通过加强对保函申请人资信状况、偿债能力及业务发展等进行详尽调查和严格准入，做好保函项下基础项目的风险预测与评估，加强保函出具后银行对基础项目进展情况的监督、了解和跟踪，并对保函业务板块银行员工进行规章制度、操作流程、小语种培训等措施予以有效防控。针对跨境保函法律风险防范措施，我们认为，重点应加强以下四个方面工作：

一、深入领会新司法解释精神

最高人民法院《独立保函司法解释》已于2016年12月1日起施行。作为我国第一份直接规范独立保函纠纷审理的专项司法解释，《独立保函司法解释》本着充分尊重市场主体意思自治、与国际规则接轨的制定原则，对此前独立保函定性、"表面相符"标准、保函欺诈构成、止付令适用条件等疑难问题予以了逐一界定和澄清，有效统一了司法界和实务界认识，将对后续保函业务及司法实践产生深远影响。为此，商业银行应尽快针对《独立保函司法解释》

的实施开展以下三方面应对工作：

一是对《独立保函司法解释》进行系统学习和深入研究，全面了解《独立保函司法解释》的制定背景、制定原则，通过对《独立保函司法解释》条文的分析解读，把握最高审判机关对于跨境独立保函的审理思路和裁判标准。

二是以《独立保函司法解释》为标尺对银行跨境保函业务的协议文本、操作流程进行梳理与完善，全面体现《独立保函司法解释》中有利于维护商业银行权益的条款，如明确保证金质押性质等，防控保函纠纷中银行相关主张不能得到法院支持的法律风险。

三是调动行内外培训资源，开展现场集中学习与远程视频授课相结合的多种形式的法律培训，借助《独立保函司法解释》出台的有利时机，着力提升相关人员跨境保函法律风险识别和防控水平。

二、做好保函文本风险防范

鉴于保函记载的内容决定了担保行所应承担的义务和风险，为此在文本审查过程中，银行应认真对待并严格审定保函条款，确保保函文本与项目结构的匹配性，及时发现潜藏的风险条款，避免留下风险隐患：

首先，明确银行担保责任的性质。为避免争议，应注意保函条款在担保责任性质上的表述明确清晰，如果拟开立见索即付保函，即应在保函中就"见索即付"性质作出明确约定，不能仅仅约定保函是无条件或者不可撤销的，也应同时避免出现银行的付款义务与基础交易责任认定相关联的约定，以免出现前后矛盾进而引发争议。

其次，避免保函金额敞口。一是明确保函担保的金额，宜用确定的固定数值对担保金额予以明确，避免以基础合同价格的百分比来确定数值，并尽量避免使用所谓的全部债务条款（如约定担保的金额范围为申请人在合同项下或与合同有关的全部义务）。二是明确保函币种，如保函开立币种与保函约定的赔付币种不一致，应明确汇率换算方式，避免使用"保函赔付货币将参照合同有关规定"之类的表述，以免使担保行在保函项下的赔付金额产生不确定性，进而使担保银行承担汇率变动的风险。担保银行可结合客户情况，通过要求申请人后续作外汇衍生交易或增加抵押比例等方式规避汇率风险。如保函币种涉及敏感国家货币，还应注意此类货币可能存在的收付障碍以及可能导致的履约困难。三是准确理解并合理运用金额递减条款，并注意将金额递减的依据单据化。此外，在融资类保函中，如银行为反担保保函受益人，应关注保函总额是否能够覆盖全部本息，如未覆盖，应关注减额条款是仅针对本金还是针对本金与利息。

再次，合理约定索偿条款。一方面要注意索赔条件具体化、单据化，必要时可考虑以第三方单据或仲裁裁决及法院判决等权威机构证明等作为违约证明的单据化条件，以限制保函欺诈情况的出现；另一方面要明确约定受益人的索赔文件应当在保函有效期内按照保函约定的方式送达。

关注保函准据法和争议解决方式潜藏的国别法律风险，尽量避免适用陌生国家法律，注意考察保函准据法是否认可 URDG 的相关规则，是否存在 URDG 规则与法院地的法律强制性规定相冲突的情况。鉴于 URDG758 第34条规定，除非保函另有约定，保函的适用法律须为担保人开立保函的分支机构或营业场所所在地的法律，为此银行境外机构在开立保函时还需注意了解其所在地法律是否有加重银行保函责任的相关规定，并考虑通过另行约定准据法的方式予以排除。

最后，注意保函文本与保函开立文件保持一致。实务中，由于中资商业银行客户在境外面临较大竞争压力，境外受益人往往强势要求使用其提供的格式文本，较少同意采用银行格式文本。受益人提供的格式文本有时存在较多针对银行的不利条款，如"自动展期条款""不付款即展期条款""金额补足条款"等，对于此类受益人拒绝进行修改的保函条款，银行应向客户充分揭示其潜在风险，并在与客户的开立保函协议中，针对潜在风险点逐一作出安排，要求客户承担因使用受益人文本导致的一切风险、损失和费用。

三、谨慎审单，规范拒付

跨境保函担保款项的付与不付取决于银行作为担保人对受益人提交的索赔单据的审核和认可。为了减少在银行与受益人之间发生"不符交单"的争议，依法行使银行拒付权利，维护银行保函业务声誉，银行在审单方面应注意做好以下两方面工作：

一是要根据独立保函载明的审单标准及国际商会确定的相关审单标准进行审单，合理拒付。例如，URDG758 采取"严格相符原则"，要求担保行仅以受益人所提交的单据为基础，审核其是否在表面上构成相符交单，保函要求的单据上所记载的内容应该依据单据、保函和 URDG 规则进行审核，相关内容并不需要与该单据本身、其他单据或者保函所记载的内容等同一致，但不得矛盾。《独立保函司法解释》第7条对于"表面相符"的判定标准与URDG758的上述规定并无实质不同。[47]

二是要注意拒付通知的作出和发送需满足国际惯例及规则的程序性要求，确保拒付合法有效。从前述现代重工保函案工商银行浙江分行胜诉的成功经验可见，只要相关索赔要素如索偿地点、索赔时间、提示方式等在保函中的规定全面准确，拒付通知的拒付意思表示明确并在规定时限内发出，银行拒付的效力就不易受到质疑或不被司法机关认可。

四、妥善处理跨境保函争议

总体上看，跨境保函争议缘起两端，一是不符交单而导致的主动拒付；二是银行收到法院止付令而被动止付。为维护银行保函业务声誉，在争议处理的过程中，银行应对以下五方面工作予以关注：

一是高度重视跨境保函争议，统筹评估境内外法律风险。对于可能引发境外被诉风险的疑难、重大保函争议应成立由保函业务主管部门、法律部门及相关境内外机构组成的应对小组，准确识别争议焦点，全面分析银行法律地位及面临的境内外法律风险，制定应对方案。

二是充分认识欺诈止付的双刃剑法律效果，视情况评估欺诈止付程序的法律后果，必要时，要根据《独立保函司法解释》第12条、第14条和第17条的有关规定就是否构成保函欺诈对申请人发起的止付程序提出抗辩或复议。直开保函下，因通常不涉及第三方善意付款银行，因此在有充分理由怀疑受益人与申请人欺诈时，可考虑利用保函欺诈止付程序，暂缓受益人索赔进程，赢得后续应对时间，维护银行资产安全。转开保函下，如开立反担保函的第三方银行已善意对外付款，则原则上不宜主动提起止付程序，以避免银行陷入境内止付、境外被诉的不利境地，防范银行国际声誉受损。

三是妥善处理第三方银行或受益人投诉，在全面审慎分析各方当事人法律关系、客观评估事态后续发展态势的基础上，如存在境外被诉与败诉风险，则应及时采取务实态度寻求解决方案，化解投诉，避免投诉处置不当演化为境外被诉案件。

47　《独立保函司法解释》第七条规定，单据与独立保函条款之间、单据与单据之间表面上不完全一致，但并不导致相互之间产生歧义的，人民法院应当认定构成表面相符。

四是认真对待境外被诉案件，及时外聘当地律师根据适用法律与国际惯例出具法律风险评估意见，及时组织翻译境内止付令等司法文书并对外举证，积极应对案件程序与实体进程，并结合律师对案件前景的预判，采取妥善措施化解风险。

五是灵活运用国际商会的跟单票据争议专家解决规则（DOCDEX）。[48] 如保函争议不涉及欺诈，争议焦点集中在银行审单或拒付是否恰当，且银行确信其操作符合相关国际惯例的，银行可主动将争议问题提交 DOCDEX 争议解决程序，要求获得专家意见。如能获得对本方有利的专家意见，则在后续的交涉及诉讼中将占据有利地位。另一方面，在保函涉及欺诈的情形下，因欺诈主要是法律问题，DOCDEX 专家意见价值相对较低，银行可自主决定是否参加。

48　该规则适用于解决与国际商会 URDG、UCP 等规则相关的争议。发起 DOCDEX 程序的一方须向 ICC 国际专家技术中心提出申请，该中心将在 30 天内邀请相关方提供应答文件。随后，该中心将立刻指定三位专家组成专家组，专家组在收到所有相关文件后的 30 日内做出专家意见，无须听证。运用该争议解决机制的收费标准为 5000 美元，在特殊情况下，最多另收 5000 美元的额外费用。DOCDEX 规则的相关情况可查询 www.iccdocdex.org。

优先受偿源自对权利的救济——
浅析抵押权预告登记之效力

建设银行厦门分行　秦妤冰

摘　要

　　部分司法审判实践否认银行享有的预告登记抵押权对房产处置价款优先受偿，不符合《中华人民共和国物权法》中预告登记制度设计之本意，侵害了银行作为无过错的权利人应有的权利；司法执行程序中又将设立所有权预告登记的房产作为权利人享有物权的房产，予以执行，司法标准的不统一产生了一系列冲突，引发了一系列社会问题。预告登记是一种准物权，设立的目的是为了保障将来实现物权，如权利受到侵害、权利设立的目的落空，无过错的权利人不应承担失权的法律后果，而应获得必要的救济。因预告登记的排他性及对世性，其救济措施也应具有优先属性。因此，银行对房产处置价款优先受偿不以预告登记转为正式登记为必要前提条件，只要银行不存在过错，就应该对其设立预告登记的期待利益落空做出补偿，允许银行对房产处置价款优先受偿，切实保障预告登记制度设立目的的实现。

一、背景及意义

　　近年来，受最高法公报案例[1]的影响，多地法院陆续判决抵押权预告登记不同于抵押登记，不认可预告登记产生物权变动的效力，认为在银行实现债权

---

[1]　《中国光大银行股份有限公司上海青浦支行诉上海东鹤房地产有限公司、陈思绮保证合同纠纷案》，最高人民法院公报 2014 年第 9 期。

时，如该房产抵押担保处于预告登记阶段，尚未办理正式抵押登记，则法院对银行对该房产主张行使抵押权，要求对房产折价、拍卖或变卖，并以处置价款优先受偿的诉求不予支持。此类判决对预告登记效力的认定不符合《中华人民共和国物权法》（以下简称物权法）设立预告登记制度的立法原意，且与银行按揭制度的本意冲突，司法的干预影响了运行良好的银行按揭制度，使房屋产权状况陷入混乱，善意购房人、开发商及银行之间的利益失去平衡，其他债权人从中获益，并进一步催生了债务人与他人恶意串通，稀释银行债权受偿比例等一连串恶果。

然而在执行程序（含财产保全，下同）中，法院却无一例外地认可预告登记产生物权变动的效力，对仅办理预告登记的房产作为预告登记权利人的财产进行保全和处置，与审判程序态度截然相反。

本文从物权法第20条的解读出发，分析预告登记制度设计的本意，明确抵押权预告登记应享有的各项权利，还原司法现状及产生的一系列社会问题，分析了现有的判例对预告登记制度问题的探索及其局限性，提出预告登记对房产处置价款的优先受偿来源于法律对其权利的救济而非抵押权本身这一观点，希望能引发更多对抵押权预告登记效力的探索及思考。

二、预告登记的制度设计

（一）物权法第二十条解读

预告登记的制度设计见于我国物权法第二章物权的设立、变更、转让和消灭，其在我国物权法而非《中华人民共和国合同法》（以下简称合同法）中予以规范，本身就揭示了预告登记不可磨灭的物权属性。

物权法第20条规定："当事人签订买卖房屋或者其他不动产物权的协议，为保障将来实现物权，按照约定可以向登记机构申请预告登记。预告登记后，未经预告登记的权利人同意，处分该不动产的，不发生物权效力。预告登记后，债权消灭或者自能够进行不动产登记之日起三个月内未申请登记的，预告登记失效。"短短118个字，道尽了预告登记制度的定义、适用范围、特点、目的、效力及失权事由。

1. 预告登记的定义

预告登记是当事人在签订买卖房屋或者其他不动产物权的协议时，为保障将来实现物权，按照约定向登记机构申请的请求在条件成立时、期限届满前办理正式物权登记手续的登记。常见的有所有权预告登记及抵押权预告登记。

2. 预告登记适用于所有权、抵押权等物权

预告登记制度用于当事人签订买卖房屋或其他不动产物权的协议，包括所有权、抵押权、建设用地使用权、地役权等物权。所有权预告登记与抵押权预告登记均由同一法条规范，其效力没有任何区别。但司法审判与执行在法律理解与适用上却存在冲突。

目前在执行程序中，法院均认可所有权预告登记产生物权变动的效力，在执行过程中对所有权预告登记的房产与已办妥产权证的房产在处置上没有任何差异，对仅办理所有权预告登记而未办产权证的房产均予保全及拍卖过户。但在审判中不少法院却不支持抵押权预告登记应有的权利，判令银行对房产的处置价款不享有优先受偿权。这造成同为预告登记权利人，法院一方面认可财产归属预告登记所有权人，另一方面又不认可预告登记抵押人享有的抵押权。在借贷双方及担保的开发商三方均没有任何异议的情况下，法院判决银行不享有抵押优先受偿权，人为割裂所有权与抵押权预告登记的效力，没有任何法律依据。对所有权与抵押权预告登记应一视同仁，在认可所有权预告登记的房产可以拍卖过户的同时，也应确认银行对房产处置价款可以优先受偿。

3. 预告登记具有排他性及对世性，是一种准物权

预告登记具有排他性及对世性两个主要特点。权利人通过履行预告登记手续，拥有了请求在条件成立时、期限届满前办理正式物权登记手续的权利。预告登记虽然不是现实的物权，但其是待条件成就后就该房屋设立物权的一种预先的排他性保全，排除了其他人对该项权利的拥有，是一种物权的保全而非债权的保全。中国光大银行股份有限公司上海青浦支行诉上海东鹤房地产有限公司、陈思绮保证合同纠纷一案（最高人民法院公报2014年第9期）的裁判要旨指出："预售商品房抵押贷款中，虽然银行与借款人（购房人）对预售商品房做了抵押预告登记，但该预告登记并未使银行获得现实的抵押权，而是待房屋建成交付借款人后银行就该房屋设立抵押权的一种预先的排他性保全。如果房屋建成后的产权未登记至借款人名下，则抵押权设立登记无法完成，银行不能对该项预售商品房行使抵押权。"同时，预告登记因履行了登记公示手续，即由"对人权"转化为"对世权"，对不特定的第三方具有约束力。因此，预告登记具有排他性及对世性，与债权请求权的相对性有显著而本质的区别，是一种准物权。

4. 预告登记为保障将来实现物权设立，目的不达时应获得必要的救济

预告登记制度的设计目的是保障将来实现物权，如目的落空，对权利人

的期待利益应进行必要的救济。

预告登记设立之目的是保障将实现物权，在满足不动产登记条件后的三个月内，权利人有权进行正式登记。预告登记后，未经预告登记的权利人同意，处分该不动产的，不发生物权效力。[2]《最高人民法院关于适用〈中华人民共和国物权法〉若干问题的解释（一）》（法释〔2016〕5号）第四条进一步明确："未经预告登记的权利人同意，转移不动产所有权，或者设定建设用地使用权、地役权、抵押权等其他物权的，应当依照物权法第二十条第一款的规定，认定其不发生物权效力。"

法谚有云："无救济则无权利"。只有在受侵犯时能够获得有效救济的权利，才有存在的意义。如将来的物权无法实现，应对预告登记权利人的期待利益进行必要救济。因此，他人未经同意处分该不动产且无法回转的，侵害了预告登记权利人的期待利益，应赋予权利人有效的救济措施，允许权利人对处分所得价款优先受偿。如此，方能保障预告登记制度目的的实现。

诚然，预告登记的期待利益落空后，权利人依然可以依据债权主张权利，但未经预告登记的不动产物权协议本身就可以主张债权救济措施，无需预告登记制度加以保护，预告登记的意义何在？正是基于债权的平等性及其救济措施无法对抗第三人的不足，设置了预告登记制度，对当事人之间的不动产物权协议进行进一步保护，因此预告登记制度应有其自身的救济措施。预告登记具有排他性及对世性，其救济措施也应具有排他性及对世性。

5. 预告登记失权的法定事由

物权法第20条第2款规定，预告登记后，债权消灭或者自能够进行不动产登记之日起三个月内未申请登记的，预告登记失效。《最高人民法院关于适用〈中华人民共和国物权法〉若干问题的解释（一）》（法释〔2016〕5号）第5条进一步明确："买卖不动产物权的协议被认定无效、被撤销、被解除，或者预告登记的权利人放弃债权的，应当认定为物权法第二十条第二款所称的'债权消灭'。"

据此，预告登记的失权事由一是权利人自能够进行不动产登记之日起三个月内未申请登记的，权利人失权；二是债权消灭，债权消灭进一步细化为买卖不动产物权的协议被认定无效、被撤销、被解除，或者预告登记的权利人放弃债权的。由此可知，非因权利人过错导致预告登记无法转为正式登记的，不

---

2 《中华人民共和国物权法》第二十条。

是预告登记的失权事由，不应由预告登记权利人承担失权的法律后果。

（二）预告登记应有的权利

从上述物权法第20条的解读可知，预告登记应具有在条件成立后三个月内请求办理正式登记的权利；在预告登记阶段排除他人进行物权变动的权利；预告登记目的落空后获得救济的权利。但是，目前的司法审判实践未对上述预告登记的权利进行应有的保障，尤其对抵押权预告登记效力的认定有失偏颇，产生了一系列法律及社会问题。

三、司法现状及产生的问题

（一）银行按揭制度的设计本意

购房作为人生置业的重大事件，牵动着每个中国人的心，而银行在这一过程中发挥着极其重要的作用。在房地产开发阶段，银行为开发商提供房地产开发贷款，开发商以土地使用权及在建工程为贷款提供抵押担保，并办理抵押登记手续；房屋预售时，银行根据开发商的还款情况，逐户向开发商出具抵押物放行清单，开发商凭放行清单进行预售；房地产管理部门对销售进行监管，对银行放行的抵押房产注销银行的抵押权，销售给购房人的，办理所有权预告登记；对银行未放行的房产，即使开发商违规销售，房地产管理部门也不予办理所有权预告登记，完美地解决了房屋从开发商所有转换为购房人所有的权属转换。在房地产预售阶段，购房人缴纳首付款后，房屋所有权预告登记在购房人名下，购房人以预售房屋为抵押向银行申请按揭贷款，办理抵押权预告登记手续，并在条件成就后转为正式登记。购房人向银行按揭买房，自愿以银行为享有优先权的债权人，以保障银行的抵押优先权为条件获得银行的资金支持，实现购房置业的梦想。

上述银行按揭制度的安排是各方真实意思表示，也是多年来形成的银行助力百姓购房置业的标准流程，更是商品房预售制度的安排。购房人及开发商也均不否认银行的优先受偿权，经过多年实践，流程已臻完善，但目前的司法实践否认抵押权预告登记的效力，使原有的银行按揭制度失去平衡，可能导致银行调整按揭流程，不再对预售阶段房产提供按揭贷款支持并引发一系列社会问题。

（二）司法审判对抵押权预告登记效力的认定

最高人民法院公报2014年第9期刊登了上海市第二中级人民法院《中国光

大银行股份有限公司上海青浦支行诉上海东鹤房地产有限公司、陈思绮保证合同纠纷案》，该案裁判摘要认为：预售商品房抵押贷款中，虽然银行与借款人（购房人）对预售商品房做了抵押预告登记，但该预告登记并未使银行获得现实的抵押权，而是待房屋建成交付借款人后银行就该房屋设立抵押权的一种预先的排他性保全。如果房屋建成后的产权未登记至借款人名下，则抵押权设立登记无法完成，银行不能对该预售商品房行使抵押权。[3] 此后，各地司法机关群起效仿，纷纷判决抵押权预告登记无法对房产优先受偿。

然而，本案具有强烈的个案色彩，不宜作为对抵押权预告登记效力认定的判例在全国范围内推广适用，原因如下：

第一，本案并非普通的金融借款合同纠纷案件，而是一个串通套取银行贷款的恶性案件。本案中，开发商为套取银行资金，与自然人串通签订虚假的预售商品房买卖合同，并以该自然人的名义与银行签订商品房抵押贷款合同而获得银行贷款。商品房预售合同因恶意串通已被另案[4]确认无效，由于贷款合同的目的已无法实现，贷款合同被一并解除。本案是在作为主合同的贷款合同被解除的基础上，探讨从合同中抵押权预告登记的效力，具有很强的个案色彩，不具有普遍的适用价值。

第二，在本案中，所有权预告登记因债权消灭而失权，房产回到开发商名下，此时再由银行处置房产并对价款优先受偿将导致房屋权属陷入持续的混乱中，故二审法院判令银行不享有抵押权，但开发商对债务人的所有债务（而非合同约定的抵押物清偿不足的部分）承担连带清偿责任，以另一种方式对预告登记权利人进行了必要的救济，兼顾了银行、债务人及开发商各方的合法权益。但在绝大多数的金融借款合同纠纷案件中，预告登记的所有权依然在购房人名下，此时如判令已办理抵押权预告登记的银行不能对房屋处置价款优先受偿，则银行沦为普通债权人，只能按照债权比例受偿，获益的是其他普通债权人，违背了购房人与银行订立合同、办理抵押权预告登记时以银行为优先债务人的真实意思表示。

（三）否认预告登记的效力引发一系列社会问题

1. 房屋权属关系陷入混乱状态

购房人在办理房产证条件成就后三个月内不办理所有权正式登记的，所

3　《中国光大银行股份有限公司上海青浦支行诉上海东鹤房地产有限公司、陈思绮保证合同纠纷案》［J］.最高人民法院公报，2014 年第 9 期。

4　上海市青浦区人民法院〔2011〕青民三（民）初字第 79 号民事判决书。

有权预告登记失权的法定事由成立，其房屋所有权预告登记应该被自动注销。但此时房款已全部付清，购房人事实上已经入住，如所有权预告登记失效，则房产所有权回到开发商名下，必然会引发开发商、购房人、银行三方的纠纷。若此时房价上涨，开发商倾向于退房而购房人倾向于继续拥有房屋，若此时房价下跌，购房人可能恶意不办理房产证并要求开发商返还全部房款，无论何种情况，都将使房屋产权状况陷入混乱，开发商、购房人、银行三方的合法权益均无法得到有效的保障，成为制度的受害者。故目前在实践中，即使购房人未办理产权证，只要购房人未明示放弃房屋所有权、办理退房手续的，房地产管理部门也未按法律的要求注销购房人的所有权预告登记，仍然认可其对房产享有所有权，以免引发严重的社会动荡。

2. 银行信贷风险严重加剧

在整个房地产开发及销售的过程中，银行为开发商及购房人提供了绝大部分资金支持，并使房地产开发贷款与购房按揭贷款顺利承接，既为房地产市场的发展与调控作出了重大的贡献，又为民众的购房置业提供了巨大的帮助，银行履行了其至关重要的社会责任，且银行提供资金的前提就是享有抵押权，如果银行的这一权利不能得到保障，势必导致银行调整按揭流程，待能够办理正式抵押登记后才提供资金，这与现行的商品房预售制度就背道而驰了。

3. 开发商面临破产风险

一旦从房产处置价款中优先受偿受阻，银行必将转向为购房人提供阶段性连带保证责任的开发商，开发商承担保证责任的风险加剧，个别开发商甚至因无力承受巨额损失而面临破产。

4. 进一步催生购房人道德风险

预告登记丧失优先权的判例一出，催生了购房人严重的道德风险。在预告登记阶段，购房人趁机与他人恶意串通、虚增债务，稀释银行贷款对房产处置价款的受偿比例，导致原本无风险的债权无法获得清偿，银行不可控信贷风险加剧。

（四）预告登记转为正式登记的主要障碍

目前的司法审判实践普遍认为，只有在抵押权预告登记转为正式登记后，银行获得现实的抵押权，才能对抵押房产主张优先受偿权，而预告登记转为正式登记的障碍主要有购房人不办理产权证、购房人不配合办理正式抵押登记、预查封及查封限制预告登记转为正式登记三种。

1. 购房人不办理产权证

房屋建成后，办理分户产权证时必须获得购房人的配合，购房人不配合的，产权证无法办妥。在现实生活中，因办理产权证需要缴纳大笔税费，购房人不配合办理产权证的例子俯拾皆是。产权证无法办理，则抵押权预告登记无法转为正式登记。

2. 购房人不配合办理抵押权正式登记

实践中，作为权利人的银行一般在订立金融借款合同及抵押合同之时已取得购房人的授权，接受购房人的委托，在房产已登记在购房人名下后代为办理抵押权预告登记转正式登记手续，故办理抵押权正式登记一般无需获得购房人的配合，阻力不大。但这一授权需要房地产管理部门的认可，如房地产管理部门不认可，仍需购房人到场办理时，则购房人不配合也将成为抵押权预告登记转为正式登记的一大障碍。即便房地产管理部门认可，仍时有特殊情况导致正式登记无法办理，如房产被查封、外籍人士护照未提供中文翻译公证或其他房地产管理部门认为购房手续存在瑕疵等。

3. 预查封及查封导致预告登记无法转为正式登记

实践中，如购房人有多个债权人的，债权人申请保全或执行房产，此时如产权证尚未办妥，法院将对房产预查封，预查封后，房地产管理部门即冻结房屋权属状态，不予办理产权证，抵押权预告登记亦无法转为正式登记，进而导致权利人失去优先受偿权。

预查封是指对尚未在登记机构进行物权登记但又履行了一定的批准或者备案等预登记手续、被执行人享有未公示或者物权期待权的房地产所采取的控制性措施，即由法院制发预查封裁定书和协助执行通知书，由国土资源、房地产管理部门办理预查封登记手续，待该房地产权属登记完结时转为正式查封。根据《最高人民法院、国土资源部、建设部关于依法规范人民法院执行和国土资源房地产管理部门协助执行若干问题的通知》（法发〔2004〕5号）的有关规定[5]，预查封的目的不在于禁止办理产权证，而在阻碍预查封阶段发生抵押、

---

[5]　《最高人民法院、国土资源部、建设部关于依法规范人民法院执行和国土资源房地产管理部门协助执行若干问题的通知》（法发〔2004〕5号）第十五条第三项："下列房屋虽未进行房屋所有权登记，人民法院也可以进行预查封：（三）被执行人购买的办理了商品房预售合同登记备案手续或者商品房预告登记的房屋。"第十六条："国土资源、房地产管理部门应当依据人民法院的协助执行通知书和所附的裁定书办理预查封登记。土地、房屋权属在预查封期间登记在被执行人名下的，预查封登记自动转为查封登记，预查封转为正式查封后，查封期限从预查封之日起开始计算。"

转让等权属变更、转让登记，损害债权人的利益。在预查封阶段，仍可依法办理产权证，推动预查封转为查封并进入房产处置程序，实现预查封的立法目的。因预查封导致产权证无法办理，与预查封制度的立法原意相悖。但目前部分国土资源、房地产管理部门在接到法院预查封通知后，就禁止对房屋权属进行任何形式的变更登记，包括禁止所有权预告登记转为正式登记，与物权法规定的预告登记在条件成就后三个月之内转为正式登记的限制相冲突。

同样的，如房屋产权证已经办妥，但正式抵押登记尚未办妥，一旦房产遭遇法院查封，国土资源、房地产管理部门同样也禁止抵押权预告登记转为正式登记，直接侵犯了银行的抵押权。

法院对房产的预查封及查封，是为了防止债务人诉前、诉讼及执行阶段恶意转移资产、逃避债务，保障债权人顺利实现债权，而非阻碍债权人实现债权，更不是为了帮助普通债权人或购房人侵害预告登记权利人的优先债权。部分国土资源、房地产管理部门禁止预查封及查封阶段预告登记转为正式登记，导致司法程序被滥用，普通债权人恶意抢首封，甚至购房人与他人串通设置虚假债务，将抵押权扼死在预告登记阶段，使预告登记抵押权人沦为普通债权人，债权无法得到清偿，预告登记制度的立法目的落空。

四、对预告登记效力的探索及其局限性

简单地判令抵押权预告登记不享有优先受偿权不仅违背了预告登记制度设计之本意，也引发了严重的社会问题，越来越多的法官意识到这个问题并尝试在司法裁判中探索如何保护预告登记的合法权利，具有积极、进步的意义，值得借鉴，但部分探索仍具有一定的局限性，未能从根本上全面地解决问题，本文选取了几个典型案例，对其裁判要旨进行简要评述。

（一）建筑物整体产权登记条件未成就

在司法实践中，部分法官认为，虽然办理正式登记的条件仍不具备，但权利人因预告登记而可排除加诸于房产之上的其他权利，待正式登记的条件成就后，权利人可依法将预告登记转为正式登记，实现抵押权。

案例：工行吴兴支行与尤国祥、湖州福晖置业有限公司金融借款合同纠纷一案[6]

---

6 《浙江省湖州市中级人民法院民事判决书》，〔2015〕浙湖商终字第216号。

裁判要旨：涉案房产已办理抵押权预告登记，作为债权人的工行吴兴支行，在房屋建成且符合办理抵押权登记的条件时依法可将抵押权预告登记转为正式登记，在此之前依法可排除其他相同请求权。由于抵押权的实现是就抵押财产折价或者以拍卖、变卖该抵押财产所得的价款优先受偿，涉案房屋目前尚未竣工，会继续建造还是就此停建未为可知，此时实现抵押权不能反映抵押物的实际价值，实现抵押权的条件尚不成就，故工行吴兴支行需待房屋建成符合抵押权登记条件或房屋确定停建后享有优先权。在此期间，未经工行吴兴支行同意，他人不得处分该房产，如若处置，则工行吴兴支行可就处置价款优先受偿。[7]

评述：上述判决充分肯定了预告登记的排他效力及优先受偿权。但不足之处在于，附条件的判决能否执行存在极大的不确定性，建筑物整体产权登记是否能够办妥，购房人是否会配合办理房产证及正式抵押登记等一系列不确定因素将导致预告登记的所有权及抵押权均陷入巨大的不确定中，不宜提倡。此外，附条件的判决导致结果的不确定性，执行程序还要识别条件是否成就，执行程序是否有权识别条件成就等问题并无定论，对后续的强制执行造成很大障碍，银行权利仍无法得到有效保障。

（二）购房人不办理产权证

购房人不办理产权证的，有的法官通过判令购房人履行合同义务，办理房产证及抵押登记；也有的法官认定购房人恶意阻碍条件成就，视为办理房产证及抵押登记的条件已成就，赋予抵押权预告登记的权利人优先受偿权。以下将结合案例对上述两种判例进行简要评述：

1. 购房人不配合的，判令购房人履行合同义务，办理产权证并协助进行抵押登记

案例：建行上海宝钢宝山支行与李剑声、刘菊秀金融借款合同纠纷一案[8]

裁判要旨：因被告李剑声未办理涉案房产的产权证，致使涉案房产的抵押权目前仍处于预告登记状态，故原告有权要求被告李剑声履行合同义务及时办理涉案房产的产权证，将涉案房产的抵押权人设定为原告，以便原告实现合同目的，在抵押权设定后可以依法实现抵押权。[9]

评审：上述附条件的判决看起来很美，但办理产权证需要缴纳契税等税

---

7 《浙江省湖州市中级人民法院民事判决书》，〔2015〕浙湖商终字第216号。
8 《上海市宝山区人民法院民事判决书》，〔2014〕宝民二（商）初字第727号。
9 《上海市宝山区人民法院民事判决书》，〔2014〕宝民二（商）初字第727号。

费，一旦购房人不配合履行判决内容，则在实践中很难强制执行，不利于保护权利人的合法权益。上述内容可以作为判决的一部分，但不宜作为判决的全部，法官应考虑到购房人不履行判决的情况，并进一步设置裁判后果。

2. 购房人恶意阻碍条件成就的，视为条件已成就，应通过裁判文书直接确认银行抵押权

因购房人拒不配合办理产权证，导致抵押登记无法办妥的，本质上是购房人为自己的利益而不正当地阻止条件成就，应视为条件已成就，如此方符合合同法有关精神[10]，有利于维护民法诚实信用的原则。

案例：建行福州城北支行与周文娟、高源、福州恒宇房地产发展有限公司金融借款合同纠纷一案[11]

裁判要旨：本案首先判决相关当事人办理抵押登记手续，符合不动产抵押权依登记而设立的物权法规定，在购房人拒不办理抵押登记的特殊情况下赋予债权人优先权，既符合物权法精神又回应了实践需要。本案主要从五个方面去分析论证债权人享有优先受偿权：一是从《最高人民法院关于人民法院办理执行异议和复议案件若干问题的规定》第30条规定得出案涉商品房可作为购房人责任财产进行处置的结论。二是从倡导诚实信用基本原则出发，认定赋予债权人优先权有利于惩治违约失信行为。三是从物权公示角度出发，认为预告登记亦具备一定的公示外观。四是参照附条件民事行为的法律规定，认为购房人拒不办理抵押登记，实为恶意阻碍条件成就应视为条件已成就。五是从《最高人民法院关于审理商品房买卖合同纠纷案件适用法律若干问题的解释》第26条的规定得出债权人有权处置商品房的结论。上述观点论证逻辑严密，二审法院据此并根据物权法第28条规定，通过司法判决确认债权人对商品房享有优先受偿权。[12]

评述：该结论既不否定抵押权依登记设立，同时另辟蹊径，运用体系解释的法律解释方法考察了相关司法解释规定，并从诚实信用、物权公示等基本原则出发探求立法精神，最终依据物权法第28条规定，以司法判决确认债权人的优先受偿权，从而解决了该类案件中的实践难题。该判决为抵押权设立以

10　《中华人民共和国合同法》第四十五条："当事人对合同的效力可以约定附条件。附生效条件的合同，自条件成就时生效。附解除条件的合同，自条件成就时失效。当事人为自己的利益不正当地阻止条件成就的，视为条件已成就；不正当地促成条件成就的，视为条件不成就。"

11　《福建省福州市中级人民法院民事判决书》，〔2015〕榕民终字第5965号。

12　林秀榕、陈光卓：《抵押权预告登记权利人无过错时有权对商品房优先受偿》〔J〕.人民司法，2016年第14期。

司法文书代替行政登记走出了关键的一步，意义深远。但是，预告登记无法转为正式登记的阻碍远远不只购房人恶意阻碍一种，本案由于个案的局限性，未对其他情形充分讨论。

（三）预告登记转为正式登记不是优先受偿的必经之路

上述典型案例中对预告登记效力的探索中均认可抵押权预告登记无法转为正式登记，银行并不存在过错时，银行不应承担失权的法律后果，为了保障银行债权的优先受偿权，法官从各方面尝试赋予银行抵押权，但是，附条件的判决导致结果的不确定性，执行程序还要识别条件是否成就，执行程序是否有权识别条件成就存在争议；正式登记的条件确未成就、购房人的恶意不配合、预查封及查封的阻碍等一系列问题使案件陷入了"审理繁、执行难"的困境，难以在司法实践中大面积推广。

其实，抵押权预告登记转为正式登记并不是银行对房产处置价款优先受偿的必要前提条件，可以根据物权法的有关规定，以司法文书代替行政登记，直接产生物权变动的效力；也可以在物权未变动，正式抵押权未设立的情况下，根据无过错权利人预告登记设立目的落空应获得必要的救济这一理论，赋予抵押权预告登记的权利人对房产处置价款优先受偿的权利。

1. 以司法文书代替行政登记，直接产生物权变动的效力

为避免房产权属关系陷入混乱，引发社会动荡，根据物权法第28条[13]的有关规定，以司法文书替代行政登记，直接产生物权变动的效力，即对未办理产权证的，只要购房人未明示放弃房屋所有权的均认定其享有所有权，并对房产进行拍卖过户。

抵押权预告登记也应参照这一思路，跳出抵押登记必须以行政方式设立的藩篱，以司法文书确认物权变动，即通过审判程序认定抵押权预告登记转为正式登记的条件已成就，银行对房产享有抵押权，对房产处置价款可以优先受偿。

2. 直接以优先受偿对预告登记设立目的落空进行救济

即使不通过司法文书确认物权变动，也可以依据权利受到侵害应获得必要的救济这一法理，赋予期待利益落空的预告登记权利人对房产处置价款优先受偿的权利，而对房产处置价款优先受偿就是最主要的救济方式之一。

13　《中华人民共和国物权法》第二十八条："因人民法院、仲裁委员会的法律文书或者人民政府的征收决定等，导致物权设立、变更、转让或者消灭的，自法律文书或者人民政府的征收决定等生效时发生效力。"

有观点认为，根据物权法定的原则，只有抵押权才享有优先受偿权，抵押权预告登记不是正式登记，不应享有优先受偿权，否则就违背了物权法的有关规定。其实不然，直接判令预告登记的抵押权可以对房产处置价款优先受偿，并不违背物权法的规定及立法精神，预告登记是物权法设立的准物权，具有排他性及对世性的特点，其权利受到侵害则应获得相应的救济，其救济措施也应相应的具有排他、对世的优先属性。因此，预告登记阶段处置房产的，只要没有出现权利人失权的法定事由，基于对其期待利益落空的救济，预告登记的抵押权人对房产处置价款应优先受偿。

五、结论

简单地判令抵押权预告登记不享有抵押权优先受偿的权利，侵犯了预告登记权利人期待利益落空后获得救济的权利，引发了一系列法律及社会问题。部分国土资源、房地产管理部门僵化执行司法机关预查封、查封指令，给预告登记转为正式登记进一步设置了人为障碍，严重侵害了银行抵押权。

司法实践中，越来越多的法官开始意识到，简单地判令抵押权预告登记不享有抵押权优先受偿的权利，使银行沦为普通债权人于法无据、于理不合，并开始探索如何保障预告登记权利人的合法权利，使预告登记权利人看到了一丝曙光。但现有的司法判例多为附条件的判决，使权利属于不确定的状态，难以进一步强制执行，预告登记权利人的合法权益未得到直接、根本的保障，虽有以司法文书代替行政登记，直接确认银行抵押权这一重大突破，但仍难逃预告登记必须转为正式登记才能享有优先受偿权这一藩篱，使银行优先受偿的实现"道阻且长"。

预告登记具有排他性及对世性，是一种准物权，其目的是保障权利人将来实现债权。如果目的不达不是权利人自身过错造成的，则不是预告登记失权的法定事由，不应由权利人承担失权的法律后果，应对其进行必要的、排他的救济，使抵押权预告登记的权利人对房产处置价款优先受偿，如此，方符合预告登记制度设计的本意及立法精神。

动产质押监管业务风险点的专题调研

日照银行 寇相亮

摘　要

动产质押是指债务人或第三人将其所有的动产移交债权人占有，以该动产保障债权人实现债权的担保方式。大部分非房地产企业在向银行进行融资时，考虑到其缺少足值的不动产进行抵押担保的实际情况，以企业运营过程中所有的主要动产进行质押担保便成为了非房地产企业的首选。与实践操作中较为普遍的不动产抵押相比，由于动产质押需将标的动产交付债权人占有，因此在质物的选择、质物的交付、质权的效力等多个方面，动产质押均有其特殊之处，尤其在质物交付债权人后，如何对质物进行有效的监管，对于保障债权的实现具有重要意义。本文在分析动产质押法律要素的基础上，结合我公司已运作的以动产质押作为担保措施的项目的实践经验，重点论述以动产为担保物时担保措施的选择及动产质押监管过程中的风险控制环节，并以粮食质押为例，简要介绍粮食质押及监管的整个流程，以为公司日后开展实体经济的商业化项目提供参考。

一、动产质押法律要素简析

（一）动产质押的标的物

动产质押的标的物为出质人移转质权人占有以用作债权担保的质押财产。法律上，动产作为质押财产至少须满足以下条件：

1. 必须是特定化的动产

所谓特定化，是指作为质押财产的动产必须具体、明确，可以与出质人所有的同种类的其他动产相区分。法律上如此规定的原因就在于动产质权是在动产上设定的担保物权，虽不移转质押财产的所有权，但需移转质押财产的占有，如果质押财产尚未特定，不能与出质人所有的同种类的其他动产相区分，质权将无所附着，质押财产也无从转移占有，当质权人主张质权时，出质人很可能会以所主张的动产并非质押财产为理由进行抗辩。

实践操作中，动产质押的标的物除了传统的机器设备等以外，更多的是原材料等生产资料，如钢材、金属、化工原料等货物。这些动产货物用于质押时，很容易出现实际质物品名不清、规格不一、清点不易、质物不足值、质量不符以及质物无明显标识、质押合同及相关文件对质物记载不明等问题，使得质物与质押合同的内容难以一一对应，导致质物被认定为未特定化，影响质权的有效性。

因此，为明晰质押财产，在质押合同中，对质押财产的描述应明确、具体，不能笼统、简单地注明为钢材、原材料、矿产品等通用名称，质押清单中应明确质物的名称、规格、数量、质量、价值、状况、仓库号或货物存放的具体位置等，并且在条件允许的情况下，所有的质物在存放保管时，应当使用相应的质押专用标识。

2. 必须是具有交换价值的动产

动产质押的目的是担保债权的实现，若债权届期未获清偿，则质权人有权以其所占有的质押财产的交换价值优先受偿。质押财产若是无交换价值的物，则质权人于债务人届期未清偿债权时，不能从质押财产中获得优先受偿，担保目的也就因此落空了。

3. 必须是具有可让与性的动产

《中华人民共和国物权法》（以下简称物权法）第209条明确规定："法律、行政法规禁止转让的动产不得出质。"质权人的权利重在以动产的交换价值实现优先受偿，若以不可让与或不能让与的财产作为质押财产，质押财产则无法变价，质权也就无法实现。因此，像管制枪支、毒品之类的动产均不得作为质物。[1]

（二）动产质押的生效要件

物权法第212条规定："质权自出质人交付质押财产时设立。"实践操作中，质权人与出质人签署质押合同后，质押合同即告生效，但此时质权尚未有效设立，只有当质押财产交付质权人后，动产质权才发生效力。因此，质押财产的有效交付对质权的有效性有直接影响。

质押财产的交付是指质押财产转移给质权人占有，表现为质权人对质押

1　《中华人民共和国枪支管理法》第三条。

财产的实际控制，而非质押财产所有权的转移。实践操作中，达到何种条件可视为质押财产占有的转移应予以重点关注。一般情况下，出质人将质押财产交付至质权人指定的地点并且质权人能对该地点的质押财产实现实际控制，即可视为交付完成。具体来说，在质权人自身有条件对质押财产进行存放保管的情况下，一般应由出质人将质押财产直接交付给质权人，如将黄金等贵金属存放在质权人所有的保险柜中；在质权人自身没有条件对质押财产进行存放保管的情况下，如质押财产为化工产品等，质权人一般可以通过租用出质人自己的仓库用于存放质押财产或与仓储公司签署仓储保管协议，指示出质人将质押财产交付至质权人指定的仓储地点，但此种情况下需要注意的是，即使质押财产交付至质权人指定的地点，若质权人无法对该地点的质押财产形成实际控制，如对于质权人租赁出质人自己的仓库存放质押财产的，出质人仍可以对该质押财产进行随意处置，质权人无法管控，则仍不符合交付的要求。鉴于此，质权人通常应选聘具有监管能力的第三方主体对质押财产进行严格监管，本文将在第四部分对此进行详细论述。

（三）动产质押的效力

动产质押的效力即动产质权对于质权人或出质人的效力，也就是质权人或出质人所享有的权利和承担的义务。基于动产质押的特殊性，本文仅就动产质押法律关系中质权人或出质人所特有的主要的权利义务进行简要分析。

1. 质权人享有占有质押财产的权利

动产质权以移转标的物的占有为成立要件，质权人对质押财产当然取得占有权。在质权人的占有权受到侵害时，质权人可以依法提起占有恢复之诉。

2. 质权人负有妥善保管质押财产的义务

物权法第215条规定："质权人负有妥善保管质押财产的义务；因保管不善致使质押财产毁损、灭失的，应当承担赔偿责任。质权人的行为可能使质押财产毁损、灭失的，出质人可以要求质权人将质押财产提存，或者要求提前清偿债务并返还质押财产。"

根据上述规定，基于质权人对质押物的占有，法律赋予了质权人妥善保管质押财产的义务。实践操作中，由于出质人提供的质押财产往往是出质人所有的生产资料，而有些生产资料需要专业的储藏保管条件，如粮食、化工用品等，否则可能会导致质押财产的毁损、灭失，但对于并非从事出质人所涉行业的质权人来说，如何妥善保管质押财产以避免承担不必要的责任便显得尤为重要。一般情况下，若出质人有专业的条件存储质押财产，质权人可选择租赁出质人的仓库等存储场所，并在协议中明确出质人应提供符合质押物存储的一切条件以及因出质人未提供存储质押财产所需的条件导致质押财产毁损、灭失的，质权人不承担责任。而若出质人没有专业的条件存储质押财产或场地不足，质权人可选择具有存储能力的仓储公司对质押财产进行保管，此种情况下，若质物发生毁损、灭失的情况，质权人在向出质人承担赔偿责任后，可以向仓储公司进行追偿。

3. 质权人负有不以质物为使用、收益、处分的义务

动产质权为担保物权而非用益物权，质权人没有对质物的使用、收益权，更不能处分质物。[2]

二、以动产为标的物的担保措施的选择

（一）动产抵押与动产质押

1. 动产抵押的概念与特点

动产抵押是指债权人对于债务人或第三人不移转占有而提供担保之动产，于债务不履行时，得就其价值优先受偿的担保物权制度。与动产质押相比，动产抵押具有如下特点：

（1）动产质押的质物必须转移给质权人占有，动产质权方为有效；而动产抵押的抵押物无需转移给抵押权人占有，这样便使抵押人既能够继续占有、使用动产以获得收益，又满足了债务人获得融资的需求。

（2）动产质权于质物交付给质权人时设立；而动产抵押权自抵押合同生效时设立，未经登记的动产抵押权，不得对抗善意第三人。

2. 动产抵押与动产质押之比较分析——从债权人的角度

（1）动产质押担保措施的优势与不足。如前文所述，动产质权于质物交付给质权人时设立，这使得质权人在担保期间能够直接占有标的质物，避免了出质人故意毁损质物、任意处分质物等行为，有力地实现了对质权人权益的保障。但也正因质权人需占有标的质物，在最大程度上保障质权人利益的同时，质权人也负有妥善保管质物的义务，对于一些需要特殊储存方式的质物或不宜特定化的质物来说，由于质权人的非专业性，选择动产质押的担保方式也使得质权人承担了较大的风险。

2　《中华人民共和国物权法》第二百一十四条。

（2）动产抵押担保措施的优势与不足。动产抵押无需移转抵押物的占有，在抵押合同生效时抵押权即有效设立的安排使抵押权人无需花费额外成本存放抵押物，抵押权人无需承担对抵押物进行妥善保管的义务。但与动产质押相比，抵押权人缺少对抵押财产的实际控制力，无法直接避免抵押人对抵押财产的恶意毁损，在未办理抵押登记的情形下，若抵押物被抵押人转让给不知情的善意第三人，抵押权人的抵押权也无法对抗该善意第三人的所有权。

（3）动产抵押权与动产质权的竞合。传统动产物权的公示方法是以占有来公示权利人对标的动产的权利，动产抵押制度的出现突破了传统动产物权的公示方法，将登记亦作为动产抵押权的公示方式，且采取了登记对抗主义，即未经登记的动产抵押权，不得对抗善意第三人。这种制度的设立导致实践中对于同一动产，可能既存在动产抵押权也存在动产质权的情况，如出质人虽将质物交付质权人占有，但由于各方疏漏，恶意出质人可能会利用动产抵押无需转移抵押物的特点，将同一标的财产抵押给第三人。

发生上述动产抵押权与动产质权竞合的情形时该如何处理的问题，我国物权法并无明确规定，《最高人民法院关于适用〈中华人民共和国担保法〉若干问题的解释》第79条中规定"同一财产法定登记的抵押权与质权并存时，抵押权人优先于质权人受偿"，即无论质权成立于何时，法定登记的抵押权均优先于质权。该条司法解释的出台主要考虑到抵押权的登记时间容易确定，而质权的交付设立时间不宜确定，当事人存在设定抵押权后与第三人恶意串通更改质权设定时间以对抗抵押权人的可能。该条司法解释出台后，理论界对于该条司法解释如何适用及其合理性争议较大，尤其是物权法实施后，对于动产均采取登记对抗主义，该条司法解释是否还继续适用亦无定论，但实践中，仍有判决将其作为审理依据。[3]

3. 动产抵押与动产质押两种担保方式的选择

动产抵押与动产质押两种担保方式各有优点，在债务人有需要持续使用担保标的且该担保标的在相应的登记机关能够顺利办理抵押登记的情况下，如机器设备、交通工具等，债权人可以选择动产抵押的担保方式来保障自己的债权。若债务人无持续使用担保标的的需要且债权人能够找到适宜存放担保标的的地点，考虑到动产质权人能够对质物实现实际控制，以防止出质人恶意毁损、处置质物，建议债权人尽量选择动产质押的方式来保障自己的债权，同时，为防止出质人将质物以动产抵押的方式抵押给第三人，实践操作

3　《浙江省嘉兴市中级人民法院民事判决书》，〔2011〕浙嘉商终字第436号。

中可以考虑将办理动产抵押登记所需提供的资料原件交付至质权人保管，这样一来就避免了出质人将质物再抵押给第三人的问题，更加充分的保障了债权人的权益。

（二）仓单、提单质押与动产质押

1.仓单、提单质押的概念与特点

仓单，指仓库保管人在收到仓储物时应存货人的要求而填发，以给付一定物品为内容的权利凭证。提单，指用于证明海上货物运输合同和货物已经由承运人接受或者装船，以及承运人保证据以交付货物的权利凭证。

仓单、提单的质押是指债务人以其所有的仓单、提单作为履行债务的担保方式，并且具有以下特点：

（1）提供质押的仓单或提单的格式与记载内容应符合法律的明文规定。[4]有些仓储公司、运输公司出具的入库单、运输单等，仅是其公司内部适用的记录凭证，并不符合法律规定的仓单、提单的形式，因此，不能作为权利质押的标的。

（2）质权以仓单、提单交付质权人占有时设立。

2.仓单、提单质押与动产质押之比较分析——从债权人的角度

上文已经介绍了动产质押担保措施的优势与不足，此处不再赘述。

（1）仓单、提单质押担保措施的优势与不足。仓单、提单质押担保方式以权利凭证的交付为质权设立的条件，与动产抵押相类似，仓单、提单的质权人虽无需花费额外成本存放权利凭证上记载的标的动产，但也因质权人缺少对标的动产的实际控制力，无法直接避免出质人对标的动产的任意处置或恶意毁损等行为，如在质押期间，仓单、提单项下的标的动产被转让给第三人，在第三人不知提取标的动产的权利已经被质押，支付了合理对价且标的动产已经交付给第三人的情况下，第三人符合法律规定的动产善意取得的适用情形，其对标的动产的所有权受到法律的保护，相应的仓单、提单上设立的质权便消灭了。

（2）仓单、提单质押与动产质押的竞合。由于仓单、提单质押担保措施中的质权人不实际控制仓单、提单项下的标的动产，而且也不像动产抵押那样能够通过采取具有较强公示性的登记方式公示权利的所有人，因此，如果标的动产被出质给第三人，第三人在并不知悉标的动产的仓单、提单被质押且已经

4　《中华人民共和国合同法》第三百八十六条、《中华人民共和国海商法》第七十一条、第七十三条。

实际占有标的动产的情况下，第三人符合法律规定的动产质权善意取得的适用情形，此时便出现了仓单、提单质押与动产质押竞合的情况。出于法律对善意第三人所为交易安全的保护以及仓单、提单项下的标的动产置于善意动产质权人的合法占有之下，仓单、提单的权利质权人便不能顺利的行使质权。

3. 仓单、提单质押与动产质押两种担保方式的选择

正如上文所述，由于仓单、提单质押的质权人并不能实际控制标的动产，当发生出质人恶意处置标的动产的情形时，仓单、提单质押的质权人的权利恐怕无法很好地保障，而且实践中存在较多出质人与仓储保管人串通虚开仓单对同一批货物进行多次仓单质押而引发争议的案件。因此，当既可以进行仓单、提单质押，又可以进行动产质押的情况下，建议尽量选择适用动产质押，并且为防止出质人将质物对应的仓单或提单交付给第三人设立权利质权，实践操作中，应在对动产进行占有监管的基础上要求出质人将仓单或提单同时交付给动产质权人，以充分保障动产质权人的利益。

三、动产质押监管的风险控制探析

动产质押的核心要素在于质权人对质物的实际控制，实践操作中，质权人通常会聘请具有专业监管能力的监管公司对质物进行管控，在监管公司对质物进行监管的整个过程中，有以下几个环节应予以特别关注：

（一）质物是否符合约定

前文已述，动产质押的标的物必须是特定化的物，质权人与出质人在签署质押合同时，应对拟出质的质物信息进行详细描述，包括但不限于质物的名称、规格、数量、质量、价值、状况、仓库号或货物存放的具体位置等，在出质人履行出质程序时，质权人及监管方应对质物是否符合合同的约定进行查验，具体来说，首先应检验货物的权属是否为出质人所有，检验方式可以通过查看货物的购销合同、运输单据，如铁路运单、发票等单据，上述单据上所描述的货物必须相互印证；其次应查验货物的质量、数量、价值、状况等要素是否与合同约定相符，在需要专业机构对货物的质量进行检验的情况下，应要求出质人同时提供质权人认可的权威机构出具的质检单，监管方则应着重对货物的数量、状况等要素进行检验。最后，为防止质物出现毁损，损害质权人利益，质权人通常会要求出质人对质物投保，并将质权人作为第一受益人，在此情形

下，质权人与监管方应对保险单据进行检验。

（二）质物是否已实现交付

质物交付质权人占有是质权有效设立的前提，为实现质权人对质物的有效控制，出质人应将质物交付至质权人指定的地点。质权人在租赁出质人或第三人的仓库用于存放质物的情况下，质权人、监管方与仓库出租人应签署协议明确承租区域，即监管区域。出质人在交付质物时，监管方应确保质物放至监管区域内，并且在实际条件允许的情况下，采用物理隔离或张贴质押标识等方式，公示质押权利的存在。质权人在选择将质物存放在仓储公司的情况下，质权人、仓储公司与监管方也应签署协议明确用于存放质物的区域。出质人在交付质物时，监管方应确保质物放至监管区域内，同时，要求仓储公司将出具的仓单或入库单等单据交付质权人保管，以充分实现对质物的实际控制。

（三）质物的置换

对于实体经济企业而言，货物的周转频率对利润率的高低影响较大，从我公司运作的几个涉及动产质押的项目来看，若债务存续期较长，则在债务存续期对质物进行置换是出质人的普遍需求。对于质权人来说，只有对质物每一次进出实行严格监管，才能确保质押率的平衡，以保障债权的实现。实践操作中，当出质人提出置换质押物的需求时，首先应将拟出质质物的具体信息发送给质权人进行审核，征得质权人的书面同意；其次，质权人应将出质人准备进行出质的事项通知监管方，监管方应到场查验见证新质物的出质过程，并向质权人出具新的质物清单。最后，在完成新质物的出质程序后，出质人应向质权人发送拟提取质物的具体信息，质权人同意出质人提取质物的情况下，由其向监管方出具书面通知，监管方凭借质权人出具的书面通知上记载的质物信息，允许出质人提取货物。在整个质物的置换过程中，监管方均应现场见证，确保新质押的货物与提取的货物与单据保持一致。

（四）日常对质物的监管

除了对质物的进出库进行严格监管外，在条件允许的情况下，监管方应派人24小时驻守在质物存放地，以实现对质物日常的巡查监管，如对质物所在仓库进行巡查，建立质物登记统计制度，每天查看质物是否发生出库、数量减少、变质、毁损、灭失等情况，并进行随时记录以及及时通知质权人；如遇国家有权机关对质物进行查封、扣押、处置或第三人就质物主张任何权利的情况，监管方应主动告知有关机关或第三人质物的监管状态，并及时通知质权人等。

（五）相关费用支付主体的确定对质物监管及质权实现的影响

1. 监管费的支付主体对质物监管的影响

出于节约成本的考虑，虽然质权人聘请监管方对质物进行监管，但一般会要求出质人向监管方支付监管费。这样一来，一旦出质人不履行支付监管费的义务，监管方通常不会继续履行监管职责，质权人对质物的实际控制力将无法保障，况且，安排出质人支付监管费，在极端情况下也可能导致监管方为取得监管费用，而与出质人串通，不对质物进行严格监管，从而出现损害质权人权利的情形。因此，建议实践操作中能够由质权人支付监管费用，相应所付出的监管成本可以通过其他方式由出质人实质承担。

2. 仓储费的支付主体对质权实现的影响

在质权人选择由仓储公司对质物进行存储的情形下，仓储费用一般也会约定由出质人支付，但根据物权法第230条规定"债务人不履行到期债务，债权人可以留置已经合法占有的债务人的动产，并有权就该动产优先受偿"，物权法第239条规定"同一动产上已设立抵押权或者质权，该动产又被留置的，留置权人优先受偿"，在仓储合同中，如果存货人不履行其在仓储合同中的债务，如支付仓储费等，仓单的仓储人有留置标的动产的权利，并且有权以该标的动产优先受偿，质权人此时只能劣后于仓储人受偿。因此，为避免出质人不支付仓储费的情形出现，建议实践操作中也由质权人支付仓储费，与监管费相同，质权人所付出的仓储成本可以通过其他方式由出质人实质承担。

四、实践经验简介——粮食质押及其监管流程

在本部分中，根据公司已开展的相关项目的实际操作方案，笔者将简要介绍以粮食为质押物的动产质押监管流程，以供参考。

H公司拟以其所有的粮食为其在M银行的贷款提供动产质押担保，M银行聘请第三方监管公司Z公司对质押粮食进行监管，质物存放地为H公司自有仓库，质押期间允许H公司以其他粮食或现金提供质押，并于履行完毕出质手续后，置换原质物。质物转移质权人占有（入库）及提取质物的流程见下图。

（一）质物转移占有（入库）的流程详解

其一，由出质人与监管方签署租赁协议。考虑到日后质物进行置换时，新

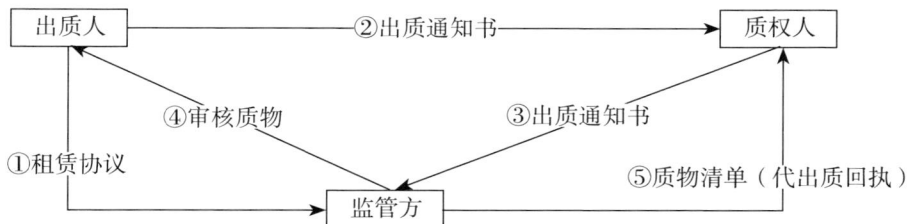

质物转移质权人占有（入库）流程图

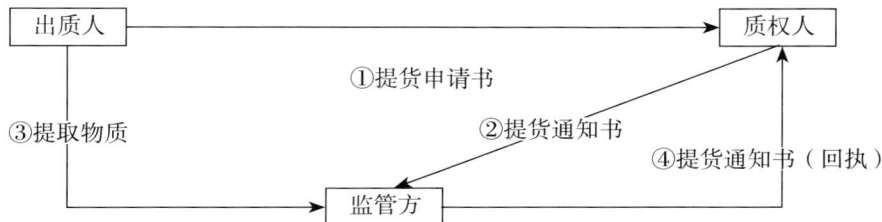

提取质物流程图

质物所在仓库现阶段无法确定，为确保质物均交付至我方可以控制的监管区域内，监管方承租了出质人的全部仓库，仓库的区位图作为租赁协议的附件。此处需要注意的是，出于监管方内部控制程序的要求，质权人并未作为租赁协议的签署主体，为充分体现质权人对质物的控制占有，租赁协议中明确了监管方是受质权人的委托对质物进行监管，并为监管之目的，监管方承租出质人的仓库，且未经质权人书面同意，监管方与出质人均不得解除租赁协议。如此约定虽在一定程度上达到了体现质权人对质物控制占有的目的，但为避免不必要的争议，实践操作中质权人应争取与监管方、出质人或仓储方共同签署租赁协议或仓储协议，以防止监管方、出质人或仓储方在未经质权人同意的情况下擅自改动租赁协议，影响质权人的权利实现。

其二，出质人于出质前，向质权人发送出质通知书，该出质通知书中列明了拟出质粮食的详细信息：质物名称、等级、生产厂家（产地）、数量、单价、金额、货物是否在库等，并经出质人加盖公章予以确认。同时，质权人要求质押粮食质量必须满足国标三级以上标准且必须承保一切险，出质人在向质权人发送出质通知书时，将粮食化验单据和保险单据作为出质通知书的附件，一并提交质权人审核。

其三，质权人收到出质通知书及相关附件后，若认为出质人拟出质的粮食符合质权人的要求，则由其在该出质通知书上加盖预留印鉴，并将该出质通知书交付至监管方。

其四，监管方收到质权人发送的出质通知书后，按照出质通知书记载的相关信息，对拟出质粮食进行查验。

其五，监管方查验无误后，由其出具质物清单（代出质回执），明确交付监管方的货物与出质通知书一致，并列明质物明细，该质物清单（代出质回执）加盖监管方预留印鉴及出质人公章后，送交质权人，质权人加盖预留印鉴后留存原件。

（二）提取质物流程详解

出质人在按上述流程完成与拟提取质物价值相当的新质物的出质手续后，可以提取原质物。

首先，出质人向质权人提交提货申请书，列明拟提取质物的相关信息，如质物名称、生产厂家（产地）、数量、货位号等，并在提货申请书上加盖出质人公章。

其次，质权人在核实出质人已完成新质物的出质手续后，向监管方签发提货通知书，并按照提货申请书列明出质人拟提取质物的相关信息。

再次，监管方收到质权人签发的提货通知书后，按提货通知书的要求，为出质人办理质物的提取手续。

最后，出质人提取质物后，监管方向质权人签发提货通知书（回执），明确已提取质物的相关信息，同时明确结存质物的相关信息。

（三）监管方日常对质物的监管

监管方24小时驻守在出质人的仓库，每天至少两次对监管仓库内的粮食进行巡查，并对粮食每日的数量等存储状态进行记录，若发现出质人在进行有损质物安全的行为，如转移质物或质物发生变质、毁损、被查封等情况，及时告知质权人。

五、结语

动产质押是法定的担保方式之一，与动产抵押和仓单、提单质押相比，动产质押需要移转质押财产的占有，是能够更充分保障质权人利益的担保措施。在决定采用动产质押的担保方式后，质权人应着重关注动产质押标的物的特定化问题以及动产质押的生效要件，在质押期间，质权人应加大对所占有质物的监管力度，建立合理、高效、衔接紧密的监管流程，以防止质物损失给质权人带来的损害。

"抵押+"的法律风险问题研究——
以四起"抵押+"案件为例

日照银行 寇相亮

摘 要

抵押担保是保全金融债权的所谓"担保之王",但近年来,抵押担保与其他因素竞合产生的风险越来越为农信机构所熟知。本文提出了"抵押+"的有关问题,对"抵押+"进行了基本概述,通过对绍兴区域农信机构的影响情况介绍,分析了四起典型"抵押+"案件,并建议通过完善制度、规范调查、严厉打击、互相借力等途径防范和解决"抵押+"风险问题。

绪 论

一、背景和意义

长久以来,传统观念认为抵押担保能够有效防范债务人逃废债务,保全金融债权,是所谓"担保之王"。然而,近年来,经济金融形势持续下行,债务人逃废债务手段层出不穷,银行不良贷款压力不断增大,抵押物司法处置也持续增多并伴随各种障碍和限制条件。抵押作为所谓的"担保之王"能否有效保全债权也被广泛地质疑。抵押处置难,尤其难在抵押权与其他权利竞合及抵押物与其他因素竞合的"抵押+"情形下,比如抵押权+租赁权,抵押权+建设工程价款优先权等。这种"抵押+"产生的处置风险,不仅导致银行的债权不能有效保全,反而因抵押贷款的授信额度要求不同,产生比保证担保贷款、信用贷款更大的危害。本文以"抵押+"为基础,介绍"抵押+"的一些基本情况,并通过案例分析,重点透析四起具有代表性的"抵押+"法律风险案例,并在最后提供符合浙江农信系统实际的解决之策。

二、研究方法和研究进展

研究方法：本文在写作研究的过程中运用了实证研究法和案例研究法，通过理论分析和经验总结，力求论证科学且具有可行性和实践意义。

研究进展："抵押＋"问题是目前农信机构抵押贷款业务操作、处置过程中面临的难点问题，全面防范和控制也是银行业的重要研究课题。囿于"抵押＋"涉及问题较为广泛，较短时间难以完成对全部内容的阐述，故本文仅提出并探讨"抵押＋"的一些初步问题，并呼吁农信机构对该问题予以充分重视，同时，重点根据目前形势下常见的、影响较大的几类案件进行分析，从而为农信机构有效应对提出一些尚未广泛实践的应对方法和借鉴；本文暂未对"抵押＋"问题进行全面的理论和实践分析，亦未能从列举全部的案例进行分析，下一步可以在本文研究的基础上进行扩展，提出多元的控制建议和应对思路。

三、主要内容

本论文有五部分组成，概述如下：

第一部分为绪论，介绍本文的背景、意义、研究方法、研究进展和主要内容。

第二部分为"抵押＋"概述，通过情况介绍、数据分析、当前困境等方面，对"抵押＋"整体情况进行概览陈述。

第三部分为四起"抵押＋"案件的分析，从案例、风险分析等方面对租赁、建设工程价款、税款、劳动报酬四个类型的"抵押＋"风险进行分析，并分别提出防范建议。

第四部分为应对措施，从防范、借力和打击三个方面为农信机构防范"抵押＋"风险提出应对和化解措施。

第五部分为结语。

第一节 "抵押＋"的法律风险概述

所谓"抵押＋"是指银行抵押担保贷款在贷款发放前、持续中、处置后等不同阶段发生的抵押权和其他权利竞合或者抵押物与其他因素交错导致的抵押债权难以顺利、完整实现的情况。"互联网+"将互联网创新成果和实体经济社会领域相融合，"+"的是"机会"，"抵押+"是抵押权或抵押物与其他因素相竞合，"+"的是"风险"。"抵押+"案件的特征如下：

一、竞合性

竞合性是指"抵押+"风险是由抵押本身的优先权特性及现实中抵押物情况复杂导致的权利或（和）要素冲突。虽然《中华人民共和国担保法》（以下简称担保法）和《中华人民共和国物权法》（以下简称物权法）都明确了抵押的优先权，但仍然存在"但法律另有规定的除外"兜底，因此，"例外"情况便悄然发生。比如建设工程价款优先受偿权、税收优先权、土地使用权出让金优先权、船舶优先权等，当这些权利并存时便发生竞合，竞合后抵押权优先但无法保证"最先"。此外，限于相关法律制度、司法实践，抵押物执行处置中也会发生腾退难、一套房、违章建筑等非权利因素与抵押物竞合的情况。

二、复杂性

"抵押+"风险因素一般产生在抵押贷款发放前，持续于贷款存续期间，爆发于抵押物司法处置后，因此，复杂性主要体现在如下两方面：一是防范要求高。"抵押+"的法律风险发生在抵押办理、存续和执行的每个阶段，不同阶段均有不同特点和可能性，同时，防范的专业性要求也较高，未经训练经办人员的业务素质难以满足防范要求；二是"抵押+"情况难以穷举。抵押可以与各种必然或偶然的权利竞合，而不同权利、不同情况竞合的防范、处置方式不同又加剧了"抵押+"案件的复杂程度。

三、危害性

抵押贷款的授信额度与抵押物密切相关，因此，当抵押贷款发放时的价值与处置时实际价值发生严重反向偏离时，抵押权人便会有较大的损失。所以，当"抵押+"情况发生，抵押物价值或抵押权最终实现的价值均或多或少受到影响，有些情况下，抵押权人甚至"零受偿"。

就绍兴地区而言，2012年至今，辖内农信机构在处置不良贷款过程均涉及"抵押＋"的法律风险问题，并成逐年上升趋势（详见图示一）。根据不完全统计，近五年来，绍兴辖内农信机构受"抵押＋"问题影响的案件有158件，占全部抵押案件的30.6%，合计金额9.7亿元，占全部抵押物执行案件金额的40.1%，其中多笔金额超过千万元。

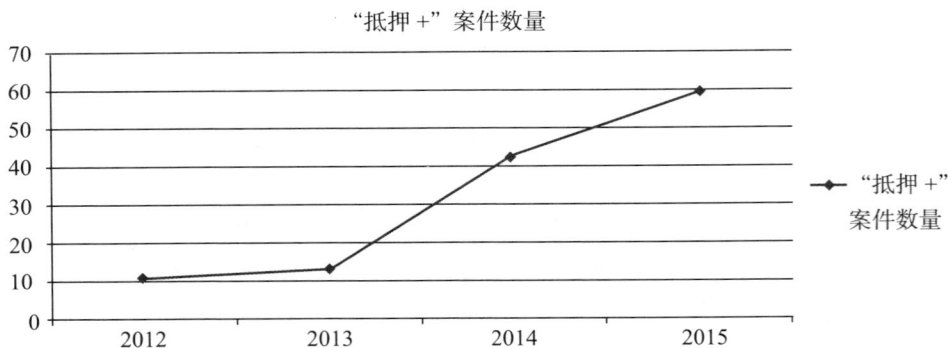

图示一：2012—2015年度"抵押＋"案件数量折线图

具体的"抵押＋"案件类型中，腾退难占据了相当大比例，此外，"抵押＋"租赁、一套房、工程款及违章等也是"抵押＋"案件的常见问题（详见：图示二）。在绍兴地区农信机构，"抵押＋"其他案件还涉及到税收优先权、劳动报酬优先权等情况。

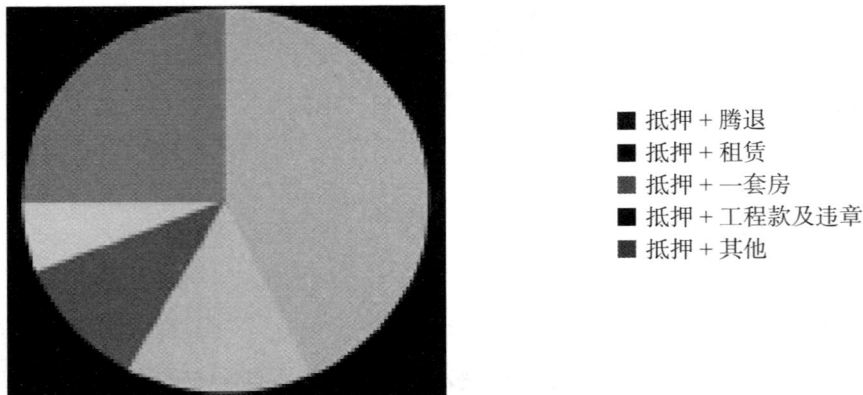

图示二：近五年绍兴辖内农信机构"抵押＋"分布比例情况饼状图

探讨"抵押＋"的风险及应对措施应将其置于实境之中，故本文将根据上述统计情况选取辖内发生的较为典型及新型的案例，以期通过对不同个案的解剖和分析，窥探"抵押"与不同变量结合而产生的"病变"，进而对症下药，得出符合辖内行社乃至整个浙江农信系统实际的防范与解决之道。

第二节　四起"抵押＋"案例的法律分析

一、"抵押＋"租赁权的法律分析

（一）案例介绍

因甲服饰公司结欠 A 行社借款本息，2015年5月，A 行社向人民法院申请实现担保，要求就被申请人李某抵押给该行社的位于柯桥湖东路的房屋房产依法变价，并就所得价款优先受偿。2015年6月，人民法院作出裁定，裁定该行社对被申请人李某的房产在拍卖、变卖等方式依法变价所得价款在相应本金利息范围内优先受偿。嗣后，A 行社依法向法院申请执行，要求对抵押房产进行拍卖处置，在执行处置过程中，案外人徐某向法院提出：其已经租赁该抵押房屋，租赁时间在抵押之前，租金60万元，租期20年，分两次付清，并提交了租赁合同和租金支付凭证。

经 A 行社调查：徐某与李某存在债权债务关系，徐某将房屋抵债并过户给李某，李某又将房屋抵押给银行，但徐某一直居住在此处，据行社客户经理陈述，抵债后由李某无偿给徐某居住，而徐某陈述，由其向李某租住。但行社并无任何证明抵押时的状态，但徐某提供了物业发票、电费发票等居住证明材料。

人民法院听证认为：徐某与李某的租赁合同和付款凭证形式上不能确定为虚假，同时，徐某提供了提前于抵押时间的居住证明，而银行未能提供任何证据证明其抵押时的状态，也不能证明租赁合同为虚假，故裁定租赁有效，抵押权不能对抗租赁权。后银行不服，向法院提起执行异议之诉，并将该案情况报送公安机关，后经公安机关介入，徐某向法院出具承诺，不以租赁权对抗抵押权，银行也向法院申请撤诉，抵押物最终顺利执行拍卖。

（二）风险点分析

租赁权的保障最早来源于《中华人民共和国合同法》（以下简称合同法）"买卖不破租赁"的规定。合同法第229条规定："租赁物在租赁期间发生所有权变动的，不影响租赁合同的效力。"担保法第48条进一步规定："抵押人将已出租的财产抵押的，应当书面告知承租人，原租赁合同继续有效。"《最高人民法院关于适用〈中华人民共和国担保法〉若干问题的解释》第65条对此也进行了更明确的说明："抵押人将已出租的财产抵押的，抵押权实现后，租赁合同在有效期内对抵押物的受让人继续有效。"物权法第190条也承继了担保法、合同法有关立法精神，规定"订立抵押合同前抵押财产已出租的，原租赁关系不受该抵押权的影响"。

综观上述规定，在已出租的财产上设立抵押，不能影响在先的租赁权。但相关法律规定并没有排斥抵押权、租赁权的并存。在抵押权实现前，双方能够"和平共处，友好互存"，但抵押权实现时，抵押物上的租赁关系势必影响执行程序的进行，也会影响抵押物的处置价格。面对真实的租赁关系，银行等抵押权人会将租赁关系纳入抵押物价值考量范围，一般不会对抵押权人引发不公平的后果。然而根据法律规定，房屋抵押权的生效需要登记公示，但租赁合同仅需租赁双方签字盖章后生效，因此，前者有案可查，后者却难以知晓，进而会发生抵押时没有"在先租赁"，但处置时出现在先租赁的情形。租赁权对抗抵押权风险集中在以下几个方面：

1. "倒签合同"

当事人伪造租赁合同时间及租金支付、房屋交付凭证，通过执行异议程序对抗抵押权，影响抵押物的正常处置。

2. "偷梁换柱"

虽然抵押权人在抵押前进行了调查，但调查的租期、租金、承租人等内容与处置时第三方提交租赁合同的内容不一致，该租赁合同在租金支付、租期等方面对抵押权实现有较大的不利。

3. "见缝插针"

在客户经理尽职调查并由抵押人出具无租赁承诺后，抵押办理前，抵押人签订租赁合同并支付"租金"，利用这种业务办理的"空隙"，制造在先租赁关系对抗抵押权。

4. "声东击西"

即部分租赁影响整体处置的风险，当抵押物是某不可分割整体建筑的部分时，虽然该抵押物本身无租赁，但其他部分存在租赁，因该抵押物无法独立处置，需要整体处置，其他附属部分存在的租赁同样影响到抵押物的处置情况和处置价格。

（三）风险防范建议

虚假租赁对抗抵押权，是目前抵押物司法处置过程最为严重，也是最迫切需要解决的问题，虚假租赁严重影响金融债权的实现，破坏了社会信用秩序和司法权威，作为农信机构，应当从"防"到"治"等多个方面予以应对：

1. 强化抵押财产调查

首先，在贷款调查过程中，重点调查抵押物的使用现状，是否存在第三人占用、租用等情况，如果第三人占用、无偿使用，要明确租、借等具体法律关系；其次，要注意调查方式和固定证据，抵押权人不仅要留存书面调查笔录，还要善于利用视频、音频设备，保留"显示时间节点"的视频、音频材料，最大程度地固定抵押物使用现状证据。

2. 防范时间节点风险

对抵押物的调查时间和相关法律文书的时间要同步，在发生贷款周转、抵押重新办理等情况时，要重新进行调查并固定证据。

3. 规范租赁文书签订

要注重规范签订租赁三方协议等协议书，留存复印件并要求出租方和承租方加盖骑缝章确认复印件与原件一致；对于无租赁的承诺书，要注明违反承诺愿意承担包括刑事责任在内的一切法律责任外，还需要明确"本承诺出具后，未经贵行（社）书面同意，抵押物不租赁给任何第三方"的表述，彻底杜绝抵押人在承诺出具之后通过各种途径虚构租赁关系。

4. 严厉打击虚假租赁

《浙江省高级人民法院关于执行非住宅房屋时案外人主张租赁权的若干问题解答》等有关文件明确规定：对虚构租赁关系、对抗法院执行的行为，一经查实，要依据有关规定对相关责任人予以罚款、拘留，构成贷款诈骗、骗取贷款、拒不执行判决裁定等犯罪的，依法追究刑事责任。因此，各行社应与当地政府、公安、法院联动，严厉打击虚假租赁等恶意逃废债行为。2015年10月至12月，嵊州市公安局以贷款诈骗罪依法对黄某、方某等进行了逮捕，严厉打击了通过虚假租赁逃废债务有关当事人的嚣张气焰。此外，绍兴地区其他行社也有多起通过公安机关介入而涤除租赁权的成功案例。除了通过刑事手段直接打击涉案当事人外，各行社可以采取与法院沟通，向司法局、律协等律师管理机构（组织）发出司法建议书，要求对为逃废债务"出谋划策"的律师进行督查，净化当地的法治诚信环境。

二、"抵押+"建设工程价款优先权的法律风险分析

（一）案例介绍

2013年12月，B行社与乙置业有限公司签订抵押合同，将乙置业公司的房产抵押给该行社，同时办理了抵押登记手续，并向该企业发放贷款人民币1160万元，2015年初，乙置业公司未能按约支付利息，故B行社将其起诉至人民法院，后人民法院判决，该行社对该公司的抵押房地产在拍卖、变卖等方式依法变价所得价款在1160万元本金及相应利息范围内优先受偿。嗣后，B行社向法院申请执行。在执行过程中，某第三方施工公司向法院提出异议，表示其与乙置业公司建设工程款纠纷正在法院审理，主张其在工程竣工之日起6个月内向乙置业公司发函主张过工程价款优先权，并要求法院判决其就该抵押物的变价所得价款享有优先受偿权。不久，人民法院作出判决，判决该施工公司对房屋享有建设工程价款优先权。后因一个抵押物有两个优先权，法院执行陷入困境，目前该案停滞，B行社面临较大损失风险。

（二）风险点分析

建设工程价款优先受偿权是由我国合同法确定的法定优先权，合同法第286条规定："发包人未按照约定支付价款的，承包人可以催告发包人在合理期限内支付价款。发包人逾期不支付的，除按照建设工程的性质不宜折价、拍卖的以外，承包人可以与发包人协议将该工程折价，也可以申请人民法院将该工程依法拍卖。建设工程的价款就该工程折价或者拍卖的价款优先受偿。"2002年最高人民法院发布了《最高人民法院关于建设工程价款优先受偿权问题的批复》（以下简称《批复》），使上述规定更具操作性，《批复》第4条规定：建设工程承包人行使优先权的期限为6个月，自建设工程竣工之日或者建设工程合同约定的竣工之日起计算。此外，《批复》也明确了建设工程价款优先受偿权的权利期限、工程价款范围、与担保物权及普通债权之间的受偿顺序等问题。《批复》同时规定，建筑工程承包人的优先受偿权优于抵押权和其他债权。虽然《批复》对相关法律规定进行了明确，但在实践中仍存在诸多难点和疑惑，比如：承包人行使优先权的期限为6个月，何种行为可以认定为"行使"，上述案例中，承包人向发包人发函，能否认定为"行使"，如果可以认定，则极有可能发生相互串通，损害抵押权人权益的情形。再如该法定优先权能否放弃，在实践中也存在诸多争议。2012年，浙江省高级人民法院颁布了《执行中处

理建设工程价款优先受偿权有关问题的解答》，明确"建设工程承包人自行与发包人协商以该工程折价抵偿尚未支付工程价款，或者提起诉讼、申请仲裁要求确认其对该工程拍卖价款享有优先受偿权，或者直接申请法院将该工程拍卖以实现工程款债权，或者申请参加对建设工程变价款的参与分配程序主张优先受偿权，均属于对建设工程价款依法行使优先权"。即一定程度上对建设工程价款优先权的主张方式进行了明确，防范了相关当事人滥用权利，损害其他债权人的合法权益。但是，该解答并未在浙江省司法审判领域得到广泛认可。特别是抵押多年的抵押物，在无任何征兆的情况下，被所谓"承包人"提出优先权，导致抵押优先权落空，极大损害银行等抵押权人的合法权益。建设工程价款优先权对抗抵押权风险集中在以下几个方面：

1. 未出具放弃优先权的承诺书

根据目前浙江省内实践，部分项目贷款需要办理在建工程抵押，但在建工程抵押势必存在建设工程价款问题，如果承包方未向抵押权人出具放弃优先权承诺书，则极有可能导致抵押优先权悬空；此外，由于承包方存在变动可能性，可能存在承包方和施工方等多重主体，如果抵押权人未能调查清楚，出具放弃优先权的主体错误，也会导致抵押权悬空。

2. 放弃优先权承诺被认定无效

目前，仍有部分观点认为放弃建设工程价款无效。无效说认为：合同法有关建设工程优先受偿权的规定属于法律的强制性规定，不能通过私人的协议予以排除，而且该权利的立法目的是维护劳动者的权益，协议放弃与立法目的有悖，也侵犯了劳动者的生存权和取得报酬的权利。因此，即使抵押权人合法持有放弃优先权承诺书，但也会被部分持有无效说的法官认定为无效。

3. 虚假工程款优先权对抗抵押权

此风险如案例所示，建设工程价款优先权对抗抵押权尚未引起足够重视，当抵押权人实现抵押权时，"潜伏"多年的所谓承包人，通过诉讼主张优先权，并提供工程竣工后6个月内已经主张的函件，对抗抵押权。此外，因建设工程价款优先权主张方式等立法的模糊，为抵押人和承包人的串通提供了"温床"。

（三）风险防范建议

建设工程价款优先权是法定优先权，但建设工程价款作为民事财产权，可依据权利主体的真实意思予以处分，是最基本的意思自治原则的体现，司法实践中越来越多的法院和法官承认放弃优先受偿权的有效性。但目前在其主张时间和主张方式上仍然存在诸多争议，农信机构在办理房地产等建设工程抵押时，需要重点在以下几个方面进行防范：

1. 重视对抵押物建设工程价款结欠情况调查

首先，在贷款调查过程中，要通过对抵押人、承包人等调查，了解施工单位和承包方信息、工程价款金额和支付情况，留存书面调查笔录，还要利用视频、音频设备固定证据。

2. 签订放弃优先权或未结欠工程价款承诺书

对于在建工程抵押，要求承包方出具放弃建设工程价款优先权承诺书，同时要求抵押人出具未经抵押权人同意建设工程不得变更承包人或施工方等内容的承诺；对于已竣工工程、房产抵押，在全面调查的基础上，要求抵押人出具未结欠工程价款承诺书，并明确"若未按约定承诺履行义务，将承担包括刑事责任在内的一切法律责任"。

3. 了解适应区域建设工程价款案件司法实践

抵押权人要了解本区域内法院、法官对建设工程价款优先权放弃的观点，同时，也要了解当地法院对建设工程价款优先权的态度，如果当地法院主流观点持无效说，则在无有效增信措施的前提下，不建议接受结欠工程价款的抵押物；如果当地法院在对建设工程价款优先权主张方式上呈开放性态度，则建议严格调查所有工程、建筑类抵押贷款的工程款结欠情况。

4. 打击虚假建设工程价款优先权对抗抵押权

对于出具无工程款结欠承诺书的或虚假建设工程价款优先权经查实的，要积极与当地公安、法院沟通，依据有关规定对相关责任人予以罚款、拘留，构成贷款诈骗、骗取贷款、拒不执行判决裁定等犯罪的，依法追究刑事责任。

三、"抵押＋税款优先权"的法律风险分析

（一）案例介绍

C行社于2009年11月、2010年2月共计向丙贸易公司发放贷款1100万元，而丙贸易公司以其自有房地产作抵押，后公司因经营不善于2011年9月关停。为保全债权，该行社向法院提起诉讼并申请对抵押物强制执行，法院经三次拍卖以840万元成交。但成交后，该行社却被告知，税务机关向法院提出申请，要求以拍卖款受偿该企业自2000年始未缴纳的城镇土地使用税和房产税及其他欠税，截止申请执行日，应缴纳税款400余万元。后C行社提出异议，认为一是

丙贸易公司欠税部分在行社抵押前，部分在抵押后，抵押后欠税，税务机关无优先权；二是企业有其他厂房仍在拍卖，税务机关不得在该抵押物项下全部优先受偿。后法院裁定，在抵押之前的结欠的税款（不含罚款）由税务机关优先受偿，合计金额240万元，其余款项由债权银行优先受偿。但因税款240万元从已不足值的抵押物拍卖款中优先受偿，导致C行社较大损失。

（二）风险点分析

税收优先权的法律依据来源于《中华人民共和国税收征收管理法》（以下简称税收征管法）第45条，该规定明确："税务机关征收税款，税收优先于无担保债权，法律另有规定的除外；纳税人欠缴的税款发生在纳税人以其财产设定抵押、质押或者纳税人的财产被留置之前的，税收应当先于抵押权、质权、留置权执行。纳税人欠缴税款，同时又被行政机关决定处以罚款、没收违法所得的，税收优先于罚款、没收违法所得。税务机关应当对纳税人欠缴税款的情况定期予以公告。"因此，根据该条规定，我国税法上的"税收优先权"包括优先于无担保债权、优先于有担保债权、优先于罚款、没收违法所得三个方面，其中，税款优先于担保债权存在较大问题。

1. 抵押设定前结欠税收享有优先权

2015年7月，浙江省高院与浙江省地税局联合印发了《关于建立人民法院民事执行与地税部门税费征缴协作机制的会议纪要》，该会议纪要第5条中明确规定："如果纳税人所欠税款发生在其财产依法设定担保之后，则该部分欠税款不得优先于担保物权受偿。有确切证据证明抵押权人、质权人在接受抵押、质押前曾请求地税部门提供债务人欠税情况，但地税部门未予提供或只提供部分欠税情况的，只能就提供的欠税金额优先受偿。"因此，担保设定时间节点前后的税款结欠情况尤为重要。根据税收征管法第45条第3款的规定，税务机关应当对纳税人欠缴税款的情况定期予以公告，但多数税务机关未能公告，因此，很多农信机构在办理房地产抵押贷款时，未能把握该时间节点下税收结欠情况，尤其是困难企业贷款周转的过程中税收结欠情况。一些农信机构仓促地办理抵押，在执行过程中易出现税款优先权的情况，导致银行债权损失。

2. 不合理认定非税费用优先权主张

目前，部分地方税务机关，仅仅根据税务管理规定，不仅要求对税款，还要求对滞纳金等费用优先受偿，并会将相关费用一并提交至法院，部分法院未能严格审核，对税务机关的要求都予以认可，最终导致抵押物处置价款余值不足，权利受损。

（三）风险防范建议

税款优先权对抗抵押权，要从"抵押前""执行后"两个方面防范：

1. 抵押前，明确抵押人欠款情况

根据《关于建立人民法院民事执行与地税部门税费征缴协作机制的会议纪要》，抵押前的税款享有优于抵押权的优先权，因此，银行业金融机构在接受非住宅房产、土地（含企业、个人）抵押前，应对抵押人的欠税情况进行调查，调查可以采用客户经理自行调查，也可以采用由抵押人在提供信贷资料时一并提供完税证明的方式，以此摸清抵押人在抵押登记前的欠税情况；此外，在信息不全的情况下，可以向税务机关发出问询函，征询抵押人税务结欠情况，因为上述会议纪要明确"有确切证据证明抵押权人、质权人在接受抵押、质押前曾请求地税部门提供债务人欠税情况，但地税部门未予提供或只提供部分欠税情况的，只能就提供的欠税金额优先受偿"，所以发问询函后，如果地方税务机关回复，可以有效明确欠税情况，如未回复或回复不全，则"只能就提供的欠税金额优先受偿"。

2. 执行后，据理力争保障抵押权

首先，要明确税收优先权行使的额度。税收征管法第45条只是提到了税收优先权及于"税款"，并没有包括滞纳金，因此滞纳金应不具有优先受偿权，如果税务机关将滞纳金等费用一并计算，应建议予以剔除；其次，要梳理确认税款发生的时间，剔除抵押后产生的税款；最后，要明确抵押人是否有其他可处置财产，若存在其他财产，要积极沟通，并向法院提出以其他财产支付税款或与其他财产处置价款一并按比例承担税款，最大程度地保障金融抵押债权。

四、"抵押＋劳动报酬优先权"的法律风险分析

（一）案例介绍

D行社于2012年3月14日向丁服装公司发放贷款1350万元，由丁公司自有的房地产抵押。后丁公司未归还到期贷款，该银行向法院提起诉讼并申请强制执行，法院经公开拍卖抵押物得款1216万元，但在执行分配过程中，法院告知该银行，要求在抵押处置价款中扣除200万元用于因丁公司倒闭而应支付的职工工资、经济补偿金，后D行社多次沟通未果，法院对职工工资、报

酬等扣除导致抵押贷款产生较大损失。

（二）风险点分析

劳动债权是优先债权来源于《中华人民共和国企业破产法》（以下简称企业破产法）第113条的规定：破产财产在优先清偿破产费用和共益债务后，依照下列顺序清偿：（1）破产人所欠职工的工资和医疗、伤残补助、抚恤费用，所欠的应当划入职工个人账户的基本养老保险、基本医疗保险费用，以及法律、行政法规规定应当支付给职工的补偿金；（2）破产人欠缴的除前项规定以外的社会保险费用和破产人所欠税款；（3）普通破产债权。由此可见，劳动债权在执行分配中优先于国家税收受偿，明显区别于普通债权，国家税收是优先债权，则劳动债权也是一种优先权。但企业破产法第109条规定：对破产人的特定财产享有担保权的权利人，对该特定财产享有优先受偿的权利。因此担保物权享有别除权，不属于破产财产，不参与破产程序。因此，抵押担保物权应当优于劳动债权。但事实上，劳动债权是基于劳动法而产生的带有分配性质的一类债权债务关系，其产生带有很强的社会政策性和国家干预性。考虑到当前社会经济阶段，劳动债权仍是劳动者维持自身和家庭成员生存的必需，事关劳动者及社会公众共同和普遍的生存权，司法实践中让担保物权作出让步让渡部分权益给劳动债权，看似具有合理性，也体现了社会正义，但没有相应的法律依据，而且没有制约，也对金融债权和抵押担保制度的存续带来挑战。劳动报酬优先权对抗抵押权的常见情形如下：

1. 制造社会或群体事件

劳动报酬，民工工资等债权债务的清偿和处理，带有很强的社会政策性和国家干预性，在目前的社会环境下，劳动报酬未能满足，容易导致集体信访、上访等情况，因此一般地方政府都非常重视，尽力去避免这种情况发生。一般债务较多的企业很难再有可处置资产清偿这些债务，银行抵押物是最后一块"肥肉"，相较于维护优势地位的银行等金融机构，政府和法院很多时候更倾向于缓释社会矛盾，并维护更弱者的利益，因此，抵押债权在非法律因素下，无法得到完全实现。

2. 虚构劳动关系或报酬

某银行2007年向某纺织企业发放抵押贷款320万元，后企业因经营不善倒闭，企业经营者为逃避银行债权，指使亲属以职工代表的身份提起要求支付劳动报酬的劳动仲裁，以此要求对劳动工资实现优先支付，后经当地检察院检察监督，最终得以撤销仲裁裁决，揭露了企业虚报职工人数和高额工资，骗取劳动仲裁，损害银行债权的不良行为。

（三）风险防范建议

1. 尽量沟通，适当让渡

抵押担保案件，原则上抵押权优先劳动债权，但特殊情况，银行为了维护社会稳定，从担保物权中给予劳动债权有限度的优先，也无可厚非，但因该让渡为抵押权人以自身的合法利益损失为代价，因而需要有一定的限制。银行作为抵押权人，务必与法院及当地政府沟通，通过"三个一点"——"银行肯让渡一点""法院再争取一点""职工稍损失一点"等方式，不可过多损害银行的利益，尽量实现公平。同时若有其他抵押权或其他财产可以执行，应当进行有序分摊。

2. 虚假债权，严厉打击

放任通过虚构劳动报酬逃避债务这一行为的泛滥，将造成严重危害交易安全和经济秩序的后果，同时使优先权人之间的权利义务关系严重失衡，造成新的不公平。因此，一方面，要联动公检法机关，通过刑事手段打击上述逃废债行为，维护社会信用；另一方面，要通过地方政府对违反法律法规拖欠工人工资的企业主要负责人采取行政处罚等强制措施，对情节严重的，还应以拒不支付劳动报酬罪移送公安、司法机关定罪入刑，以此打击企业的无信行为，尽量减少拖欠工资的情形出现。

3. 尽职调查，尽力防范

因工资等劳动债权不具有一定的公示方法，很难确定数额和内容，所以对银行机构来说，在贷前调查的过程中，客户经理必须深入企业，了解企业的用工状况、每月的代发工资情况、以及结算账户关于工资等劳动债权的支付情况等，以此判断企业实际劳动债权情况，从总体上考量贷款的风险情况，比如适当降低抵押物的融资限额等，以最大限度缓释风险敞口。

第三节　破解"抵押+"魔咒的策略思考

"抵押+"问题是当前农信机构面临的重大难题，破解"抵押+"魔咒需要多措并举，至少需要做到以下几个方面：

一、完善制度，做实尽职调查

解决"抵押+"问题，首先需要农信机构充分重视，研究可能出现的问题，制定相关制度，修改或完善相关法律文本，比如统一抵押承诺书。另外，信贷人员要严把"入口"，做深做实做好贷前调查。对抵押物调查时，需根据具体情况，有针对性地调查可能存在的"抵押+"因素。此外，信贷人员要明确设立抵押的最终目的并不是为了占有或变现，而是为了保障债权的实现，对贷款的调查应该回归到其本源，通过多方渠道加强对借款人的人品、诚信、经营情况、资金流向等情况的调查。

二、严厉打击，加强惩戒力度

近来政府及各部门在打击逃废债方面不遗余力，尤其在制定逃废债黑名单以来，更是打击了一大批不诚信的"老赖"，不过，仍有部分漏网之鱼，心存侥念、顶风作案。从现有的"抵押+"案件来看，通过后期伪造证据企图逃废债的居多，尤以"虚假租赁"为甚。如何去打击这些逃废债者的嚣张气焰？其实目前并不缺乏手段，从民事处罚到刑事追责都已有之，前文也已述及，主要缺乏的还是力度，如果不去深究、不动真格、不用重罚，就会使得部分债务人认为，"就算伪造了也查不出，就算查出来了大不了撤诉了之，顶多也就受点小处罚"，从而滋长了他们瞒天过海的底气。因此，需继续加强与公检法机关间的沟通和联动，进一步加大对逃废债的打击力度、整肃社会诚信之风。

三、善于借力，促进交流合作

对于难以凭一己之力处理的"抵押+"问题，应积极寻求"外力"加以协助。一方面要借政府部门的力。正如上文提及的，"抵押+"情况复杂多变，在调查阶段可能要涉及国土、房管、社保、税务等部门，而在处置阶段更需借助法院、公安、检察院等部门的力量，因此与这些部门做好协调，在咨询、资料调阅、程序对接等方面提供支持和便利，十分重要。而近年来各级政府也都高度重视信贷风险防控和不良贷款处理，如浙江省政府在《关于加快供给侧结构性改革的意见》中着重提出"支持金融机构加大不良贷款核销力度，及时化解和处置不良贷款……依法严厉打击逃废债行为，切实维护全省信用环境"；

又如诸暨市将不良贷款指标纳入对乡镇街道的考核，切实加强地方政府对金融机构处置不良的支持力度。在此背景下，银行要找准结合点，积极向政府借力，从而提升"抵押+"问题的处置力度和实效。另一方面要向系统内部借力，即加强行社间的交流。我们应充分利用浙江农信系统八十一家行社庞大的信息资源库，充分开发和利用，并建立有效的沟通和协作渠道，并在此基础上，逐步建立统一的案例库，对典型的、参考价值的案件提炼、归纳后按一定的格式纳入案例库，同时优化信息分享机制，让需要的行社能方便地获取所需的资料，进一步做好行社间的资源共享。

四、结语

作为"担保之王"的抵押，虽然被传统观念和金融机构推崇，然而，随着近年来的司法实践和农信机构面临的实际困境，所谓的"担保之王"已被广泛地质疑。"抵押+"是不良资产处置过程中的常见疑难问题，抵押贷款发放前的尽职调查和全面分析，仍是内部防范"抵押+"风险的根本之策，而从根源上，我们也需要积极推动相关立法和制度的完善及社会信用体系的建设。限于本文篇幅，仅对常见的四种"抵押+"问题进行了浅显的剖析，对于相关问题的深入研究仍有重要意义。此外，其他"抵押+"问题，比如"抵押权+抵押权"，"抵押物+违章建筑"，"抵押担保+人的担保"等仍然在实践中影响和妨害金融债权的实现，这些需要我们进一步去探索和解决，也是农信系统维护自身金融债权的题中之义。

预告登记效力与银行信贷业务的风险防范
——基于省内法院判决案例的思考

杭州联合银行课题组

摘 要

当前，房地产行业发展形势不容乐观，全国各地陆续出现因资金链断裂导致开发商延期交房、"烂尾楼"甚至破产事件，银行作为债权人纷纷陷入金融借贷纠纷。在解决纠纷的过程中，由于当前法律规定的不完善，实务中对预告登记有两个逻辑递进关系上的模糊认识问题：一是预告登记产生的权利是物权还是债权，二是该权利效力如何。由于对上述问题的认识存在争议，法院对涉及的相关问题认定不一，包括银行是否对抵押权预告登记房屋享有抵押权、住房担保借款合同中的人保、物保清偿顺序及开发商破产清算购房人退房后的银行债权性质问题等，这些问题不仅造成司法认定方面的混乱，也给银行带来巨大的信贷业务风险。本文主要探讨司法实践中因预告登记权利性质及其效力引发的银行信贷业务法律风险，结合预告登记理论对相关风险进行分析，并提出银行加强内部管理、完善信贷文本等防范对策。

近年来，预告登记制度已广泛应用于我国商品房开发与买卖等市场交易领域，在建工程抵押贷款、预购商品房抵押贷款也已成为银行资产业务的重要组成部分。开发商为取得继续建造资金，以合法取得的土地使用权连同在建工程的投入资产抵押给银行作为担保向银行贷款，一般来说，开发商将通过后续预售、销售房屋款项作为还款来源。而购房人在支付一定比例首付款后，以预购的商品房作为抵押向银行借款以支付剩余购房款项。上述业务既有利于开发商获得资金继续建造，又满足了购房者购买房屋的资金需求，使商品房预售市场形成一种良性循环。根据中国人民银行发布的《2016年7月金融统计数据报告》显示，7月当月金融机构人民币贷款新增4636亿元，其中居民中长期贷款新增4773亿元。就杭州农信而言，截至2016年8月，住房贷款余额已超110亿元。在按揭业务快速增长的同时，因经济增速放缓，开发商资金链断裂导致延期交房甚至破产的情况不在少数，那么，银行作为按揭银行会面临什么样的风险，该如何防范？

2014年5月，因某房地产开发商未能按期交付房屋，15户购房人分别向法院起诉要求解除商品房买卖合同，法院追加购房人按揭贷款银行 A 为第三人。经法院调解，三方达成一致调解意见，约定：（1）解除购房人与开发商商品房买卖合同，待 A 银行出具按揭贷款结清证明后三个工作日内向房管部门办理退房手续；（2）购房人在 A 银行贷款本息由开发商归还；（3）开发商返还购房人已归还按揭贷款及首付款。上述调解书生效后，开发商仅向 A 银行支付至2014年8月的少量按揭款，余款未付，因此 A 银行未出具贷款结清证明，当事人也未能办妥解除相关房屋预售与抵押的预告登记。

2014年8月，开发商向法院申请破产重整，A 银行依法向管理人申报债权。管理人经审核确定 A 银行拥有普通债权，后 A 银行提出异议，破产管理人以购房人已退房、抵押登记条件不能成就等原因仍然认定 A 银行上述债权为普通债权。考虑到开发商破产财产价值，A 银行普通债权基本无法实现。

上述案例主要为开发商破产时银行面临的风险，实际上，在按揭贷款业务中，借款人违约也是出现风险的重要因素。以下，笔者将结合相关案例，就借款人、开发商违约导致的贷款风险进行分析，并探讨风险防范措施。

一、主要风险

（一）银行预告登记抵押权优先受偿风险

在预售商品房抵押贷款中，对于因借款人违约银行要求借款人提前归还全部借款本息的情况，如预售商品房仅进行预告登记而尚未办理正式抵押登记，银行是否就抵押物处置所得款项享有优先受偿权？在仅办理抵押权预告登记的情况下，房屋是否竣工并交付对优先受偿权有着什么样的影响？

浙江省辖内各法院审判标准不一，主要有以下三类判断标准：

第一类：肯定标准。不论房屋是否交付，判决抵押预告登记权利人享有优先受偿权，如〔2015〕杭上商初字第753号、〔2012〕浙杭商提字第7号民事判决书。[1]

在〔2015〕杭上商初字第753号案件中，案涉房屋已办理抵押预告登记且已交付，法院判决银行有权对抵押房产变现后所得价款享有优先受偿权。在〔2012〕浙杭商提字第7号案件中，在案涉房屋尚未交付但进行抵押权预告登记情况下，法院判决银行有权对抵押房产变现后所得价款享有优先受偿权，其理由主要为：《中华人民共和国物权法》（以下简称物权法）第二十条第一款规定，当事人签订房屋或者其他不动产物权的协议，为保障将来实现物权，按照约定可以向登记机构申请预告登记。预告登记后，未经预告登记的权利人同意，处分该不动产的，不发生物权效力。物权法第一百八十条第一款第（五）项规定，债务人或者第三人有权处分的正在建造的建筑物可以抵押。《最高人民法院关于适用〈中华人民共和国担保法〉若干问题的解释》第四十七条规定，以依法获准尚未建造的或者正在建造中的房屋或者其他建筑物抵押的，当事人办理了抵押物登记，人民法院可以认定抵押有效。根据上述法律规定，可以认定本案所涉预售房屋可以作为抵押物，且预售房屋抵押的，只要办理了预告登记，该抵押即为有效抵押，并依法享有优先受偿权，具有对抗第三人的物权效力，未经抵押权人同意，任何第三人不能取得预售商品房的所有权。

第二类：否定标准。认为预告登记权利人仅享有一种将来实现物权的请求权，但并不具有优先受偿权，如〔2015〕浙金商终字第1240号民事判决书。

在〔2015〕浙金商终字第1240号民事判决书中，案涉房屋虽已交付，法院判决银行无权就房屋主张优先受偿，其理由主要是根据物权法第二十条规定，抵押权预告登记所登记的并非现实的抵押权，而是将来发生抵押权变动的请求权，该请求权具有排他效力。因此，银行作为涉案房屋抵押权预告登记的权利人，在未办理房屋抵押登记前，其享有的是当抵押登记条件成就或约定期限届满对涉案房屋的处分，但并非对涉案房屋享有现实抵押权，也就无权对涉案房屋主张优先受偿。

第三类：相对肯定或否定标准。以房屋是否交付作为标准，存在两种判决结果。一是在房屋已交付的情况下判决抵押预告登记权利人享有优先受偿权，如〔2011〕杭滨商初字第204号民事判决书。二是在房屋未交付或未建成的情况下判决抵押预告登记权利人不享有优先受偿权，如〔2015〕湖吴商初字第88号、〔2015〕浙湖商终字第216号民事判决书。

---

[1]　如无特别标注，本文案例均为金融机构与借款人、保证人间金融借款合同纠纷，裁判内容引自中国裁判文书网或浙江法院公开网。

在〔2011〕杭滨商初字第204号民事判决书中，案涉房屋已交付，因借款人怠于履行义务导致未能转为正式抵押。在该案中，法院认为由于借款人未办理房产证，也没有配合银行办理抵押登记手续，致使银行未能从抵押登记的权利人转化为正式抵押登记的抵押权人，也就是条件的未成就系借款人造成的，银行的权利不能因此而遭受损害。据此，法院确认银行享有该房产的抵押权。

对于起诉时房屋尚未交付的情况，法院亦存在两种观点。

在〔2015〕湖吴商初字第88号民事判决书中，法院认为本案抵押预告登记的标的物尚在建造中未竣工验收，属于期房，尚不符合折价、拍卖、变卖等流通条件，银行对抵押期房主张优先受偿权的，应等期房变现后办理正式的房屋抵押登记。而在〔2015〕浙湖商终字第216号民事判决书中，法院认为涉案房屋目前尚未竣工，继续建造还是就此停建未为可知，此时实现抵押权不能反映抵押物的实际价值，实现抵押权的条件尚不成就，债权人需待房屋建成符合抵押权登记条件或房屋确定停建后享有优先受偿权。

（二）开发商就先行实现抵押权进行抗辩风险

预购商品房抵押贷款业务中，银行一般要求开发商在办妥正式抵押登记之前对借款人的债务承担连带清偿责任。在借款人违约时，法院根据物权法第一百七十六条之规定判决开发商就抵押物优先受偿的剩余部分债务承担连带清偿责任，如〔2015〕杭上商初字第753号、〔2014〕浙杭商外终字第27号民事判决书。

在〔2014〕浙杭商外终字第27号民事判决书中，法院认为案涉房屋虽未办理正式抵押登记，但债权人对预告登记无法转为正式抵押登记并无过错，银行有权对抵押物享有优先受偿权。在确定案涉债权同时存在抵押物担保和开发商的保证担保情况下，法院对人保、物保实现顺序问题产生争议。在本案中，法院认为《个人购房担保借款合同》中"贷款人有权直接要求保证人承担保证责任"约定并非是对物的担保与人的担保间清偿顺序的约定，因此判决银行应当先行处置由借款人自己提供的抵押物，不足部分由保证人承担补充的连带清偿责任。虽然该种判决支持银行的优先受偿权，但实质否定了合同对人保、物保实现顺序的约定，使开发商连带保证责任成为一般保证责任。况且，银行看似取得了抵押担保，但实践中要实现抵押权却困难重重。部分法院对于抵押商品房中已经有人入住的，要求银行自行处理腾退问题，待房屋完全腾退后才进行相关执行程序。在此情况下，银行不仅要为腾退房屋大费周章，若确实无法腾退的，则面临在无法收回贷款的情况下亦无法向具有较强代偿能力的开发商主张债权的困境。

（三）开发商破产时银行债权不能完全清偿风险

文章开头提及的案例揭示了在开发商破产时银行债权可能面临的风险，在上述案件中，债权银行为维护自身合法权益向法院提起普通破产债权确认之诉，要求确认为优先债权（〔2015〕杭西商初字第1902号）。但法院经审理认为，抵押权预告登记债权人享有的是抵押条件成就时对涉案房屋办理抵押权登记的请求权，因买房人已经退房，抵押权预告登记无法转为正式登记，故驳回了银行的诉讼请求。

二、预告登记理论基础

我国预告登记制度起步较晚，虽然住建部在1997年出台的《城市房地产抵押管理办法》对预购房贷款抵押进行规定，但对预告抵押登记效力未予明确，且该办法作为部门规章，是否有权设定抵押权存有争议。直至2007年，物权法的出台才首次从法律层面对预告登记作出了规定。物权法第二十条规定："当事人签订买卖房屋或者其他不动产物权的协议，为保障将来实现物权，按照约定可以向登记机构申请预告登记。预告登记后，未经预告登记的权利人同意，处分该不动产的，不发生物权效力。预告登记后，债权消灭或者自能够进行不动产登记之日起三个月内未申请登记的，预告登记失效。"[2] 2008年2月1日施行的《土地登记办法》（现已失效）、2008年7月1日施行的《房屋登记办法》（现已失效）对预告登记均作出了明确规定。2016年3月1日起施行的《最高人民法院关于适用〈中华人民共和国物权法〉若干问题的解释（一）》又对预告登记效力作出进一步规定。

预告登记是一项蕴含"两栖"特性的制度，一方面该制度跨越物权法与债权法的分界，另一方面又连接不动产物权实体法与不动产登记程序法，在构造上十分复杂。[3] 正是由于其复杂的法律构造，导致在实务应用中对抵押权预告登记优先受偿权、抵押权预告登记在破产程序的清偿顺位等问题产生较大争议。尽管法律、法规与部门规章等对预告登记作出了规定，但要解决上述争议，

2　根据物权法第二十条的表述可知，除签订不动产转让、抵押合同可进行预告登记外，签订土地承包经营权转让合同、地役权设立合同等用益物权合同理论上亦可进行预告登记。但由于银行信贷业务除建设用地使用权抵押外，基本不涉及用益物权设定、转让等行为，因此本文暂不对用益物权预告登记问题进行探讨。

3　张双根：《商品房预售中预告登记制度之质疑》〔J〕.清华法学，2014年第2期。

还需对预告登记引进的背景、目的以及预告登记的性质、效力等问题进行考察。

预告登记发端于早期普鲁士法中的"异议登记"，从中分流而出，后为奥、德、瑞民法所采纳，经移植后体现于日本法及我国台湾地区"民法"。全国人大常委会法工委民法室释义书所列的参考立法例，除奥地利外，其余均作引例。但物权法第二十条所引进的预告登记制度，主要取自德国民法。[4] 因此以下笔者结合德国预告登记相关理论与现行规定对预告登记性质与效力进行探讨。

（一）预告登记的性质

对于预告登记的性质问题，目前主要有以下几种观点：一是物权说，认为预告登记与物权具有同等地位，有关不动产物权的一般规则均可适用于预告登记。二是债权请求权保全说，认为预告登记虽然具有物权的某些特征，但其本身并非物权，而仅仅是不动产物权变动请求的保全方法。三是债权物权化说，认为预告登记本质特征是使被登记的请求权具有物权的效力，其实质是限制现时登记的权利人处分其权利。或者，预告登记是将物权法的规则施加于债权法，给予属于债权法的请求权以排他的物权效力，其本质属于物权法向债法的扩张。[5] 仔细分析之下不难发现，其实第一种观点"债权请求权保全说"与后两种观点并无矛盾之处，只是前者强调其目的，后两者强调效果，但均肯定预告登记的物权性。[6]

在肯定预告登记物权性的同时，三种观点在具体应用过程中会产生不同的判断，前述预售房屋抵押权案件的三种不同判决标准便是三种观点的具体体现。持物权说观点的司法人员在判决时通常采用肯定标准，即认定银行对办理抵押权预告登记的房屋享有抵押权，有权就抵押物处置所得款项优先受偿。持债权请求权保全观点的司法人员在判决时通常采否定标准，对仅办理预告登记未办理抵押登记的，判决银行不享有抵押权。持债权物权化观点的司法人员认定预告登记实质是使被登记的请求权具有物权的效力，只有在符合一定条件下才享有物权，如自能够进行不动产登记之日起三个月内，抵押权人已经向抵押人催告申请正式的抵押登记，抵押物又符合折价、拍卖、变卖等流通条件的。

按照我国物权法的规定，物权变动的主要模式为登记生效主义。当事人

4　张双根：《商品房预售中预告登记制度之质疑》[J].清华法学，2014年第2期。

5　杜万华：《最高人民法院物权法司法解释（一）理解与适用》[M].2016年版.北京：人民法院出版社，第119—120页。

6　金可可：《预告登记之性质——从德国法的有关规定说起》[J].法学，2007年第7期。

所签的协议是买卖房屋或者其他不动产物权变动的协议，只是引发物权变动的原因，如要实现物权变动还需进行登记。在登记之前，为了免受其他使物权发生变动行为之害导致物权不能实现，通过预告登记赋予该请求权排除物权变动的效力，达到保全该权利将来得以履行并实现物权变动的目的。所以，预告登记功能在于，在第三人于预告登记之后取得权利，并以此妨害通过预告登记所保护之物权变动请求权时，预告登记可针对该第三人，优先行使该请求权实现物权变动。应当说，一方面，预告登记所保全的权利主要应归于债法领域中，它担保的是以物权变动为内容的债法上的请求权；另一方面，预告登记又属于物权法范畴，因为其效力具有物权性质。它是一项以保全物权变动请求权为目的的登记制度，本身效力上具有物权性质。[7]

（二）预告登记的效力

预告登记制度的核心是其效力问题，它既是预告登记的起点，也是预告登记制度的落脚点。[8] 物权法第二十条第一款关于预告登记效力的表述是"未经预告登记的权利人同意，处分该不动产的，不发生物权效力"。《最高人民法院关于适用〈中华人民共和国物权法〉若干问题的解释（一）》第四条规定："未经预告登记的权利人同意，转移不动产所有权，或者设定建设用地使用权、地役权、抵押权等其他物权的，应当依照物权法第二十一条第一款的规定，认定其不发生效力。"如何理解上述规定，需要对预告登记的效力做出分析。目前，通说认为预告登记效力包括以下三个方面：

1. 保全效力

所谓保全效力，是指预告登记完成后，具有防止不动产权利人（债务人）做出有害被保全请求权行为的效力，不动产权利人另行处分不动产权利的行为无效。这种处分无效的立法模式主要两种，一是"相对无效"，为德国和我国台湾地区采纳。[9] 所谓相对无效，是指预告登记完成后，预告登记义务人对其权利仍有权进行处分，但对预告登记权利人而言，该处分行为相对不发生效力，仅在预告登记义务人处分行为影响或者妨碍预告登记权利人的请求权时，该处分行为不发生效力。二是限制不动产权利人的处分，我国采用此种方式。

7　〔德〕鲍尔、施蒂尔纳著，张双根译：《德国物权法》[M].2004年版.北京：法律出版社，第419页。

8　杜万华：《最高人民法院物权法司法解释（一）理解与适用》[M].2016年版.人民法院出版社，第143页。

9　王荣珍：《不动产预告登记制度研究》[M].2015年版.北京：人民出版社，第180页。

预告登记后，不动产权利人不得再处分该不动产物权，不动产登记机构也不再办理该不动产物权的变动登记。主要表现在《房屋登记办法》（现已失效）第六十八条第一款"预告登记后，未经预告登记的权利人书面同意，处分该房屋申请登记的，房屋登记机构应当不予办理"。

物权法及相关司法解释仅对不动产权利人依法律行为所产生的物权变动规定了保全效力，但预告登记能否排除法院的强制执行措施所产生的物权变动？从理论上分析，预告登记制度的目的在于保障债权人将来实现物权，如果不承认预告登记能够排除之后的强制执行措施所导致的物权变动的效力，则预告登记保全债权实现的功能将大打折扣。从现有规定来看，对于已经办理预告登记的不动产能否采取查封等强制措施问题，《不动产登记暂行条例》（2019年修正）和《房屋登记办法》（现已失效）均无明确规定。但最高人民法院、国土资源部、建设部《关于依法规范人民法院执行和国土资源房地产管理部门协助执行若干问题的通知》第十五条第三项规定，对于被执行人购买的办理了商品房预售合同登记备案手续或者商品房预告登记的房屋，虽未进行房屋所有权登记，人民法院也可以进行预查封。虽然人民法院有权就预告登记的不动产做出查封措施，但是，这并不意味着法院有权采取处分的执行措施。对此，《最高人民法院关于人民法院办理执行异议和复议案件若干问题的规定》第三十条明确规定，金钱债权执行中，对被查封的办理了受让物权预告登记的不动产，受让人提出停止处分异议的，人民法院应予支持；符合物权登记条件，受让人提出排除执行异议的，应予支持。

2. 顺位效力

所谓顺位效力，是经过预告登记的请求权被履行后所获得的物权顺位，以预告登记的时间为准而非以本登记完成之时为准。换言之，通过预告登记，被保全的权利与其顺位同时登记，不动产权利的顺位不是依赖现实登记的日期确定，而是以预告登记的日期为准加以确定。[10] 虽然我国物权法和先行登记制度对于预告登记制度的保全效力采取"限制处分"模式，预告登记后，登记机关不应再办理土地、房屋的处分登记，其顺位效力的必要性有所降低。但是实践中仍然存在不动产权利人与第三人之间变动物权的协议得到履行并完成登记的情况。如预告登记后出现数个内容冲突的不动产变动且完成登记场合，预告登记的保全效力发挥作用，之后的物权变动无效或者对预告登记权利人不发生效

10　最高人民法院物权法研究小组：《〈中华人民共和国物权法〉条文理解与适用》[M].2007年版.北京：人民法院出版社，第104页。

力；如出现数个内容不相冲突的不动产变动且登记的情况，之后的物权变动有效，但预告登记的顺位效力就应当发挥作用。前者如签订房屋转让协议并办理预告登记的，如房屋所有权人又将该房屋转让且办理登记的，因该两种登记的权利内容相互冲突，则根据预告登记保全效力，未经预告登记权利人同意，后一种处分行为不发生效力；后者如房屋设立抵押权的预告登记在先，房屋权利人又将该房屋转让且办理登记的，正如前文关于预告登记保全效力的论述，根据对物权法第一百九十一条的解释，结合抵押权追及效力以及预告登记的顺位效力，无必要否定房屋所有权的物权变动效力，而应当承认预告登记的抵押权成立在先，顺位在先，受让人无善意取得的可能性，其继受的所有权负担抵押权，受让人可以通过涤除权的行使获得无负担的所有权。[11]

3. 破产保护效力

所谓破产效力，又称完全效力，是指经预告登记的请求权具有类似物权的特征，在债务人处于破产或者支付不能被宣告破产，因预告登记而受保护的债权人，仍可向破产管理人请求履行。[12] 对于预告登记的破产保护效力，《德国支付不能法》作出了明确规定。主要表现在以下三个方面：一是第一百零六条规定，预告登记后，债务人被宣告破产，被预告登记保护者仍然可以向管理人请求为被保全的请求权的履行，管理人不得拒绝。二是预告登记具有排除管理人双务合同履行选择权的效力。结合《德国支付不能法》第一百零三条与第一百零六条的规定，管理人对于作为预告登记担保请求权的基础合同不享有选择自由，而是必须履行预告登记的请求权，以实现预告登记的物权变动。三是《德国支付不能法》第一百二十九条及其以下条款规定的与支付不能有关行为的撤销时间是从预告登记之时就开始计算，而不是以所有权改变的时间为准。换言之，在破产程序中，预告登记已经被当成将来完整的权利看待。[13]

我国物权法及司法解释对预告登记的破产保护效力未作出规定，企业破产法也未考虑预告登记在破产程序中的效力。根据企业破产法第十八条规定，人民法院受理破产申请后，管理人对破产申请前成立而债务人和对方当事人均未履行完毕的合同有权决定解除或者继续履行。那么，对于预告登记权利人的义务尚未

11　杜万华：《最高人民法院物权法司法解释（一）理解与适用》［M］.2016 年版 . 北京：人民法院出版社，第 155 页。

12　何嘉：《论不动产预告登记的破产保护效力》［J］. 浙江学刊，2014 年第 5 期。

13　〔德〕鲍尔、施蒂尔纳著，张双根译：《德国物权法》［M］.2004 年版 . 北京：法律出版社，第 437 页。

履行完毕的情况下，预告登记在破产程序效力如何？通说认为物权法第二十条的规定对企业破产法第十八条形成限制，即管理人的选择权尤其是解除权在与预告登记权利人的利益发生冲突时，应赋予预告登记请求权以破产保护效力。

三、相关风险法律分析

（一）按揭银行对抵押权预告登记房屋优先受偿权问题

据了解，之所以省内各级法院对抵押预登记优先受偿权问题有不同的审判标准，是因为受2014年第9期最高法公报案例即《中国光大银行股份有限公司上海青浦支行诉上海东鹤房地产有限公司、陈思绮保证合同纠纷案》的影响，该案认为虽然银行与借款人（购房人）对预售商品房做了抵押预告登记，但该预告登记并未使银行获得现实的抵押权，而是待房屋建成交付借款人后银行就该房屋设立抵押权的一种预先的排他性保全。[14]

该观点与《浙江省高级人民法院民事审判第二庭关于商事审判若干疑难问题理解》（浙法民二〔2010〕15号）问题26观点相一致，但是在《浙江省高级人民法院民事第二庭关于商事审判若干疑难问题的理解（2013）》（浙高法民二〔2013〕14号）中，省高院已对该观点进行了进一步的阐述，认为"在审判实践中，如果预告登记的抵押权人能证明在诉讼时抵押物无法进行正式抵押登记，或者自能够进行不动产登记之日起三个月内，抵押权人已经向抵押人催告申请正式的抵押登记，对非基于抵押权人原因导致的无法转为正式抵押登记的情形，抵押物又符合折价、拍卖、变卖等能流通条件的，一般可赋予抵押权人对抵押物享有优先受偿权"。

应当认为，省高院的上述观点对抵押权预告登记债权人的保护有着较为显著的推动作用。对于省高院上述观点，可区分三种情况进行讨论：第一，对于诉讼时抵押物确已交付的，非银行原因导致不能办理正式抵押登记的，应当认定为银行享有优先受偿权。第二，对于诉讼时抵押物虽然未建成但确定就此停建的，我们认为也应当支持银行的优先受偿权。具体而言，该种情况满足了两个条件：第一是诉讼时抵押物无法进行正式抵押登记；第二是抵押物符合折价、拍卖、变卖等流通条件。实践中，开发商以在建工程办理抵押登记后，若要进行商品房预售并抵押的，在建工程抵押登记债权人需出具同意抵押书面意见。这也就意味

14　《浙江省银行业协会关于建议在省内统一抵押权预告登记问题审判标准的函》（浙银协〔2015〕62号）。

着，在建工程抵押债权人对该预售房屋的抵押权已经释放，在建工程价值不包括预售房屋价值。在处置与分配过程中，即便房屋未完全建成，该部分房屋亦可与在建工程作为整体一并处置，在分配时将该部分房屋价值从总价值中剔除用于清偿抵押权预告登记债权人债务。对于房屋不具有任何实体的极端情况，因抵押权不仅包括该房屋价值，还及于房屋所占土地使用权。在此情况下，则可参照前述情况适用一并处置、价值剔除的方式进行分配。第三，对于起诉时房屋尚处于建造中，最终是否交付或停建尚不确定的，法院应当如何判决仍需探讨。实践中，法院通常以尚未具备流通条件、抵押权实现条件尚未成就之理由判决驳回银行就抵押物优先受偿的诉讼请求。我们认为，该种判决某种程度上将导致司法资源的浪费。从预告登记效力角度出发，法院判决后如借款人未清偿全部借款的，银行的抵押权预告登记仍然有效，可产生限制处分的效力。在此情况下，如果银行在判决生效后抵押登记条件具备时办理抵押登记的，是否可以或者应当就优先受偿权重新提起一次诉讼？担保法第五十三条规定，债务人履行期限届满抵押人未受清偿的，可以与抵押人协议以抵押物折价或者拍卖、变卖该抵押物所得价款优先受偿；协议不成的，抵押权人可以向人民法院提起诉讼。因原判决未支持银行优先受偿权，如银行与债务人就抵押物无法达成协议的，除向法院起诉外无其他救济途径。那么对于债权银行来说，在抵押物尚未建成借款人就违约的情况下，很有可能需要就一个债权提起两次诉讼程序。如此，在当今诉讼大爆炸的时代，不仅加重各方讼累，更将导致司法资源的极大浪费。因此，法院是否可以对此情况统一裁判，判决银行在房屋交付或最终确定停建时享有抵押权，并可直接就抵押物处置价款优先受偿。

（二）开发商就先行实现抵押权进行抗辩问题

根据物权法相关规定，被担保的债权既有物的担保又有人的担保的情况下当事人可以就债权清偿进行约定，如未进行约定的，则应当先就债务人自己提供的抵押物实现债权。基于此，银行应当在相关业务合同中对清偿顺位进行约定。至于〔2014〕浙杭商外终字第27号案件中的争议，前提在于法院确认预告登记的物权效力，即确认银行对办理预告登记且符合一定条件的房屋享有抵押权的基础上，才会产生人保、物保实现顺序的争议。我们认为，案涉《个人购房担保借款合同》中"有权直接要求保证人承担保证责任"表述对债权的实现进行了明确约定，即在借款人违约的情况下，债权人有权选择债务清偿顺序，要求保证人先承担保证责任。

（三）开发商破产时银行债权清偿问题

预告登记的破产保护效力主要体现在以下方面：一是开发商破产时预告登记房屋是现房的，且购房人交付全款（包括以银行贷款方式交付全款）的，因购房人已履行全部义务，管理人无权主张解除合同，购房人可主张将预告登记转为本登记。在此情况下，银行抵押权预告登记亦可转为抵押登记，债权得到保障。二是开发商破产时预告登记房屋虽为现房，但购房人尚未履行全部付款义务的，预告登记破产保全效力体现在限制管理人解除权，即购房人在支付全部价款的前提下，有权要求转移所有权的本登记，银行抵押权亦得以确立。三是开发商破产时预告登记房屋为期房的情形，因德国预告登记制度仅适用于现房，并无可参照的域外经验。我们认为，根据前述预告登记破产效力，在合同解除权上，也应给予管理人禁止解除的限制。同时，根据《最高人民法院关于建设工程价款优先受偿权问题的批复》，购房者在交付购买房屋的全部款项后，其受偿权有对抗建设工程价款请求权的效力。而此时对于银行而言，债权实现亦可得到保障。

至于在购房人已与开发商解除商品房买卖合同但未解除按揭合同的情况下，因还款义务由购房人转移至开发商，根据合同法主从义务一并转移的规定，归还购房款的主义务转移，则作为从义务的抵押权预告登记一并转移，附属在原预购房屋上的抵押预告登记仍然有效。如前所述，抵押权预告登记设立时，在建工程抵押债权人对该预售房屋的抵押权已经释放，银行对该房屋享有优先受偿权符合合同签订时的各方意思表示。并且，根据预告登记保全效力，银行在该房产商那里仍然享有限制处分的权利，如该部分房产需与在建工程一并处置的，应当经作为债权人的银行同意，且有权就处置款项优先受偿。必须强调的是，在〔2015〕杭西商初字第1902号案件中，银行在调解书中同意借款人还款义务转移至开发商时，但并未对抵押权预告登记提出变更要求，存在一定过错。尽管现行登记办法并未对开发商作为预售房屋抵押人进行规定，但从理论上而言，预告登记作为一项请求权，抵押物转移的情况下，应当由抵押权人提出登记的请求。

四、银行信贷业务风险防范

实践中，法院对预告登记性质及其效力理解不一的情况仍然存在，银行应当针对可能出现的风险，加强内部管理，积极做好防范。

（一）尽快办理正式抵押登记或履行催告义务

对于抵押权预告登记效力认定不一致的情形下，尽可能缩短抵押权预告登记期间并落实正式抵押登记是防范此类风险最为彻底的措施。虽然实践中具体情况的复杂性也导致该措施的落实困难重重，但仍然应当增强客户经理对按揭贷款业务的风险意识，加强贷前调查与贷后管理。

1. 强化对房地产开发商的风险审核

在贷前调查环节，除关注购房人收入来源、征信等情况外，还应当重点调查开发商情况。房地产开发商不仅为商品房买卖合同的一方当事人，对于预购商品房而言，开发商能否按期交付房屋更是最为关键的一个环节。同时开发商还作为按揭贷款的保证人，在担保期间内借款人违约的，开发商还应当履行代偿义务。因此，在确立拟合作的房地产开发商时，必须对其经营情况、开发经验、关联企业、对外投资和担保、被执行纪录等情况进行调查了解，确保可以按期交房以及有足够实力履行担保责任。

2. 及时跟进落实正式抵押登记，履行催告义务

一方面要定期了解工程进度，与开发商建立健全沟通机制，必要时也可实地了解情况，确保在第一时间知悉房屋能够办理抵押登记，并且及时联系购房人按照约定办理房屋抵押登记。另一方面要保持与借款人联系，在办理抵押登记条件成就之日起三个月内，及时向购房人催告配合办理房屋抵押登记。此时，应当注意保全催告的相关书面证据，对于确实未能办理正式抵押登记的情况，以证明已经履行告知义务，并非银行原因导致无法转为正式抵押登记。

3. 对于提前放款的业务做好风险防范

按揭贷款业务中，银行一般在签订合同、办理预告登记并取得预告登记证后发放按揭款项，同时与开发商约定由其在正式办理抵押权登记前的期间内承担阶段性保证担保。但近年来，部分实力较强的开发商提高了合作要求，对按揭贷款不再承担阶段性保证担保，且要求在合同签订后一定时间内放款，那么银行可能会在未办理预告登记的情况下发放贷款。在此情况下，可能面临两个方面的风险：一是在商品房买卖合同预告登记办理之前，由于开发商原因房屋被查封的；二是在商品房买卖合同预告登记之后，抵押权预告登记之前，因购房人或开发商原因导致房屋被查封的。若出现以上两种情况，因尚未办理抵押权预告登记，银行发放的贷款就变成信用贷款，存在较大风险。因此，建议在与放款时间有特定要求的开发商合作时，如开发商拒绝在抵押登记办理前承担阶段性保证的，则可选择在抵押权预告登记办理前承担阶段性保证或开立保

证金账户设定金钱质押方式提供担保，以减少按揭贷款业务风险。

（二）完善按揭贷款合同中清偿顺位相关约定

针对法院认定合同文本未对多种担保方式并存时债权实现约定清偿顺位的情况，可在相关合同文本中增加相关约定，明确赋予银行选择清偿顺位的权利。如参照其他合同，可表述为："本合同贷款人债权如另设有人的担保和物的担保，无论物的担保是由借款人提供还是由第三人提供的，当贷款人主张债权时，贷款人可以就物的担保实现债权或要求保证人承担连带保证责任，也可以同时要求保证人和物的担保承担担保责任，人的担保、物的担保居于同一清偿顺序。"

（三）审慎处理因商品房买卖合同解除产生的诉讼纠纷

按揭贷款合同与商品房买卖合同是独立的两个合同，商品房买卖合同解除时，并不意味着按揭贷款合同一并解除。但在购房人退房时，根据《最高人民法院关于审理商品房买卖合同纠纷案件适用法律若干问题的解释》第二十四条、第二十五条的规定，商品房买卖合同被确认无效或者被撤销、解除是按揭贷款合同解除的先决条件。因此为保障《个人购房担保借款合同》的有效存续，在签订合同之前，应对相应商品房买卖合同中买受人的权利进行审核，重点关注其可以解除合同的具体条件，防止因买受人权利扩张导致银行利益受损。

同时，根据该解释规定，在商品房买卖合同解除时，若借款人起诉解除按揭贷款合同的，法院只能依法支持该诉请。且目前部分法院认为该合同解除后，开发商还款义务系债务转移而非债的加入，即已发放的贷款不能向借款人主张，只能由开发商负责返还。因此，在处理此类诉讼案件时，应对解除商品房买卖合同的原因进行分析。如属于开发商不能按期交房等原因导致的，要及时跟进开发商项目进度，综合考察其履约能力。实践中，部分法院会依法追加银行作为第三人参与借款人要求解除商品房买卖合同纠纷案件。在诉讼或调解阶段，如借款人未直接起诉解除按揭贷款合同的，而开发商又存在不能归还购房款风险的，则银行应当综合考虑多方面原因决定是否解除按揭贷款合同，或者要求开发商提供担保，包括要求变更抵押权预告登记，明确涉案商品房抵押权等。

在加强内部管理的同时，对于因预告登记制度不完善导致法院认定不一的情况，银行还可积极寻求外部协助与支持。一方面可积极向立法机关建议完善预告登记制度，包括预告登记涉及的物权实体法制度及预告登记程序法制度；另一方面通过银行业协会等组织积极向司法机关提出统一裁判标准的建议，防范非自身原因导致的不必要诉讼风险。

涉外保函的转让与款项让渡解析

中信课题组

摘　要

对于涉外保函来讲，由于URDG758[1]第33条[2]明确赋予了保函的可转让性，加之国际商务交易的日趋复杂化，越来越多的申请人要求开立可转让的保函。可转让的保函为受益人的再融资提供了诸多便利，从而在保函市场中占据一席之地。那么，深入理解涉外保函转让的法律基础，准确把握涉外保函转让的风险点，必将成为拓展商业银行涉外保函业务的有力抓手。本文将对涉外保函的转让及款项让渡进行分析，以期帮助银行从业人员了解涉外保函转让及款项让渡的特点及操作要点。

一、保函转让与款项让渡的关系

在国内保函中，国内银行往往都会在保函条款中增加"本保函不可转让"的约定，这是因为国内保函适用我国担保法，根据担保法的相关司法解释[3]，保函如果不约定禁止转让的，都将导致保证债权随主债权转让而转让，且新的受让人有权提出索赔，从而使担保银行被索赔的风险增大。

1　即《见索即付保函统一规则》。

2　URDG758, Article 33 （A） A guarantee is transferable only if it specifically states that it is "transferable", in which case it may be transferred more than once for the full amount available at the time of transfer.

3　《最高人民法院关于适用〈中华人民共和国担保法〉若干问题的解释》第二十八条规定，保证期间，债权人依法将主债权转让给第三人的，保证债权同时转让，保证人在原保证担保的范围内对受让人承担保证责任。但是保证人与债权人事先约定仅对特定的债权人承担保证责任或者禁止债权转让的，保证人不再承担保证责任。

与我国担保法规定的"无明确相反约定保证债权即可随主合同同时转让"不同，由于涉外保函绝大多数适用URDG758的规定，具有独立性，其一经开立即独立于基础合同而单独存在[4]，故涉外保函不存在随基础合同一同转让的问题。那么，既然涉外保函具有独立性，是否意味着其可以无限制地自由转让呢，答案显然是否定的。在具体分析涉外保函转让的法律效力及条件前，先看这样一个案例：

国内卖方A公司与境外买方B公司签订了一笔邮轮买卖合同，约定B公司应在收到A公司向其合作银行申请开立的，以B公司为受益人的预付款保函后，向A公司支付相应预付款。B公司为支付预付款，向当地C银行申请融资，C银行为保障其债权，要求B公司将保函项下权益转让给C银行，B公司经过与A公司协商，A公司决定向国内D银行申请开立可转让保函，以满足交易的执行，具体四方关系如下：

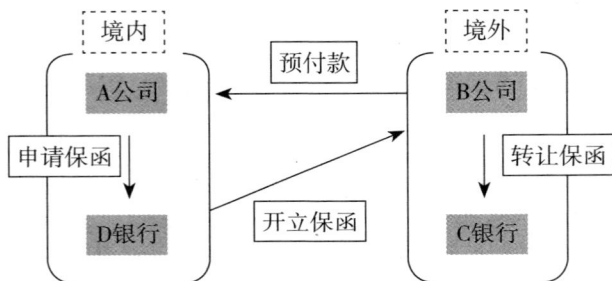

这时，国内D银行即面临这样一个抉择，是按照A公司的申请开立可转让的保函，面临可能由第一受益人B公司以外的第三方（本案例中为B公司的融资银行）索赔的风险；还是拒绝A公司的申请，失去业务机会。在担保银行与融资银行的博弈中，多数情况为融资银行坚持其一定要有权受让保函项下的所有权利，而担保银行却迟迟不愿按其要求签发该等保函，除非是融资银行同意所有权利中并不包含保函索赔的权利。这里实际上涉及到保函转让的两种情况，一种是保函项下所有权益的转让，包括索赔权利的转让，即我们通常所指的保函转让（即狭义的保函转让），这种转让改变了保函项下的当事人，以及原有的法律关系，使得担保银行不得不面对与其没有直接关系的第三方（即受让人）的索赔，所以常常引起担保银行的格外慎重；另一种是收款权益

4　URDG758, Article 5（A）A guarantee is by its nature independent of the underlying relationship and the application, and the guarantor is in no way concerned with or bound by such relationship.

的转让，即我们通常提到的保函的款项让渡，其与信用证项下的款项让渡没有实质区别，通常可为担保银行所接受。[5]

这种分类，在我国法庭的审判实践中亦得到了认可，在上海振华重工（集团）股份有限公司诉印度海外银行香港分行欺诈纠纷案判决书中写到："本院认为涉及保函的转让具体类型区分为两种，一是保函所有权利的转让，转让后存在新的受益人，新的受益人既有权直接行使保函付款请求权，也有权最终获得保函项下的款项。二是保函项下款项的转让，在这种类型下，受让人并非保函的受益人，受让人无权直接行使保函付款请求权，仅有权间接获得保函项下的款项。"[6]

综上，狭义的保函的转让特指保函项下包括索赔权利在内的所有权利的转让；而广义的保函转让还包括了保留索赔权的转让，即保函的款项让渡。为方便理解，下文所称保函转让特指狭义的保函转让。

二、保函转让及款项让渡的条件及法律后果

（一）保函转让的条件及法律后果

保函转让包括了索赔权利的转让，即 right to make a demand 或者 claim 的转让，这实质上是一种权利的完整转让，意味着保函受益人的变更，即合同主体的变更。基于涉外独立保函的严肃性与欺诈多发性，URDG758对受益人的变更规定了三个要件：第一，独立保函明确约定"可转让"；第二，提供截止至保函转让之日的所有保函修改文件；第三，提供经签署的声明，证明受让人已经获得基础关系项下的权利和义务。URDG 之所以对保函转让做出较为严格的规制，是由担保人和受益人之间的利益平衡机制所决定的。涉外独立保函"见索即付"的特征使得担保人被请求付款比较容易，因此极易引发保函欺诈，故立法采用"严格主义"。[7]将保函的转让和基础贸易关系的转让连结起来，从某种角度而言，保护了担保银行的权益。

保函的转让会导致保函项下的全部权利和义务都由原受益人转让给了第三方，自该转让生效时，只有新的受益人才有权行使保函项下的权利，例如索款请求、提交违约声明、延长保函期限的请求、提交解除保函的声明、获得保函项下的金额等。通常来说，保函的转让排除了担保银行对新受益人援引对原

5　吴丽丽：《"转让"之意》[J].中国外汇，2013年第20期，第60—61页。

6　见〔2010〕沪二中民六（商）初字第40号。

7　王国强：《独立保函纠纷中的法律热点述评》[J].世界海运，2015年第5期，第56—59页。

受益人的抗辩权。比如原受益人实施的欺诈在保函权利转让后才被发现，此时只要新受益人行为没有瑕疵，担保银行就不能针对新受益人提出关于欺诈的抗辩；担保银行也不能将新受益人应得的款项用于抵消原受益人的债务；也不能援引原受益人签订保函的资格瑕疵等原因，对新受益人的索款请求提出抗辩。故保函转让后，担保银行被要求付款的风险将大大增加。

（二）保函款项让渡的条件及法律后果

相对于保函转让，保函的款项让渡即保函项下款项（收益）的转让，即 assignment of proceeds，其在国际立法和实践中已得到普遍接受。例如 URDG758 规定，对于款项的让渡只要所适用的法律并未禁止，则保函项下的款项就可以让渡。即在涉外独立保函未作出明确规定时，通常解释为允许收益的转让。总结来说就是索赔权利的可转让性是例外（在保函中明确注明时才可转让），而收益的转让是原则（除非明确注明不可转让）。

款项让渡的法律后果不同于索赔权利的转让，保函当事人各自的身份没有改变，当事人之间的法律关系也没有改变。保函项下的原受益人仍然是唯一享有提出索款请求的人，只有当原受益人提交了符合保函要求的索款请求后，款项受让人才可能获得保函项下的收益。如果保函收益的转让没有通知担保银行，或者适用法律允许接到转让通知的担保银行有权自由决定将保函金额支付给受益人或者受让人，则担保银行有权仅向受益人作出支付，由受益人再将保函金额转交给受让人。

由于款项让渡并没有使受让人取代受益人的法律地位，如受益人没有按保函规定行使索赔权，则保函款项让渡的受让人无权主动进行索赔。受让人获得的权利不能优于保函的受益人，担保银行对保函受益人的抗辩权能够对抗受让人。例如，保函受益人被证明有欺诈行为时，即使受让人未参与欺诈，也不能获得保函项下的款项。担保银行将保函项下的应付款项与保函受益人对担保银行所负债务相互抵消时，受让人无权提出异议。[8] 正是因为上述原因，才会出现上文案例中 C 银行坚持要求受让索赔权的情况。

三、保函转让的法律风险

保函的可转让性，增强了保函的流通性，在实践中符合受益人的融资需

8　阎之大：《URDG758 解读例证与保函实务》［M］.北京：中国文献出版社。

求。在国际融资的最新发展中，保函的转让为受益人的融资提供了诸多便利，各种国际融资机构正是通过保函的可转让性实现了资金流动的便利。但是，由于涉外保函具有独立性与单据化的特点，这些特点与可转让性相结合，尤其是索赔权利的转让，造成了可能出现的以下潜在风险：

（一）发生欺诈的可能性增大

保函的转让，由于原受益人退出保函法律关系，而由新受益人成为保函的当事人并行使请求付款的权利，大大增加了担保银行面对欺诈索赔的风险。这是因为担保银行不但要面对原受益人实施的欺诈，而且可能面对新受益人的欺诈，甚至两者共同欺诈。

就原受益人实施欺诈而言，就算是担保银行有足够的证据予以证明欺诈的事实，但只要新受益人没有参与欺诈行为，则担保银行就不能向新受益人援引对原受益人的抗辩。这也符合保函欺诈例外的例外原则的本意：即使存在欺诈的情况，但是只要新受益人能够证明其善意，则担保银行就不能对善意的新受益人提出抗辩。就新受益人实施欺诈而言，由于新受益人并不是基础合同的当事人，在取得单据方面存在先天的难度。当新受益人无法取得相关单据向担保银行进行正常索赔时，在利益的驱动下，往往会选择伪造单据，从而向担保银行进行欺诈性索赔。在一些特殊情况下，原受益人单方违约造成的基础合同解除或无效，或保函申请人违约是由原受益人的违约导致的，或者保函申请人已履行基础合同的全部义务，均会导致受让人无法向担保银行正常索赔。受让人为维护自身利益，将可能选择向担保银行进行欺诈索赔的方式，从而获取相关款项。

涉外保函具有见索即付、独立性和单据化的特点，但若将保函项下的索赔权转让给非基础合同当事方的受让人，则保函实际变成了可转让的银行本票，大大增加了欺诈风险的发生概率。

（二）担保范围扩大，赔付风险难以评估和分析

将保函项下所有权利转让给非基础合同当事方的受让人，意味着担保银行基于保函所承担的义务将脱离基础合同的债务独立转让，担保范围扩大。若受让人不明确或多个以上，担保银行的赔付风险更是处于不可预测的状态，难以评估，容易导致争议的发生。同时，若因保函中的转让条款与申请人与担保银行签署的保函开立申请书中约定的保函转让的约定发生矛盾或不一致，也可能引起担保银行与保函申请人之间的纠纷。

四、保函转让的风险防控建议

由于保函转让后，担保银行对于原受益人的抗辩权不能向新的受益人行使，故无形中增加了保函被欺诈或恶意索赔的风险，担保银行开立可转让的保函，应关注上述风险，并采取适当的防控措施。

（一）符合保函转让的形式要件

依据 URDG758 的规定：（1）保函条款中必须表明"可转让"，该保函才可以转让，通常情况下保函条款中会约定"this guarantee is transferable"或者"we hereby issue this irrevocable and transferable guarantee"。而保函中含有"可分割"（divisible）、"可分开"（fractionable）、"可让渡"（assignable）和"可转移"（transmissible）均不能使保函可以转让。（2）在保函条款中明确约定，保函只有在原受益人提供了经签署的声明，表明受让人已经获得了其在基础交易项下的权利义务的前提下，才可以转让。（3）保函转让后，保函的索赔书及任何声明都应由受让人签署并提交担保银行。

（二）增加对于保函转让的限制性条款

URDG758 对于保函转让的对象及转让的次数均未作出限制性的规定，即只要保函条款中未禁止，保函可以多次向不同受让人进行转让。担保银行为了防止保函转让过程中的"失控"，往往在保函中限定受让对象以及允许转让的次数，以保护其自身利益。可转让保函中不能含有对受让人无限制或受让人过于宽泛不明晰的条款，如"The beneficiary may assign, without our prior written consent, the whole or any part of its rights, title, benefit and interest under this guarantee to XXX or its representative."

（三）获得保函申请人的同意

尽管国际惯例并未规定保函的转让必须经过指示方的同意，但在实务操作中，除非获得保函申请人的同意，担保银行不应擅自同意保函的转让。担保银行为维护自身利益，避免与申请人产生纠纷，往往会在保函条款及保函开立申请书中明确上述对于转让的限制性条件。对于申请人而言，因为保函是担保银行独立的承诺，保函转让的生效，并不以申请人的同意为必要条件。但是，保函的转让将导致保函受益人的变更，如果未经保函申请人的同意，担保银行可能丧失对申请人的追偿权。因为保函申请人会向担保银行主张，担保银行同意保函受益人的变更，违反了担保银行与申请人之间的约定，严重损害了申请人的利益。[9]

（四）加强对保函申请人和基础交易合同的考察

担保银行开出可转让的保函，其被索赔的风险将大大增加，而无论保函是由原受益人提出索赔，还是由受让人提出索赔，担保银行最终均需向保函申请人追偿。故担保银行开出可转让的保函前，更应进一步加强对保函申请人和基础交易合同的考察，避免在担保银行付款后无法向申请人追偿。担保银行应审查保函申请人是否具备履行基础合同的资质和能力；申请人的经营状况如何，是否具备履行基础合同的财务能力；申请人的履约历史情况；基础合同的约定是否公平、合理；基础合同是否真实等。

（五）关注交易双方对基础合同的修改

保函的转让安排有时与基础合同的修改相关，担保银行应关注交易双方对于基础合同的修改，维护自身利益。在一些保函业务中，由于保函受益人的强势地位，往往要求约定申请人与受益人对合同条款的修改，以及受益人所允许的时间改变或任何让步，除条款中有规定免除担保银行的责任外，均不能解除担保银行的义务。实际上，保函申请人与受益人之间的基础合同虽然与保函是相互独立的，但基础合同的条款决定着申请人发生违约的可能性，进而决定着担保银行对外赔款的可能性。如果客户强势，担保银行不得不接受这样的条款，那么应采取类似下面的化解措施：①在保函中注明——不论受益人和申请人就基础合同作何种修改，担保银行仅以保函约定的金额为限承担责任。②在保函开立申请书中与申请人约定——任何对于基础合同的修改均应及时通知担保银行，并将修改后的合同交付担保银行；如果增加担保银行的义务，应事先征得担保银行同意；如担保银行认为基础合同的修改增加了其责任，担保银行有权向申请人追加担保；申请人已知悉保函内容并不持异议，如担保银行依约对外支付，则申请人承诺即无条件对担保银行进行全额偿付，否则担保银行有权从申请人的任一账户中扣收。

综上，随着我国与世界经济贸易的逐步深度融合，涉外保函已经并将持续成为国际融资中的常用担保方式。为有力支持业务发展、安全防范风险，我行应充分了解国内规则与国际惯例，在业务处理中采取有效控制措施，防范欺诈、减少纠纷、有序发展。

9　阎之大：《URDG758解读例证与保函实务》［M］.北京：中国文献出版社。

关于林权抵押贷款业务的调研报告

工商银行四川省分行　陈　良

摘　要

近年来，为进一步深化集体林权制度改革，破解林权抵押融资难题，促进山区经济社会发展和农民增收，国家有关机构和部门先后出台了一些制度和办法，多家商业银行也实现了林权抵押贷款业务落地，这对改善农村金融服务，盘活集体林资源资产、规范林权抵押贷款、发展现代林业产业、增加林农收入起到了重要的促进作用。但是，林权抵押贷款业务发展短短几年时间，其不良贷款急剧攀升，贷款不良率高位运行，不良资产难以处置等现实状况，反映了该贷款品种存在的业务风险以及面临的困难和问题。本文通过梳理某银行（一级分行）林权抵押贷款业务相关政策历史沿革，揭露某银行林权抵押贷款风险暴露情况，从外部因素和内部因素方面深入剖析风险形成原因，总结经验教训，并有针对性地提出风险防控和化解的建议，具有一定的现时参考意义。

一、林权抵押贷款基本情况

（一）相关政策历史沿革

早在2004年，国家林业局颁布的《森林资源资产抵押登记办法（试行）》（现已失效）中就提出了林权抵押的概念[1]，另外森林法、物权法等法律对林权抵押也有一些原则性的规定。2008年6月，中共中央、国务院发布《中共中央、

---

[1] 《森林资源资产抵押登记办法（试行）》（现已失效）第二条：森林资源资产抵押是指森林资源资产权利人不转移对森林资源资产的占有，将该资产作为债权担保的行为。第三条：可用于抵押的森林资源资产为商品林中的森林、林木和林地使用权。

国务院关于全面推进集体林权制度改革的意见》，提出金融机构要开发适合林业特点的信贷产品，拓宽林业融资渠道。加大林业信贷投放，完善林业贷款财政贴息政策，大力发展对林业的小额贷款等。

2009年1月，人民银行成都分行、四川银监局、四川省林业厅联合下发《四川省林权抵押贷款管理试行办法》（成银发〔2009〕1号），提出了林权抵押贷款的概念，即指借款人以其依法有权处分的林权作抵押物向银行、农村信用社等金融机构申请借款的行为。同时，对林权抵押的范围、条件和期限，贷款程序，抵押登记，林权抵押贷款用途、期限、利率，监督管理等方面作出了相关规定。2010年2月，上述三家单位又联合下发《四川省林权抵押贷款管理办法》（成银发〔2010〕41号），林权抵押贷款管理办法正式实施，但该办法所指的林权抵押贷款与上述试行办法一样，仍只限于以借款人本人依法享有的林权作抵押。自此，某银行开始办理林权抵押贷款业务。

2013年7月，中国银监会和国家林业局联合下发《中国银监会、国家林业局关于林权抵押贷款的实施意见》（银监发〔2013〕32号），从部门规范性文件层面，明确了金融机构可以接受借款人以其本人或第三人合法拥有的林权作抵押担保发放贷款。2013年8月，某银行总行层面下发《转发中国银监会、国家林业局关于林权抵押贷款的实施意见的通知》，某银行林权抵押贷款发展提速。

2016年1月12日，某银行总行下发《关于调整林权抵押担保政策的通知》，文件规定林权抵押担保作为信用保障措施管理，当地林权抵押登记、政府扶持政策、森林保险、林权评估等方面的保障机制，须能够保证我行对抵押品的及时处置变现，否则不得办理相关业务。同时，废止了《转发中国银监会、国家林业局关于林权抵押贷款的实施意见的通知》。自此，某银行停止了以林权单独作为抵押物的贷款业务。

（二）贷款发放情况

自2012年某银行开始办理林权抵押贷款以来，营业部以及部分二级分行实现了林权抵押贷款投放。就A二级分行而言，由于该行所在地森林资源丰富（据A行从所在地区林业局了解到，该地级市森林覆盖率63.1%，林地面积1834.65万亩，其中森林面积1424.1万亩，辖有林木经营企业200余家），前几年大力发展林权抵押贷款业务。自2012年1月至2014年3月期间，A行共对11户企业发放林权抵押贷款约1.9亿元。

截至2016年6月末，某银行全辖存量的林权抵押贷款共计18笔，涉及企业15户，林权抵押贷款余额约1.47亿元，主要分布于辖属五家二级分行。其中，A行存量林权抵押贷款企业共8户，贷款余额0.91亿元，抵押林权面积共计6.29万亩，外评每亩单价0.66万元，总价值约4.13亿元；内评每亩单价0.48万元，总价值3.02亿元。

（三）林权抵押贷款的主要业务流程

根据A行及相关业务部门的调研材料反映，林权抵押贷款涉及的主要业务流程和重要环节有以下几个方面：

一是客户准入。依据某行信贷政策制度，农林牧渔业为适度进入类行业，A行办理林权抵押贷款的客户全部为适度支持类客户。

二是贷前调查。分行客户经理按信贷业务操作流程，对贷款客户进行现场调查，根据调查情况和企业提供材料，对贷款客户的生产经营、盈利能力、偿债能力等情况进行分析，并对贷款用途进行审核。

三是业务品种和担保方式。A行发放的林权抵押贷款全部为流动资金贷款，其担保方式除以林权抵押外，一般以借款企业的法定代表人、股东等签订连带责任保证合同作为增信措施。

四是贷款期限确定。林权抵押贷款的贷款期限主要根据客户资信状况、经营状况、财务状况、贷款需求、综合偿债能力等确定。实际业务办理时一般都确定为短期流动资金贷款期限即1年，并未考虑林木生长周期。

五是贷款额度确定。林权抵押贷款额度主要根据客户贷款要求、贷款用途、授信额度、第一还款来源，以及抵押林权评估价值的一定比例（一般贷款额度不超过内评价值的50%）等确定。

六是保险办理。A行的林权抵押贷款均办理了财产保险，险种主要为林木火灾保险。保险费率由保险公司与借款人双方协商确定，保险费率与其他险种比较差别不大。保险期限与我行贷款期限一致，如贷款逾期未进行续保，保险将失效。

七是价值评估。A行林权抵押贷款均进行了评估。原则上先经入围的资产评估机构进行外部评估，再进行内部评估。评估价值主要根据树种、树龄、胸径、现行木材市场价格扣除采伐成本后进行综合评判。评估结果的权威性一般。

八是抵押登记办理。林权抵押登记，由借款人、贷款人共同提出申请，填报相关申请表和提供相关证件、合同，在林权所在地的林业管理部门（林业局）办理抵押登记，贷款行取得林权抵押登记他项权利证书。

九是贷款发放。贷款行在落实贷款发放前提条件（如办理抵押登记等）后，依据双方确认的借据金额发放贷款至双方约定的受托支付账户。

（四）贷款企业结构情况

以 A 行为例，截止2016年上半年，A 行存量的8户林权抵押贷款中，有4户为农、林、牧、渔业贷款，余额5320万元，贷款企业主要从事林木育种（3户）和蔬菜种植（1户），有3户为制造业贷款，贷款余额3406万元，贷款企业主要从事建筑用木料及木材组件加工、竹制品制造和保健食品制造（茶多酚），有1户为煤炭采矿业贷款，贷款余额387万元。此外，按某行总行林权抵押贷款客户准入的相关规定（小微企业不允许办理林权抵押贷款），A 行林权抵押贷款的企业类型全部为中型企业。

二、林权抵押贷款风险暴露及清收情况

（一）某银行林权抵押贷款风险暴露情况

截至2016年6月末，某银行全辖存量林权抵押贷款（18笔）五级分类仅有1笔为正常（贷款余额420万元），另外3笔为关注（贷款余额共计1997.13万元），10笔为次级（贷款余额总计10193.67万元），4笔为可疑（贷款余额2072.28万元）。其中，A 行存量林权抵押贷款客户8户，贷款余额9113万元，其中正常贷款1户、贷款余额420万元，不良贷款7户、贷款余额8693万元，不良贷款率高达95.39%。

（二）同业林权抵押贷款风险暴露情况

以 A 银行所在地级市为例，截止2016年6月末，A 市尚有林权抵押贷款的金融机构共8家，贷款余额4.88亿元，不良贷款率高达63.86%。A 市各家金融机构林权抵押贷款情况详见下表：

金融机构	正常	关注	次级	可疑	损失	合计
A行	420	0	7707	986	0	9113
B农行	0	0	16678	0	0	16678
C农商行	2636	200	0	299	0	3135
D信用联社	1509	1846	3334	0	0	6689
E信用联社	2005	440	1920	0	0	4365
F信用联社	8001	388	153	66	0	8608
G信用联社	181	0	0	0	0	181
合计	14752	2874	29792	1351	0	48769

（三）林权抵押贷款的不良贷款清收

以 A 行为例，目前对不良林权抵押贷款的清收主要通过以下三种方式：一是现金清收，即通过企业自身生产经营的收入归还贷款。截至目前，A 行林权抵押不良贷款共实现现金清收631万元。二是采取支付欠息后办理再融资的方式进行转化（贷款重组）。对尚需恢复生产经营、有还款意愿但目前无力还款的，拟采取收回欠息后办理再融资的方式进行转化。三是采取依法诉讼的方式进行处置。由于部分林权抵押贷款企业已经停止生产经营，已无还款资金来源归还贷款，且部分企业法人代表失联，A 行拟采取诉讼方式清收。

三、林权抵押贷款业务存在的主要风险和问题

近年来，为进一步深化集体林权制度改革，破解林权抵押融资难题，促进山区经济社会发展和农民增收，国家有关机构和部门先后出台了一些制度和办法，多家商业银行也实现了林权抵押贷款业务落地，这对改善农村金融服务、盘活集体林资源资产、规范林权抵押贷款、发展现代林业产业、增加林农收入起到了重要的促进作用。但是，林权抵押贷款业务发展短短几年时间，其不良贷款急剧攀升，贷款不良率高位运行，不良资产难以处置等现实状况，反映了该贷款品种存在的业务风险以及面临的困难和问题。

（一）银行自身管理存在的问题

1. 客户准入和贷前调查把关不严

较之其他行业而言，我国农林牧渔业的银行信贷业务，本身就存在体制

不完善、模式不成熟、运作不规范等实际问题，因而我行对该行业的总体信贷原则是：适度支持、稳妥拓展、鼓励试点、风控为先。然而，个别分支机构一方面为响应国家政策号召，另一方面迫于自身创新业务指标压力，开展林权抵押贷款业务时过于激进，在选择贷款投放对象时，过渡依赖林权抵押第二还款来源，对借款人自身经营状况及偿债能力把握不足，贷款风险的第一道关口防控不严，导致该类业务品种不良率较高。

2. 贷款期限与林业生产周期不匹配

一般而言，不同贷款种类的贷款期限参考因素有所不同，如固定资产贷款，除考虑借款人综合偿债能力、经营稳定性外，还要考虑固定资产投资回收等因素，一般不超过固定资产建设期加上10年；住房开发贷款的贷款期限要根据项目开发周期、市场状况等因素确定，最长不得超过3年。2013年，中国银监会和国家林业局发布的《中国银监会、国家林业局关于林权抵押贷款的实施意见》（银监发〔2013〕32号）规定，银行业金融机构要根据借款人的生产经营周期、信用状况和贷款用途等因素合理协商确定林权抵押贷款的期限，贷款期限不应超过林地使用权的剩余期限。贷款资金用于林业生产的，贷款期限要与林业生产周期相适应。然而，据调查了解，某银行林权抵押贷款的贷款期限大部分都确定为短期流动资金贷款，期限为1年，并未考虑林木生长周期等因素。

对贷款用途和借款人账户资金监管流于形式。银行在办理贷款业务与借款人签订借款合同时，一般均明确约定贷款用途，并将借款人未按约定用途使用借款的行为视为违约行为，但部分林权抵押贷款客户并未按合同约定用途使用贷款，而是将贷款挪作他用。例如，A公司以其自有林权抵押申请的1400万元贷款，借款合同约定用途为购买树苗，贷款发放后受托支付给符合借款合同约定用途的B公司。而实际上借款人A公司又通过B公司将贷款资金分别转入C公司260万元、D公司1140万元，贷款资金并未用于生产经营。

此外，银行在向借款人发放贷款的同时，一般会与借款人签订《账户监管协议》，目的在于一方面根据企业的资金流动情况了解其经营销售收入回款情况，另一方面监测企业账户的对外支付，确保企业在我行的资金沉淀以及贷款的第一还款来源。但实际上，对企业的贷后账户资金监管大多流于形式，有些企业销售收入根本达不到预期，或销售收入通过个人账户或在他行账户结算，监管账户资金回笼较少，监管账户起不到预期的监管作用。例如，某公司以第三方林权抵押在 A 银行申请3000万元贷款，贷款占比100%，而根据企业提供的财务报表，其实现收入7600万元，在 A 银行的结算资金仅1600万元，不足22%。

3. 贷后管理与实际风控需求存在差距

首先，专业信贷人才欠缺。由于林木资源的特殊性和专业性，银行现有信贷人员在数量和素质上都难以满足贷后管理的要求。其次，对押品的贷后监管存在难度。林权抵押贷款的抵押物一般地处山区，交通不便，地域较广，信贷人员对押品现场核查存在较大困难。尤其是对林木生长情况、间伐木材品种和数量等难以精确把握，对抵押物价值是否发生变化难以准确判断。再次，信贷人员对贷款企业检查困难。由于林权抵押贷款发放的主要对象系涉林企业，其主营业务大部分为林木种植、销售，生产场地和产品库存多在大山深处，点多面广，现场检查不便，无法全面了解企业的生产经营情况，贷款风险判断容易出现偏差。

4. 不良贷款的清收手段缺乏创新

目前，某银行对不良林权抵押贷款的清收主要是通过催收、诉讼、重组等传统的不良资产处置方式。少量林权抵押贷款也通过打包转让的方式处置。但是，大部分林权抵押贷款的借款企业实际已经停止生产经营，自身已无还款资金来源，催收清收的效果甚微且时间冗长。虽然某银行对林权抵押不良贷款创新清收的可能性和可行性也做过一些探讨，但均囿于现有监管制度，实际操作起来比较困难。

（二）林权抵押贷款的相关配套制度不健全

1. 林权资产缺乏权威评估

林权融资的额度主要依据林权资产价值而确定（某银行一般情况下融资额度不超过内部评估价值的50%）。在实际操作上，林权抵押物价值往往是评估公司、借款人，以及银行信贷管理人员相互博弈的结果。抵押林产被高估的情况较为普遍，一旦贷款形成不良，即使处置抵押物也难以全部覆盖贷款本息。例如，A 公司于2013年10月在某行办理的一笔1400万元流动资金贷款，以其自有林权作为抵押。贷款发放时抵押物外评价值为6094万元，某行内部评估价值3602万元，而在贷款进入不良后某行拟提起诉讼，预估抵押物的市场价格仅为500余万元，不足当时评估价格的14%，不足贷款余额的36%。

实践中，评估结果的权威性并不高，评估价值的合理性也无法给出客观评价。主要原因有几个方面：一是目前普遍缺乏具备林产评估资质的专业评估师，评估公司内部管理也缺乏规范和监督，评估行为存在随意性。二是由于评估对象所在地基本处于山区，且山高坡陡，有些地段评估人员根本无法实地考察，评估调查报告可能是根据局部推断整体情况，与实际情况存在较大出入。三是评估机构对林权价值的确认基本依据林地使用年限内可能产生的价值，时间跨度长，评估价值是未来价值，而不是现实价值，确认合理的价值区间较为困难。四是林木交易规范程度不高，交易量小，交易市场和参照物少，比如用市场法进行评估，也很难客观反映合理的参照价值。或即使有市场交易价格，评估机构也并未将其作为抵押物价值确定的参照因素。例如，某公司以其自有林权抵押在某分行办理的1600万元贷款，其抵押物当时的外评价值为5028万元，内评价值为4108.8万元，而据某分行事后向林业局了解该借款人取得该抵押物的流转价格仅为480万元，外部评估机构和银行内评价值均远远超过其流转价格。

2. 林权资产不能有效流转

林权抵押贷款业务的发展拓宽了林农和林企的投融资渠道，使部分沉睡的森林资源变成可以抵押变现的资产。对于商业银行本身而言，林权抵押也打破了长期以来以房地产抵押为主的单一格局，扩大了业务领域。但是，在林权抵押贷款业务异军突起之时，林权交易平台的发展却姗姗来迟。据了解，在四川境内，四川省集体林权制度改革领导小组办公室于2012年10月才批准成都农交所[2]作为四川省集体林权流转试点平台开展工作，其下属网站——中国西部林权交易网作为全省集体林权流转试点的信息网络平台。2014年5月，四川省首家县级林权流转交易平台才开始启动。[3]另据A行从A市林业局及有关部门了解到，西南联合产权交易所在A市设立有分所，从事包括林权在内的产权交易活动，2015年底挂牌一宗林权（面积3600亩，挂牌价920元/亩），但至今

2　成都农村产权交易所是在成都统筹城乡综合配套改革试验背景下，于2008年10月在全国首先成立的农村产权流转服务平台。

3　信息来自"四川新闻网"2014年5月26日消息：5月23日上午，成都农村产权交易所与剑阁县林业和园林局签订合作协议，标志着首家全省联网的县级林权流转交易平台在剑阁县正式启动，加速了该县由林业资源向林业资本转变的步伐。

未成交。林权平台交易的普及度不高、市场不活跃、交易价格形成机制尚不健全等因素制约了林权的有效流转，也阻碍了商业银行林权抵押贷款不良资产的收回，削减了银行继续发展该项业务的积极性。

3.相关法律制度不健全

我国现有法律对林权的权利设置、流转等方面，仅物权法和森林法有一般性规定，与房地产产权等相对完善的法律制度相比（其设立、变更、抵押等方面都有比较成熟的法律配套规定，包括大量的地方性法规和地方政府规章），其不明确、不完善的地方还很多。此外，如果银行通过采伐林木来清收贷款，也缺乏可操作性。我国森林法第32条[4]中明确规定了采伐林木必须申请采伐许可证，而取得采伐许可证除应当向行政审批部门提交申请采伐林木的所有权证书或者使用权证书外，还应当按照规定[5]提交其他有关证明文件。森林法第37条[6]明确规定了从林区运出木材，必须持有林业主管部门发给的运输证件；第35条还明确规定了采伐的单位或个人，必须按照采伐许可证规定的面积、株数、树种、期限完成更新造林任务。上述行政许可的相关审批时间长，手续繁多，影响林权变现进度。如果商业银行需要通过采伐林木变现后清收贷款，还需要额外投入大量人力物力，客观上增加了银行变卖林木实现清收的成本。因此，有关采伐许可证、运输证等行政许可制度也制约了林权的自由流通及其实际价值。

4　森林法第三十二条第一款：采伐林木必须申请采伐许可证，按许可证的规定进行采伐；农村居民采伐自留地和房前屋后个人所有的零星林木除外。

5　《中华人民共和国森林法实施条例》第三十条：申请林木采伐许可证，除应当提交申请采伐林木的所有权证书或者使用权证书外，还应当按照下列规定提交其他有关证明文件：（一）国有林业企业事业单位还应当提交采伐区调查设计文件和上年度采伐更新验收证明；（二）其他单位还应当提交包括采伐林木的目的、地点、林种、林况、面积、蓄积量、方式和更新措施等内容的文件；（三）个人还应当提交包括采伐林木的地点、面积、树种、株数、蓄积量、更新时间等内容的文件。因扑救森林火灾、防洪抢险等紧急情况需要采伐林木的，组织抢险的单位或者部门应当自紧急情况结束之日起30日内，将采伐林木的情况报告当地县级以上人民政府林业主管部门。

6　森林法第三十七条：从林区运出木材，必须持有林业主管部门发给的运输证件，国家统一调拨的木材除外。依法取得采伐许可证后，按照许可证的规定采伐的木材，从林区运出时，林业主管部门应当发给运输证件。经省、自治区、直辖市人民政府批准，可以在林区设立木材检查站，负责检查木材运输。对未取得运输证件或者物资主管部门发给的调拨通知书运输木材的，木材检查站有权制止。

4.林权的财产保险制度有待完善

由于林木抵押物的特殊性，易受火灾、水灾、虫灾等自然灾害的影响，被人偷盗灭失的风险也较高，一旦发生这些风险，对于林权所有者而言将面临重大的经济损失，对享有抵押权的商业银行而言，可能出现抵押物落空，贷款风险增加。因此，商业银行一般在办理林权抵押贷款时，会对抵押物购买财产保险。但目前办理森林资产保险的公司较少，保险品种比较单一，一般仅限于火灾险，不包含水灾、病虫害、人为盗伐等其他灾害损失，并且保险期限一般为1年，需要年年续保，如果借款人出现违约，可能导致不能续保或续保不能，客观上使得贷款抵押物风险增大。以 A 行为例，目前除一笔林权贷款抵押物保险仍有效外，其余林权贷款抵押物保险均已到期且未续保，主要原因是大部分抵押人（多数同时也即是借款人）已停止经营，无续保能力，或企业法定代表人失联，银行无法联系企业续保。

（三）容易诱发道德风险和刑事犯罪

正是因为林权抵押贷款是一个新兴事物，相关配套措施不完善，不排除一些利令智昏的借款人借机通过此种方式骗取银行贷款的可能。例如某公司于2013年10月在某行办理了一笔1400万元的流动资金贷款，该贷款由借款人自有的林权提供抵押担保。贷款转入不良后，某行对企业有关情况进行调查了解到，该客户根本无生产经营场所，无资金流，客户贷款资料系伪造，且客户并未按约定用途使用贷款资金，而是将贷款挪作他用，不排除有骗贷嫌疑。但是，这种风险化解起来难度很大，一方面通过诉讼清收除了处置抵押的林权外，很难再查找到债务人可供执行的有效资产，清收效果不理想；另一方面从其他个别案件反映来看，以刑促民手段需慎之又慎，以免风险扩大和失控，使清收陷入"两难"境地。

四、相关建议

（一）完善配套制度为林权抵押贷款营造良好生态环境

不能自由流通和及时变现的担保物并无担保的实际意义。几年前，林权抵押贷款被社会各界寄予厚望，然而却不幸卒于襁褓，这与相关配套政策、制度不健全不无关系。该项业务要健康良性发展离不开地方政府和监管部门的配套措施和监管助推。在此，提出以下几点建议：其一，关于林权抵押和流转的有关法律制度需要进一步统一和细化，使林权主管部门和相关权利人办理相关手续时有据可循；其二，建立跨区域的林权流转管理服务网络和互联互通的集体林权流转信息采集系统和共享平台，及时发布林权流转信息和流转指导价格并加强动态管理；其三，要不断强化为流转提供有关法律政策宣传、市场信息、价格咨询、资产服务、合同签订等服务；其四，积极推动构建权威公正的森林资产评估机构并加强监督管理，确保林权评估价值的科学、公正、真实，解决评估难、评估贵等问题；其五，不断完善林业交易市场，活跃林产品交易，促进林权流转，确保抵押林权能够及时变现。

（二）商业银行应不断提高自身风险把握能力

商业银行作为办理林权抵押贷款业务的主体，在依托政府的核心牵头作用的同时，更重要的是完善内部管理制度，提高风险防御能力。商业银行一是需要培养具有林业专业知识的信贷人员，提升其业务能力和风险识别能力。二是根据自身实际，结合林权抵押贷款的特点，根据借款人资金需求和用途（如林业生产经营、森林资源培育和开发、林下经济发展、林产品加工、其他生产生活资金需求等），选择合适的客户，切实为其制定额度和期限相匹配的融资方案。三是完善内部控制机制，实行贷款全流程管理，全面了解客户和项目信息，建立有效的风险管理制度和岗位制衡、考核、问责机制。四是根据林权抵押贷款的特点，制定贷款审批各个环节的操作规则和标准要求，特别是贷前的实地查看、测定评估、贷后现场检查、跟踪记录等，切实防范林权抵押贷款风险。五是开拓创新，积极探索不良林权抵押贷款的处置新途径（例如不良贷款证券化、向社会投资者转让债权等）。

（三）进一步提升银林合作水平

商业银行、具有金融需求的林农或林企各处供需关系的两端，而相关政府机构是中间的桥梁，三者的紧密合作对林权抵押贷款业务的发展至关重要。林农和林企要积极转变观念，改变生产经营策略，敢于承担市场风险，积极主动合理运用林权拓宽融资渠道。林业管理单位要加大对林农、林企的专业技术指导，提高其专业技术水平，引导提高效益和产出。打破信息不对称的壁垒，加强商业银行、林业管理部门，以及林农林企之间的信息沟通，充分运用惠林政策实现多方利益共赢。商业银行在发展林权抵押贷款业务的同时，对县域林下经济产品创新与林产品深加工的关联行业给予合理支持，不断拓宽金融与林业合作的范围。深化对涉林小微企业、农户的信用培育，提升信用水平，为银林深度合作创造良好的信用环境。

（四）不断完善政策优惠激励机制

比如，在商业银行林权抵押贷款出现风险需处置抵押物时，优先满足林木采伐指标；对商业银行林木采伐指标费用、拍卖交易费用、保险费用等予以优惠；建立林权抵押贷款业务风险损失补偿机制，按年末新增林权抵押贷款建立风险补偿基金，按林权抵押贷款的损失率进行补偿以及进行贷款贴息等；创新森林资产保险产品，将林产保险纳入农业政策性保险，并给予财政贴息等。

（五）充分运用现有条件推进存量不良林权抵押贷款的处置清收

一是加强与当地林业主管部门等所涉政府部门的沟通协调，说明林权抵押贷款业务的健康发展与林权流转、林权抵押、保险、林农信用等配套政策和金融环境的紧密关系，促使当地政府加快有关配套政策的搭建和优化，重视并支持银行依法维权的相关举措；二是可根据实际情况合理选聘专业程度高、业务能力强、有林权抵押贷款处置经验的律师事务所，代理我行林权抵押贷款类案件，推动不良清收；三是充分运用《最高人民法院关于适用〈中华人民共和国民事诉讼法〉的解释》中"失信被执行人名单"制度、《最高人民法院关于限制被执行人高消费及有关消费的若干规定》、刑法第313条的"拒不执行判决、裁定罪"等法律规定，督促借款人积极偿还贷款或者配合银行进行贷款清收；四是加强与当地法院就网络司法拍卖工作开展情况的跟踪和了解，灵活运用网络司法拍卖市场超地域化、拍卖信息透明、交易成本低等优势，扩大林权交易的市场认知度和覆盖面，最大限度实现抵押资产价值。

（六）运用投行思维探索林权的变现处置方式

针对目前林权处置变现的困境，积极开拓创新，探索运用投行产品等实现林权变现的可能性。例如由第三方私募基金公司打包购买林权贷款借款人或抵押人股权，企业资金盘活后偿还银行贷款，银行释放林权抵押，私募基金公司再对林权进行市场化运作或创制新的金融衍生产品回收投入。又如，因高污染排放企业需要购买碳排放配额，由国家出台相关规定将碳排放交易平台与林权交易平台结合起来，并将企业购买碳排放量与拥有林权数量挂钩，企业需要购买多的碳排放量则其需要购买规定的林权数量。这样的交易模式不仅可以推动林权交易，加速林权的流转，还可以为商业银行处置林权开辟新的路径。

票据与保理

关于票据业务改革新政出台对银行票据业务开展的影响和应对报告

中国民生银行 何 琳

2016年，中国人民银行相继颁布《关于规范和促进电子商业汇票业务发展的通知》（以下简称《通知》）、《票据交易管理办法》（以下简称《办法》）、《关于做好票据交易平台接入准备工作的通知》。同年12月8日，上海票据交易所（下称票交所）开业。为缓释新政及后票交所时代对银行票据业务模式和盈利空间的影响，同时抓住政策红利、抢占市场机遇，特将调研情况、业务影响及应对建议报告如下：

一、票据业务新政解读及趋势分析

本轮票据业务改革的政策重点在于：防范银行间市场恶性风险事件；逐步统一全国票据交易平台；打破信息不对称的壁垒。我国票据市场及业务走向将呈现出如下趋势：

（一）我国票据市场整体架构

短期内形成以票交所为主、地方票据交易中心为补充的分层市场体系：票交所针对投资市场（二级市场），交易主体限定为持牌金融机构及其设立的投资产品，交易标的为电票及上线纸票，交易模式标准化[1]；地方票据交易中心针对票据融资市场，交易主体不限，交易标的为纸票，存在各类非标准化及衍生交易模式。[2]

票交所未来将统一全国票据一、二级市场，形成一个各类主体均可参与[3]、

---

[1] 包括转贴现、质押式回购、买断式回购三类。

[2] 根据市场需求的不同，包括直贴、质押、转让、资产证券化、撮合等。

[3] 《票据交易管理办法》第五条第（三）项明确了兜底性条款"中国人民银行确定的其他市场参与者"，为票交所整合地方票据交易中心、ECDS电票系统，将票据中介、企业客户纳入市场参与者范围留下了政策空间。

交易价格透明、区域差别得以消除，交易产品涵盖直贴、转帖、再贴、票据基金、票据资产证券化等，投、融资需求充分对接的一体化市场。

（二）我国票据业务整体走向

1. 二级市场更规范，风险事件得到控制

一是隔绝票据中介。政策对票交所交易主体的限制、对托管账户实名制且不得出租出借或转让的要求，使票据中介短期内无法参与二级市场交易；二是电票逐步取代纸票。根据《通知》要求，票据市场将从纸票电子化开始过渡到电票逐步取代纸票的时代[4]，上线交易后票据具备了全生命周期受监控可追踪的特点，避免了纸票被篡改伪造等操作风险；三是纸票集中保管。纸票贴现后，由贴现人记载"已电子登记权属"字样，不再以纸质形式进行流转，并应由贴现人/保证增信行/承兑人进行保管，"一票多卖""票据变报纸"等风险事件将得以防范；四是票据贴现前信息必须登记。《办法》要求票据贴现前必须进行信息登记，并通过承兑人开户行登记、承兑人付款确认的制度设计，将票据信息登记的义务予以固化，使得贸易背景不真实、背书不连续的票据很难流入二级市场，通过空壳公司以虚假贸易背景开出商业承兑汇票经农信社等小银行背书从银行间市场套取资金等风险事件将得以防范。

2. 交易运行效率和市场活跃度提高，交易量将增多

一是集中化、电子化交易模式。根据央行政策导向，票交所将成为涵盖一、二级市场的全国统一票据交易平台，交易的集中化、电子化将加速交付、登记等环节，市场运行效率更高；二是交易主体扩充。信托、证券、基金、期货、保险等持牌金融机构，及其设立的投资产品[5]，成为合法的市场参与者，将大幅提升市场活跃度；三是提高贸易背景审查效率、引入保证增信行制度，明确贴现环节不需要提供合同、发票等资料，承兑人可通过在线方式审核电票贸易背景，同时，引入银行保证增信及刚性垫付制度，将使票据融资效率和流动性得以增强。

3. 原有作业模式和盈利模式失去生存空间，倒逼金融机构票据交易系统升级和业务转型

一是系统升级，实现线上批量作业。本轮政策出台后，将在一定程度上改

4　《通知》明确要求2017年1月1日起单张出票金额300万元以上、2018年1月1日起单张出票金额100万元以上（原则上），须通过电票办理；人民银行将按年度考核电票业务推广情况，对未达标的金融机构予以通报及督促整改。

5　包括证券投资基金、资产管理计划、银行理财产品、信托计划、保险产品、住房公积金、社会保障基金、企业年金、养老基金等。

变票据交易点对点的作业模式，金融机构须升级完善系统，实现与票交所系统对接及线上批量作业；二是模式转型，提供票据增值服务。全程透明化交易及保证增信制度的引入，降低了资金"搭桥"的需求，信息不透明带来的利润空间萎缩，标准化的交易模式基本杜绝了监管套利的可能，金融机构需凭借自身信用溢价、系统、风险管理等优势向提供票据增值服务方向转型。

（三）未来可能出现的重大突破和趋势

1. 融资性票据政策空间逐步打开

贴现免提供合同及发票的规定[6]释放出弱化基础交易背景审查的监管思路，为融资性票据的合法化打开政策空间。[7]

2. 票据迈向标准化资产行列吸引更多资金配置

场内交易使票据迈向"标准化资产"行列，吸引更多资金。

3. 票据资产证券化发展更具潜力

市场的透明规范、交易规模的上量、融资性票据政策空间的放开，将使票据资产证券化盘活存量资产、支持实体经济、丰富证券投资市场的功能得到充分发挥。

4. 区块链技术的引入带来革命性变化

根据票交所上线计划，票据很可能成为区块链技术在金融领域率先落地的应用，其分布式架构和不可篡改等特性，有助于彻底解决票据真实性、信息不透明等问题。[8]

二、对银行票据业务产生的影响和机遇

（一）对银行现有业务模式的重大影响

除票据业务利润空间变薄、贴现环节免提供基础合同及发票以外，本轮政策及票交所系统的上线还将对银行现有票据业务模式造成如下影响：

6　其中，银承交易背景的审查落实在银行承兑环节，而商承则免除了金融机构审查交易背景的责任。

7　据悉，未来《票据法》的修订也将吸纳上述思路，从立法层面予以呼应。

8　即，当参与方需要检验票据真实性及交易联系性时，区块链就可以提供无可争议的一致性证明。据悉，票交所系统已尝试引入区块链技术；浙商银行一款基于区块链技术的移动数字票据平台已于2017年1月上线，票据以数字资产方式进行存储，交易信息不易丢失、无法篡改，具备更强的安全性；恒生银行也已尝试将一级市场的交易场景放到区块链上。

1. 纸票卖出回购（买入返售）业务将不再具有政策可行性

一是票交所系统仅提供标准交易模式。票交所系统上线后，交易模式被严格标准化，参加主体只能使用如下3种产品：转贴现、质押式回购、买断式回购。即，针对在票交所交易的电票及纸票电子化，将无法开展卖出回购（买入返售）业务。

二是纸票卖出回购（买入返售）业务须登记。《通知》要求，对于未实现纸票电子化的，纸票买入返售（卖出回购）业务的转入行应于电子商业汇票系统中按照转贴现业务登记要求办理登记，原转出行办理纸票赎回业务应参照转贴现业务登记要求办理登记。根据上述要求，该业务模式的市场需求将不复存在。

2. 票据转贴现业务协议线上化、模块化

通过票交所叙做票据交易的协议文本架构及签署方式与银行现行转贴现业务有所区别：（1）协议架构包括《票据交易主协议》、补充协议及成交单；（2）交易各方加入票交所系统时于线下签署主协议，如有特别约定及未尽事宜于线下签署补充协议，主协议及补充协议一经签署即生效；（3）叙做具体业务时就单笔交易于线上签署成交单，无需重复签署主协议等；（4）效力优先顺序如下：成交单、补充协议、主协议。

3. 承兑人开户行的责任加重

根据《办法》规定，承兑人开户行应履行的义务包括：（1）应承兑人委托登记承兑信息；（2）付款确认；（3）提示承兑人付款及信息应答；（4）纸票保管。上述内容与现行交易模式差异较大，对于银行作为承兑人开户行的业务，将承担监管要求的责任和义务。

4. 公示催告不影响交易，将产生资金成本损失

根据《办法》规定，公示催告期间票据仍可流转，但转让行为无效，票交所依申请将票据权属返还至（公示催告前的）最后一手持票人，并将交易资金逐手（按转让时的价格）返还至交易前手。如银行作为受让方，则上述安排将占用银行资金成本。

（二）为银行票据业务发展带来的市场机遇

1. 票据自营业务

一是电商/互联网平台供应链票据1+N批量贴现融资。《通知》和《办法》明确票据贴现不再提供合同、发票等资料，承兑可通过影印件进行在线审核，

其中电子商务企业可通过审查电子订单或发票的方式，对电票的真实交易关系和债权债务关系进行在线审核。上述贸易背景真实性审查效率的提升政策，特别是针对电子商务企业的优惠政策，将为银行以电商 / 互联网平台为切入点，针对以其为核心的供应链上下游企业（B2C 的卖家、B2B 的交易双方）持有的未到期票据开展批量贴现融资业务提供空间。该模式通过电商 / 互联网平台将分散在中小企业手中的小票、散票集中起来，并可由平台提供信用风险综合解决方案，通过降低融资成本、提高运作效率，扩张银行票据直贴业务市场。

二是票据买断式回购业务。票交所设立后，金融机构贴现买入的纸票进行集中保管后在票交所登记信息并以电子化形式进行交易，即使交易链上任何一手到期赎回发生违约，其后手（甲方）仅需承担对其直接前手（乙方）违约返还资金的利息损失，再前任何一手仍可与甲方进行赎回交割，在票交所信用机制的约束下，《办法》为买断式回购交易的合法化⁹给予了明确的政策支持，银行可抓住这一市场机遇满足相应的资产、资金摆布需求。

三是银行票据资产证券化及衍生业务。（1）票据资产证券化模式。将银行持有的票据资产进行线上化，利用票交所系统交易规范透明的优势提高基础资产的信用风险评级，通过设立 SPV 进行证券化，在交易所公开发行资产支持证券，募集低成本资金，在盘活银行票据资产、释放流动性的同时增厚利润空间；（2）票交所转贴现模式。利用票交所交易主体众多、交易量大、资金渠道多的特点，将银行持有的票据资产进行线上化，并由非法人类参与者通过其设立的投资产品以票交所系统转贴现交易模式进行受让。

2. 票据代理经纪及增信类业务

一是企业客户电票代理服务。《通知》鼓励金融机构基于协议代理企业客户发起针对电票的出票（含提示承兑和交付申请）、转让背书、贴现申请等并作出电子签名。对于企业客户，特别是具有集中管理电票的集团企业客户，电票代理服务未来将具有较大的市场空间。

二是同业机构代理接入业务。票交所系统参与主体类型增加，对于银行以外的其他金融机构开展票据交易的，其具有通过银行系统代理接入票交所系统的政策支持和业务需求，银行可根据《办法》规定代理其接入票交所系统。

三是为贴现人提供保证增信服务。根据《办法》规定，贴现人可以按照

9　纸票买断式回购交易中，最后一手到期赎回发生违约时，其前端各手均无法从市场上买回原票据进行履约交割并将形成连续违约，酿成系统性风险，因此，监管机构一直不允许票据买断式回购交易。

市场化原则进行选择，由商业银行对纸质票据进行保证增信，由保证增信行对纸质票据进行保管，并为贴现人的偿付责任进行先行偿付。基于对增强票据资产流动性和融资效率提升的需求，将使"保证增信"业务具有较高的市场需求。

3. 票据投行及资管类业务

一是为企业客户通过票据资产证券化或其他衍生产品获得低成本融资提供投行服务。对于企业客户持有的未贴现、未到期电票，票据本身的风险可控，银行可针对客户进行分层，将票据资产包装成证券化或其他衍生产品，并提供发行、承销等服务：（1）信用评级 AA 级，直接将其持有的电子商业承兑汇票进行打包，在票交所或其他场内交易平台发行资产支持票据；（2）信用评级 A 级，设立 SPV（理财或代销资金）通过票交所系统，受让票据或票据收益权；（3）信用评级低，根据《通知》的规定探索通过开立保函、保证与保贴进行增信后，在票交所进行二级市场转贴现交易。

二是运用不同渠道资金开展资产管理业务。（1）对于票交所进场交易的非法人类参与者，通过代销、财富管理等业务，引入券商、信托、保险、理财、社保基金、养老基金等，以约定的利率投资于票据资产支持证券及／或上述其他票据衍生产品；（2）对于无法参与票交所交易的私募基金、P2P 平台等，可为其搭建投资通道买入资产支持证券或其他衍生产品。

三是需求侧的票据基金定制业务。不同于目前的供给侧卖票模式，票交所系统上线后，将可实现以单张票据为交易标的的需求侧买票交易模式，该模式的创新将推动形成特定要求的票据基金。对此，银行可与基金、证券合作，提供定制化的单张票据，以及为票据基金提供流动性支持增值服务。

三、关于银行票据业务的应对策略及建议

（一）根据票据市场整体架构和走向，确立银行票据业务定位和整体规划

根据本轮票据业务新政，以及票交所公布的系统远期规划，结合我国票据市场整体架构、票据业务整体走向、未来可能出现的重大突破和趋势，确立过渡期及长期业务定位和规划：

一是占领电票业务政策先机，逐年提升一级市场电票占比。充分认识电票对于防控票据业务风险、抓住政策新机遇的意义，按照《通知》要求积极稳步推动一级市场通过电票形式办理商业汇票出票，逐年提升电票业务占比，尽早适应票据业务未来发展趋势，占领市场先机。

二是围绕票交所交易体系，建立二级市场票据业务管理及系统架构。现阶段，票交所运行的核心是服务于二级市场场内交易，并向参与者提供标准化的系统接口，银行需围绕票交所系统各业务环节加强配套设施建设，实现与软、硬件对接：（1）按照票交所交易规则同步修改或制订票据交易制度、保证增信制度、审批授权制度、信息档案制度等内部票据业务管理制度，并嵌入系统设计，形成二级市场票据业务管理架构；（2）改造现有票据电子化交易系统，按照票交所提供的技术规范实现票据登记、保管、支付及信息系统的功能优化整合。

三是搭建覆盖票交所、地方票交中心的业务体系，探索建立自主开发票交系统／平台。利用票交所系统分步上线及短期内仅针对二级市场场内交易的市场现状：（1）建立有针对性的分层业务体系，①票交所业务体系：转贴现、质押式回购、买断式回购业务；②地方票交中心业务体系：直贴、企业票据（收益权）融资（包括但不限于资产证券化／质押／收益权转让／其他衍生模式）、票据理财、票据资产管理业务、（政策放开后）融资性票据发行及增信服务；（2）自主开发票据交易系统或通过股权投资方式利用已有互联网票据交易平台，为交易各方提供报价、撮合、清算支付、信息发布和查询等服务，银行可作为做市商，以自有资金或募集资金接盘，做大平台规模。

（二）强化投行化思维和跨界意识，实现票据业务转型及创新

基于票据新政及票交所上线对原有票据业务盈利模式的冲击，银行需积极调整经营策略，进行业务转型和创新：

1. 传统业务领域

（1）提升经营管理水平，以高质量、低成本的业务服务为基础，抓住电票业务、票交所系统上线的先机，争夺和挖掘票据资源，以优质票据资源及交易量的增长获取收益，弥补传统业务利润空间变薄带来的不利影响。

（2）发展票据代理经纪及增信类业务，健全对中小金融机构和企业客户的信用评价体系，利用银行的信用溢价、风控能力、系统优势获取增值收益。

2. 创新业务领域

（1）强化投行化思维及跨界创新意识。在泛资管时代以及票据业务新政、票交所系统上线的大背景下，需要决策层及管理层认识到投行化、跨界化创新发展的前景和对传统票据业务的冲击，积极调整业务战略顺应政策和市场趋势，寻找传统业务与投行业务及互联网业务、传统渠道和新兴市场渠道的衔接处、融合点和突破口，采用新思维、新技术、新模式推进票据业务转型升级。

（2）增强票据业务投行化及跨界竞争优势。当前背景下，票据业务投行化及跨界发展的竞争优势主要体现在协同、渠道、服务、技术、价格等方面：①协同方面，主动加强与券商、基金、保险、信托、他行理财／同业资金，及电商／互联网平台的合作，利用券商、基金、保险、信托等票据交易参与主体的资金优势，电商／互联网平台的企业客户和信息优势，拓展票据资产证券化及衍生业务、票据理财、票据基金、定制化票据资产管理产品、互联网票据理财、电商平台1+N票据打包贴现等新型票据投、融资业务；②渠道方面，仅依靠物理网点布局的传统方式已无法满足票据业务创新的需要，建议加快渠道转型升级，推进网络平台和线上渠道的建设，融合线上线下优势形成票据O2O经营模式；③服务方面，积极应对资本市场和货币市场的不断融合，将票据金融服务模式向开放式平台、交互式营销的跨界模式转变，为企业客户和同业机构提供更加优质的票据投、融资及增值服务；④技术方面，借助强大的科技支撑推动产品智能化、网络化升级，改善客户体验，配合票据新产品、新业务和新运作模式的推广应用；⑤价格方面，提高银行在交易过程中对票据业务的定价能力。

3. 加强票据业务转型和创新风险管控

（1）谨慎关注法律法规及政策规定和走势，调整票据业务风控制度和体系。票交所的建成将伴随着监管机构对行业交易规范的严格整改，《通知》和《办法》给银行现有票据业务模式带来的变化，以及票据法正在进行修订，相关法规、监管规定还将进行相应调整，银行应谨慎关注，并据此调整票据业务内控管理制度、业务操作流程，如根据承兑人开户行责任、公示催告操作要求等政策变化，对客户和产品的风险评级、相应交易环节的操作要求和流程进行相应调整等，完善风控体系、提升业务质量。

（2）做好电票业务及票交所场内交易风险管理政策和应对预案。针对票据业务市场的变化，将风险防控重点从纸票、线下交易向电票、场内、线上交易进行调整，针对票交所系统、ECDS系统、地方票据交易平台的特点以及全国统一的市场化发展趋势，加强银行票据交易系统安全性保障，明确风险管控重点，做好应对预案。

（3）加强对票据业务创新的风险管理。票据业务投行化、跨界化创新具有拉长交易链条、增加风险点的特征，对此建议：①针对票据交易参与各方业务操作标准及风控要求不同的特点，识别关键风险点，并通过协议约定落实各交易环节中的责任主体及风险管控义务；②关注监管机构对票据业务创新的监管政策导向，把握业务边界，防范合规性风险；③重点防范与电商／互联网金融的跨界创新可能引发的信息安全风险，严防客户信息泄露、被盗、丢失、篡改等信息安全隐患。

（4）挖掘和探索大数据、区块链等技术在票据业务中的价值与应用。一是关注区块链技术在票据业务领域中的应用。密切关注票交所及同业对区块链技术引入票据业务的实践经验，探索建立移动数字平台，将票据交易场景放到区块链上的可行性，提升票据交易安全性。二是挖掘票据交易大数据的利用价值。票交所、地方票据交易中心的交易连接实体经济、金融市场与理财市场，具有敏感的市场价格发现机制，在对全国票据市场交易大数据进行抓取、整理和分析的基础上，可提高银行票据业务的定价能力，同时，为银行分析投融资资金市场价格、实体经济走向，参照确定资金成本、各行业领域信贷政策等提供数据支撑。

手机银行业务中的法律风险分析

中信课题组

摘　要

　　手机银行业务作为银行业务电子化、网络化的重要组成部分，日益成为各大商业银行大力拓展、激烈争夺的业务领域。手机银行在提供巨大便利的同时，亦蕴含了与传统业务不同的风险。本文通过对已发生的若干法律风险进行梳理及风险防范分析，为推进手机银行业务稳妥开展提供参考。

　　由于手机银行集合了账户管理、缴费、投资理财、信用卡等几乎所有的传统银行业务和新兴业务，且不再使用如U盾等媒介验证而仅凭密码操作，使用便捷，受到了用户的广泛欢迎。但新技术带来快捷使用体验的同时，问题也随之而来，近年，因手机银行各类风险事件频发，导致相关负面新闻不断。基于此，笔者从当前已发生的风险类型着手，尝试探讨如何更好地防范风险，使手机银行更为安全快捷。

一、手机银行业务中所面临的主要法律风险

（一）不适当地执行手机银行的指令

　　不适当执行手机银行指令，指客户通过电子签名验证后发出了正确的交易指令，但银行由于系统或通讯故障等原因，对指令未能适当执行；或指令是客户发出的，但其发出的指令是无权指令，银行仍予以执行。

　　1.未执行、延迟执行指令或执行指令不符合约定

　　根据客户与银行签订的协议，客户有权在协议约定范围内，通过手机银行发出指令，要求银行对该指令进行执行。因此，银行应当完全、准时、准确

地履行义务，否则将对客户构成违约。根据合同法第一百零七条之规定："当事人一方不履行合同义务或者履行合同义务不符合约定的，应当承担继续履行、采取补救措施或者赔偿损失等违约责任。"因此，根据违约造成的后果不同，银行可能承担不同的违约责任：（1）在继续履行仍为可能之时，银行须承担继续履行的责任；（2）在继续履行不可能或不符合合同目的时，银行须采取补救措施；（3）除前述纠正行为之外，因银行违约给客户造成的损失，银行须承担赔偿责任。

《电子支付指引（第一号）》的相关规定也印证了这一点，其第四十三条规定："接收行由于自身系统或内控制度等原因对电子支付指令未执行、未适当执行或迟延执行致使客户款项未准确入账的，应及时纠正。"同时，第四十二条第一款："因银行自身系统、内控制度或为其提供服务的第三方服务机构的原因，造成电子支付指令无法按约定时间传递、传递不完整或被篡改，并造成客户损失的，银行应按约定予以赔偿。"因此，电子支付中银行发生未执行、延迟执行指令或执行指令不符合约定的情形，银行须承担纠正责任与赔偿责任。该规定与合同法之规定相一致，对于手机银行的其他业务亦有借鉴意义。

2. 客户无权撤销指令，银行越权撤销

由于某些原因客户下达了错误的指令，银行据此予以执行，执行完毕后客户以其指令错误，要求银行撤销，银行越权给予撤销。此种情形常见于手机银行操作中输入错误的金额、错误的收款账户等错误信息。该行为从法律上而言，可能构成客户意思表示的错误，客户可依据合同法中的重大误解的撤销制度寻求救济；该行为亦可能构成获利方的不当得利，客户也可依据民法的不当得利返还制度寻求救济。但无论如何，银行作为第三方，无权擅自对该交易行为进行撤销，资金已支付至他人账户的，银行更无权利对资金进行划回或冻结收款方账户资金，因为该行为只能经司法机关认定或账户持有人同意之后才可执行。如果银行擅自采取该措施，可能构成对第三人的违约或者侵权，从而可能承担相应的赔偿责任。

在《上诉人吕胜强与被上诉人中国建设银行股份有限公司武汉经济技术开发区支行储蓄存款合同纠纷一案二审民事判决书》[1]中，法院认为："虽然建行开发区支行是专业金融机构，但即使吕胜强及时向该支行反映其存款被非法

1　湖北省武汉市中级人民法院〔2014〕鄂武汉中民商终字第 00918 号判决书。

转移至他人账户并要求冻结收款账户，建行开发区支行也无权采取措施冻结支付，因为法律对此没有明文规定也无双方的合同约定，银行采取冻结支付措施的前提条件须是司法机关出具相关的文书才能实施或者经账户本人同意，否则银行构成对他人的侵权应承担民事责任，故本院认为建行开发区支行在本案中不存在消极不作为。"由此可见，在存款被非法转移的情况下，银行无擅自冻结收款账户的权利，同理，在客户自己发出错误指令的情况下，银行更无权利进行撤销交易、划回资金或冻结收款方账户等行为。

（二）非客户授权交易的风险

在实务中存在客户的电子签名被冒用，银行收到非客户授权交易的情况。

从客户过失的角度而言，主要由于以下三个方面的原因：（1）客户保管不善，导致账户信息丢失或电子签名被他人冒用；（2）由于客户网络及终端安全意识淡薄，被黑客盗取账户信息及电子签名；（3）客户被不法分子欺骗，主动将账户信息及电子签名泄露给第三方。

从银行过失的角度而言，主要有以下两方面原因：（1）银行的手机银行系统安全系数不够高，导致客户信息泄露；（2）银行的工作人员违反保密义务，将客户信息泄露予他人。

电子签名法第九条规定："数据电文有下列情形之一的，视为发件人发送：……（三）收件人按照发件人认可的方法对数据电文进行验证后结果相符的。"据此，法律对此进行了拟制，对于银行而言，只要其履行了合理的审查验证义务，便可视为所接收指令为客户所为，其按照指令执行不构成违约责任。

然而，《电子银行业务管理办法》中明确规定："金融机构在提供电子银行服务时，因电子银行系统存在安全隐患、金融机构内部违规操作和其他非客户原因等造成损失的，金融机构应当承担相应责任。因客户有意泄漏交易密码，或者未按照服务协议尽到应尽的安全防范与保密义务造成损失的，金融机构可以根据服务协议的约定免于承担相应责任，但法律法规另有规定的除外。"据此，但非客户原因所造成的损失，银行均负有赔偿责任，此与电子签名法所确定的银行义务不一致，在实践中亦产生了不同的裁判结果。二者争议的关键点是对信息保管义务的举证责任分配。

在《吴秀娟与中国农业银行股份有限公司深圳东门支行储蓄存款合同纠纷二审民事判决书》[2]中，法院认为："实践中，就单个银行卡而言，个人用卡

---

2 广东省深圳市中级人民法院〔2014〕深中法商终字第 819 号判决书。

不当所致泄密是大概率事件，而银行系统问题导致密码泄漏是小概率事件。因此，持卡人对密码应当负有比一般财产更加严格的保管和保密的义务，才符合银行卡领用法律关系的特征。本案并无证据证明农行东门支行对吴秀娟涉案借记卡的密码泄露存在过错，故本院推定持卡人吴秀娟没有尽到保管银行卡密码的义务，更符合经验规则。"据此，法院认为如果需要银行承担责任，则客户应举证证明银行未尽到安全保障义务。

然而，在《朱素勤与广发银行股份有限公司中山彩虹支行借记卡纠纷、金融借款合同纠纷一审民事判决书》[3]中，法院认为："广发行彩虹支行作为手机银行操作系统的提供方，其对持卡人在系统中输入的账号、密码等数据负有保障安全性、保密性的义务，但广发行彩虹支行未能向本院说明其已采取何种保障数据安全的措施，亦无证据证明朱素勤对其手机银行信息的泄露存在过错，故本院认为广发行彩虹支行对客户信息未尽安全保障义务。"据此，该法院认为，若银行想自证清白，须举证自己已尽安全保障义务，同时举证客户对其信息泄露存在过失。

（三）未向客户进行充分风险揭示

手机银行通过移动互联网渠道为客户提供各类金融产品和服务，如果银行未能在手机银行业务开通或使用环节，对手机银行电子签名方式及各类功能进行充分的解释和风险提示，客户在其资金被盗的情况下将可能以银行未履行应尽的提示和告知义务要求银行承担赔偿责任。

实践中，客户常以银行没有充分向其介绍手机银行业务，特别是揭示手机银行的风险，要求银行承担其资金损失的赔偿责任。《上诉人刘玲玲与上诉人中国工商银行股份有限公司张掖分行储蓄存款合同纠纷民事判决书》[4]中，法院对此进行了详细的论述："上诉人工行张掖分行作为专业金融机构及相关技术、设备、操作平台的提供者，与作为储户的上诉人刘玲玲在技术和信息的掌握上地位较为悬殊，其应在上诉人刘玲玲申请开通网上银行和手机银行服务时，对上诉人刘玲玲尽到风险提示义务，主要为告知储户：妥善保管其注册卡号（账号、登录 ID 或注册手机号码）密码、电子口令卡、U 盾、电子密码器及接收短信认证和工银 E 支付信息的手机……办理网上银行业务应直接登录指定网站，不要通过邮件或其他网站提供的链接登录等。并应对网银所涉及的业务如

---

3 广东省中山市第一人民法院〔2015〕中一法民二初字第 1571 号判决书。
4 甘肃省张掖市中级人民法院〔2015〕张中民终字第 555 号判决书。

'网银互联'存在的高风险对上诉人刘玲玲进行风险提示，上诉人工行张掖分行未提交证据证实其将以上风险告知上诉人刘玲玲，因此，上诉人工行张掖分行应承担相应的责任。"因此，如果银行未对开通手机银行的风险进行充分揭示，有可能在用户财产遭受损失时承担赔偿责任。

此外，手机银行中投资理财业务具有一定的商业风险，银行在手机银行的操作界面中如果不对风险进行揭示，则可能被采取监管措施或在民事纠纷中对客户承担赔偿责任。

二、防范手机银行业务中法律风险的对策建议

（一）建立手机银行风险控制体系

建立手机银行风险控制体系，首先要完善与升级手机银行的安全防范系统，强化工作人员的保密义务，以防止客户信息泄露造成财产损失，尽到客户资金安全保障义务，在发生纠纷时不承担或减轻责任。其次，银行应及时发现可疑交易，对可疑交易进行事中干预、事后核实、事后提醒，减少手机银行交易的法律风险。尽管银行不得擅自应客户要求划回已付款项或冻结收款方账户，但是银行可以采取多种措施避免错误操作的发生，譬如对收款人的姓名与收款账户进行匹配与验证，或对金额较大的交易设置多重提示并要求客户确认操作，再如银行发现客户可能存在异常操作时，主动与客户取得联系以确认该操作是否为本人所为。唯有如此，才能从根本上减少客户与银行的纠纷，降低手机银行的法律风险。

（二）建立完善的客户风险提示机制

如上所述，为揭示手机银行业务存在的风险，避免银行在客户财产受到损失时承担赔偿责任，银行在手机银行业务的开立、变更过程中需要向客户全面、准确、没有误导地披露信息，充分揭示手机银行风险，并向手机银行客户持续宣传安全使用知识以及手机银行犯罪新手段、新动向，提高手机银行客户风险防范的意识和能力。譬如要求客户在《电子银行风险揭示书》中签字，并在其中列举最新的各种诈骗方式以提醒客户。

实践中，存在法院据此认定银行已经尽到安全提示义务的案例，在《尹玉林与中国银行股份有限公司桂林分行银行卡纠纷再审复查与审判监督民事裁

定书》[5]中，法院认为："根据一、二审法院查明的事实，中行桂林分行按规定向尹玉林出具中国银行股份有限公司个人网上银行风险提示，载明多种诈骗手法，并告知多种防范技巧，包括'不要向陌生人转账，在注册网银时不要预留陌生人的手机号码'、'不向任何人透露您的网上银行用户名、密码和动态口令、手机交易码等'等事项，尹玉林也在该风险提示上签名确认，因此尹玉林在开通手机银行业务时就已经知晓以陌生人手机号码开通手机银行存在风险，中行桂林分行已经履行安全提示义务，尹玉林抗辩中行桂林分行没有履行足够的安全提示义务与事实不符，本院对此抗辩不予采信。"

此外，《风险揭示书》的签订并不能一劳永逸，在《李小隔与招商银行股份有限公司深圳福华支行银行卡纠纷一审民事判决书》[6]中，法院即认为："银行应最大限度地保障客户资金安全，随着银行新型业务的不断推出，不法分子的诈骗技术和手段也愈加多样和隐蔽，银行自身发送的短信所链接的网站网址较多，更增加了客户的识别难度，银行作为专业机构，在发现各类诈骗方式发生后，应及时对客户进行相应的风险提示，在本案事发前，被告已陆续发现有类似诈骗事件发生，但被告未提交证据证明其事先已向原告履行了相应的风险提醒义务，亦应承担一定的责任。"

因此，在互联网信息技术快速发展，同时电信网络犯罪手段层出不穷的信息时代，银行应该不断更新安全提示，将新型诈骗方式及其防范措施告知客户，否则仍然可能承担违反安全提示义务的责任。

（三）完善手机银行相关合同文本

合同是当事人意思自治的表现，法院在裁判纠纷过程中须以合同为依据，因此完善手机银行的合同，对于防范法律风险极为重要。具体而言，手机银行的合同须从以下三个方面完善。

其一，风险揭示。如上所述，银行可以单独与客户签订《风险揭示书》，也将风险提示条款作为合同的单独章节或附件。

其二，免责条款。银行可以在合同中约定其只承担因存在安全隐患、机构内部违规操作或人员泄密而造成客户损失的责任。但须注意，银行须履行免责条款的提示义务，在手机银行的操作中可以体现为相应条款显著标明，或单独作为一个界面，由用户点击确认，或者其他能够证明银行已经充分履行提示

---

5 广西壮族自治区高级人民法院〔2015〕桂民申字第 682 号裁定书。
6 广东省深圳市福田区人民法院〔2015〕深福法民一初字第 4826 号判决书。

义务的措施。

其三，系统更新条款。手机银行依托于信息系统，其安全防范措施需要不断提高，因此合同需要约定银行有权不时对系统进行更新。实践中存在用户因系统升级后无法使用而提起诉讼的案例，因此为避免此类纠纷，应在合同中明确银行具有对业务系统进行升级、改造的权利，如果系统升级影响客户使用的，应提前进行公告，明确升级期间的业务安排和客户注意事项。

（四）建立业内信息共享机制和与相关部门建立联动配合机制

手机银行的风险，不仅仅为个别银行所面临，相反，任何银行都存在此类法律风险，这是由手机银行的产品特性所决定的。因此，增加与各支行、分行以及其他银行的信息共享，将有助于银行总结经验教训，防范或降低法律风险。

此外，银行还应当加强与公安机关、检察院、法院的信息共享，形成良好互动：一方面银行配合相关机构调查，另一方面相关机构针对新型的违法犯罪行为或容易引发纠纷的操作行为进行经验分享与风险提示。银行应一方面完善业务系统，强化防范工作，另一面积极履行风险提示义务，定期对客户开展风险防范安全教育。

银行基金类资管业务需关注的法律合规问题

交通银行　雷　震　夏　力

　　近两年来，银行基金类资管业务发展较快，市场规模逐步扩大，投资收益保持稳定。本次，我们对银行基金类资管业务开展的相关情况进行调研，了解了银行基金类资管业务按照理财资金退出及收益实现的来源或方式进行划分可分为市场化基金业务和明股实债基金业务，且主要存在信托计划对接资产投资、资产管理计划对接资产投资两种业务模式；比较研究了市场化基金业务和明股实债基金业务在资金用途、项目选择、退出安排、增信措施、风险类别、收益分配、审查重点等方面的差异点；着重从资金退出安排的法律风险、政府购买服务类基金业务需注意的法律合规问题、对合伙企业实缴出资与认缴出资不一致的问题、认购已成立合伙企业的合伙份额需注意的法律合规风险、有限合伙人介入合伙企业经营管理需关注的法律合规风险、有限合伙人介入合伙企业经营管理需关注的法律合规风险、有限合伙企业中优先级及劣后级有限合伙人收益安排的问题等方面分析了明股实债基金业务中需关注的法律合规问题，同时，针对调研发现的问题从外部立法立规及银行内部管理角度提出了银行基金类资管业务的完善建议。

一、调研情况

（一）银行基金类资管业务的分类

　　本报告项中的银行基金类资管业务是指按以下模式开展的资管业务：理财资金通过"通道"联合其他相关方的投资者设立基金（以有限合伙制为主），基金运用各方汇集的资金对外进行项目投资，投资方式包括股权投资、债权投资或者股债混合投资（交易结构详见附图）。

　　按照理财资金退出及收益实现的来源或方式进行划分，银行基金类资管业务可以分为市场化基金业务和明股实债基金业务。其中市场化基金业务的投资方式主要依靠最终项目的 IPO、定向增发等市场化方式实现项目的投资收益，通过投资收益向基金的分配，基金向通道的分配，通道最终向理财投资者返还的方式实现理财资金的退出、获得投资收益。与此不同的是，明股实债基金业务往往安排了特定的主体，通过受让通道持有基金的合伙企业份额／股权，同时还增加了对收益的差额补足及其他的兜底性安排，以确保在基金层面上实现通道资金的退出。

附图：

银行基金类资管业务交易结构

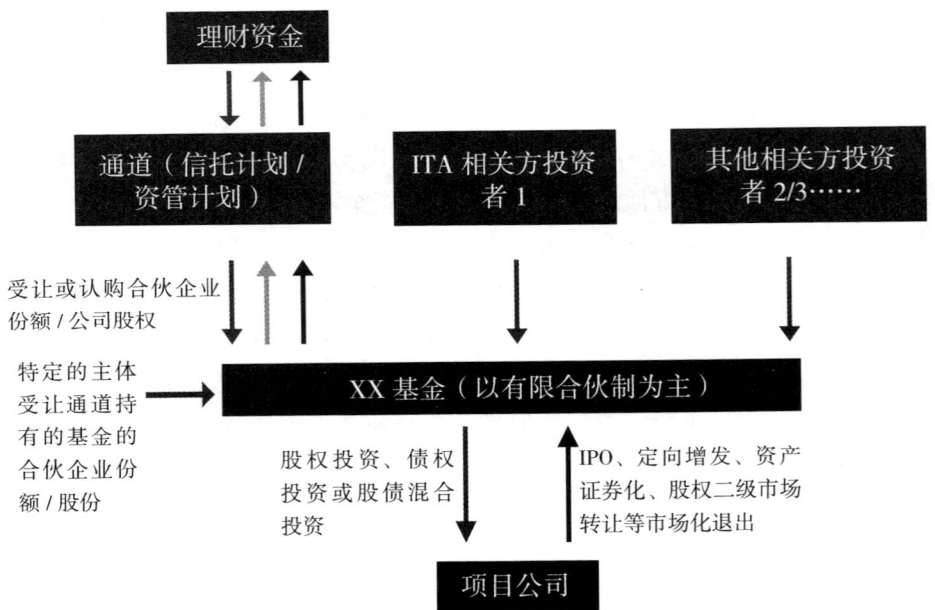

▬▬▶ 代表市场化基金业务的退出路径　　▬▬▶ 代表明股实债基金业务的退出路径

注：银行基金类资管业务交易结构为银行理财账户委托合作通道（包括信托公司、证券公司、基金公司）设立信托计划／资管计划，通道将募集资金以受让或认购合伙企业份额／股权的方式对基金进行投资，基金通过委托贷款、股权投资等方式对具体项目进行投资。本报告涉及的所有问题的分析论述都基于前述交易结构中的不同环节、不同交易安排展开。

（二）银行基金类资管业务的业务模式

根据银行合作通道机构的不同，基金类资管业务的业务模式可以划分为以下两种：

1. 信托计划对接资产投资模式

银行理财账户委托信托公司设立单一资金信托计划，信托计划以信托资金投资于基金（以有限合伙制为主），基金将募集资金通过股权、债权或者股债混合的方式投资于具体项目。

2. 资产管理计划对接资产投资模式

银行理财账户作为证券（基金）公司资产管理计划的委托人，与证券公司、定向资产管理计划的托管人签订《定向资产管理合同》，或与基金公司、专项资产管理计划的托管人签订《专项资产管理合同》。资管计划将资金投资于基金（以有限合伙制为主），基金将募集资金通过股权、债权或者股债混合的方式投资于具体项目。

（三）银行基金类资管业务的特点

（1）银行基金类资管业务的资金通过基金模式运作，以有限合伙制为主。

（2）银行基金类资管业务的开展都需履行银行内部审批手续。

（3）银行基金类资管业务项下，理财资金通过基金的模式以股权＋债权方式进行项目投资，业务结构较传统理财业务更为复杂，且涉及通道、基金、承担合伙企业份额／股权回购及差额补足义务的特定主体，各方之间的法律关系也比传统理财业务更为复杂，相应的，也存在较高的法律风险。同时，目前关于理财资金的运用存在较多监管要求，因此，在实际业务操作中也存在一定的合规风险。

（四）市场化基金业务和明股市债基金业务的差异

1. 资金用途

市场化基金业务项下理财资金通过通道向基金投资，以持有的合伙企业份额或公司股权获得基金投资运作的收益分配，属于实质性合伙企业份额／股权投资。

明股实债基金业务项下理财资金通过通道向基金投资，往往通过协议明确为系特定主体（融资人）为某特定的资金需求而进行的融资安排，特定主体（融资人）承诺通过无条件溢价回购通道持有的基金份额（包括合伙企业份额／

股权）偿还融资，实质上属于债权投资的性质。

2. 项目选择

市场化基金业务的基金投资项目主要由 GP 公司向基金推荐，并经过相关决策机制和流程最终决定是否参与。GP 一般为纯市场化机构，主持项目的筛选、定价、收购、管理、退出等一系列工作，通道银行（通过通道）作为 LP 对项目投资边界具有一票否决权。GP 在收取投资管理费之外，亦参与项目退出之后的超额收益分成。

明股实债基金业务所对应基金投资项目一般由融资人安排，GP 可由融资人下设或关联方承担，亦可由银行信托或资管子公司独立或与融资人组建合资公司担任，收取投资管理费。

3. 退出安排

市场化基金业务中，基金通过股权、债权或股债混合方式投资的具体项目主要依靠市场化退出作为第一性偿还来源，包括但不限于 IPO、定向增发、资产证券化、股权二级市场转让或者投资分红等。

名股实债基金业务属于债权范畴，本质为对回购主体的融资。退出资金第一来源于回购主体独立于基金投资回报的现金流，基金所投项目产生的分红等现金仅作为偿债补充。

4. 增信措施

市场化基金业务项下基金原则上通过项目市场化退出收益实现资金退出，部分业务中可能涉及要求融资人提供相应的增信安排，主要表现为融资人或其指定第三方对基金的投资收益分配承担补足责任。

明股实债基金业务因其本质属于债权，故特定主体（融资人）提供兜底还款安排一般不应附带任何条件，属于全额无条件不可撤销的回购安排。

5. 风险类别

市场化基金业务投资运作中主要面临市场风险，仅在该市场风险失控情形下，方引发回购/差额补足能力不足的信用风险。

明股实债基金业务在风险定位上，完全基于特定主体（融资人）的信用风险。

6. 收益分配

市场化基金业务采取固定收益加超额分成的方式，固定端年化收益一般高于同期贷款利率100BP以上，超额分成方面通常为超额收益的15%—20%。除此之外，LP 还可以换股或固定收益跳升机制等方式参与市场化收益分配。

明股实债基金业务通常执行固定收益，定价一般在同期贷款基准利率上下小幅浮动。

7. 审查重点

市场化基金业务重点评审基金发起人，应着重分析其基金发起目的和产业并购方向与其主业相关性，以确定具体项目投资边界，同时亦应研究其产业整合能力，评价市场化退出预期和前景。对于 GP 公司应着重分析其优质资产提供能力，历史经营业绩，以及基金的决策机制、决策流程、存续期管理能力等。作为理财资金退出的补充，在市场化产业基金评审中也应对差额补足等增信措施予以评价。

明股实债基金业务重点评审特定主体（融资人）的信用情况和还款能力，同时通常对于所投项目亦会做出分析补充。

二、需要关注的法律合规问题

根据对银行基金类资管业务调研的实际情况，本部分仅就调研中发现的明股实债基金业务需要关注的法律问题进行分析说明。

（一）明股实债基金业务中资金退出安排的法律风险相对较高

明股实债基金业务中合伙企业份额投资安排有所变化，从最初的"转让＋回购"模式演变为"认购＋转让"模式。前述"转让＋回购"是指"通道"（信托或资管计划）以银行理财资金从融资人处受让其持有的合伙企业份额，并约定由融资人回购其转让给"通道"的合伙企业份额；而"认购＋转让"是指"通道"（信托或资管计划）以银行理财资金认购新设合伙企业合伙份额，融资人与"通道"签订合同约定融资人受让"通道"持有的合伙企业份额。

1. 可能不利于融资性质的认定

在"转让＋回购"模式下，银行提供的资金一般可以被视为是银行向"融资人"提供了一笔融资，但在"认购＋转让"模式下，出现了实际用款方与"融资人"相分离的现象，即资金并未直接支付给"融资人"并由其使用，"融资人"仅是与"通道"签订合伙企业份额转让协议，约定远期受让"通道"持有的标的合伙企业份额，并支付转让价款，该模式与"转让＋回购"模式的差异较为明显，如发生争议，该等业务安排能否被认定为实际上仍是银行向"融资人"提供了一笔融资不确定，可能无法实现"明股实债"的目的。

2. 实际履行时可能风险更高

"认购＋转让"模式下，如合伙企业份额转让协议不存在法定无效或可撤销的情形，"融资人"应按协议约定履行合伙企业份额受让义务，但该等义务的正常履行将受限于多种因素的影响，包括："融资人"主体资格有瑕疵、"融资人"没有获得所有必须的授权、批准、同意进行合伙企业份额转让交易、作为转让标的的合伙企业份额有瑕疵、协议履行期内的情势变更等，均可能对"融资人"履行合伙企业份额受让义务产生不利影响，相应情形下"融资人"违约责任的设计也将更为复杂。此外，如"融资人"或交易相关方涉及国资背景的，还可能受限于企业国有资产法等国资管理法律法规，需要履行资产评估等手续。

3. 复杂的交易安排增加了风险

例如：某笔明股实债基金业务中，银行理财账户委托信托公司设立单一资金信托，信托公司作为优先级有限合伙人与融资人（作为劣后级有限合伙人）等相关方共同投资设立合伙企业，合伙企业对目标公司进行投资，融资人（作为劣后级有限合伙人）与信托公司签订《优先级有限合伙份额转让合同》，约定融资人溢价受让信托公司持有的优先级有限合伙份额。

该笔业务项下交易安排较为复杂，相应的，涉及的合同性文件较多，存在部分文件之间的条款设计不一致的情形，存在法律风险。举例来说，从《合伙协议》的内容来看，有关于"有限合伙人退伙""有限合伙人权益转让"的安排，包括：普通合伙人有权经提前通知即要求信托公司提前退伙并进行财产清算、有限合伙人向任何第三方转让其持有的合伙权益须提前通知其他合伙人并获得普通合伙人书面同意且不应存在被普通合伙人认定存在违约情形，同时普通合伙人还享有对该等合伙权益的第一顺序优先受让权等，单就《合伙协议》而言，该等退伙、权益转让安排不违反合伙企业法等适用法律的规定，从业务角度对于有限合伙份额的转让设定相应程序、条件亦无不可，但与《优先级有限合伙份额转让合同》项下融资人受让信托公司持有的优先级有限合伙份额的相关内容不尽相同，两者关系不清，是否以及如何影响融资人受让信托公司持有的优先级有限合伙份额不明。

此外，该笔业务项下《优先级优先合伙份额转让合同》约定融资人受让信托公司持有的优先级有限合伙份额系其"选择权"而非其应承担的义务，且对于融资人出具《选择权行使通知》没有约束，不能实现融资人无条件受让义务以实现资金退出。该业务实际操作中还安排同步签署前述《优先级优先合伙份额转让合同》和《选择权行使通知》，该等安排增加了操作成本和风险。

（二）政府购买服务类基金业务需注意的法律合规问题

调研中发现，在目前操作的明股实债基金业务中，存在与"政府购买服务"挂钩的一种类型，具体来说表现为："通道"（信托／资管计划）以理财资金投资合伙企业份额，合伙企业以募集资金向项目公司提供融资，融资人或者特定第三方以向政府提供服务的方式与政府部门建立政府采购关系，其最后用于偿还融资本金的款项来源于政府购买服务协议项下政府部门支付的采购价款。

在该类基金业务中，政府购买服务的合法合规性是该类业务的基础，因此，在业务设计安排过程中应关注政府购买服务环节是否已按照现行法律法规包括政府采购法、预算法、《政府购买服务管理办法（暂行）》等履行相应的手续。

（三）关于对合伙企业实缴出资与认缴出资不一致的问题

调研中发现，在明股实债基金业务中存在对合伙企业实缴出资与认缴出资不一致的问题，具体来说表现为："通道"（信托／资管计划）对合伙企业的出资挂钩合伙企业对外投资，即合伙企业对外投资项目未获银行认可的，银行理财资金将不予投放，相应的，"通道"作为有限合伙人将不向合伙企业实缴出资。由此，可能产生"通道"作为有限合伙人对合伙企业的认缴出资与实缴出资不一致的情况。

根据合伙企业法的规定，有限合伙人应当按照合伙协议的约定按期足额缴纳出资；未按期足额缴纳的，应当承担补缴义务，并对其他合伙人承担违约责任。在前述业务安排下，如"通道"作为有限合伙人签署合伙协议并认缴一定金额的出资，在未按期足额缴付出资的情况下，需依法承担相应责任。因此，如"通道"需在实际出资部分金额后，掌握后续出资的主动权，在相应情形下不再出资的，应事先在合伙协议中对后续出资的安排，尤其是"通道"后续有权不再出资作出明确约定。

同时，根据合伙企业法的规定，有限合伙人以其认缴的出资额为限对合伙企业债务承担责任。"通道"在实缴部分金额后确定后续不再出资的，即使合伙协议中已对此作出明确约定，但在未及时向企业登记机关申请办理变更登记的情况下，存在"通道"作为有限合伙人仍需按原约定认缴出资额为限对合伙企业债务承担责任的风险。

（四）关于认购已成立合伙企业的合伙份额需注意的法律合规风险

如前所述，我们在调研中发现，"认购＋转让"模式逐渐取代"转让＋回购"模式，在"认购＋转让"模式下："通道"（信托／资管计划）以理财资金新入伙已成立的合伙企业，并通过向其他合伙人或合伙人以外的其他方转让合伙份额的方式实现资金退出。

根据合伙企业法规定，"新入伙的有限合伙人对入伙前有限合伙企业的债务，以其认缴的出资额为限承担责任"。因此，在认购已成立的合伙企业份额、新入伙前，应对合伙企业的债务情况进行核查确认，并就已有债务的承担作出妥善安排，避免对银行理财资金安全和收益实现造成不利影响。

同时，根据合伙企业法规定，"除合伙协议另有约定外，合伙人向合伙人以外的人转让其在合伙企业中的全部或者部分财产份额时，须经其他合伙人一致同意。合伙人之间转让在合伙企业中的全部或者部分财产份额时，应当通知其他合伙人""合伙人向合伙人以外的人转让其在合伙企业中的财产份额，在同等条件下，其他合伙人有优先购买权；但是，合伙协议另有约定的除外"。为尽可能减少前述"其他合伙人一致同意""其他合伙人优先购买权"对"通道"转让其持有的合伙份额的限制性影响，宜事先在合伙协议及其他相关文件中对此作出明确安排，包括就"通道"转让合伙份额事宜取得其他合伙人同意、放弃优先受让权的承诺等。

（五）关于有限合伙人介入合伙企业经营管理需关注的法律合规风险

根据《合伙企业法》的规定，有限合伙人不执行合伙事务，不得对外代表有限合伙企业。在合伙企业份额投资明股实债基金业务中，"通道"以理财资金投资设立或入伙合伙企业成为有限合伙人后，对于合伙企业对外投资的审核、有限合伙人对于合伙企业对外投资的"一票否决权"等业务安排可能会被认定为不属于《合伙企业法》第六十八条规定的"不视为执行合伙事务"的行为，即"通道"作为有限合伙人实际参与了合伙企业的经营管理，由此可能导致"通道"丧失作为有限合伙人地位的法律保护，须对合伙企业因该项合伙事务而产生的债务承担无限连带责任，存在法律风险。

（六）关于有限合伙企业中优先级、劣后级有限合伙人收益安排问题

调研中发现，在明股实债基金业务中存在有限合伙企业中优先级、劣后级有限合伙人收益安排的问题，具体来说表现为：将合伙企业有限合伙份额投资者区分为优先级、劣后级（在有多个合伙人的情况下，可能还会有"中间级"），"通道"（信托／资管计划）以银行理财资金认购优先级有限合伙份额，成为优先级有限合伙人。优先级有限合伙人将先于中间级、劣后级等其他类型有限合伙人获得合伙企业对外投资收益的分配，且中间级及／或劣后级有限合伙人将对优先级有限合伙人应得约定收益承担差额补足义务。

对于将合伙企业的有限合伙人区分为优先级、中间级、劣后级等类型，现行法律没有明确规定，各类型有限合伙人的权利义务取决于合伙协议的约定。如采用该等有限合伙人分层安排，应在合伙协议及其他相关文件中明确各类型有限合伙人对应的权利义务的具体内容及相互关系。

现行法律对于合伙企业对外投资收益分配差额补足承诺没有明确规定，承诺人的责任取决于该等差额补足承诺的具体约定，是否会被认定为担保法规定的保证担保也取决于其具体约定。应注意查核该等承诺的出具是否由承诺人有权签字人签署并已按法律及其公司章程规定履行所有必需的内外部审批程序。

（七）其他共性问题

1. 关于内外部审批手续的履行

从确保明股实债基金业务安排合法有效的角度，需确认各方当事人参与相关业务安排（例如融资、投资、担保等）已按法律法规、公司章程的规定履行了所有必需的内外部审批手续，获得了所有必需的批准、授权和同意。其中，对于涉及国资背景的，应查核确认相关业务安排已按规定获得国有资产监督管理机构的批准和同意。

2. 关于普通合伙人资质问题

根据合伙企业法规定，国有独资公司、国有企业、上市公司以及公益性的事业单位、社会团体不得成为普通合伙人。因现行法律法规未对"国有企业"进行明确定义，对于股权结构中可以追溯到国资背景的企业是否会被认定为"国有企业"而不具有担任普通合伙人资格不确定。

三、完善银行基金类资管业务的建议

自2005年《商业银行个人理财业务管理暂行办法》（现已失效）颁布以来，监管部门已就商业银行资管业务陆续出台了一批监管规定，但这些监管规定大多都属于部门规范性文件，法律效力层级普遍不高。鉴于目前资管业务在表现形式、业务设计等方面都较传统理财业务呈现出复杂化、多样化的面貌，建议监管部门对现有的资管业务监管规定进行归并整合，并根据资管业务发展的现状加强法律层面的设计和规划，适时启动商业银行资管业务的立法、立规工作，尽快出台关于商业银行资管业务的法律法规，形成一套包括研发设计、信息披露、投资管理、资产托管、风险缓释等方面的系统性法律规范，为商业银行资管业务健康发展创造公平统一的法律制度环境。

银行应根据法律法规、监管规定制定和完善资管业务的管理制度，在开展具体业务时，应严格按照法律法规、监管规定及行内制度要求设计业务模式，制定业务合同文本，督促业务相关当事人落实必需的内外部审批，履行相关法定程序，确保资管业务合法合规。

通过本调研我们发现银行基金类资管业务主要是以合伙企业制基金形式出现，现行合伙企业法距离上次修订已经有十多年的时间，当时的立法环境与银行基金类资管业务表现出来的发展现状存在很大差异，现有合伙企业制基金中关于有限合伙人利润分配、利益共享风险共担、特定主题回购有限合伙份额以及对有限合伙人的收益进行差额补足等业务安排是否符合合伙企业法的规定，在解释和认定上存在不确定性，建议适时对合伙企业法进行适当的修改和调整。

浅谈票据同业投资业务法律风险及处置要点

兴业银行　于　剑

近年来，多家银行机构相继发生多起票据同业投资风险事件。由于此类创新业务的法律主体较多、法律关系复杂，同时个别机构的专业处置能力、化解经验不足，容易导致处置化解陷入被动。本文紧紧抓住"读透风险"的原则，重点理清票据同业投资业务的基本风险点，分析票据法律关系与同业投资合同法律关系的差异，并结合审判实践案例，探讨切实可行的风险化解方案，提出后续业务管理意见。

随着近年来金融创新不断推进，以票据为基础资产的同业投资业务创新日益频繁。此类业务由于嵌套多层法律关系以及多个交易主体，造成交易链条被不断拉长、法律关系愈发复杂、操作环节问题突出。2016年以来，多家银行机构相继发生多起票据同业投资逾期风险，从此类风险项目的集中爆发和后续化解情况来看，不仅涉及票据业务本身的法律风险集中，还暴露出各机构专业处置能力、化解经验的不足。正所谓"穿马甲容易，解马甲难"，一旦发生风险，票据同业投资的各参与主体往往相互"扯皮"，"剪不断理还乱"，导致风险进一步扩散。

一、票据同业投资业务基本结构

根据现有的监管规定和市场交易惯例，票据同业投资是指银行使用自营资金购买以商业汇票为基础资产的专项资管计划。基本业务结构基本如下：参与投资的银行机构使用自营资金委托证券公司成立定向资产管理计划，约定投资他行（即票据转出行）转出的未到期票据；票据转出行与证券公司签订《票据资产转让合同》，将其持有的未到期票据资产打包转卖给定向资管计划；投资的后手银行与该资管计划签订《票据资产服务合同》，代理资管计划管理人对票据进行保管、验审及到期托收。票据流转过程中，背书一般连续有效，但并非所有交易主体均在票面进行了背书。

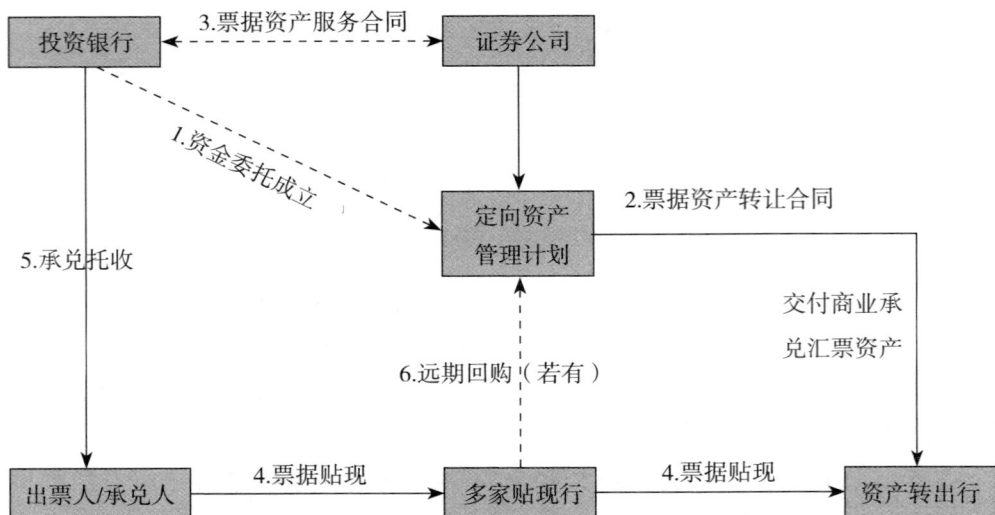

票据资产到期后，后手投资银行进行托收发现无法按时兑付，其中的原因是：商票承兑人资金调度周转不灵；企业资质差第一还款能力弱；转贴银行迫于经营指标压力不愿垫付；还有直贴行以票据涉嫌造假为由刑事立案企图对抗追索。

二、票据同业投资业务风险点

票据同业投资业务具有以下突出的风险特征：一是业务项下同业投资合同关系与基础资产票据法律关系交织，发生业务风险后存在两种法律关系的混同或竞合，容易造成各交易主体选择适用法律及化解措施的困惑；二是业务交易主体众多，且资产管理人作为票据资产受让方与票面持有人存在不一致，导致票据债务人或实质风险承担方往往以票据持有人非票据权利人、票据权利存在瑕疵、业务交易环节存在衔接不当等，作为其拖延履约甚至减轻或免责的抗辩依据；三是票据同业投资风险通常源于基础资产融资人的风险，但参与的银行往往依赖前手金融同业的背书，并不直接审查实际融资人资质和贸易背景，导致风险发生时，缺乏及时、有效的基础资产核查和控制措施；四是从现有金融审判实践来看，各级法院针对票据同业投资等创新业务纠纷尚未形成统一完整的审理思路，对具体业务模式、交易结构和法律关系的理解和认识存在一定差异，导致此类风险项目的诉讼结果存在不确定性。

三、票据同业投资业务处置要点

鉴于此，银行机构在应对票据同业投资纠纷时，关键要读透业务的风险，进而采取差异化的风险管控和处置措施。票据同业投资风险项目的处置过程，实际上就是层层解开"马甲"、读透风险的过程，只有通过抽丝剥茧，层层厘清业务基本交易结构和权利义务关系，把握住业务的实质风险，才能快速有效化解纠纷和处置风险。现结合对近期同业票据投资项目的风险点识别及处置情况，浅析其中应当注意的法律与业务风险，重点探讨银行可行的防范和处置措施。

（一）梳理风险项目交易结构，明确各方责任

根据票据同业投资业务的结构设计，票据无法背书给券商资产管理计划，因此实际业务操作中，通常将票据背书在参与投资的后手银行名下，由该后手银行以持票人身份对票据进行保管、托收，导致该业务既涉及传统的票据法律关系（依据票面记载背书情况），还涉及同业投资合同关系（依据资产转让、服务或回购协议）。因此，银行机构在发现业务风险后，应同步梳理各方当事人的法律关系，找准实质风险承担方。

1.核实票据背书情况，明确票据项下法律关系

票据法第六十一条中规定"汇票到期被拒绝付款的，持票人可以对背书人、出票人以及汇票的其他债务人行使追索权"，票据法第三十一条进一步要求票据背书应当连续，且不存在"不得转让"等限制。为确保后手银行能够依法向前手行使票据权利，后手银行机构在发现风险苗头后，应当及时查验票据记载事项，向所有前手核实背书及签证情况，重点关注：背书是否连续；直接前手背书签章是否真实有效；背书记载事项是否准确；前手背书人之间是否签订有免追索协议。结合背书的核查情况，各机构可进一步评估行使票据权利的影响后果，框定适格的票据追索对象以及追索程度。

2.核实同业投资合同条款，明确合同项下法律关系

除了显性的票据背书流转外，票据同业投资的另一特征是隐性的同业投资合同关系，特别是部分交易中，由于票据资产转出行资质、授信额度限制等，通常需要借助多层法律结构以及多个交易主体，由资管计划管理人签署协议并划转资金给实际交易对手，且个别业务中，直接前手或实际交易对手并未在票据上背书就直接转交下一手，这直接导致票据追索中断。因此，风险发生后，各机构应对业务项下全部投资合同文本进行重新审核，谨慎评估票据背书流转

与投资合同间的异同，明确合同文本中对自身及交易对手的有利和不利条款以及合同条款间的衔接。

首先，关注资金端合同文本的审查，即投资的后手银行委托管理人成立的专项资管计划是否合法有效、银行作为委托人的权利义务安排是否合理、银行是否可指令管理人一致行动、前手机构的免责及违约条款是否合理、资管计划收益权能否转让或设定权利负担。其次，核实后手银行在资产服务协议下的权利义务安排，例如资管计划管理人是否完整授权后手机构行使票据权利、授权的票据服务范围是否充分、该银行作为服务机构的免责安排等。再次，明确资产转让方的权利义务设置，例如协调资管计划管理人落实资产转让协议的合同要素是否符合资管计划合同的约定、转出机构的承诺及违约条款是否合理且充分、转出机构是否承担瑕疵担保义务等。最后，注意查明担保及风险缓释安排，例如查明资产转出机构与前手机构是否有远期回购、不合格资产置换、现金置换等风险缓释安排、以及相关担保措施的触发机制是否已满足等。

3. 复盘业务流程，抓准风险实质承担方

由于票据同业投资涉及合作主体多、交易环节多、任何业务环节审查审批流程不当或业务办理过程中各交易主体存在违规情形，均可能影响风险项目的责任认定和后续化解。因此，银行机构应做好风险项目的流程梳理与复盘，及时查找内部缺陷隐患，避免个别业务瑕疵成为其他交易对手免除或减轻责任的抗辩理由。其中重点关注：一是加强原有业务审查审批、存续期管理等关键环节的梳理，包括梳理业务送审表、审查审批通知书、与交易对手往来函件、存续期检查报告等，判断前期业务开展及管理是否符合银行内部制度流程规范；二是梳理业务参与人员的角色及权责安排，核实各经办及审查审批人员、存续期管理人员是否存在越权违规、不当操作或者涉嫌违法犯罪等异常行为；三是准确抓住业务主导方或实质风险承担方，通过对前期业务联络、基础融资客户归属地、回购及免追索安排、担保措施来源等进行分析后，确定实质风险承担方并重点核实其签约及背书印章真实性、办理业务意思表示的真实性、其内部业务审批资料真实性等，避免实质风险承担方以业务经办人员伪造公章、伪造授信批复等违规操作情形拒绝履行义务。

（二）加强基础融资人核查，落实有效资产

票据同业投资业务的回款主要依赖承兑人承兑或资产转出行的回购安排。业务基础资产"不真实"或基础资产融资人发生资信恶化、资不抵债等风险影响资金回笼的，不仅直接影响银行票据承兑回款，而且影响同业交易对手的履约意愿。

银行机构应重视对风险成因、基础资产情况的查核力度，重点关注以下方面：

1. 核实贸易背景，查究风险成因

银行机构可通过分析出票人资质、贴现资金流向，判断票据资产项下贸易背景的真实性，查究兑付风险的根源，便于设计和执行后续处置方案。例如，若发现票据项下贸易背景存在明显瑕疵不实，且资金已被贴现人挪用，票据债务人可以积极收集寻找前手票据持有人在印章管理、空白或半背书票据管理等方面存在的问题，充分利用前手在票据贴现、贸易背景审查等方面过错进行抗辩，最大限度减少自身损失。

2. 调查交易对手资质，落实有效基础资产

银行机构应及时对基础融资人及其资产开展必要的尽职调查工作，包括但不限于出票人、承兑人、保证人等的注册资本、主要资产构成、实际控制人、业务范围、经营状况、对外债务情况、是否涉及诉讼等风险事件、资产是否存在权利实现的瑕疵或限制（如被抵押、冻结、查封等）等，根据前期风险项目情况来看，应格外警惕注册资本较小的商贸公司、中小型钢铁企业等开立与其资质水平不相符的大额票据。同时，高度关注并主动判明融资人、担保人还款意愿和能力，分析其筹资途径及能力、资产变现的可能性，积极调查发掘可能的财产线索，扩大处置资产范围。

3. 及时采取保全措施，争取后续处置主动

对于融资人或担保人存在转移或隐匿资产、涉及多起诉讼、执行或违约事件、被司法机关列入失信被执行人、资不抵债、严重影响或丧失还款能力情形的，银行机构应及时启动诉前财产保全措施，申请司法机关查封或冻结融资人或担保人有效资产，争取后续司法处置主动权。

案例1：2015年8月，甲银行办理一笔商业汇票同业投资业务。出票人与承兑企业为乙建设公司，票据经多家贸易公司、某农村信用合作联社、A银行、B银行、C银行、D农商行背书后，通过证券公司的定向资管计划转让给甲银行。2016年2月，票据到期后承兑企业未能按时支付票据款项，且前手银行均不愿意垫付票款。

甲银行积极调查发现，出票人系某集团下属企业、主体资质及经营情况尚可，虽然短期内资金紧张但并未完全丧失偿债能力，遂甲银行主动上门催收。经双方沟通协商，出票人的母集团公司、关联企业及实际控制人向甲银行分别出具担保函，为上述票据承兑提

供连带责任担保，并补充承诺支付相关逾期利息。

为进一步施压让承兑企业尽快还款，甲银行向法院提起诉前保全，冻结了出票人及其母公司、关联企业的银行账户。在强有力的催讨压力下，承兑人及其关联企业极力避免该笔债务信息、保全措施等干扰到母集团公司的正常融资、运营，积极筹措资金、陆续分批还款。

案例2：2015年5月，甲银行办理一笔商票同业投资业务，出票人为乙煤炭公司，全额2亿元，票据经丙化工公司、丁塑胶公司、A城商行、B银行、C银行背书后，最终转让给甲银行。2015年底，票据到期后承兑企业、所有前手均拒绝付款。

虽然甲银行已起诉所有前手交易主体，但是考虑到煤炭、石油行业持续下滑可能引发承兑及前手企业资产减值，将增大实质风险承担方后续追讨难度，降低前手银行支付票款的意愿，甲银行遂向法院提起诉讼保全，冻结了乙煤炭公司、丙石油公司、丁塑胶公司的银行账户，为后续诉讼及执行提供了可靠保障。

（三）制定有效化解方案，综合运用法律手段维权

在充分掌握风险项目交易结构、各方法律责任、基础资产状况、交易对手充分沟通的基础上，银行机构应及时制定科学有效的风险化解方案。

1. 一例一策研讨案情，制定明确诉讼方案

票据同业投资项目交易链条普遍较长，交易对手众多，一般协调清收难度较大，银行机构要积极利用诉讼、保全等法律手段推进风险化解，同时要充分意识到票据同业投资项目具有复杂的法律关系、操作流程不尽相同，并结合个案情况，制定有针对性的处置方案，提升胜诉与执行机会。重点可关注以下方面：

（1）审慎选择起诉案由。票据同业投资风险项目的主要诉讼事由有两种：一是基于票据权利的诉讼。根据票据"无因性"，后手银行经连续有效背书，依法取得票据，可作为后手持票银行向所有前手交易主体主张票据权利。二是基于合同权利的诉讼。一般来说，《票据资产转让协议》中约定了转出行对票据资产的瑕疵承诺，受让方银行可协调资管计划管理人机构向违约的交易对手提起合同之诉。各家银行机构应结合案情需要选择合适的案由提起诉讼，主要考量因素有：一是追索目标。在票据之诉下，后手银行可向所有前手追索，确保追索范围的最大化，特别是能够直接追索基础融资人，并以此诉为由迅速实施必要的保全措施；但在个别项目中，业务主导行或实际交易对手并未在票据上

背书，此时可能需要通过合同之诉来追究其违约责任。二是原告身份。在票据之诉下，后手银行作为持票人可以原告身份直接起诉，合同之诉下后手银行可积极协调资管计划管理人起诉其他合同当事人，并全程跟踪、参与诉讼进度。三是诉讼时效。根据现行法律，持票人对前手追索权的时效为，自被拒绝承兑或付款之日起六个月，对前手的再追索时效进一步缩短为三个月；合同之诉的诉讼时效一般为三年。四是诉讼顺序。票据之诉与合同之诉并不完全重合，例如先行启动的票据诉讼结果无法覆盖全部损失，还可及时提起合同之诉进一步弥补损失。

（2）审慎选择起诉对象。票据同业投资项下的可追索主体众多，特别是在票据关系下，后手银行作为持票人有权向所有前手（包括出票人、背书人、承兑人等）中的任何一人、数人或全体行使追索权。各家银行机构应结合项目实际情况，从方便诉讼和执行的角度，优先选择偿债能力强的、履约意愿高的、执行便捷的、诉讼时效紧迫的、法律关系明晰的前手银行和交易对手，后续可再根据诉讼进展情况，追加或撤销相关被告。

案例3：甲银行一笔商票同业投资业务发生风险，该批票据出票人为乙公司，票据先后经丙公司、A农商行、B城商行、C银行记名背书转让，最终持票人为甲银行四川分行。因承兑人及所有前手均拒绝付款，甲银行依据票据追索权为由起诉所有前手机构，并选择与其同城的B城商行所在地法院为管辖法院，便于甲银行在本地开展诉讼活动。

该地法院立案后，被告A农商行提出管辖权异议等抗辩拖延诉讼程序。甲银行经调查分析，被告A农商行并非业务主导方、且偿债能力有限，遂申请撤销对其的起诉。

（3）审慎确定管辖机构。根据票据法的规定，票据权利引发的纠纷诉讼依法由票据支付地、被告所在地管辖，因非票据权利纠纷提起的诉讼依法由被告所在地管辖。各家银行机构在遵守上述管辖规定的基础上，还可充分利用级别管辖和地域管辖等特点，优先从审理和执行便捷的角度出发，选择更有利自身的受理法院：一是选择地域管辖。可综合分析所有前手的所在地，审慎选择被告及管辖地，例如优先选择原告所在地法院管辖，可以避免异地诉讼带来的讼累。二是选择级别管辖。票据同业投资纠纷通常涉及多张票据，且总标的巨大，一审很可能就在市中级法院，甚至高级法院，因此各家银行机构要结合法院级别管辖的规定，选择以单张票据为基础拆分起诉或合并起诉。

（4）明确具体诉讼请求。在确定诉讼案由、对象、管辖的基础上，各家银行机构还应注意依据票据记载事项情况、与资管机构及前手交易主体的合同约定，在诉状中明确具体诉求：一是准确计算追索金额，包括但不限于票面本金、逾期利息、罚息、违约金或滞纳金、全部诉讼费用以及为实现债权而支付的其他费用等；二是明确主张所有票据前手、票据担保人对债务承担连带责任，便于后续有针对性地执行。

2. 加强与司法机关沟通，积极推进司法程序

票据同业投资业务纠纷目前在司法审判实践中案例较少，多数法院尚属首次审理此类案件。从已审理或判决的案件情况来看，个别交易对手试图通过管辖权异议、先刑后民中止审理等诉讼程序，干扰、拖延判决和履约时间。在票据诉讼的法庭审理阶段，个别交易对手提出诸多抗辩理由以企图逃避履约责任，例如，提出票据资产的所有权人应为证券公司等机构设立的专项资管计划，而非后手银行，后手银行享有的仅是定向资产管理计划收益权，而不是票据权利，不应具有票据权利人资格；又如，提出交易资金流向显示后手银行并未直接向票据前手支付款项，不符合票据法第十条关于支付对价的要求；再如，提出票据涉及虚假贸易背景或基础交易涉及民事纠纷，从而拒绝兑付。

针对上述抗辩及对抗事项，各家银行机构应积极准备诉讼证据材料，援引成功的审判先例，有效维护自身权益，特别是应当重点强调票据无因性，主张后手银行合法票据权利。在核实票面情况的基础上，后手银行作为最终持票人，应充分利用票据无因性、文义性的优势，积极向法院主张自身取得票据的过程和结果均合法有效。例如，提供票据实物证据，证明背书均真实、连续，向司法机关证明自身已通过票面记载成为合法持票人；又如，提供资管计划协议、票据资产转让合同、票据资产服务合同等，并协调资产管理人向法院阐明业务流程及结构，证明自身取得票据的行为系市场上成熟、合法合规的金融交易行为，不存在任何瑕疵过错；又如，提供自身向定向资管计划转账凭证、资管计划向前手银行的转账凭证等，协调资产管理人阐明资金划转的全流程，向法院证明自身已全额支付票据对价；又如，可协调资产管理人及时终止资管计划，并根据资管计划合同关于委托财产"原状返还"或资产管理计划到期清算等条款，取回票据资产，夯实自身持票人的正当身份；再如，积极援引成功的司法判例，主张票据法律关系与基础法律关系相分离，避免对手以票据项下贸易背景不真实或基础交易存在纠纷为由，拒绝支付票款，进而否认后手银行的

合法票据权利。

案例4：2015年6月，兴业银行成都分行通过德邦证券公司设立的定向资管计划，受让一批商业承兑汇票资产，涉及金额9.5亿元。该批票据的出票人均为天津冶金轧一钢铁集团有限公司，先后经天津市工益商贸有限公司、天津冶金轧一国际贸易有限公司、浙江民泰商业银行股份有限公司萧山瓜沥小微企业专营支行、阿拉善农村商业银行股份有限公司、宁波银行股份有限公司杭州分行、中国民生银行股份有限公司宁波分行、平安银行股份有限公司成都分行记名背书转让。票据到期后，承兑人及前手银行均拒绝付款，兴业成都分行遂向法院起诉出票人及所有前手。

法院经审理认为，兴业成都分行提交的《定向资产管理计划》及其相关文件，足以阐明票据同业投资交易结构及性质，且直接前手平安银行成都分行当庭承认其确将汇票背书转让给兴业成都分行，并已经收到全额对价票款。根据票据的文义性和无因性，兴业成都分行系从平安银行成都分行合法取得该商业承兑汇票，为合法持票人。法院进一步根据票据法第六十一条关于"持票人可以对背书人、出票人及其他债务人行使追索权"的规定，支持兴业成都分行的追索主张，判决票据前手应承担连带付款责任。

案例5：2010年11月10日，焦化集团公司签发了票据金额1000万元、收款人为华融商贸公司的承兑汇票一张，承兑人为民生银行。汇票签发后，华融商贸公司将该汇票背书转让给神华公司，神华公司又将该汇票背书转让给广彩公司。2010年11月19日，工商银行向贴现申请人广彩公司办理了汇票贴现。2011年4月18日，工商银行以委托收款方式向民生银行提示付款被拒绝。工商银行遂以持票人身份向法院提起诉讼，请求判令承兑人焦化集团公司及前手民生银行、广彩公司、神华公司、华融商贸公司连带清偿汇票票面金额及利息。

审理中根据山西省运城市公安局出具的相关材料表明，犯罪嫌疑人系通过伪造买卖合同、伪造增值税发票等虚构商品交易关系的手段在工商银行对承兑汇票进行贴现。一审、二审法院均认为民生银行在工商银行提示的汇票到期日应无条件付款；并且认为，根据票据行为无因性原则，票据关系一经产生即与基础关系相分离，票据法没有规定票据的被背书人，即贴现银行对其前手取得票据的基础关系是否真实有效负有审查义务，因此，工商银行在支付了贴现款经背书取得票据，在没有相反证据的情况下，应认定是合法取得票据，应当享有票据权利。因此，二审判决民生银行、广彩公司、神华公司、华融商贸公司、焦化集团公司负有给付工商银行1000万元票据款项的连带责任。

案例6：2013年4月，国中医药公司开具了六张商业承兑汇票，金额约5800万元，收款人为安力博发公司、星纪开元公司。其后，中信保理公司因与安力博发公司、星纪开元公司存在保理业务，分别从上述两家公司背书受让六张商票。票据到期后，国中医药公司提出该批票据涉及的贸易存在合同诈骗情形，已向湖北省通山县公安局报案，并以此为由拒付票款。

中信保理公司遂起诉至法院，要求国中医药公司及所有前手承担连带清偿责任。一审湖北省高院、二审最高法经审理认为，票据是流通证券，具有无因性的特点，除了直接当事人之间可以原因无效为由进行抗辩外，其余通过背书流转占有票据的善意当事人即为票据的权利人，可以对票据债务人行使票据上的权利，其效力原则上不受原因关系效力的影响。因此，根据《最高人民法院关于审理票据纠纷案件若干问题的规定》第十四条"票据债务人以票据法第十条、第二十一条的规定为由，对业经背书转让票据的持票人进行抗辩的，人民法院不予支持"的规定，法院不予采信国中医药公司对安力博发公司、星纪开元公司未实际供货的抗辩和关于其自身未实际使用保理款的抗辩，判决国中医药公司及票据前手承担票款的连带清偿责任。

综上所述，票据同业投资业务由于参与主体多、交易链条长，导致业务风险点分布广泛，各家银行机构在开展此类业务的过程中应高度关注操作风险的防范，抓住业务核心，明确实质风险承担方，通过票据法律关系和投资合同法律关系来建立有效的追索途径，避免因法律关系竞合而迷失维权目标。同时，各家银行机构仍应充分核实票据交易的贸易背景真实性，落实对基础资产的查核、控制力度，并根据交易参与各方的角色不同，加强多方沟通协调，在维护同业良好关系的基础上，共同推进风险项目的化解。

商业银行在资产管理通道类业务中的法律风险

中国邮政储蓄银行　高　越

所谓商业银行资产管理通道类业务[1]是指银行在与证券、基金、信托、保险等领域跨业合作的结构化投资项目中，商业银行借助非银行类金融机构设立资产管理项目，实现银行资金以非信贷的方式投向实际融资人，商业银行承担尽职调查、交易结构设计、投资指令发布、项目到期后资金回收等主动管理职责。在此类业务中，非银行金融机构仅收取一定的通道费用，承担事务性管理工作，具体的资金流向及项目规划都由银行主导决定。虽然目前尚无行业权威统计数据，但业界普遍认为，银行借助通道开展的业务在资产管理行业总规模中占有较大比例。[2]事实上，一旦最终投向的项目方发生债务危机，商业银行与合作的非银行金融机构曾经的激情不再，取而代之的则是责任与义务的纠缠。[3]譬如发生在2014年中诚信"诚至金开1号"刚性兑付事件就已经把商业银行推到了风口浪尖。因此，商业银行在资产管理通道类业务中法律风险及其应对策略是一个重要的课题。

一、商业银行开展资产管理通道业务的法律依据

目前商业银行借助通道开展资产管理业务的合作模式主要包括与信托、证

1　《中国银监会关于印发商业银行并表管理与监督指引的通知》中规定："本指引所称跨业通道业务，是指商业银行或银行集团内各附属机构作为委托人，以理财、委托贷款等代理资金或者利用自有资金，借助证券公司、信托公司、保险公司等银行集团内部或者外部第三方受托人作为通道，设立一层或者多层资产管理计划、信托产品等投资产品，从而为委托人的目标客户进行融资或对其他资产进行投资的交易安排。在上述交易中，委托人实质性承担上述活动中所产生的信用风险、流动性风险和市场风险等。"

2　根据中国光大银行和波士顿咨询公司在京发布的《中国资产管理市场2015》报告，截至2015年底，包括银行理财、信托、保险资管、券商资管、公募基金、私募基金等在内的泛资产管理市场管理资产总规模达到约93万亿元，其中通道业务占比达27.96%。中信证券以10761亿元规模高居2015年度证券公司资产管理规模排名第一，其通道业务规模占比高达六成。

3　金苹苹、丁宁：《通道业务迷途》[N].上海证券报，2014年9月11日。

券公司及基金管理公司子公司、私募基金管理人、保险资产管理公司等的合作，实际运作中还存在多个通道互相嵌套、交叉持有的情形。下面就针对几类常见的通道类业务模式及相应监管要求进行简要梳理。

（一）银行＋信托型

商业银行与信托公司间的资管业务合作方式一直处于不断变革的状态之中，早期的银信合作模式比较直接简单，曾经出现过双买断、信贷理财互转等方式。但是由于这几类模式有明显实现资产出表或存有抽屉协议的嫌疑，所以被银监会（不再保留）所明令禁止了。[4] 再后来则出现了诸如受益权转让、资产证券化等合作方式。时下比较典型的"银行＋信托"型合作模式是银行以单一资金信托的方式委托给信托公司进行投资。而实践当中许多集合类信托计划中的投资项目其实也是由银行主导的，并且此类信托项目的实际销售也是由银行代理完成。信托公司法律结构相对完善，在信托计划投资范围上受到的约束也较少，正常情况下可以依照信托文件的约定采取买入返售、发放信托贷款、收益权转让等方式进行。由于信托公司先天制度上的比较优势，许多商业银行也更倾向于利用信托通道开展业务。

从监管层面来看，2014年4月下发的《关于调整信托公司净资本计算标准有关事项的通知（征求意见稿）》规定，按照实质重于形式的原则，将信托分为事务管理类（通道类）和非事务管理类（非通道类）两类。其中事务管理类信托，是指委托人承担主动管理职责，受托人（即信托公司）仅仅负责账户管理、清算分配及提供或出具必要文件以配合委托人管理信托财产等被动管理的事务性职责。该征求意见稿虽然尚未正式生效，但一定程度上反映了监管部门对事务管理类（通道类）信托的定义及认定态度，可以作为实践中利用信托开展主动管理型信托的参照。

（二）银行＋证券型

银行＋证券型的通道业务中，作为委托人的银行将资产委托给证券公司，但是投资项目是由银行所指定，并且实际运营中的交易指令是由银行发出，证券公司只是承担被动执行的功能。由于银行的直投业务长期以来一直受到诸多

---

4 可参见《中国银监会关于进一步规划银信合作有关事项的通知》（银监发〔2009〕111号）、《中国银监会关于规范信贷资产转让及信贷资产类理财业务有关事项的通知》（银监发〔2009〕113号）、《中国银监会关于规范银信理财合作业务有关事项的通知》（银监发〔2010〕72号）。

的限制，所以银行和定向资管的结合将有助于银行拓宽其业务经营范围，过去比较通行的合作形式包括收益权互换以及委托贷款等。

从监管层面来看，实践中对该类业务的监管呈现出逐年加强的趋势。在2013年发布的《中国证券业协会关于规范证券公司与银行合作开展定向资产管理业务有关事项的通知》（中证协发〔2013〕124号）中，中国证券业协会就针对银证合作中的诸多具体事项进行了约束，譬如对合作银行的资质提出了要求、证券分公司或者营业部不得独立开展定向资管业务、要求在资产管理合同中严格约定双方的权利义务并明确项目的投资目标、不得开展资金池业务等。

监管层对通道业务的管控收紧在随后出台的《中国证券业协会关于进一步规范证券公司资产管理业务有关事项的补充通知》（中证协发〔2014〕33号）等一系列文件中也得到了体现。特别是2016年以来，《基金管理公司子公司管理规定》《证券期货经营机构落实资产管理业务"八条底线"禁止行为细则》等多份文件的出台意味着短期内银行＋基金子公司的主动管理资管合作模式的限缩已成为趋势。当然换个角度来看，行业监管标准的提升也有利于降低潜在的运营风险，各家商业银行也应遵循监管要求，着重关注银证类通道资管业务的合规化与去杠杆化问题。

（三）银行＋保险型

银行＋保险类主动管理资管业务始于2012年的保险"新政"的公布实施，保险资管公司由此开始拓展与商业银行的通道合作模式，主要架构包括信贷类通道业务与存款类通道类型两种。保险资管公司在此类业务中收取一定的通道费用，也不需要担负主动管理的职责。而在保监会（不再保留）2016年下发的《关于清理规范保险资产管理公司通道类业务有关事项的通知》中，明确要求保险资管公司整顿规范现存的通道类业务，并在整治期间暂停受理新增的通道类业务。不过通过监管措施去推动和改善保险类通道类业务并不意味着此类业务未来没有任何发展空间。由于当下整个金融市场面临着去杠杆、去自由化的监管要求，所以结构性的通道业务自然会受到一定的限制。但是通道类业务本身还是具有相当重要的存在价值的，它增加了市场的流动性，可以为各类金融机构带来广泛的客户资源以及稳定的收入来源。因此随着保险资管机构对此类通道业务风控及估值管理模式的逐步完善，该类业务也有可能会被重新放开。

二、商业银行主动管理型资管业务法律关系[5]

实务中，商业银行资管业务借道信托公司和证券公司较多，商业银行与信托公司和证券公司的法律关系不单单是业界争议的焦点，甚至连监管部门监管标准也不统一。[6]

（一）信托关系

根据2010年《关于规范银信理财合作业务有关事项的通知》（银监发〔2010〕72号）规定，银信理财合作业务是指商业银行将客户理财资金委托给信托公司，由信托公司担任受托人并按照信托文件的约定进行管理、运用和处分的行为。按照上述监管态度，商业银行委托信托公司开展的资管业务也应认定为信托关系。因此，实践中有人认为商业银行资产管理通道业务符合信托[7]的特点。理由是：信托的实质就是财产管理关系，大多数资管产品都是信托公司、证券公司以自己名义进行财产管理，实际享有对所管理资产的所有权，商业银行作为投资者在理财产品存续期间并不享有财产的所有权和支配权，这种特性与信托制度中的所有权与受益权相分离的特征最为类似，且商业银行所委托管理的资产是独立于信托公司、证券公司的其他资产。

（二）委托代理关系

根据2001年11月中国证监会《关于规范证券公司受托投资管理业务的通知》[8]（已失效）规定，证券公司开展的资产管理业务是根据与投资人签订的受托投资管理合同，按照投资人的意愿实现最大化投资收益的行为。因此，也有

5　本文主要从资金端研究分析商业银行与信托公司、证券公司等通道的法律关系。实务上习惯把商业银行资管业务分为资金端和资产端。从资金端来讲，商业银行资管业务资金来源既包括自有资金，也包括客户理财资金。从资产端来讲，商业银行资管业务投向的通道合作模式，目前以信托公司和证券公司为主要合作对象。

6　李超：《需重视法律适用混乱、监管标准不统一等四方面问题》［M］.中国证券报，2016年11月18日，A01版。

7　根据信托法规定，信托是指委托人基于对受托人的信任，将其财产权委托给受托人，由受托人按委托人的意愿以自己的名义，为受益人的利益或者特定目的，进行管理或者处分的行为。

8　《中国证券监督委员会关于规范证券公司受托投资管理业务的通知》第一条规定："受托投资管理业务，是指证券公司作为受托投资管理人（以下简称'受托人'），依据有关法律、法规和投资委托人（以下简称'委托人'）的投资意愿，与委托人签订受托投资管理合同，把委托人委托的资产在证券市场上从事股票、债券等金融工具的组合投资，以实现委托资产收益最优化的行为。"

人认为监管部门把商业银行通过证券公司开展的资管业务认定为委托代理法律关系。理由是：商业银行委托信托公司、证券公司按照约定的投资范围开展资产管理，并支付信托公司和证券公司固定费率的通道费，这符合委托代理法律关系特征。《证券公司客户资产管理业务管理办法》（现已失效）第五条的约定"证券公司从事客户资产管理业务，应当依照本办法的规定与客户签订资产管理合同，根据资产管理合同约定的方式、条件、要求及限制，对客户资产进行经营运作，为客户提供证券及其他金融产品的投资管理服务。"

（三）无名合同关系

实际上，如果我们撇开监管部门的规定，从商业银行主动管理型资管行业本身实际存在的法律关系客观分析，则商业银行与信托公司、证券公司之间不会单纯是信托法律关系，也不会单纯是代理关系。一方面，资产登记在信托公司、证券公司名下，符合信托关系特征，但与委托代理关系不符；另一方面，实际投资指令和日后投资管理都是信托公司、证券公司根据商业银行指令开展，符合委托代理关系，与信托关系不符。

考虑到现行法律法规与业务发展脱节甚至相互冲突的现象，笔者倾向认为此类业务属于无名合同关系[9]，准用委托代理合同关系处理当事人之间的权利义务关系。主要是因为此类业务实际上是由商业银行委托信托公司、证券公司进行通道管理，实现资金合法投资目的。具体执行中，投资项目选择和后续管理、最终投资收益实现都是由商业银行主导，信托公司、证券公司仅根据商业银行委托从事信托计划、资管计划设立与报备、账户管理等事务性管理工作。

三、商业银行资产管理通道业务法律风险

中诚信"诚至金开1号"刚性兑付事件虽然最后得到妥善解决，但是在此类业务中信托公司作为通道所暴露的法律风险引起了较高的行业关注，相关的监管规定也呈现愈发严格的趋势。延续《国务院办公厅关于加强影子银行监管有关问题的通知》（国办发〔2013〕107号）的监管要求，中国银监会（不

9　合同法第一百二十四条："本法分则或者其他法律没有明文规定的合同，适用本法总则的规定，并可以参照本法分则或者其他法律最相类似的规定。"

再保留）和证监会均出台制度[10]要求金融机构之间的交叉产品和合作业务都必须以合同形式明确风险承担主体和通道功能主体，并由风险承担主体的行业归口部门负责监督管理，切实落实风险防控责任。正如前文分析，若把商业银行和通道方理解为委托代理法律关系，双方责任划分应以合同约定为准。

中诚信"诚至金开1号"事件后，信托公司、证券公司为降低风险在协议中都详细约定了资产管理业务中商业银行和作为通道方的权利、义务和责任，特别是其作为通道方的免责条款。具体表现在：

协议中约定项目尽职调查由委托人（即商业银行）或独立委托第三方开展，确保项目合法合规。商业银行借助通道开展资管项目主要投资于非标准化债权，通常投资金额较大、涉及的基础资产和原始权益人复杂，做好尽职调查是项目开展的基础。且尽职调查覆盖的内容既包括融资人的基本信息和征信情况、盈利能力等，又包括融资项目真实性、未来收益、合法合规性等，还包括通道交易结构设计的合法合规性。尽职调查工作将决定资产价格和未来收益风险的确定，因此项目能否达到预期收益与尽职调查关系较大。因此，商业银行独立开展全面尽职调查不单加大了商业银行人力物力成本，也加大了商业银行尽职调查不到位的法律风险。

协议中约定受托人（即通道方）根据委托人（即商业银行）指令操作，如不存在过错不承担责任。具体来讲，受托人（即通道方）会在协议中约定："信托/资产管理计划的设立、运用对象，财产的管理、运用和处分方式等事项，均由商业银行自主决定；受托人（即通道方）仅依法履行必须由受托人或必须以受托人名义履行的管理职责，包括账户管理、清算分配及提供或出具必要文件以配合委托人管理信托财产等事务，受托人（即信托公司、证券公司等）主要承担一般事务的执行职责，不承担主动管理职责。

协议中约定受托人（即通道方）在项目到期时有权进行原状返还。原状返还条款是受托人（即通道方）与委托人（即商业银行）责任划分最直接的约

10　参见《中国银监会办公厅关于信托公司风险监管的指导意见》（银监办发〔2014〕99号）（以下简称银监会99号文），中国证券业协会《关于规范证券公司与银行合作开展定向资产管理业务有关事项的通知》（中证协发〔2013〕124号）、中国证券业协会《关于进一步规范证券公司资产管理业务有关事项的补充通知》（中证协发〔2014〕33号）、中国证券投资基金业协会《关于加强专项资产管理业务风险管理有关事项的通知》（中基协发〔2013〕29号）、证监会办公厅《关于进一步加强基金管理公司及其子公司从事特定客户资产管理业务风险管理的通知》（证监办〔2014〕26号）、中国证券投资基金业协会《关于规范证券公司、基金管理公司及其子公司从事特定客户资产管理业务有关事项的通知（征求意见稿）》。

定，实际上即指项目到期后实际融资人无法按照约定的收益向信托/资产管理计划支付，受托人（即通道方）有权直接将信托/资产管理计划项下的资产返还商业银行。因此，如果信托/资产管理计划投资的是股权、债权或实物资产，则信托公司、证券公司可以直接将股权、债权或实物资产返还给商业银行，无需履行将资产变现的法律责任。排除商业银行将资产变现的难度，若基础资产为股权或实物（特别是不动产资产），存在违反商业银行法第43条[11]的法律风险。

四、商业银行资产管理通道业务法律风险应对策略

实务中，商业银行资产管理通道业务中商业银行收益率远高于通道方的通道费率，因此商业银行承担更多责任和风险本也无可厚非。但随着商业银行此类业务发展规模扩大，商业银行项目管理职责和风险也在加大。为此，商业银行目前也在找寻方法转移、缓释风险。

（一）部分项目中将尽职调查委托独立第三方，或要求通道方共同开展尽职调查

尽职调查通常包括对各参与方和基础资产的尽职调查，既包括法律方面的调查，也包括财务方面的调查，专业性较强。独立第三方通常为律师事务所、会计师事务所等专业机构，具有较强的专业能力，委托独立第三方进行尽职调查，一方面可以使得尽职调查进行的更加充分，另一方面，也可以将相应风险转移到第三方。或者要求通道方与商业银行共同开展尽职调查，各自从不同的角度对参与方和基础资产进行调查，能更加充分的发现风险和法律问题。参与尽调双方共同对尽调内容承担责任，有利于督促双方勤勉尽责，降低风险。

（二）部分项目约定项目投资指令由项目实际融资方发出

部分项目中由商业银行和实际融资人或其关联方（资信较好）共同购买信托/资管计划，其中商业银行为优先级认购人，实际融资人或其关联方为劣后级认购人。投资指令由劣后级认购人发出，若商业银行未提出异议则受托人按照劣后级认购人指令执行，即将投资指令发送的法律风险转移给劣后

---

11 商业银行法第四十三条规定，商业银行在中华人民共和国境内不得从事信托投资和证券经营业务，不得向非自用不动产投资或者向非银行金融机构和企业投资，但国家另有规定的除外。

级认购人。

（三）大部分项目要求实际融资方提供多重担保措施

大部分项目会要求实际融资方提供多重担保措施确保项目实现预期收益。一是实际融资方或其关联方认购信托／资管计划劣后级，劣后级劣后于商业银行分配信托／资管计划收益。二是实际融资方或其关联方提供抵押或质押、保证等担保措施。三是实际融资方或其管理方提供差额补足义务，即一旦在项目进展中未实现预期收益，其将履行补足差额义务，且不可向商业银行追索。

（四）部分项目约定项目到期后若非现金资产，则信托／资管计划延期至变现为止

项目到期后，若信托／资产管理计划资产为非实物资产，部分项目商业银行会要求在合同中约定项目延期至资产变现为止。虽然大部分项目仍然是由商业银行主导行使权利促使资产变现，但上述约定用时间延期的方式避免了商业银行面临违反商业银行法第四十三条的困境。

结构化融资业务中委托人的诉讼资格

南京银行　唐绪回

深圳华宸未来资产管理有限公司（以下简称"华宸未来"）2013年设立的"华宸未来—湖南信托志高集团二期专项资产管理计划"因为兑付危机，曾引来众多媒体报道，对华宸未来造成一定的声誉影响。尽管该案中商业银行不是主要资金方，但通过梳理交易关系不难发现，华宸未来此单业务与目前商业银行中流行的结构化融资业务交易结构十分相似。对这一案例进行分析，找到交易设计中的缺失环节，并加以改进，有助于商业银行在开展此类业务尤其是出现风险事项时，占据处置的主动地位。

一、案例简介

2013年6月，华宸未来与湖南省信托有限责任公司（以下简称"湖南信托"）开展合作，拟通过发行资管计划募集资金以湖南信托为通道将资金通过信托贷款发放给淮南志高动漫文化科技发展有限公司（以下简称"淮南志高"）。华宸未来于6月25日开始通过一些第三方理财公司销售资管计划。根据投资者提供的其与华宸未来签订的资管合同显示：合同约定资金指定投给湖南信托发行的志高动漫园单一资金信托计划（资管计划资金应直接打给湖南信托）。在华宸未来向湖南信托打款前，湖南信托向华宸未来提出终止合作，不再接受华宸未来的资管计划成立单一信托，其理由是湖南信托认为华宸未来冒用湖南信托设计和销售资管产品的行为不仅侵犯了湖南信托的权益，而且欺骗和误导了投资者。

2013年7月，在资金和项目都已经找好而湖南信托突然宣布终止合作的情况下，华宸未来为避免承担销售资管计划的费用和损失，只好找安徽国元信托有限责任公司（以下简称"国元信托"）帮忙，在并未告知资管计划投资者的情况下将已经募集的资金委托国元信托设立了单一资金信托计划，国元信托再将资金委托给湖南信托设立单一资金信托计划，指定湖南信托将贷款发放给淮南志高。

2014年7月，淮南志高未支付贷款利息，形成违约。华宸未来公告告知投资者资管计划投向了国元信托单一信托计划，再由国元信托作为委托人将资金投向了湖南信托单一信托计划。华宸未来提出，其与投资者签署的资管合同在"风险提示函"部分显示，本计划资产管理人（即华宸未来）对信托计划受托人（即投资人）的投资运营无决策权、管理权等主动性权力，标的信托计划的全部运作均由湖南信托负责。而且"风险提示函"还称，以下事项属于湖南信托的职责范围，并不在资产管理人的职责范围内：对标的信托计划拟投资项目及相关交易对手开展尽职调查；设计信托计划的交易结构；执行信托计划的资金运用以及资金运用过程的管理（包括签约、办理抵质押登记手续、项目过程管理、收取投资收益以及投资本金；在被投资企业或合作方出现违约后进行追索、处置抵质押物、转让投资权益等）等。因此湖南信托应该积极履行责任，向债务人及保证人进行追索。

但湖南信托发布公告，称其接受国元信托资金委托设立"淮南志高动漫文化产业园单一资金信托计划"，与华宸未来未建立任何法律关系。国元信托也发布公告，称其未对项目开展尽职调查，开展的这单业务属于行业内典型的单一通道类业务。

因几方各执一词，导致项目的风险事项处置一度陷入僵局。直到2014年8月26日，迫于各方压力，湖南信托公告表示已向人民法院提起对借款人、担保人的诉讼，希望不要错失项目处置最佳时机，最大程度保护投资者的合法权益，维护信托财产的安全。

相关报道并未提到有商业银行主导该项目（浦发银行淮南支行在项目中仅承担资金监管责任），但梳理法律关系后不难发现，华宸未来即相当于商业银行结构化融资业务（信托贷款）中的银行角色。资金由华宸未来募集，但当项目出现风险时，华宸未来却不能起诉，而作为信托贷款债权人的湖南信托开始推脱，迫不得已之下才提起诉讼，因其延宕造成实质风险承担者巨大损失的可能性不言自明。为防范此种风险，避免出现处置僵局，银行应当在交易结构中作出适当安排。

二、主要法律关系分析

虽然该案进入诉讼的是信托贷款法律关系，但本文关注的是同业之间的争议，因为正是同业法律关系的安排不到位导致风险事项处置僵局。本次交易涉及三个同业机构，链条相对较长，因此，我们将分开论述。

（一）华宸未来与国元信托

根据国元信托发布的关于淮南志高贷款单一信托项目有关情况的说明公告，该单一资金信托合同于2013年7月17日签订。交易模式为由华宸未来委托国元信托设立单一资金信托，再由国元信托作为委托人投资湖南信托发起的淮南志高贷款项目单一资金信托。根据该项目交易结构，国元信托分别作为受托人与华宸未来，作为委托人／受益人与湖南信托各签有信托合同。

华宸未来与国元信托之间为信托法律关系，且华宸未来作为委托人已经指定委托资金用途，即国元信托应继续将该资金用于委托湖南信托发起的淮南志高贷款项目单一资金信托。

（二）国元信托与湖南信托

国元信托作为委托人／受益人，与湖南信托签署了信托合同，双方之间也是信托法律关系。因为看不到合同条款，我们不清楚双方关于资金出现风险事项时的具体约定，从湖南信托对待诉讼的迟疑态度来看，双方可能未对相关事项作出明确约定。

（三）华宸未来与湖南信托

该案中，华宸未来本来直接委托湖南信托设立单一资金信托，用于向淮南志高发放信托贷款，但因为双方合作不畅，最终华宸未来募集的资金并未直接付至湖南信托托管账户。根据信托合同一般的约定，资金未到托管户，则信托不成立，因此华宸未来与湖南信托的信托关系无疾而终。华宸未来通过国元信托，再将资金委托给湖南信托时，双方之间则不产生任何法律关系。因此当信托贷款出现风险事项时，作为出资方的华宸未来，不能通过任何合同约束湖南信托采取措施。而国元信托及湖南信托都认为自身只是通道，怠于清收。

简单总结一下，该案中同业之间法律关系安排至少存在以下两个问题，一是层层委托导致出资方与最终放款的同业之间没有直接的法律关系，二是对于承担最终放款角色的同业机构，因为该机构通常主张自身只是通道，合同中没有风险事项处置约定。

三、通道业务中银行诉讼资格问题的法律风险点

与上述案例类似，商业银行以其合法掌握的资金，通过信托公司通道发放信托贷款，由此形成了两组相关联的法律关系：一是银行与信托之间的委托投资关系，另一个是信托与借款人之间的贷款关系。因为银行在形式上不是贷款法律关系的利益相关人，当贷款发生风险事项需要通过诉讼的方式保障贷款利益时，银行可能因为主体的不适格而导致不能参加诉讼。具体而言，考虑到信托贷款通道业务在信托终止前后两个时间段中，委托人，即银行有着不同的法律主体资格，因此需要对两个时间段分别研究。

（一）信托存续期间

假设信托贷款产生风险事项，如借款人还款能力明显下降，需要通过诉讼及时处置抵押物或要求保证人履行保证责任。此时，银行的诉讼主体资格如何？

1. 银行是否可以直接参加诉讼

信托贷款的借款人出现违约，银行能否绕过信托直接起诉借款人，答案显然是否定的，因为银行和借款人之间并无直接的法律关系。那么，银行可以起诉信托公司并将借款人列为无独立请求权的第三人吗？本文认为，借款人违约并不导致信托公司违约，因此，银行无法起诉信托公司。即便信托公司愿意配合制造诉讼，也不能将借款人列为第三人，因为委托关系案件不论如何处理，对借款人均不产生利害关系。

2. 信托公司可否委托银行参加诉讼

毫无疑问，信托公司作为信托贷款的贷款人，当借款人出现违约，信托公司可以提起诉讼。但作为通道方，信托公司可能不会积极起诉。那么，信托公司可否委托银行提起诉讼呢？首先，银行不是公民，不能直接作为信托公司的委托诉讼代理人。其次，银行可否以信托公司贷款业务的委托管理人身份提起诉讼呢？我们认为，尽管银行作为法人，可以成为信托贷款部分贷后管理事务的代理人，实践中也有银行与信托之间签订了信托贷款的委托管理协议，但一旦需要起诉借款人，则委托代理人的选任仍须符合民事诉讼法第五十八条的规定，而法人并不属于法定的诉讼代理人种类，因此银行不能通过此种方式参加诉讼。

3. 信托能否将债权转让或分配给银行，从而让银行取得诉讼权利

信托公司如果通过债权转让方式使银行成为债务人，那么按照信托合同

约定，信托公司转让债权的收入应当分配给银行，其法律效果等同于信托公司将信托贷款债权及担保权利原状分配给银行，随之而来的是信托提前终止。此种情形下银行已取得债权，可以提起诉讼。但需要考虑的是，银行是否愿意接受提前分配？银行采用通道业务，有着业务上诸多考虑，如果因为诉讼安排不到位，导致一出现风险事项就不得不接受提前分配，可能也不符合银行开展通道业务的本意。

（二）信托到期终止

如果信托到期终止，按照信托合同中一般都会有的原状分配条款，信托公司都会将贷款债权原状分配给银行。银行作为债权人自然有资格向借款人提起诉讼，无需多言。

四、风险防范措施

通过上面的案例及法律分析，不难得出结论，在信托贷款的结构融资业务中，当贷款出现风险事项，需要通过诉讼予以资产保全时，由信托贷款的直接债权人，即信托公司快速提起诉讼乃是上策。由此，本文认为，交易应当有如下安排。

（一）信托合同中明确信托公司的诉讼义务

信托公司为减轻自身责任，有时会在合同中作如下约定：

委托人确认：在本信托存续期间和本信托终止后，受托人均无义务就本信托项下信托贷款相关事宜向借款人、保证人、抵押人等提起诉讼或采取其他法律措施。

毫无疑问，这样的条款极有可能导致贷款出现风险事项时，银行将不得不接受信托提前终止，从而通过接受分配才能提起诉讼。本文认为，该条款不可接受。

有的信托合同则对诉讼问题只字不提。本文认为，为避免在诉讼问题上发生疑问，银行与信托双方应当就诉讼问题作出约定，且最好明确信托应当在委托人（银行）认为应当起诉时，尽最快的速度提起诉讼。

（二）信托公司履行诉讼义务的配套安排

1. 信托费用的安排

实践中，有的信托公司为了自身利益，要求借款人在贷款发放之初即支付部分利息，并全部用于分配自身信托费用。如果允许信托一次性收取了全部费用，则不难想象，假如贷款出现风险事项，信托将毫无积极性可言。因此，信托费用最好能分期支付，并与信托公司履行诉讼义务情况挂钩。如果在委托人认为应该起诉的情况下，信托怠于起诉甚至不予起诉的情况下，那么他无权收取后续费用。

2. 信托不履行诉讼义务的违约安排

信托合同应当对信托怠于履行或不履行诉讼义务约定违约责任，除上述无权收取后续信托费用之外，还可以增加约定：因为信托不积极履行义务，给委托人造成损失的，应当赔偿。

3. 诉讼费用的安排

为了让信托在提起诉讼时无后顾之忧，银行可以在诉讼费及律师费方面作适当让步。实践中，有的信托合同约定因信托公司起诉借款人产生的费用，应当由银行代为支付。本文认为，该种安排有其合理性。上述交易安排，不仅适用于信托通道业务，也适用于资管通道业务。

第
三
篇

债权保护

关于银行破产债权法律保护探讨

中国银行深圳市分行　万夒平

近年来，为配合国家供给侧结构性改革和清理僵尸企业要求，最高法陆续推出一系列促进《企业破产法》实施的措施，破产案件数量大幅上升，重整类案件异军突起，占据了相当的比重。按照《企业破产法》现有规定，银行无权参与重整方案制订，对管理人选任无话语权，法院强裁门槛低且缺乏救济途径等，导致银行在重整类破产案件十分被动。今后或将有更多企业利用破产重整方式进行自救或逃债，这对银行债权保护构成严峻的挑战，对银行而言，一是伤不起，二是耗不起。因此，银行除了加强授信贷前调查和贷后管理工作外，更要转变观念，以积极的态度参与破产事务，主动加强与管理人、法院、债委会甚至当地政府机构等沟通，在多方博弈中争取银行权益，最大限度降低损失。本文从近年司法实践现状出发，从实务角度就破产重整中银行债权保护相关措施进行梳理与探讨。

一、认清破产后果，保持警醒

根据《企业破产法》[1]第十九条、第二十条、第二十一条、第三十一条、第三十二条和第四十六条的相关规定[2]，法院受理破产案件后，直接法律后果主

1　《中华人民共和国企业破产法》，本文为表述简洁，统称《企业破产法》。

2　《企业破产法》第十九条　人民法院受理破产申请后，有关债务人财产的保全措施应当解除，执行程序应当中止。

第二十条　人民法院受理破产申请后，已经开始而尚未终结的有关债务人的民事诉讼或者仲裁应当中止；在管理人接管债务人的财产后，该诉讼或者仲裁继续进行。

第二十一条　人民法院受理破产申请后，有关债务人的民事诉讼，只能向受理破产申请的人民法院提起。

第三十一条　人民法院受理破产申请前一年内，涉及债务人财产的下列行为，管理人有权请求人民法院予以撤销：（一）无偿转让财产的；（二）以明显不合理的价格进行交易的；（三）对没有财产担保的债务提供财产担保的；（四）对未到期的债务提前清偿的；（五）放弃债权的。

第三十二条　人民法院受理破产申请前六个月内，债务人有本法第二条第一款规定的情形，仍对个别债权人进行清偿的，管理人有权请求人民法院予以撤销。但是，个别清偿使债务人财产受益的除外。

第四十六条　未到期的债权，在破产申请受理时视为到期。

附利息的债权自破产申请受理时起停止计息。

要体现为以下多个方面：所有针对债务人财产的保全措施予以解除；所有针对债务人的强制执行措施中止；所有针对债务人的未审结案件的诉讼或仲裁程序应当中止；未来所有针对债务人提起民事诉讼只能由受理破产申请的人民法院管辖；所有未到期的债权均视为已到期；附利息的债权自破产申请受理时起停止计息；受理破产申请前一年内债务人下列财产行为可以被撤销：无偿转让财产的、以明显不合理的价格进行交易的、对没有财产担保的债务提供财产担保的、对未到期的债务提前清偿的和放弃债权的。受理破产申请前六个月内，债务人在不能清偿到期债务并且资产不足以清偿全部债务或者明显缺乏清偿能力的情况下仍对个别债权人进行清偿的可以被撤销，但该清偿使债务人财产受益的除外。

可见，债务人一旦破产，对债权人的影响非常巨大。对银行而言，将意味着与该债务人的全部交易合同提前到期且自破产申请受理时起停止计息，前期保全工作成果全部归零，所有未审结、未执行结案停止审理和执行，而且银行在此之前一年内设立的财产担保和宣布提前到期而受偿的债权和在此之前半年内受偿的债权还面临被管理人撤销的风险。因此，银行应当对债务企业（含担保企业，下同）债务风险高度重视，对高风险行业内的高负债企业近期是否可能被申请破产提前预判并提高警惕，防止债务企业一旦被申请破产而猝不及防，导致被动应付局面和难以挽回的损失。

二、及时申报债权，盯紧确权

根据《企业破产法》第四十八、第五十六条[3]的规定，债权人要按照法院确定的申报期限进行债权申报，未依照规定申报债权的，债权人不得依照该法规定的程序行使权利。对银行而言，问题不在于是否依照规定进行债权申报，而是申报债权后，所申报债权金额和有财产担保的债权能否得到及时确认，以及未决债权能否给予临时表决权。

一般情况下，银行所申报债权不曾涉及诉讼（或仲裁，下同）的，或

3　《企业破产法》第四十八条第一款　债权人应当在人民法院确定的债权申报期限内向管理人申报债权。

第五十六条第一款　在人民法院确定的债权申报期限内，债权人未申报债权的，可以在破产财产最后分配前补充申报；但是，此前已进行的分配，不再对其补充分配。为审查和确认补充申报债权的费用，由补充申报人承担。

者虽曾涉及诉讼但案件已经审结的，管理人将直接依据银行提供的债权合同（包括担保合同）或者法院判决书、调解书以及仲裁裁决书确认债权并给予表决权（法院调解书作为债权最终确认依据，前提是其他债权人不对调解书效力提出异议）。但在银行债权涉及诉讼且未审结的情况下，按照目前一些法院或管理人的做法，管理人倾向于将该债权列为未决债权，银行相应被列为未决债权人，按照《企业破产法》第五十九条[4]规定，除法院临时确认银行债权额外，银行虽然可以参加债权人会议，但对所议事项无表决权。实践中，银行还可能因其他原因，所申报债权额得不到确认，并且拿不到相应的表决权机会。因此，银行在申报债权后必须盯紧确权，及时与管理人取得联系，争取及早确权，否则丧失对所议事项表决权，将很难有补救机会。

为使银行债权能得到及时确认，可以考虑下述措施或建议：

一是采取各种可能措施，加快提起诉讼后的案件送达、开庭排期以及开庭等裁判进程，全力争取在第一次债权人会议召开前取得所申报债权确认所需要的法院生效判决书、调解书以及仲裁裁决书。在目前送达难和审判难的背景下，尤其是在债务人故意采取提起管辖异议、不配合送达等方式拖延案件进程的情况下，银行及时取得生效裁判文书的难度越来越大，但银行不应放弃任何可能加快案件裁判进程的努力和机会。

二是以调解方式结案的案件，应当注意要求法院（或仲裁机构）开庭查明案件事实，在此基础上根据银行和债务人和解协议制作调解书，以防利益相关方在破产程序中以银行和债务人串通等为由对银行债权真实性提出异议影响债权确认。

三是银行与破产企业的诉讼案件未审结的，银行要注意在债权申报前后与管理人、破产法院进行沟通。如果管理人坚决要求必须了结涉案纠纷才能确认债权，银行为了配合债权确认破产，在必要的情况下应当考虑撤回对债务人起诉并在第一次债权人会议召开前取得撤诉裁定书。

四是在银行与破产企业的诉讼案件未审结的情况下，即便管理人已经确认银行债权，但仍应注意要求管理人向法院申请给予临时表决权，千万不要以

---

4 《企业破产法》第五十九条第一款、第二款　依法申报债权的债权人为债权人会议的成员，有权参加债权人会议，享有表决权。

债权尚未确定的债权人，除人民法院能够为其行使表决权而临时确定债权额的外，不得行使表决权。

为管理人确认了债权就认为当然取得了债权人会议表决权。

三、财产担保设立要趁早，防范撤销权诉讼风险

根据《企业破产法》第三十一条、第三十二条[5]的规定，法院受理破产申请前一年内，债务人对没有财产担保的债务提供财产担保的和受理破产申请前六个月内对未到期的债务提前清偿的，管理人有权申请予以撤销。在实务中，管理人基于职责或迫于债权人压力，经常会针对银行一年内设立的抵押权、质权提起撤销权之诉。由于上述法条是原则性规定，法院在裁决时的自由裁量空间很小，通常只会考虑担保物权设定时间、债务提前清偿时间是否在受理破产申请前一年的时间范围之内。所以，一旦管理人提起此类撤销权诉讼，银行将会面临非常大的败诉风险。银行在担保物权设定和提前清偿时不能预知债务人何时破产，所以该条规定对银行而言显然非常不公平，但在《企业破产法》现有规定下，银行只能被动接受。

在今后破产案件数量激增的情况下，银行会越来越多地遭遇撤销权诉讼案例。为了尽可能地减少撤销权诉讼败诉，除了通过各种渠道呼吁最高法制定更为公平和合理保护债权人利益的司法解释外，银行在业务叙作过程中，应注意采取下述措施：

一是尽可能地在授信业务前期争取财产抵押和权利质押，并尽快办妥法律规定的抵押权、质权登记手续。理论上，抵押权、质权设立的时间越长，抵押权、质权就越安全，所以除非迫不得已，财产抵押权、质权设立登记工作应尽量在授信业务前期完成，越早越好。

二是在为授信企业办理借新还旧或者因企业办证、换证等需要注销原抵质押登记并重新办理新抵质押登记手续时，银行应当对债务企业债务违约风险或涉诉情况做好尽职调查并进行风险评估，防止债务企业或其他债权人利用新旧抵质押登记转换时机，通过实施申请破产悬空银行抵押权、质权。

5　《企业破产法》第三十一条　人民法院受理破产申请前一年内，涉及债务人财产的下列行为，管理人有权请求人民法院予以撤销：（一）无偿转让财产的；（二）以明显不合理的价格进行交易的；（三）对没有财产担保的债务提供财产担保的；（四）对未到期的债务提前清偿的；（五）放弃债权的。

第三十二条　人民法院受理破产申请前六个月内，债务人有本法第二条第一款规定的情形，仍对个别债权人进行清偿的，管理人有权请求人民法院予以撤销。但是，个别清偿使债务人财产受益的除外。

三是银行接受企业抵、质押（包括追加抵、质押）后一年内，银行因债务企业债务违约提起诉讼后，应设法争取客户和解，加快审判进程，尽早取得法院生效判决书、调解书以及仲裁裁决书，从根本上防范债务企业因破产可能导致的撤销权诉讼风险。

四、积极参与，主动维权，最大限度降低损失

破产重整，是避免债务企业进行清算以及重生的最后一根救命稻草，所以利用破产重整制度自救几乎成为债务企业、股东等利益相关方甚至地方政府的首选。但实际上，大多数破产重整以破产清算收场，即便偶有成功，也要历时数年，考虑时间成本、人力成本，银行受偿比率比直接进行破产清算高不了多少，而且银行要时常防止掉进重整"陷阱"。目前，企业破产重整基本上采取直接削债加强制转股模式，银行通过"削债"加转股"强裁"方式直接获得现金清偿的比例基本上不值一提，而转股获得的股权价值又物非所值，所以银行在破产重整中的利益受损现象比较严重。因此，银行在破产重整案件中的当务之急是要采取措施最大限度降低损失。具体而言，以下六个方面的措施值得重点关注：

一是加强与其他债权人的沟通合作，提高维权话语权。充分利用大额债权人地位、金融机构债委会成员身份，与其他大额债权人协商一致形成有效维权力量，通过共同行动，提高维权话语权。

二是加强与管理人沟通的同时要对管理人进行监督。管理人在破产程序中身份比较特殊，既代表债务企业，又受法院委托接受债权申报、债权确认，地位和角色非常重要。加强与管理人联系与沟通，争取其支持和配合，有利于债权确认和表决权的及时取得，可以及时掌握债务企业动向，减少银行与法院及其他利益相关方之间的矛盾冲突。[6] 但是，管理人利益诉求与债权人目标有时并不完全一致，有时甚至存在利益冲突，因此，应当对管理人进行监督，督促管理人依法行使职权，防止管理人利用职权便利做出损害债权人利益的行为。对管理人的严重违法履职、失职行为，要合理利用法律规定的权利及时提出异议，必要时可以请求法院予以撤销或另行指定管理人。

三是动态关注担保财产价值，防止因为重整使担保财产贬值。破产重

---

6 张世君：《破产重整在银行不良资产处置中的利弊》［J］. 银行家，2008 年第 11 期，第 65 页。

整过程中，银行担保物权暂停行使，债务人或相关利益方的行为可能损害或减少担保物价值。因此，银行要对担保财产价值进行动态跟进并予以评估，尽可能避免担保财产价值免受破产重整程序的影响。一旦发现银行担保财产减损或存在减损可能的，要及时向法院申请恢复行使担保物权，保全抵押物价值。

四是对重整方案审查要从严，勇于说不。银行要对重整计划的可行性、合理性进行充分评估，对债务人资产评估方法、交易定价、股东权益让渡、还款资金来源及期限安排等重要内容尤其要重点关注，审查标准要从严掌握。同时，要充分发挥债委会及债权人会议维护债权人利益的作用，在破产重整计划草案及相关协议制定、审核及表决过程中加强与其他债权人的沟通和协调，发挥联合维权的优势[7]，平衡各方利益需求，对于严重损害银行利益的方案，要及时投出否决票。

五是积极介入重整计划的执行和监督。重整计划通常由债务企业执行，管理人监督，银行通常缺乏对重整计划进行监督的权利和手段，这对银行利益保护十分不利。但若银行对重整计划执行情况不闻不问，可能会导致债务企业资产进一步减少或贬值，债权人利益得以保护的财产基础丧失。[8]因此，银行如发现债务企业未按重整方案规定执行或出现其他可能影响银行债权安全的重大风险事项的，要及时请求法院裁定终止重整方案执行，并依法采取相应的补救措施。[9]

六是引入专业中介机构提供支持。破产重整涉及债权申报、确认、重整方案评估和表决、计划执行和监督等众多环节和众多法律、会计等专业问题，适时引入律师事务所、会计师事务所等中介机构，银行可以通过专业机构提供的服务，从程序、实体等多个方面更好地参与破产重整全过程，最终提高债权受偿率，最大限度降低债权损失。

五、结语

破产案件今后一段时间保持持续上升势头，已经是不争的事实。债务企

7　谭兴民，侯雪莲：《企业破产重整：银行债权的无奈与对策》［J］．西部论丛，2010年第8期，第75页。

8　张世君：《破产重整在银行不良资产处置中的利弊》［J］．银行家，2008年第11期，第65页。

9　谭兴民，侯雪莲：《企业破产重整：银行债权的无奈与对策》［J］．西部论丛，2010年第8期，第75页。

业或相关利益方恶意利用破产重整和法院强裁逃废银行债务的现象已引起社会各界的广泛关注，但是目前尚未有针对性的司法解释或规定对此进行有效遏制和规范。所以，银行从维护自身债权利益出发，主要还得依靠自身努力，除了授信业务前期争取尽可能多的财产担保和后期加快现金清收力度和案件审判、执行进程外，在破产类案件处理过程中要充分发挥专业机构的专业优势，通过多方沟通和积极参与、主动维护，尽可能地减少重整带来的银行债权损失。

当事人约定司法送达地址相关司法政策及实践的专项调研报告

华夏银行课题组

当前，虽然我国宏观经济出现企稳迹象，但银行经营环境并没有好转，信用风险蔓延、利差收窄、金融市场多元化竞争日益激烈，以及市场和操作风险等多种因素影响，都给银行经营带来巨大挑战。加上经济下行，企业经营困难，导致银行业面临的不良资产处置压力剧增，我行近年也面临较大的不良资产处置压力。

为有效压缩诉讼案件，处置不良资产，我部开展诉讼案件清理督导工作，组织人员赴无锡、青岛、济南、南京、杭州、绍兴、天津、西安等十余家分行进行调研，通过实地了解诉讼案件清理情况，与分行共同分析案件处理策略，研究不良资产处置方法，共同查找诉讼案件清理中遇到的疑难问题并提出解决方案，帮助分行压降不良、清理诉讼案件，取得一定成效。

在调研过程中，我们发现，各分行诉讼案件的新增速度超过了诉讼案件的清理速度，导致诉讼案件整体数量增加较快。分析发现，一方面在全行努力压缩不良资产的背景下，诉讼作为清收的重要手段之一，案件数量、案件标的额的上升难以避免；另一方面，司法"送达难"导致个案的诉讼时间大幅拉长，进而严重影响诉讼案件清理速度，使案件总体数量上升。

基于此，我部对如何有效缩短个案诉讼时间进行了专门研究分析，发现当事人之间事先约定司法送达地址的方式，正在被越来越多地区的司法机关予以认可。此种方式可以有效避免司法机关长时间的公告送达，缩短诉讼时间。在此基础上，我部向全行36家分行发放了专项调查问卷，调研了解各地司法机关对当事人约定司法送达地址的政策态度及分行应对情况。经过对分行反馈材料的分析梳理，形成了这次专项调研报告，并结合我行情况提出了应对的具体建议。

一、背景情况及调研的必要性

"送达难"，是我国当前司法实践中遇到的一个十分棘手的问题。在当前的法院清收诉讼中，存在相当一部分借款人以各种方式拖延诉讼的情况，其中借款人拒不接受法院送达的相关法律文书，甚至"玩失踪"的现象普遍存在。

银行的债务人正是利用司法机关送达程序，故意采取拒收或"玩失踪"的方式使除公告送达外其他送达方式失效，迫使法院采取公告送达方式，从而拖延审理周期，转移财产。

开庭前，法律文书如果无法采取直接送达等方式，法院要进行公告送达，不但增加诉讼成本，还会延长审理期限。一件案件开庭前，需公告送达包括送达起诉书、开庭传票、证据材料等，法院经过审理作出裁判文书后，还需要二次公告送达裁判文书。国内公告送达需自公告之日起，经过六十日视为公告送达，涉外公告时间更长。公告送达起诉状、传票等，需在公告中明确十五天答辩期；公告送达裁判文书，需要公告中明确十五天的上诉期。法院在作出公告送达程序前需要对被告住址及邮寄送达情况进行调查，经调查确认无法采取其他送达方式将相关法律文书送达给被告，方可采取公告送达方式。公告前调查一般需要至少半个月的时间。因此案件一旦涉及公告送达，仅送达程序事项就需要半年多时间，案件如涉及证据调查等因素，其审理周期就会长达一年甚至二年的时间。[1]

由于被告原因，导致案件公告送达，直接使银行诉讼案件的审理期限严重拖长，原本可以较快审结的案件，却因而需要延长六个月甚至更长的时间。加上一些债务人故意拒收银行相关文件甚至躲避银行催收债权，同时采取多种手段转移财产，通过送达环节拖长案件审理期间，银行取得生效裁判文书后申请执行时，被告名下已无财产可供执行，对银行的债权造成巨大损失。

在尚未建立普遍意义上的送达地址申报与变更制度的情况下，为有效解决当事人在非诉阶段与仲裁、诉讼等程序中因被告不诚信行为造成的"送达难"问题，上海市高级人民法院[2]、江西省高级人民法院[3]、福建省高级人民法院[4]等高

1　引自"北京四中院在全市率先发出司法建议，约定送达地址，解决'送达难'"，见北京市第四中级法院微信公众号"北京四中院"，2016 年 6 月 27 日发布。
2　详见《上海市高级人民法院关于审理信用卡纠纷案件的若干指导意见》。
3　详见《江西省高级人民法院民事送达工作指南》。
4　详见《福建省高院关于依法规范金融案件审理和执行的若干意见（试行）》。

级法院、山东省青岛中级人民法院[5]等一些中级法院以及部分基层法院，出台了司法政策，对当事人在合同中事先约定司法送达地址予以认可。司法送达时，如果当事人事先约定了司法送达的地址，而且约定符合相关规定，那么司法机关就直接向该约定地址进行相关法律文书的送达，法律文书邮寄送达至该约定地址就视为送达完成，不再对相关当事人以司法公告形式送达法律文书。

如果银行能够运用好这些司法政策，就可以尽量免除公告送达的送达方式。对于当事人下落不明或者当事人故意逃避债务的银行贷款诉讼案件而言，可以节省六个月甚至更长的公告时间，使案件审理期限大大缩短，既能够有效提高审判效率，节约诉讼成本，又可以使银行的债权及时得到维护，有效保全资产，实现不良资产回收效益的最大化。

鉴于此，我部在全行范围内对各地法院对当事人事先约定司法送达地址问题的司法政策进行了专项调研，并在此基础上草拟了我行开展事先约定司法送达地址工作的方案建议以及送达地址确认书等相关法律文本。

二、调研反馈情况及特征分析

（一）调研内容

此次调研主要包含以下几项内容：当地高级法院是否制定关于当事人事先约定司法送达地址的相关文件，包括但不限于裁判指引、会议纪要、高级法院发布的指导性案例、高级法院发布的典型案例、高级法院对于司法送达约定的相关文书样式等；当地各级法院关于约定司法送达事项的生效裁判案例情况；分行诉讼中是否遇到过上述情况，如何处理的；分行对上述事项应对措施建议。

（二）反馈总体情况

此次调研的范围涵盖华夏银行所有分行共36家，全部按期反馈。目前从各分行反馈的情况来看，反馈司法政策主要以分行所在地法院政策及司法实践为主。

根据各分行反馈的情况，当地司法机关承认约定司法送达地址效力的有15家分行，当地司法机关不承认约定司法送达地址效力的有16家分行，没有

5　详见《青岛市银行业协会〈关于建议使用青岛中院认可的合同中约定有效送达地址条款的通知〉》。

相关政策及判例的有2家分行（太原、银川），另有4家分行反馈当地法院实践中做法不一。各地方高院中，江苏高院、江西高院2家高级法院制定了专门的指导性意见，明确承认约定司法送达地址的效力；青岛中院、宁波中院2家中级法院制定了地方指导意见，北京四中院、合肥中院向金融相关监管机关发送了专门的司法建议，承认约定司法送达地址的效力。[6]

（三）特征分析

各地对于当事人事先约定司法送达的认可情况存在如下特点：

1. 认可当事人事先约定司法送达的司法机关有逐渐增多的趋势

从调研反馈的情况看，对于当事人事前约定送达的态度，各地法院的政策虽然分化较大，但已经有相当一部分法院承认了当事人约定司法送达的法律效力，且制定类似政策的法院正在逐年增多。

2013年，江苏省高级法院制定了《江苏高院民二庭对十三个问题解答》，其中提及对当事人事先约定司法送达地址的效力予以认可；2014年，福建省高级法院出台《关于依法规范金融案件审理和执行的若干意见》；2015年，宁波市中级法院、青岛市中级法院均出台相关司法政策；2016年，北京市第四中级法院、合肥市中级法院均发出司法建议，支持当事人事先约定司法送达地址的法律效力。除此之外，深圳市中院、长沙市中院等也正在酝酿出台相似的司法政策。从2013年开始，至今支持此类政策的法院已经超过7个地域。目前法院受理案件激增，结案压力巨大，承认司法送达效力可节约司法资源，提高结案效率。《最高人民法院关于进一步推进案件繁简分流优化司法资源配置的若干意见》也鼓励各级法院探索案件繁简分流，提高结案效率机制。该政策虽未直接承认当事人约定司法送达地址的效力，但鼓励法院对司法送达方式探索创新，因此目前承认当事人约定司法送达地址效力的法院呈现日益增多的趋势。

2. 司法机关将认可的案件类型多局限在金融债权领域

从各地司法政策看，包括福建省高级法院、宁波市中级法院等法院出台的司法政策，都将认可当事人事先约定司法送达地址的效力范围局限在金融借款类纠纷案件中；青岛市中级法院、长沙市中级法院、宁波市中级法院、北京市第四中级法院等法院则是通过专门向商业银行的监管机关或者银行业协会发出司法建议的方式，确认了法院对于当事人在金融借款类合同中事先约定司法

6　具体统计情况详见《各地司法机关司法政策及分行应对情况汇总表》。

送达条款的效力。

3. 部分华夏银行分行采取了相关应对措施，部分华夏银行分行尚未及时采取应对措施

在应对工作方面，目前已有7家分行自行制定了分行层面的"送达确认书"或者"补充协议"，在与相关客户签署合同时签署适用。还有29家分行尚未采取有关的措施。[7]

三、约定司法送达地址法律可行性分析

在司法实践中，各地法院对约定司法送达地址的效力存在分歧，有些地区虽然地方高级法院或者中级法院没有统一规定，但部分法院法官仍然认可其效力；而有些地方虽然上级法院有政策规定，但也会出现个别地方法官在裁判案件中不按当地上级法院规定执行的情况。

不承认约定司法送达地址效力的理由主要是：认为诉讼文书的送达系司法机关行使司法公权力的表现，应当严格按民事诉讼法的规定执行，如果允许当事人自主约定，涉嫌以私权干涉公权。其次认为合同签订与诉讼之间相隔时间较长，可能存在一方利用自身强势地位约定司法送达地址，侵害另一方的合法权利的情况，有违公平原则。

承认约定司法送达地址效力法律分析：

首先，我国民事诉讼法第十三条第二款规定，当事人有权在法律规定的范围内处分自己的民事权利和诉讼权利。当事人约定诉讼文书司法送达地址是对自己诉讼权利的自由处分，符合意思自治原则。司法机关对当事人的送达行为确系行使司法公权力的体现，但是对于司法送达地址的约定则是当事人对自己诉讼权利的处分，并非干预公权力的行为。

其次，虽然诉讼发生时间和签订合同时间之间存在间隔较长的情况，但是司法送达地址可以变更，只需及时通知合同相对方即可，只要对于约定送达地址是当事人收取相关法律文件的地址确认，确保该地址能及时收到相关法律文书，基本不会发生不利于合同弱势一方的情况。

再次，约定司法送达地址使得债务人负有提供准确地址、联系方式及上述事项变更的告知义务，要求债务人全面履行约定义务，符合诚信原则。

7　具体统计情况详见《各地司法机关司法政策及分行应对情况汇总表》第18页。

最后，约定司法送达地址符合推定送达的原则，民事诉讼法中留置送达、公告送达、送达地址确认书确认制度都是推定送达原则的体现。[8]

此外，域外法律相关规定可供参考，如美国早期《统一商法典》就明确承认当事人约定司法送达地址效力。英美法系国家的约定送达地址应用非常广泛，但其商业合同中并不区分诉讼文书送达地址和日常法律文书的往来地址，合同约定的诉讼文书送达地址与合同谈判、履行期间双方的往来信函地址一致，因此对于约定司法送达地址效力认可。[9]

当然，当事人约定司法送达地址案件范围应当限于财产纠纷案件。约定司法送达地址有利于解决司法机关"送达难"问题，节约司法成本，提高诉讼效率。综上所述，承认当事人约定司法送达地址效力符合相关法律规定，而且可以提高诉讼效率，节约司法成本，惩戒恶意规避债务人，及时维护债权人合法权益，符合最高人民法院关于繁简分流，提高诉讼效率的改革精神，合理合法且在司法实践中具有可操作性。

四、对策建议

华夏银行近年来大幅增加的多为清收不良资产的主诉案件。对于此类案件，通过约定司法送达地址的条款，可以有效解决其中的"送达难"问题，节省诉讼成本和时间成本（一个案件节约的公告送达时间长度可达六个月甚至更长时间），能够显著提高诉讼效率，尽早实现不良资产的回收。基于此，提出如下建议。

（一）在全行推开与客户事先约定司法送达地址的工作

鉴于目前已经有相当一部分法院承认约定司法送达地址的效力的情况，以及对关于随着案件数量暴增，承认约定司法送达地址效力法院会逐渐增多的判断，建议在全行推开与客户事先约定司法送达地址的工作，可采用指导意见形式对各分行进行指导，并提供约定司法送法地址的法律文书样式供分行参考，从而为我行未来可能出现的诉讼以及即将进入诉讼阶段的逾欠贷款清收奠定基础，一旦进入诉讼阶段，即可很大程度节省诉讼时间，降低诉讼成本，及时维

8　王建平：《邮寄送达制度研究》［J］.政治与法律，2010 年第 1 期，第 25 页。

9　宋显忠、邵新：《约定送达地址：破解送达难"顽症"的新药方》［J］.人民法治，2016 年第 10 期，第 24—27 页。

护我行权益。

（二）结合各地司法政策特点，采取多种方式开展工作

鉴于目前各地司法政策尚存在分歧，我行各分行的客户情况也不尽相同，建议开展此项工作时，可在总行为分行提供指导意见和法律文书样式的同时，给予分行结合当地司法政策选择适用总行法律文书样式或者当地司法机关提供文书样式的选择权，对于已经逾欠的贷款，由分行结合客户情况及与客户谈判的结果，选择是否签署约定司法送达地址的法律文本，在最大限度降低我行清理逾欠贷款阻力的基础上，有效缩短诉讼时间，提高诉讼效率。

在具体法律文书的选择上，建议以由分行通过制定补充协议、在格式合同中嵌入补充条款或者制定送达地址确认书的方式，在司法政策支持此方式的地方推开使用，同时对于司法政策尚不明确的分行，可以结合业务开展情况选择使用，为可能出现的不良资产清收做好准备。

事先约定司法送达地址可以签订补充条款的形式，也可以参照法院送达地址确认书的形式体现，相关条款应以粗体字显示，从而尽到华夏银行提示义务。

目前，江西省高院、北京市四中院的相关文件中对于当事人事先约定司法送达问题提供了参考示范文本，我们可以作为借鉴，同时如果各地做法不一，可以由各分行根据各地司法机关的要求，在参考文本的基础上进行适当修改后与借款人签署。

（三）对分行自主选择法律文本的要素要求

对于分行在参考文书样式的基础上结合当地政策修改文书时，要求分行确保相关条款至少包含如下要素：

（1）合同条款明确约定了送达地址的适用范围，包括但不限于合同履行变更通知、传票、诉讼裁判文书、仲裁书等，适用合同履行过程中，民事诉讼的一审程序、二审程序和执行程序，仲裁程序；

（2）合同条款约定了当事人送达地址需要变更时的通知程序；

（3）合同条款提示了以下法律后果：因当事人提供或者确认的送达地址不准确、送达地址变更后未及时依程序告知对方和法院、当事人或指定接收人拒绝签收等原因导致诉讼文书未能被当事人实际接收的、邮寄送达的，以文书退回之日视为送达之日；直接送达的，送达人当场在送达回证上记明情况之日视为送达之日。

从银行信贷视角审视僵尸企业的存亡

浙江柯城农村商业银行股份有限公司　徐　燕

摘　要

　　经济下行，僵尸企业大量涌现，银行不良贷款呈逐渐上升趋势。为拯救实体经济，缓解银行信贷危机，政府也下达了僵尸企业"出清"的命令。然而，目前僵尸企业的认定标准不一，且由其引起的不良贷款数额巨大，"出清"并不能"一刀切"地进行。本文将从僵尸企业的认定标准入手，以其形成的原因作为突破口，探讨当前处置僵尸企业的有效途径，进而得出银行应对僵尸企业的对策，以供各同行参考探讨。

　　一般来说，僵尸企业在各大银行的贷款数额较大、利率较低、政府扶持力度较大，且已逐渐成为不良贷款的大户。近年来，国务院积极推进供给侧结构性改革，加大对僵尸企业退出市场的决心。各大银行也加大僵尸信贷企业的排摸和监测力度，试图使其有序退出市场，寻找新的春天，但实践中却屡遭挫折，困难重重。

一、僵尸企业认定标准

　　僵尸企业概念最早出现于20世纪90年代。当时日本出现经济金融危机，大量的不良贷款相继涌出，政府为避免银行损失，救助企业，为企业继续"输血"；同时银行给企业增加贷款，导致资源配置不当，最后导致日本经济陷入"失落的十年"。但是对于僵尸企业，至今没有统一的认定标准。目前，比较通用的认定标准主要有三种：国务院标准、董登新标准、CHK方法（具体表述及认定详见列表）。[1] 以上三种认定标准各有利弊，目前而言，我国各地主要以国务院标准为主。然而，笔者认为，从实用角度出发，银行在审查企业状态时，应结合三种认定标准，尤其关注持续亏损三年以上、实际支付利率极低、政府明显扶持这几个典型的认定指标。总的来说，僵尸企业就是那些已经丧失市场竞争力，长期没有经营效益，仅靠政府扶持与银行贷款勉强维持的企业。

表1　僵尸企业认定标准

认定标准	具体表述	优点	缺点
国务院标准	不符合国家能耗、环保、质量、安全等标准，持续亏损三年以上且不符合结构调整方向的企业	目前最普遍适用的标准，评价标准明确、操作性强	不能排除一些产能过剩行业的上市公司；能耗、环保等标准尚不明确，即使制定出来，也有"管制俘获"嫌疑
董登新标准（武汉科技大学董登新提出）	扣除非经常损益后，每股收益连续三年为负数的企业	扣除非经常损益后的每股收益更能反映企业的实际经营状况	没有考虑到银行在僵尸企业形成过程中所起的作用
CHK方法 经济学家卡巴雷罗（Caballero）、霍西（Hoshi）和凯夏普（Kashyap）共同提出	关键是找到有哪些企业得到了来自银行的补贴：第一步，计算出最优利率，这个利率是所有企业在现有条件下可能享受到的最低利率。第二步，将最优利率与企业实际支付的利率进行对比，那些实际支付利率比最优利率还低的企业就有可能是僵尸企业。随后，有学者通过引入盈利指标和负债指标，对该方法进行了改进	强调了银行在僵尸企业形成过程中的核心作用	没有考虑政府在其中扮演的角色

二、僵尸企业形成原因

实际上，各国在发展过程中都曾出现过僵尸企业。20世纪90年代，日本

---

[1]　何帆、朱鹤：《僵尸企业的识别与应对》[J].中国金融，2016年第5期，第20—22页。

到处都是僵尸企业；受2008年国际金融危机的冲击，美国一度也出现了大批僵尸企业。它们依靠政府及银行的支持，占据大量的社会经济资源，却不产生实际效益，造成国家资源浪费，严重影响国家经济健康稳定发展。

从企业角度分析，除国有企业外，企业发展的本身存在经营管理、财务、决策等问题，尤其是江浙地区的大部分中小企业老板都是白手起家，缺乏正规的企业管理知识和经验，且企业以要素投入和规模扩张的粗放发展模式为主，缺乏创新能力和市场竞争能力，常常出现跟风模式，造成大量的产品积压过剩等问题。当出现经营状况不良时，企业之间相互担保、融资，往往导致债台高筑，公司经营进一步恶化，却又拒绝进入破产程序，更多的是向政府要政策、要赞助等扶持，错过了解决问题的最佳时机。

从银行角度分析，僵尸企业产生的直接原因在于经济下行环境下，银行为化解不良贷款，或迫于政府扶持特殊企业的压力，继续给一些没有发展前景的企业追加贷款，导致企业陷入"僵而不死"的状态。银行对于僵尸企业的形成起着关键作用，同时也是僵尸企业的盟友。当企业出现危机时，银行贷款随之发生不良；银行出手相助，则可暂缓企业危机，但却又陷入新一轮的危机之中。

从政府角度分析，我国僵尸企业的大量出现，与政府的宏观政策分不开。实际上，僵尸企业产生的根本原因在于政府过度扶持导致的市场调控失灵。2008年国内4万亿的救助就是最好的例子。政府大量资金的救助使得很多原本已经产能过剩的行业找到"生机"。从表面上看，这些政府曾经大力扶持和补贴的行业如钢铁、水泥等产业，对GDP增长、税收、就业等都带来了极大的好处，但这样的好处只是暂时的，长期看来却造成了更快速、更严重的产能过剩，进而导致相关行业产品的积压和产品的价格下滑，企业陷入深渊，逐步成为僵尸企业。

三、银行信贷与僵尸企业的相互作用

正如上述分析，银行对于僵尸企业的形成起着关键作用，僵尸企业对于银行不仅是"盟友"，更是"损友"。据浙江银监局在嘉兴、绍兴、台州三地调研数据显示，截至2016年3月末，三地银行机构自行摸排合计上报僵尸信贷企业1903家、涉及银行贷款余额153.96亿元。其中135家僵尸信贷企业贷款余额为18.38亿元，其中不良贷款9亿元，不良率达48.96%。[2] 据浙江某商业银行不完

2　崔为艳：《浙江僵尸企业信贷出清面临三大难题待解》。

全统计，50万元以上的不良贷款中，90%来自于企业贷款，且所涉企业基本可定位为僵尸企业。其中已经停业的企业占51.1%，占不良贷款金额54.7%；勉强维持的企业占34.7%，占不良贷款金额33.7%；破产企业占16.4%，占不良贷款金额11.6%。可见，僵尸企业这个"损友"对银行信贷资金的安全起着决定性作用。

在如此严峻的背景下，银行信贷与僵尸企业存亡前所未有地被捆绑在一根稻草上，大有荣辱与共的节奏。此时，如果一味地强调僵尸企业清退，银行将面临大量的不良贷款损失，而被清退出的僵尸企业可能牵连出更多的关联企业或联保企业，造成银行损失进一步扩大，进而影响整个社会金融体系的稳定。因此，银行会抱着维持现状总好于亏损的心态选择继续放贷或转贷。在企业面临停产甚至倒闭时，银行也不会轻易启动破产程序。例如，某纺织企业由于经营不善，濒临破产，其在某商业银行贷款550万元已到期并进入执行程序，部分员工欲申请企业破产。得知此消息后，某银行与员工协商，向员工作出抵押物价款优先偿还员工工资的承诺，最终阻止了破产程序的开启。

然而，2015年中央经济工作会议已经将"去产能"排在了五大任务之首，逐步清退僵尸企业已势在必行，毫无商量余地。僵尸企业在被清退过程中，银行信贷资金势必会遭到损失，关键在于如何最大限度地减少损失，平缓地度过"寒冬"。

四、僵尸企业的处置方式

处置僵尸企业本身是非常简单的，最主要的难点在于处置后带来的系列影响，如社会失业率升高、银行负债率升高、社会稳定性减弱等问题。美国、日本等发达国家也曾出现过类似的时期。

20世纪90年代，日本政府及银行选择以持续贷款来维持企业生存，由此造成日本经济长期陷入低迷甚至停滞，也造成了银行不良资产问题进一步恶化。10年后，日本政府颁发《关于今后的经济财政运行及经济社会结构改革基本方针》《反通货紧缩综合对策》《产业再生机构法》，成立再生机构，从稳定金融、保障就业、产业再生、企业重建等方面着手努力使国内经济逐渐走出低谷。当然这样的处理方式需要顶层设计，仅对于当前我国的实情，并不具有非常大的借鉴意义。

美国处理僵尸企业的成功经验对我国来说具有较大的借鉴意义。2008年美国金融业、汽车业、零售业等许多行业都出现了僵尸企业，美国及时出台了

《2008年经济紧急稳定法案》，投入7000多亿美元，制定了不良资产救助计划（TARP）。美国针对不同行业的僵尸企业问题，制定了不同的产业救助计划，如资本购买项目、汽车产业融资项目、住房救援计划、小企业债券购买项目等，分别对金融业、汽车业、房地产业等行业进行了政策性救助，对一些有重整希望的企业给予救助，对一些没有生存空间的企业清出市场。例如，在汽车产业融资项目中，美国财政部直接提供贷款给通用和克莱斯勒两家公司，以股东身份帮助其重建，两家公司很快扭亏为盈，政府也分到了红利，美国汽车业很快恢复活力。[3]

目前，我国借鉴各国做法，总结出的处置僵尸企业的方式主要有申请破产、重组并购、扶持发展三大类（详见僵尸企业处置方式表）。这些方法在实践中也遭遇很多瓶颈，并不能很好地帮助银行规避风险。银行面对僵尸企业清退大潮，必须探索并实践出一条真正属于自己的道路，在保护自身信贷利益的同时履行社会责任。

表2　僵尸企业处置方式表

处置方式	适用对象	处置优势	存在问题	银行利益
申请破产	已严重资不抵债，且公司已无挽救可能	直接清除此类僵尸企业，避免损失进一步扩大，维护债权人利益	资不抵债，债权人得不到全面的清偿；破产程序漫长，大量职工失业，且无失业赔偿金	对于有抵押贷款，可以尽早申报债权，推动抵押物拍卖、变卖，确保相应的债权得到偿还。对于无担保贷款则直接面临损失
并购重组	出现资不抵债情况，但公司仍存在一定的价值	公司仍有销售渠道、知识产权等良好的经营基础，及时挽救可以避免破产，整合各类有利资源，减少各方损失	需要政府、银行、社会的力量投资和参与，在重组后的企业中，可能存在经营决策冲突等问题，存在一定的风险	银行在此过程中需处理好新旧企业贷款转接等问题，还可能增加更多的贷款发放，支持企业重组，存在一定的风险，需要慎重分析论证重组计划方案
扶持发展	具有一定的发展前景，公司尚未出现亏损，但处于停滞不前状态	扶持企业使其恢复活力，有助于增加各方收益	需要政府的各项财政税收支持，必要时还要投入更多的银行资金帮助，风险较高	银行往往迫于政府压力给予此类企业融资帮助，缺乏对风险防控的主动性，存在较大的风险

3　熊兵：《"僵尸企业"治理的他国经验》[J].改革，2016年第3期，第120—127页。

五、银行应对僵尸企业的对策

银行作为与僵尸企业利益关联度最高的部门，不得不采取自己独有的处置措施来应对僵尸企业的退出。

一是加大对贷款企业的排查监控力度。要尽快摸清僵尸企业贷款情况，尤其要对困难企业、问题企业加大排查力度，强化"走进企业"的工作方式，让风险防控不仅停留在书面报告及分析，更要从实地调查走访中发现问题。根据排查结果进行不同程度的监控和洽谈、提前介入或帮扶等措施。提前发现问题，在企业可挽救阶段，采取相应措施，避免损失。为增强银行监控能力和监控准确性，建议与经信委、工商、法院、银监等部门加强联系，共建企业资信信息共享平台，以便对企业动态进行有效监测、及时全面掌握企业真实情况。

二是加快对企业贷款结构的调整。各银行要根据前期排查情况，尽快做出反应，对本行贷款企业进行分层定级，区别对待不同状况的企业，进而调整企业授信额度及贷款结构。一可降息：对部分存在僵尸倾向，但仍有能力偿还本金的企业，可通过诉讼、协商等途径，给予一定的利息减免或利率降低，尽早收回不良贷款，为新增贷款预留空间，同时压降该部分企业的贷款及授信额度。二可增保：经排查发现企业存在经营风险或抵押物价值下降等情况时，应要求其强化第二还款来源，增加抵押物或提供新的担保人。为避免日后被法院撤销，比较谨慎的做法是要求企业主或实际控制人进行提前清偿或提供新的担保。必要时，可以对企业主或实际控制人发放贷款，并由其提前清偿企业债务，再重新做一次企业贷款。三可续贷：对部分仍在生产经营且能够按期还息的企业，贷款到期前，提前进行审查授信，办理续贷手续，以便贷款按期发放，确保贷款发放量，同时支持企业发展。

三是积极参与企业重组转让盘活工作。银行可利用自身客户资源，为企业牵线搭桥，为还有价值的企业寻找新的"接管方"，并做好营销工作，引入第三方企业注资、入股或收购原贷款企业，实现重组盘活不良贷款。如建德联社资产保全中心、柯城农商行资产保全中心都已开通了微信公众号，专门用于收集并发布不良贷款的抵押物信息，旨在搭建一个交易平台，将抵押物财产推广出去，促成抵押物线上或线下交易，加快不良贷款抵押物的出让，推动不良资产的转化。接下来，银行可利用此类平台发布企业信息，做好企业发展前景、价值分析等营销，促成企业兼并重组等事项。当然，银行还应积极建议由政府牵头，各大银行及商会参与，组建僵尸企业救助机构，对有发展空间的企业进行整合、盘活。

四是全面实行专业化清收制度。建议各银行成立专业化清收队伍，综合运用诉讼、仲裁、协商等途径，通过拍卖抵押物、以物抵债、资产转让、债转股、不良资产证券化等方式实现债权。由专业清收组密切对接上级政府，及时获取有关僵尸企业清理处置的最新政策变化与执行计划。如最高人民法院制定工作方案要求在各级中院设立清算与破产审判庭，接下来应密切与当地方政府、法院保持密切联系和沟通，确保第一时间参与其中。

灵活利用法律手段收回不良贷款，可优先适用申请实现抵押物价值途径。对于经分析，已无挽救可能的企业，但在本行贷款仍有抵押物的，直接以实现抵押物价值特别程序，使抵押物快速进入拍卖程序，收回不良贷款。当然，在实现抵押物过程中，若企业或第三人申请破产，将停止实现程序。因此，银行要随时关注该企业的动向，必要时可与有申请破产意向的债权人协商、沟通，主动让出一部分的利益，暂缓申请破产，避免进入漫长的破产程序中，实现以时间换利润的目的。

另外，据调查统计，对于无抵押贷款，破产重整比一般诉讼实现的清偿率更高。[4] 因此，当遇到无抵押物可供执行的企业，银行应积极参与破产程序，必要时可参与到重整工作中，与企业共度难关。

表3　银行应对僵尸企业不良贷款问题对策

应对措施	适用对象	适用优势	存在问题	应对及注意事项
排查监控	对困难企业、问题企业，加大排查，根据排查结果采取不同程度的监控和洽谈、提前介入或帮扶等措施	提前发现问题，在企业可挽救阶段，采取相应措施，避免损失	银行工作人员发现问题及排查风险的能力有限，往往在企业出现纰漏后才知晓	强化"走进企业"的工作方式，让风险防控不仅停留在书面报告及分析，更要从实地调查走访中发现问题
续贷	对部分仍在生产经营，且能够按期还息的企业，贷款到期前，提前进行审查授信，办理续贷手续	贷款按期发放，确保贷款发放量，同时支持企业发展	区分僵尸企业的标准不一，发放贷款的同时也可能在支持一个新的僵尸企业的诞生	应实地走访调查企业实际经营状况，在确保企业仍有发展空间，抵押物足额等条件下方可续贷

4　佚名：《银行出清"僵尸企业"的温州探索样本》[N].第一财经日报，2016年6月30日。

应对措施	适用对象	适用优势	存在问题	应对及注意事项
追加担保	对经排查发现企业存在经营风险，或抵押物价值下降等情况时，应要求其强化第二还款来源	在企业尚未出现经济危机时，要求其增加抵押物，或提供新的担保人，避免损失	企业破产受理前一年追加的抵押，或提前清偿都有可能被法院撤销	可以要求企业主或实际控制人来进行清偿或提供新的担保，避免被撤销情形发生。必要时，可以对企业主或实际控制人发放贷款，并由其提前清偿企业债务，再重新做一次企业贷款
减免利率	对有偿还本金能力的企业，给予一定的利息减免或利率降低	有利于收回不良贷款，为新增贷款预留空间	减免利率，归还本金往往伴随着"借新还旧"	应加强对此类企业的走访和调查，确保其有发展前景、不落入僵尸企业队伍时，方能再次"借新"
重组转让盘活贷款	对出现经济危机，但仍有发展空间的企业，银行可发挥自身优势，帮助企业盘活	银行利用自身客户资源，为企业牵线搭桥，引入第三方企业注资、入股或收购原贷款企业，实现重组盘活不良贷款	目前经济下行压力大，具有实力的第三方企业难觅，同时重组盘活还需要政府政策的适当支持	积极建议由政府牵头，各大银行及商会参与，组建僵尸企业救助机构，对有发展空间的企业进行整合、盘活
实现抵押物价值	经分析，企业已无挽救可能，银行抵押物财产价值足以覆盖贷款本息的	直接以实现抵押物价值特别程序，使抵押物快速进入拍卖程序，收回不良贷款	实现抵押物过程中，若企业或第三人申请破产，将停止实现程序	随时关注该企业的动向，可与有申请意向的债权人协商、沟通，让出一部分的利益，暂缓申请破产

企业破产中银行债权的保护问题

北京农商银行　张卫国　杨　爽

摘　要

《中华人民共和国企业破产法》（以下简称《企业破产法》）是 2006年颁布的，对于我国经济市场起到很大的规范作用，其中不仅 涉及企业利益，还涉及银行利益。金融债权保护一直以来都是企业 破产中需要注意的主要问题，本文便以金融债权的概述为研究基点， 分析《企业破产法》对企业金融债权的保护，了解金融债权的保护 方式，并与英美法系中类似的相关制度进行比较，分析我国企业破 产中的实际问题，最后提出如何对我国金融债权保护相关法律制度 进行完善，以期能够对相关领域的进一步研究提供理论帮助。

企业是市场经济中当之无愧的主体，当企业面临破产危机时， 《企业破产法》便发挥着举足轻重的作用，其中包含了企业退出市场 过程中的所有问题。这部法律可以说是我国法制历史中不可或缺的 重要部分，而其中新加入的重整制度，也在很大程度上帮助企业扭 转了破产趋势。但与此同时，我国现行《企业破产法》中仍然不乏 一些问题，比较典型的便是，在利益的驱使下，一些债务人会以《企 业破产法》为依托，侵害债权人的合法权利。而银行作为最大的债 权人，如果其利益受到侵害，就很有可能会影响整体市场环境，导 致严重后果。因此，对金融债权保护问题的研究是具有很大现实意 义的。

一、金融债权的概述

所谓"债"，在不同时期也有着不同的定义，从现代民法的角度来看，债属于一种民事法律关系，具有很强的财产性，发生在两个当事人之间。而"债权"则指的是"债"这种行为在民法上所存在的相应权利，与"债务"相对。金融债权的主体主要为相关的金融机构，债权人可以利用这种权利，要求债务人将借款归还，而站在债务人的角度上讲，其也有对债权人还款的义务。

在世界范围内，银行都是最主要的金融机构，其债权体系中最重要的组成部分便是向企业的放贷，在企业借款期满后，银行可以运用债权，向企业提出还款要求，如果企业不还款，银行可以通过法律的途径来维护自身权益。但在当前条件下，我国资本市场的发展还并不像发达国家那样成熟，从资产类型的角度上讲，多样化程度也相对较低，所以，现阶段我国银行债权绝大多数都源自贷款。

由于银行放贷而产生的债权可以要求债务人在规定时间内向银行偿还本金与利息，具体来讲，包括以下三种权利：第一，本息请求权，该权利主要指的是银行作为债权人，有权要求债务人在规定时间内将本金与利息一同归还。第二，本息受领权，该权利主要指的是债务人在规定时间内将本金与利息归还给银行时，银行有权接受。第三，保护请求权，该权利主要指的是如果债务人没有在规定时间内偿还本息，银行有权利运用法律手段来维护自身权益。

二、《企业破产法》对企业金融债权的保护

我国《企业破产法》自从2006年正式颁布以来，立法宗旨随着市场的变化而发生着改变，立法本位从最初的债权人，逐渐变成利益平衡，最后演变成当前的社会利益。变化过程体现出了《企业破产法》的立法侧重。

（一）金融债权的保护

银行与企业之间之所以会产生债务关系，其主要原因便是放贷，企业的经营情况会在很大程度上对银行债权案情产生影响。《企业破产法》颁布的主要目的，便是要解决企业在破产过程中对债务的偿还问题，从而实现对债权人合法权益的有效保护。现阶段，《企业破产法》主要通过管理人制度、撤销权制度、破产重整等多个途径来确保债权人权益，具体如下：

1. 管理人制度

《企业破产法》第24条中有管理人制度，规定企业在破产过程中，所有的相关运作都需要通过专业人员进行处理，以避免企业管理层对企业资产的私

吞，保证企业资产更多地用以弥补银行损失，提升企业破产程序的效率与质量。

2. 撤销权制度

《企业破产法》第31条和第32条中有清偿顺序的相关规定，在企业申请破产1年以前，企业便需要对相关的财产与债务进行担保与清偿，在申请破产的6个月以内，企业如果没有能力将债务清偿，或企业没有清偿债务的能力，但可以偿还个别债务的，可以向法院请求撤销清偿。其原因在于，对于程序来说，其主要效力只存在于程序开始以前债务人所作出的相关行为，但对其财产行为却不会有很大影响，所以，出现了撤销权制度。

3. 破产重整制度

《企业破产法》第八章中提到了破产重整制度，该制度的主要作用是为即将破产的企业开辟出了一条自救道路，但站在银行的角度上，这一制度也是对银行债权的一种保护。其原因在于，如果企业直接破产，其偿债能力也会随之丧失，银行也很有可能面临着无法实现债权的风险。而破产重整的提出，则能够帮助银行及时进行债权的重组或转让。

（二）银行对企业破产的态度

在实际情况中，很多银行都会因为想要获得眼前利益而忽视大局，一旦市场中的破产企业增多，不仅会影响到国家经济的稳定性，还会影响到社会稳定。而银行之所以不在期初便申请破产保护，其原因在于以下方面：

首先，企业即便面临着破产风险，但仍然处于经营状态，所以，银行还可以寄希望于企业重组。

其次，一旦企业破产，根据《企业破产法》中的相关规定，企业需要优先清偿国家税款以及职工安置费，而企业债务则排在之后。在这种情况下，银行即便启动了破产程序，也很难达到及时维护自身权益的目的。

再次，如果企业进行破产重整，那么银行便会力求在重整过程中获得优先清偿的机会，但一般情况下，企业重整不仅需要投入较多的成本，重整周期也相对较长，而且在重整过程中，银行作为债权人，其原本拥有的抵押权与质押权都会受到一定程度的限制，并不利于银行行使债权，因此，银行对于破产重整普遍持消极态度。

最后，因为企业一旦破产，便不可避免的对当地经济产生一些影响，所以，政府为了确保当地经济能够保持在一个相对稳定的状态，会介入到企业破产程序中，以期能够将破产问题的影响降到最低。在这种条件下，银行清偿便会受到政府影响。这些因素都是银行不支持以企业破产为前提实现债权的原因。

（三）当前存在的问题

1. 案件管辖问题

《企业破产法》规定，破产案件的管辖单位为企业所在地区的法院。企业破产不仅关系到债权人利益，还会对当地政府产生影响，在这种条件下，地方政府便会依托于自身利益，对法院的审判进行干预，企业也会因此发生逃债、废债现象。另外，因为企业破产会增加失业人员，为了不影响社会稳定，政府会优先解决企业职工的安置问题。这些因素都限制了银行债权的有效实现。

2. 清偿顺序问题

破产企业主要可以分为三种，不同类型的破产企业在债权清偿顺序方面也有所差异，重点在于劳动与担保这两种债权方面。

首先，政策性破产。这种破产也可以称之为计划破产，一般发生在国有企业中，依托于国家计划调整，不受《企业破产法》的限制，整个破产过程都由国家操纵。对于这种类型的破产，企业的所有财产会有限倾向于对企业职工的安置，而银行债权则会在一定条件下审判并核销。

其次，在《企业破产法》颁布以前具有劳动债权的。因为《企业破产法》中，没有对劳动债权的清偿问题进行规定，所以，在企业中没有进行担保的财产如果无法全部偿还劳动债权的情况下，已担保财产的清偿顺序混乱。而已担保财产如果也无法清偿劳动债权，那么债权人很可能无法行使权利，与此同时，即便已担保财产能够清偿劳动债权，但如果出现剩余，又会产生新的分配问题。

最后，普通破产。对于普通破产来说，清偿顺序如下：第一，职工安置费用；第二，欠缴税款费用；第三，普通破产债权。对于普通破产来说，即便银行具有担保物权，在企业破产时也不享有清偿优势，相反，如果企业进入破产程序中，银行所持有的担保物还可能会发生价值减损问题。

3. 法律缺陷问题

正是由于债务人的财务状况较差，相关部门才会提出企业重整，从根本上讲，重整制度提出的根本目的便是想让债权人退步，为债务人赢得喘息机会，以期能够脱离危机。在整个重整程序中，银行需要承担巨大的风险。《企业破产法》规定，在重整过程中，企业一部分财产的担保权暂停行使。这种规定会使得银行的负担加重，不仅拖延了债权受偿，还需要被迫承担企业重整的后果。

4. 恶意逃废问题

对于债务人来说，破产重整能够在很大程度上减轻债务，而债权人与债务人作为利益双方，需要面临利益冲突。因为债务人拥有经营优势，在进行破产重整的过程中，债务人可以利用破产重整，对债权人的债务清偿创造阻碍，与此同时，企业破产重整是一个非常复杂的过程，重整周期较长，这也有利于债务人对债务的恶意逃废。

5. 信息披露问题

债务人在长期的经营过程中，对企业的情况与业务都比较了解，而债权人却可能对这些一无所知，所以两者之间的信息存在很大的不确定性，在进行破产重整的过程中，债务人很可能会借此优势来影响重整程序，使债权人的合法利益受到损害。另外，《企业破产法》并未规定法院需要对债权人告知表决程序，这也就意味着债权人很难得到破产重整的相关信息，这也会对债权人的利益产生很大影响。

三、与英美法系的制度比较

（一）美国

在美国，破产法的诞生依托于最大限度的清偿债务，提升财产的分配价值。这也是其重整制度的灵魂所在，可以说，在世界范围内，美国的破产法中的重整制度是当前最先进，也是最完善的。对于破产法来说，其需要实现对各方面利害关系的有效协调，所以，对权利的合理配置便显得非常重要，在破产程序中表现如下。

1. 撤销权制度

该制度在破产法中占有非常重要的地位，主要指的是债务人如果在破产之前，如果做出了有损于债权人利益的行为，则法院会将这一行为撤销，并重置行为所得。美国《企业破产法》中的很多条款都有相关规定，第548条中，便有如下叙述：在债务人申请破产以前的一年内，破产管理人能够撤销债务人以任何途径、任何方式发生的财产转让。

2. 管理人制度

该制度是重整制度的基础，从美国的《企业破产法》中可以看出，无论是个人，还是企业，都可以引入重整程序，对于特殊债务人，也作出了特殊规定。重整程序主要运用以下两种方式进行启动：其一，为债务人提出重整，在这种条件下，法院便不会对企业进行审查；其二，为其他人提出重整，在这种条件下，提出者需要向法院提供充足的重整依据，经法院核实批准之后，再进入到重整程序中。

3. 债务人制度

该制度是重整计划的主要依托，在一定条件下，可以将其透露给他人，在美国《企业破产法》的第1121条中规定，债务人能够调整重整计划，而且只能由债务人进行调整，而重整计划的提出则可以通过其他利害关系人，但需要通过债务人的协助，如果法院没有对重整人进行任命，也需要以债务人制度为依托实施。

（二）英国

在英国的《企业破产法》中，管理、接管、清理以及和解等四个程序，是处理公司无法进行支付的情况的，其中管理程序便可以看成是重整制度，英国也是管理人制度的最早发源地。在英国，企业的破产管理人还有一种分支，即官方接管人，其任命部门为工商部，主要服务与企业的破产清算，如果破产管理人欠缺，其也可以负责破产管理人的工作。对于破产企业来说，不仅债权人能够对破产管理人进行指定，法院也可以承担这一任务，但两者指定的破产管理人不能同时任职，谁先确定便由谁任职。

对于破产管理人来说，不仅要确保将企业破产财务的价值减损降到最低，还承担着法律义务，一旦出现有意违反本职责任的现象，便面临着刑事责任。在第95条中，便规定了撤换破产管理人的条件：第一，在任职期间出现违法行为的；第二，任职期已满，而且没有继续任职价值的；第三，患重大疾病无法履行岗位义务的；第四，与破产企业相关联而无法保证职责公正性的。

四、我国金融债权保护的完善

根据我国当前金融债权的保护情况，借鉴英美国家的相关制度，本文提出以下方式来完善我国的金融债权保护。

（一）重构破产程序

对破产程序进行重构的最终目的便在于，不仅要为企业赢得喘息机会，还需要保证债权人的利益不受损失。但企业重整的风险性非常大，不仅会需要巨额费用，而且重整周期较长，如果重整没有成功，对于双方都会造成巨大损失。企业仍然需要进行破产清算，甚至面临着更大的困境，债权人的利益也会削减，因此，破产重整实际上只针对于一些存在再建价值的企业，而相关法律在制定过程中，也需要着重对重整成本的控制。

借鉴国外相关制度，我国也需要以制度设计为依托，来达到降低成本的目的；重整计划中的所有内容，都需要进一步明确，从而为重整计划提供一个具体标准，从而控制重整成本；充分明确相关的审查要件，在统一标准的同时，大大缩短审查时间；尽量避免拖延时间，通过限制每一个环节时间的方式，达到缩短重整周期的目的。

（二）债务重组程序

一般情况下，企业破产会涉及到很多利益群体，这些利益群体可以根据一定的规则划分成组，为了方便管理，可以根据请求权的不同对利益群体进行划分，以确保组内利益的相似性。从这个角度来看，提出企业重整计划的人，也是对债权人进行分组的人，倘若债权人待遇没有影响到其他的相关利益者，则其请求权也不会发生变化。所以，在进行债务重组的过程中，需要重视程序制约权，以此来保证债权人利益不受到侵害。

如果重整案件相对复杂，则股东与债权人地位的提升便显得非常重要，从很多国家所制定的重整制度中，也可以充分证明这一点，重整制度中越是重视债权人保护的国家，在企业重整过程中，越会获得更高的成功率。比较典型的反例是法国，其所制定的重整制度更加倾向于拯救企业，而并不重视保障债权人利益，所以，法国在企业重整过程中的成功率也相对较低。这与我国当前情况如出一辙，因此，我国需要引以为戒，借鉴美国等国家的成功经验，进一步细化重整计划的审批过程，并明确法院的审查方式，提升对债权人利益的重视程度。

另外，我国还需要构建起复议制度。由于即便重整计划已经通过审批，也还是会有一部分债权人对重整计划提出质疑，所以，可以在执行计划时加入复议程序，从而拓宽对债权人的救济渠道。首先，由存在质疑的债权人提出复议，上级法院接收，确保复议具有高度的可靠性；其次，如果上级法院判定申请合理，则需要通过裁定的方式，责令下级法院取消该重整计划；最后，如果情节比较严重，债权人也可以申请直接进入到破产清算程序中，这样能够在最大限度上确保债权人利益不受到侵害。

（三）强化管理职责

在我国《企业破产法》中，规定重整计划的负责方是债务人，而破产管理人的职责是对债务人的重整过程进行监督，后者有向前者报告重整情况的义务。整个过程没有第三方的参与，因此，很多债务人便会借助破产重整来逃废债务，破产管理人也可能受到利益的驱使而削弱自身的监督职能。为了确保债权人的合法权益不受到侵害，还需要有效监督破产管理人，我国可以借鉴英国做法，由债权人来指定破产管理人，以提升其监督的公正性。一般情况下，银行都是破产企业最主要的债权人，因此，将指定破产管理人的权利赋予银行，能够挑选出更加公正的破产管理人。在这种条件下，重整计划的公正性与合理性也会进一步提升，通过率也会更高。

（四）审查重整资格

在进行重整程序的过程中，明确重整条件是重要前提，也是对实现债权人保护的主要途径。对于整个重整程序来说，重整条件可以说是确保债权人利益的关键，所以，一定要严格控制重整条件。从国外制定的重整依据来看，进行破产重整的前提是"具有重整的可能"，企业重整所涉及到的利益关系较多，重整程序繁琐，而且需要付出高昂的重整费用，所以，判定企业是否具有重整的可能是非常有必要的，这一条件能够大大提升重整效率，节约重整资源，我国也需要借鉴这一条件。现阶段，我国《企业破产法》中还尚未规定企业进行重整的相关条件，但借鉴国外成功经验，我国也需要衡量一个企业是否具有重整成功的可能性，一些相对大型的企业可以享有优先重整的权利。

（五）完善内部管理

从根本上讲，债权也属于信用的一种，所以，运用法律来确保债务关系是非常有必要的。但如果只以一部法律为依托，是很难真正实现对债权的有效保护，因此，需要构建起一个相对完善的法律网络，通过领域之间的补充来实现全面保护，不能单纯依靠《企业破产法》。

另外，对于银行等金融机构来说，完善内部管理也是确保债权不受到侵害的一种主要方式。具体包括以下方面：第一，银行要充分尊重金融规律，构建起完善的内部控制机制与放贷管理制度，对贷款质量要进行严格监督。第二，银行还需要制定出有针对性的债权考核制度，并构建管理责任制，定期考察制度执行情况，并对各级行实行考核制度，将债权管理当做银行的业绩之一加以重视。第三，银行还需要全程参与到改制过程中来，无论是资产评估阶段，还是实际实施阶段，都需要参与其中，并进行改制的事先调查，制定有针对性的预防措施，将债权真正落到实处。

与此同时，金融行业中的相关部门，也需要进一步将金融债权的管理机制明确下来，细分各个部门的职责与分工，确定每个部门工作过程中的管理程序，力求做到权责明确、操作规范。银行也需要夺回主动权，面对逃废债务的企业，要做到绝不手软，坚决实行同业制裁。运用一系列制裁手段，对逃废债务企业进行堵截，如下达最后通牒、拒绝企业提现、停止贷款授信等，如果企业已经办理了相关业务，银行也可以运用取消资格的方式，对债务人进行有效控制。

（六）明确信息披露

调整债权人与债务人之间的信息不公平性，是确保债权人了解重整计划、评估执行情况的根本。在国外的相关法律中，便对信息披露制度有着非常严格的规定，详细指出了信息披露的时间和种类，不仅如此，还制定出了相应的审查制度，有利于债权人获取更加详尽的信息。我国的《企业破产法》中虽然也存在相关制度，但其完善性相对较差，需要进一步细化，制定出更加详细的操作机制，从而避免对债权人的权益造成损害。

（七）避免债务逃废

我国之所以频繁发生债务人逃废债务的情况，是因为我国法律欠缺相关的追责制度，而且惩罚力度过轻，因此，很多债务人受到巨额违约收益的诱惑铤而走险。无论从民事的角度看，还是从刑事的角度看，逃废债务的违法成本都相对较低，欠缺充分的法律依据，这也在很大程度上促使了债务人的违约行为。而在很多发达国家中，已经成立了有针对性的逃废债务惩罚机制。加大惩罚力度，这也是我国需要借鉴的地方。

（八）保障信息获取

在任何一个国家，企业想要进行破产重整，都需要付出很大的代价，涉及到的层面较广，需要动用多方面力量，在这种情况下，破产成本也必然会随之提升。可以说，企业破产重整不仅关系到债务人与债权人，还关系到整个社会，因此，在企业进行破产重整的过程中，信息的披露就非常重要，有利于维护各方利益。制定信息披露制度，能够帮助企业以外的其他利益关系者更加深刻地了解企业情况，并对企业资产的处理过程进行监督，从自身的角度来衡量企业决策。在我国的《公司法》中也有指出，企业有向社会进行信息披露的责任。在这种条件下，企业如果进入到重整程序中，不仅需要将信息披露给相应的债权人，还有义务将信息披露给全社会。所以，需要运用法律，将信息披露过程中的相关要素确定下来，以确保信息披露的及时性、完整性以及针对性。

五、结论

综上所述，我国的《企业破产法》在经历过三次立法目标的转变之后，确立了以社会利益为先的最终价值目标，而且在此基础上，债权人的利益也得到了有效保护，但是，在破产程序中，权利分配问题仍然是需要解决的主要问题。在企业破产过程中，银行作为最大的债权人也承担着巨大的风险，所以，我们更需要保证债务人与债权人之间的信息享有公平性，确保债权人的合法权益不受到侵害。与此同时，债权人也需要运用多种方式来维护自身权益。

实现债权的费用之法律实践分析和操作建议

中国东方资产管理股份有限公司　姜　晨

摘　要

　　合同一方当事人不履行合同义务，另一方当事人通过行使请求权实现债权时可能产生费用成本，即实现债权的费用。对于金融机构债权人而言，实现债权的费用是追偿债务过程中几乎不可避免的支出，债权人一般会主张应由债务人承担该部分费用，然而司法实践中如何合理确定费用承担主体，以平衡债权人和债务人各方利益，各地法院做法不一。本文通过厘清实现债权的费用之法律性质、特点和类别，探讨不同种类的费用在司法实践中的承担方式，进一步为金融机构债权人维护该部分利益提供实践建议。

一、实现债权的费用的法律性质

（一）法律性质

向债务人主张实现债权的费用，主要法律依据是《最高人民法院关于适用〈中华人民共和国合同法〉若干问题的解释（二）》中第二十一条："债务人除主债务之外还应当支付利息和费用，当其给付不足以清偿全部债务时，并且当事人没有约定的，人民法院应当按照下列顺序抵充：（一）实现债权的有关费用；（二）利息；（三）主债务。"这是在司法解释层面明确规定了"实现债权的有关费用"的概念以及相关责任的主体。追本溯源，在合同法和民法通则中并未明确规定"实现债权的费用"或相关的概念，那么该费用的法律性质究竟是什么呢？

合同当事人正常履约的情形下，一般不会产生实现债权的费用，各方主体按照合同约定履行义务，所派生的费用作为正常履约的成本一般由各方主体根据交易习惯自行承担，或是在合同中明确约定相关费用的承担主体，如交易涉及的税费、手续费、登记费等。在一方当事人不履行合同项下债务，即出现违约情形时，债权作为一种相对权，另一方当事人在通过合法途径实现债权时需要支付一定的额外费用，尤其是通过司法强制程序实现债权时存在必要的费用支出。该费用因违约方不履行义务而产生，成为对守约方造成的损失之一，因此违约方承担实现债权的费用属于其承担违约责任的一种形式。

根据民法总则中所规定的承担民事责任的十一种方式，债务人承担实现债权的费用应属于"赔偿损失"的范畴。在合同法第一百一十二条和第一百一十三条中也规定了合同一方当事人不履行合同义务应承担赔偿损失的责任，并且明确了损失赔偿额不仅包括因违约已造成的损失，还包括合同履行后可获得的预期利益。因此，我们认为合同法司法解释中规定的债务人承担实现债权的费用应当属于民法总则及合同法规定的违约责任中损害赔偿的一种形式。

在担保体系中，实现债权的费用作为债务人的损害赔偿责任，理应一并纳入担保范围。担保法相比于《最高人民法院关于适用〈中华人民共和国合同法〉若干问题的解释（二）》则更早地规定了担保人承担债权人实现债权的费用的责任。担保法第二十一条、第四十六条、第六十七条、第八十三条分别规定了保证、抵押、质押、留置对应的担保范围，一般情况下包括主债权及利息、违约金、损害赔偿金，以及各担保形式中实现债权、抵押权、质权、留置权的费用；除此之外，对质权和留置权而言，质物和留置物的保管费用也纳入了担保范围。

（二）实现债权费用的特点

在债权债务法律关系中可能涉及各类费用，何种费用属于实现债权的费用，现行法律中并未明确列举。本文认为，符合法律规定应由债务人承担的实现债权的费用，应当符合以下特点：

首先，实现债权的费用应当出现在合同一方当事人违约的情形下。在各方当事人均按照合同履约的情形下，一方正常履行义务，则另一方自然实现债权，所涉及的费用应当根据合同约定或交易惯例由各方承担。而债务人承担债权人实现债权的费用是一种损害赔偿责任，是守约方在出现违约情形后采取合同约定以外的措施实现债权时产生的费用。

其次，实现债权的费用应当是在通过合法途径实现债权的行为中产生的必要费用。在债务人不履行义务时，债权人应当采取合法途径实现债权，如采取诉讼、仲裁等方式解决争议，通过催收维护债权诉讼时效等。通过非法手段实现债权所产生的费用不属于上述范围，并且如果使用非法手段对债务人造成损害的还应承担赔偿责任。然而对于实现债权费用的必要性的判断上，司法程序中存在一定的自由裁量权。一般认为诉讼、仲裁程序中涉及的由公权力决定的费用可以得到认可，但其他民事活动中涉及费用的必要性当事人应当充分举证，仍存在不被认可的风险。

再次，实现债权的费用应当是合理的，符合一般市场规则。司法、行政程序中产生的行政费用如诉讼费，以及在司法、行政程序中由公权力监督确定的民事费用如拍卖费、评估费均有较为明确的标准，在合理性上往往不存在争议。然而在债权人自行主张权利或自行设立的民事法律关系中涉及的费用往往缺乏统一的标准，其中最为常见的律师代理费在实践中差异极大，如果无论金额大小均由债务人承担可能过分加重债务人的责任，在司法裁判中对费用合理性进行审查是基于对双方当事人利益的平衡。

最后，实现债权的费用是否应已现实发生，在理论和实践中存在争议。作为损害赔偿责任之一，应用于弥补债权人所受到的损失，一般以现实发生的损失为准。但除守约方已受到的损失外，因违约方的违约行为造成守约方对第三人负有债务，应当也属于损害赔偿的范围。实践中，守约方对第三人负有债务尚未实际履行，由违约方先行承担赔偿责任可能导致守约方双重获利，因此司法实践中不轻易支持债权人尚未实际发生的费用。对于债权人而言，尽量确保实现债权的费用在争议进入审判程序时已基本确定是维护权益的方法之一。

二、实践中实现债权的费用

当合同一方当事人违约，守约方实现债权的途径主要有如下几种：催告、和解、调解、仲裁、诉讼等。从民事行为到公权力的介入，所涉及的费用在特点和主张途径方面存在差别。以下根据公权力介入程度的差异分别探讨实践中的各类实现债权的费用，以及债权人向债务人主张该费用的途径。

（一）纠纷解决程序中的行政收费

我国常见的纠纷解决途径主要有调解、仲裁和诉讼，其中通过人民调解委员会调解民间纠纷不收取费用。与仲裁费相比，诉讼费相关的法律法规较为完善，本文以诉讼费为例分析纠纷解决程序中行政收费的承担。

我国民事诉讼法中明确就诉讼费用独立一章予以规定，诉讼费的具体概念和范围是在国务院2007年实施的行政法规《诉讼费用交纳办法》中作出了进一步阐释。诉讼费包括案件受理费、申请费和证人、鉴定人、翻译人员、理算人员在人民法院指定日期出庭发生的交通费、住宿费、生活费和误工补贴。其中证人、鉴定人、翻译人员、理算人员在人民法院指定日期出庭发生的交通费、住宿费、生活费和误工补贴为人民法院按照国家标准代为收取的费用。值得注意的是，诉讼过程中因鉴定、公告、勘验、翻译、评估、拍卖、变卖、仓储、保管、运输、船舶监管等发生的依法应当由当事人负担的费用不属于人民法院诉讼费的范畴，法院依据谁主张、谁负担的原则，决定由当事人直接支付给有关机构或者单位，人民法院不得代收代付。

根据《诉讼费用交纳办法》的规定，诉讼费由败诉方承担，胜诉方自愿承担的除外。部分胜诉、部分败诉的，人民法院根据案件的具体情况决定各自负担的金额。因此对于涉及诉讼费的案件，法院在裁判文书中会明确诉讼费的承担主体和金额。然而除部分特殊情形外，案件受理费由原告、有独立请求的第三人、上诉人预交，申请费由申请人预交。在原告已预交纳诉讼费并取得胜诉判决后，应当由败诉方承担的诉讼费如何处理？对胜诉方而言形成的是对法院的返还请求权还是对债务人的债权？根据《最高人民法院关于适用〈中华人民共和国民事诉讼法〉的解释》第二百零七条第一款的规定，判决生效后，胜诉方预交但不应负担的诉讼费用，人民法院应当退还，由败诉方向人民法院交纳，但胜诉方自愿承担或者同意败诉方直接向其支付的除外。因此胜诉方可向法院请求返还预交的诉讼费。然而实践中各地法院的操作方式并不统一，部分法院在胜诉方申请后直接返还已交纳的诉讼费，部分法院在收到败诉方支付的诉讼费后向胜诉方返还，甚至部分法院直接将诉讼费转化为胜诉方对败诉方的债权，通过执行程序优先受偿。对于债权人而言，债务人往往已丧失或欠缺偿付能力，原债权是否能够全额清偿尚存在不确定性，新增的诉讼费债权尽管可以优先于原债权本息受偿，但在债务人偿付能力一定的情形下，可能终将面临损失的风险。根据民事诉讼法司法解释的明确规定以及近期的司法实践发展趋势，胜诉债权人向法院要求退还诉讼费已逐步被认可，这对于金融机构债权人而言进一步加强了利益保障。

在法院通过裁判文书确定了诉讼费的承担主体和金额后，在先交纳的案件受理费、保全申请费等有关费用的承担主体和金额即随之明确，但在执行程序中新发生的申请费应如何处理？根据《诉讼费用交纳办法》和《最高人民法院关于适用〈诉讼费用交纳办法〉的通知》的规定，执行申请费不由申请人预交，由人民法院在执行生效法律文书确定的内容之外直接向被执行人收取。由上述规定可知，执行申请费不仅无需申请人承担，并且不优先于生效法律文书确定的债权受偿，而是由法院向被执行人另行收取。同理，对于法院已向胜诉债权人退还、应向败诉债务人收取的诉讼费，理应不在执行程序中优先受偿，而是由法院另行收取。然而，由于法院规定尚不明确，以及各地法院实践操作中存在差异性，法院对败诉债务人、被执行人应收取的费用可能在执行程序中优先扣收。

作为诉讼费中由法院代为收取的证人、鉴定人、翻译人员、理算人员在人民法院指定日期出庭发生的交通费、住宿费、生活费和误工补贴等费用在实际发生时交纳，并非直接进入国家财政收入，而是法院代为收取并支付给相关人员。对于该部分诉讼费，法院并未对诉讼费的承担和退还做出特殊规定，因此应当参照案件受理费、申请费的处理方式，待生效裁判文书确定了费用承担方式后，预先交纳方可向法院要求退还。

对于仲裁费，主要分为案件受理费和案件处理费，由于仲裁费并非国家财政收入，而是用于支付仲裁员的报酬等相关支出，尽管根据《仲裁委员会仲裁收费办法》仲裁费原则上由败诉方承担，但是对于仲裁费的退还等事项仍缺乏明确的安排，实践操作也较为复杂。

（二）纠纷解决程序中的法定民事费用

在仲裁程序中，咨询、勘验、翻译等费用纳入仲裁费的范围由仲裁委员会收取，然而诉讼程序中类似费用并非由法院收取，而是在法院公权力监督下由相关方自行支付，我们将其定义为纠纷解决程序中的民事费用。根据《诉讼费用交纳办法》的规定，诉讼过程中因鉴定、公告、勘验、翻译、评估、拍卖、变卖、仓储、保管、运输、船舶监管等发生的依法应当由当事人负担的费用不属于人民法院诉讼费的范畴，法院依据谁主张、谁负担的原则，决定由当事人直接支付给有关机构或者单位，人民法院不得代收代付。与诉讼费类似，上述费用有明确的法律依据，并在法院公权力监督下进行，在必要性和合理性上一般不存在障碍；不同的是，上述费用实质上是当事人与相关辅助机构之间民事关系中产生的付费义务，不适用诉讼费的退还制度。

如在审判阶段中发生上述费用，根据谁主张、谁负担的原则由相关当事人预先支付，由于法律仅明确规定诉讼费由败诉方承担，但诉讼过程中发生的上述费用并不属于诉讼费的范围，法院是否会在裁判文书中直接明确费用的承担主体存在一定不确定性，如浙江省绍兴市中级人民法院在周生六与周生廷财产损害纠纷上诉案中认为"鉴定评估费用并不作为诉讼费的一种由人民法院收取，亦不能由人民法院径行作出决定由谁负担"。然而，尽管部分法院拒绝直接决定费用承担主体，但作为当事人的实际损失和实现债权的费用，如当事人提出明确诉讼请求，法院应当做出明确的判决，胜诉债权人可据此要求败诉债务人承担该费用。

值得关注的是，实践中较为常见的是执行程序中的评估费和拍卖费。根据法律谁主张、谁负担的原则，拍卖费和评估费应当由申请拍卖、评估的当事人向评估机构、拍卖机构支付。作为实现债权的费用之一，无法通过裁判文书确定该费用的承担主体，债权人应如何主张由债务人或担保人承担？《最高人民法院关于人民法院执行工作若干问题的规定（试行）》中明确规定，委托拍卖、组织变卖被执行人财产所发生的实际费用，从所得价款中优先扣除，所得价款超出执行标的数额和执行费用的部分，应当退还被执行人。实践中申请执行人先行向拍卖机构、评估机构支付上述费用，后可在执行所得价款中优先就该部分费用受偿，其余部分再用于清偿债权。

（三）民事法律关系中的约定费用

除法律明确规定的费用外，债权人在实现债权的过程中可能涉及其他非法定的费用支出，因其必要性、合理性可能受到挑战，在被法院认定为实现债权的费用并决定由债务人承担可能存在一定障碍，其中在实践中最为常见的是律师代理费。与诉讼费不同，律师代理费是债权人和代理律师的自行形成的民事法律关系中产生的费用，主张债务人承担律师代理费，应注意以下几方面事项：

首先，律师代理费是否为实现债权必要的费用存在争议，司法实践中一般不会在当事人未明确约定的情形下直接认可由债务人承担债权人的律师代理费。在法律或司法解释中明确规定应由债务人或败诉方承担律师代理费的情形包括但不限于以下几种：

（1）债权人行使撤销权的情形。根据合同法相关司法解释的规定，债权人行使撤销权所支付的律师代理费、差旅费等必要费用，由债务人负担；第三人有过错的，应当适当分担。

（2）著作权、商标民事纠纷案件，根据《最高人民法院关于审理著作权民事纠纷案件适用法律若干问题的解释》和《最高人民法院关于审理商标民事纠纷案件适用法律若干问题的解释》的规定，人民法院根据当事人的诉讼请求和具体案情，可以将符合国家有关部门规定的律师费用计算在赔偿范围内。

（3）消费民事公益诉讼案件，根据《最高人民法院关于审理消费民事公益诉讼案件适用法律若干问题的解释》，原告及其诉讼代理人对侵权行为进行调查、取证的合理费用、鉴定费用、合理的律师代理费用，人民法院可根据实际情况予以相应支持。

（4）当事人滥用诉讼权利、拖延承担诉讼义务案件，根据《最高人民法院关于进一步推进案件繁简分流优化司法资源配置的若干意见》的规定，当事人存在滥用诉讼权利、拖延承担诉讼义务等明显不当行为，造成诉讼对方或第三人直接损失的，人民法院可以根据具体情况对无过错方依法提出的赔偿合理的律师费用等正当要求予以支持。

（5）网络侵权案件，根据《最高人民法院关于审理利用信息网络侵害人身权益民事纠纷案件适用法律若干问题的规定》的规定，人民法院根据当事人的请求和具体案情，可以将符合国家有关部门规定的律师费用计算在赔偿范围内。此外在司法实践中最高法在人身损害赔偿案件、交通肇事侵权案件中对于当事人的律师代理费均给予了不同程度的支持。从上述规定和相关案例可知，法院支持败诉方承担律师代理费的情形多集中于侵权纠纷，对于合同纠纷案件因缺乏法律的明确规定，法院在判定债务人承担债权人律师代理费方面较为谨慎。在缺乏法律支持的情形下，通过合同约定债务人承担律师代理费，一般可以作为法院支持债权人上述请求的依据。如最高人民法院在中国农业发展银行灯塔市支行与辽阳宾馆有限责任公司、辽阳罕王湖农业集团有限公司金融借款合同纠纷二审民事判决书中认为："在罕王湖公司与农发行灯塔支行签订的《流动资金借款合同》中约定'因借款人违约致使贷款人采取诉讼、仲裁等法律手段实现债权的，借款人应当承担贷款人为此支付的律师费、差旅费以及其他实现债权的费用'，故罕王湖公司应当依照合同约定，承担农发行灯塔支行为提起本案诉讼支付的律师代理费。"值得注意的是，合同中关于实现债权费用的概括性约定，如"全部费用""一切费用"可能无法得到法院认可，其他类似的非必要民事费用如交通费、公告费等，如希望经法院认可由债务人承担，均应与律师代理费一样明确约定与合同条款中。

其次，律师代理费应当确定，尚未最终确定的律师代理费可能不被法院支持。实践中，根据收费方式不同，律师代理可分为一般代理和风险代理。与一般代理中律师费固定不同，风险代理中律师费因案件的最终回收而发生变化，往往在案件终结前无法确定。并且，除诉讼代理律师外，在通过非诉讼程序追偿债务的过程中聘请律师参与谈判、和解等工作，其代理收费方式可能更为多样化。在司法审判中，对于尚未确定的律师代理费是否能够取得法院的支持存在较大不确定性。最高人民法院在吉庆公司、华鼎公司与农行西藏分行营业部抵押借款合同纠纷二审案中认为风险代理的案件，"双方通常情况下应是以最终案件执行终结或债权受偿时已收回或挽回的财产额作为基数计算律师代理费用的。鉴于本案尚在二审审理期间，对于农行西藏分行营业部最终能够收回的财产额尚未最终确定，律师代理费认定尚无有效依据，且其他差旅费和实现债权的费用因案件并未最终审结以及执行完毕，尚可能继续发生，故本案仅就借款法律关系予以认定，至于律师费、差旅费及其他实现债权的费用，待案件最终执行完毕后，由农行西藏分行营业部根据实际发生情况另行主张，本案对此不做认定"。从上述案件可知，对于尚未确定的费用，法院并未明确不予支持，而是要求当事人待费用确定后另行主张。对于另行主张的方式，在最高人民法院审理的山东启德置业有限公司与山东鑫海投资有限公司、齐鲁银行股份有限公司济南城西支行等委托贷款纠纷案中认为"因当事人追偿本案债务行为尚未终结，对于是否需要支付律师代理费及支付多少费用比较合理的事实无法确定，为此关于赔偿律师代理费用的主张不宜与本案委托贷款纠纷案件一并审理，当事人实现债权后，可以根据追偿债务发生的具体损失另行起诉"。因此，实践中债权人可以通过就律师代理费的承担问题另行起诉的方式主张该费用，但因各地法院司法实践不同，可能因"一事不再理"或其他不可控的因素导致上述费用难以实现。

再次，律师代理费是否已支付，对于尚未支付的律师代理费可能不被法院支持。尽管债权人与律师签订了相应的委托代理协议，律师代理费的计算标准应已在合同中明确，但实践中律师代理费的支付时点不同，在审判程序中可能已部分支付，也可能尚未支付。一方面，尚未支付的费用是否属于法院认可的实现债权的费用在理论和实践中存在争议；另一方面，债权人在审判过程中主张债务人承担费用的，应当承担举证责任，相关付款凭证将作为法院判定费用金额的依据。因此，对于尚未支付的律师代理费是否会获得法院支持存在不确定性。同样在吉庆公司、华鼎公司与农行西藏分行营业部抵押借款合同纠纷二审案中，最高人民法院认为"本案债权人农行西藏分行营业部向西藏自治区高级人民法院提起诉讼时，虽然已经聘请了雪域律师事务所的律师参加诉讼活动，但是因其并未与雪域律师事务所就代理事项签订代理合同，更未实际支付律师代理费，故原审法院认定吉庆公司依据借款合同的约定承担农行西藏分行营业部为实现债权所支付的一审案件代理费尚缺乏相应的事实依据。"此外，在李某、朱某与贝某、沈阳 A 地产有限公司民间借贷纠纷案中，一审期间在债权人仅提供律师代理费收据的情形下法院判决债务人承担上述费用，在最高人民法院二审期间，法院认为在一审判决后，律师事务所根据一审判决确定的律师代理费数额开出了发票，并且由于代理关系客观存在，因此支持了由债务人负担上述费用的请求。由该案例可知，在债权人举证时已支付律师代理费时，相关发票是十分重要的证据之一。

最后，律师代理费是否合理，影响法院判定债务人承担的费用金额。尽管因债务人违约在先，应当为其违约行为付出一定的成本，因此由其承担债权人实现债权的费用显示了法理上的公平性，但由债务人承担过高的律师代理费也可能导致天平向另一方倾斜，因此实践中律师代理费金额过高可能无法全额得到法院支持。司法实践中，法院考虑到平衡各方当事人的利益，常参考发改委、司法部发布的《律师服务收费管理办法》及各地区政府价格主管部门会同司法行政部门制定的政府指导价调整过高的律师代理费。

实践中实现债权可能涉及其他民事费用，如催收公告费、交通差旅费等，此类民事费用可参照律师代理费相关裁判规则。

三、实现债权费用的流转

对于金融机构债权人而言，对外转让不良债权在市场中已较为普遍。市场中除四家金融资产管理公司，地方资产管理公司外，普通投资人对于不良资产的兴趣渐涨。随着主债权的流转，担保权一并流转已为众多投资者认可，但实现债权的费用作为从权利随着主债权一并流转，在实践操作中应根据费用类别、债权现状等多方面的因素综合考量。

（一）根据标的债权所处阶段不同，所涉及的费用应采取不同的处理方式

除经生效裁判文书确认由债务人承担的费用或法定可优先受偿的费用如执行程序中的评估费、拍卖费外，其余实现债权的费用是否能够得以受偿存在不确定性，因此应区别对待处于不同阶段的债权。在收购债权时，对于尚未取得生效判决，相关费用未经法院确认的，建议不将费用作为收购标的或不支付对价；对于已经生效判决明确由债务人承担的费用，可以作为收购标的，但在核算收购对价时应当根据债务人和担保人的偿付能力综合考虑；对于执行程序中已支付的评估费、拍卖费，因法律规定该费用会在执行回收后优先扣除，为避免该部分费用由原债权人优先扣收，建议将其纳入收购标的，但核算收购对价时应当综合考虑被执行人的财产价值。在对外转让债权时，为避免纠纷，建议将全部费用一并作价对外转让，对于未经法院生效判决确认的费用应当在对外转让时充分披露其可能不被支持的风险。

（二）不同类别的费用应在债权流转中区别对待

对于诉讼费和执行程序中的评估费、拍卖费而言，该部分费用因公权力保护全额受偿的可能性较大，但受限于诉讼主体和执行主体的身份，是否可以在债权转让后顺利变更相关主体会对该部分费用的受偿产生影响。在收购债权时，应充分考虑是否可以顺利变更诉讼主体和执行主体，以及在变更相关主体后是否可以经法院认可直接代替原主体在司法程序中受偿，建议在合同中明确约定如无法向法院要求退还诉讼费，转让方在收取退费后应当支付给受让方。在对外转让债权时，如实际情况允许可考虑自行收取法院退还的诉讼费，和执行程序中优先受偿的评估费、拍卖费，不作为转让标的由第三人取得。

（三）对于因实现债权形成对外债务但尚未实际支出的费用，应采取合同权利义务概括转让的方式

实践中最常见的律师代理费即为尚未实际支付，但已形成因实现债权的对外债务（费用）。在对外转让债权时，建议受让人概括承继相关合同的权利义务。并且转让方在相关合同签订之初，应要求相对人事先同意转让方可将合同权利义务概括转让。在收购债权时，尚未支付的费用在被法院认可方面存在不确定性，建议不予承继。

四、实践建议

根据本文对不同类别的实现债权费用的分析和比较，以及债权人就上述费用受偿的途径进行分析，对于金融机构债权人而言，实践中建议结合各地司法实践情况，通过以下措施维护权益。

（一）在债权追偿方面

首先，对于法律明确规定可予以退还的诉讼费，尽管各地法院实践操作

方式不一，但债权人在取得胜诉判决后，可主动向法院提出退费申请，根据近期司法实践趋势，依法退还诉讼费是法院的职责，相关手续将逐步规范。尤其对于批量处置不良资产的金融资产管理公司而言，建议及时向法院主张退还存量不良资产中的诉讼费。

其次，对于法律未明确规定应由债务人承担的费用，在事先与债务人签订合同时应对相关费用明确予以列举，尽量避免概括式的描述，并明确约定上述费用应由债务人承担。

最后，对于尚未确定或尚未支付的律师代理费，债权人应在进入诉讼程序前充分结合法院对债务人承担律师代理费的认可程度，综合考虑律师代理的方式和费用支付时点，在不存在其他影响因素的情形下，建议采取一般代理的方式确定律师代理费金额并在诉讼前取得律师代理费已实际支付的凭证。

（二）在债权流转方面

首先，在收购债权时，应当充分考虑实现债权的费用是否已经生效判决认可，是否在主张权利时存在身份限制，债务人或担保人的财产是否能够在不影响主债权的情形下足额覆盖该部分费用，进而综合考虑是否将其纳入收购标的，如何确定该部分费用的收购对价。对于尚未实际支出的费用，应当不予收购。

其次，在对外转让债权时，对于可明确回收的费用支出，如受让方无特殊要求可不予转让；对于尚未经生效判决确定的费用，建议转让时充分披露瑕疵并安排免责条款，避免受让方提出主张我方承担瑕疵担保责任；对于尚未实际支出的费用，建议将相关合同的权利义务一并概括转让。

关于银行公告催收贷款的案例分析

济南农商银行　禹丽芳

　　近期，发生了一个某银行用公告方式催收不良贷款却不被法院承认效果的真实案例。某银行将一笔不良贷款采取公告催收的方式在报纸上刊登公告，以期引起诉讼时效中断的效果，诉至法院时，却被法院以不符合公告催收的条件而全盘否决。但此时贷款已经超出保证人的诉讼时效，银行丧失了法律意义上的胜诉权。银行可谓是赔了时效又折钱，得不偿失。该事件引起笔者的思考。

　　银行对于贷款催收可谓经验丰富，催收手段也"多姿多彩"，然而实际效果并不理想。因法律规定本身不够明确，或是对相关法律规定理解的偏差，银行催收实践起来"五花八门"，但很可能导致信贷员工辛辛苦苦开展催收工作，本以为可以保全诉讼时效，却被法院所否定。此事件中的公告催收，在实践中就引起很多争议，笔者重点分析如下。

一、基本案情

　　于某在银行申请贷款10万元，借款期限为2008年7月31日至2009年7月29日，由李某等为于某的贷款承担连带责任保证。保证人的保证期间为主合同约定的债务人履行债务期限届满之日起两年。2009年7月19日银行向于某送达《贷款到期通知书》，于某在通知书上签字摁手印。2009年8月5日银行向于某送达《贷款逾期催收通知书》，于某在通知书上签字摁手印。2010年8月5日，银行对李某送达了《担保人履行责任通知书》，李某签收确认。2011年9月1日、2013年8月29日银行分两次在报纸对于某、李某进行报纸公告催收，载明：因下列借款人、担保人没有根据其与银行签订的借款合同、担保合同约定还本付息，现予以公告催收，请下列借款人从公告之日起立即与银行联系，履行还款义务，担保人自公告之日起承担连带清偿责任。

二、主要法律关系

根据《最高人民法院关于适用〈中华人民共和国担保法〉若干问题的解释》第三十四条第二款之规定，"连带责任保证的债权人在保证期间届满前要求保证人承担保证责任的，从债权人要求保证人承担保证责任之日起，开始计算保证合同的诉讼时效"，即银行对保证人下发《担保人履行责任通知书》之日起，保证人"保证合同的保证期间"转入"保证合同的诉讼时效"计算。

根据《最高人民法院关于审理民事案件适用诉讼时效制度若干问题的规定》第十条中的规定，"具有下列情形之一的，应当认定为民法通则第一百四十条规定的'当事人一方提出要求'，产生诉讼时效中断的效力：……（四）当事人一方下落不明，对方当事人在国家级或者下落不明的当事人一方住所地的省级有影响的媒体上刊登具有主张权利内容的公告的，但法律和司法解释另有特别规定的，适用其规定。"银行对保证人李某在报纸刊登的公告内容具有引起保证合同诉讼时效中断的效力。

三、法院判决的主要事实与理由

原审法院认为，依据借款合同银行可以通过新闻媒体手段对借款人进行催收，银行于2011年9月1日、2013年8月29日分别对借款人进行报纸公告催收，分别产生了诉讼时效中断的效果，诉讼时效重新计算。银行虽以报纸公告的方式对保证人进行催收，但并未提供出保证人同意继续承担保证责任的证据。故法院对银行要求保证人承担保证责任的主张，不予支持。

二审法院认为，本案中，保证人在与银行签订保证合同时，已经提交了身份证以及有效的联系方式，但银行并未提交有效证据证实保证人在诉讼时效期间内存在下落不明的情形，不符合法律规定的可以公告的条件，且双方并未在合同中约定将公告催收作为主张债权的方式之一，故对银行在诉讼时效内曾向保证人主张过权利的主张，不予支持。保证人虽未对诉讼时效提出抗辩，但因其他债务人对诉讼时效提出抗辩，引起法院对诉讼时效的审查，其后果亦应及于其他同等法律地位的当事人。故原审判决虽然关于已向保证人公告催收的认定不当，但判决结果并无不妥，应予维持。

四、判决结果

法院审理认为，银行并未提交有效证据证实保证人在诉讼时效期间内存在下落不明的情形，不符合法律规定的可以公告的条件，且双方并未在合同中约定将公告催收作为主张债权的方式之一，故对银行在诉讼时效内曾向保证人主张过权利的主张，不予支持。

五、法律风险点

实务中，银行经常采取在报纸上刊登公告的方式催收到期贷款。采取刊登公告的方式，主要基于以下原因：一是债务人无法联系；二是债务人拒签催收通知书；三是将若干债务人一并公告，从而降低催收成本。可是一旦涉及诉讼，法院一般会认定银行公告不具有送达债务人的法律效力，从而对银行主张诉讼时效中断不予支持。例如西藏自治区高级人民法院《民事裁定书〔2003〕藏民二终字第03号》认为，"债权人主张债权，应采用直接的、债务人能够注意到的形式。《启示》仅具有广而告之的性质，其发布方式并无当面催告的实际效果，并不意味着上诉人必然注意到这则启示，且被上诉人也无法律义务必须关注此种启示，故该启示不具有导致本案诉讼时效中断的意义。"

（一）公告催收有前提

根据民事诉讼法第九十二条中的规定可知，受送达人下落不明，或者用法律规定的其他方式无法送达的，公告送达。与此相类比，公告送达可以作为银行的一种补充的权利救济方式。广东省高级人民法院发布的《关于民商事审判适用诉讼时效制度若干问题的指导意见》中指出，债务人住所地变更，使债权人难以向债务人主张权利，债权人在债务人所在地公开发行的报纸上刊登公告，催促债务人履行债务的，诉讼时效中断。

在现行法律框架下，公告催收的适用不能随意，必须要满足特定的前提条件。首先，只能在债务人下落不明、权利人采用其他方式无法直接向义务人主张权利情形下进行。某银行采用公告催收手段的原因是债务人无法联系，但"无法联系"并不构成法律意义上的下落不明。笔者认为，债权人必须先行采取上门、邮件、公证、律师见证等催收方式催收，在无法送达催收文书情形下，取得并保留公证机关、律师事务所或街道、社区、物业公司、派出所等第三方证明义务人下落不明、权利人无法向义务人主张权利的书面证据。其次，必须在国家级或者下落不明的当事人一方住所地的省级有影响的媒体上刊登公告。在国家级或债务人所在地省级有影响的媒体上公告目的是为了扩大媒体的受众人群，让债务人知晓债权人要求其履行义务的信息。如何确定当事人一方住所地，是经常居住地还是户籍所在地，笔者认为，债权人只能以债务人提供的身份证件所表明的户籍信息为准。在传播方式多元化的时代，电视、报纸等都是受众面广泛的媒体，因此债权人可以选择报纸及电视等作为公告催收的媒体。最后，公告必须有向债务人主张权利的意思表示。传统民法理论认为，公告仅具有通知的性质，不产生主张权利的效果，因此，公告应具有表明主张权利的内容才可以认定债权人向债务人主张了权利。如果公告中无主张权利的内容，则不能认定权利人以公告的方式主张了权利，当然不能发生诉讼时效中断的效力。

（二）公告催收有风险

如果信贷人员为图方便，未严格遵循公告催收的适用条件，对不符合"下落不明"条件的债务人实施公告催收或在地方性报纸上进行公告催收，其效力不仅存在不被法院认可的风险，还因公布了债务人的身份信息、借贷信息、信用状态等隐私内容而容易引发社会质疑或引起债务人以侵犯隐私权为由的法律诉讼。

根据公告催收的法律性质，必然导致如下的法律后果：一是被公告方名誉权的损害。也就是说银行在新闻媒体上公布不良贷款债务人及担保人逾期还款的情况，必然会对被公告方的商业信誉和企业名誉产生不良后果，这样就有一个是否侵犯名誉权的问题。二是商业秘密的泄露。企业的现金流属于企业的经营秘密，公开企业的现金使用和流通状况，必然会对企业的经营管理状况构成一定的威胁，从而导致商业秘密的泄露。

而且，在实践中，公告催收主张权利的内容需全面，填写债务金额需严谨。有的公告中仅载明贷款本金，未载明贷款利息，导致债务人以此为理由抗辩利息已还清或称利息已丧失诉讼时效，这样也会将银行置于较为被动的境地。笔者认为，根据《最高人民法院关于审理民事案件适用诉讼时效制度若干问题的规定》的规定，权利人对同一债权中的部分债权主张权利，诉讼时效中断的效力及于剩余债权，但权利人明确表示放弃剩余债权的情形除外。因此，利息作为贷款的孳息，与贷款属于同一笔债权，即便银行在催收公告内容中仅列明了本金而未列明利息，银行对本金的催收效力仍应及于利息。但为避免对公告催收效力产生争议，银行对于主张权利内容的填写，还是应本着严谨审慎的态度。力求做到规范性、准确性、完整性，催收时注明具体的债务金额，确保催收效力。

六、风险防范建议

（一）公告催收可约定

金融机构可在借款合同中约定债权人公告催收的权利。相关信贷合同文本中应取得债务人允许债权人用公开方式催收的授权和许可，且应以黑体字或其他足以引起合同对方注意的方式标示，可以请客户手书未按期还款同意银行限于催收目的公开欠款信息的内容作为双方的约定条款。目前对此类约定其法律效力虽存不确定性，但至少可作为债权人保留性权利和公告催收抗辩的依据，方便日后债权人选择适当的催收方式。

银行要防止陷入诉讼，就必须严格按照法律法规的有关规定进行催收：一要有依据。在当前没有专门法律调整的前提下，要通过协议拟制的方式取得公告催收权。按照合同法规定，当事人在不违反法律强制性规定的前提下可以协议确定合同内容。借款合同作为民事合同的一种，完全可以依据合同法的这一规定，预先在借款合同中规定，如果借款人到期不履行还款义务，银行有权在新闻媒体公告借款人的姓名、地址、法定代表人的姓名以及不良贷款状况。借款人对此要明示同意。二要内容绝对真实，在通过新闻媒介发布催收信息时，必须严格审查公告内容，不能有任何不实的消息。三是程序要合法。要按照法律规定的公告程序进行。商业银行在办理公告催收时，要在发布催收公告之前向不良贷款人发出书面催收通知，在通知中明确规定，不履行债务将予以公告。四是公告内容不能有任何形容性的词语以及有可能引起歧义的用语。

商业银行的公告催收行为必须满足如下要求：首先，商业银行应对逾期未还贷款的当事人的借贷情况和企业的基本状况进行整理核实，包括借款人名称、电话、地址、法定代表人姓名、企业性质、经营范围等基本状况，借款人借款的种类、数量、贷款期限以及借款逾期未还的缘由等事实，商业银行进行催贷的过程以及结果。然后根据这些情况制作专门的书面文书通知贷款人，告知其按照指定的期限履行义务。其次，如果商业银行的书面催收通知书指定的还款期限到期后，借款人仍没有归还贷款，商业银行应委托律师出具律师函，列明不主动履行还款义务的法律后果，并明示拒绝履行义务将进行公告。再次，律师函规定的履行义务期届满，贷款人仍没有还款，则商业银行将其不履行还款义务的行为予以公告。最后，发出催收公告后，贷款人的不良贷款行为应纳入商业银行不良贷款人记录档案，对其进行信贷制裁。

（二）其他催收有陷阱

公告催收作为穷尽其他催收方式的最后手段，要想获得预期的法律效力，必须严格遵循法律规定的前提。但其他催收方式，如果操作不当，也会落入效力否定的陷阱。

（1）上门催收的风险。银行直接向义务人送交催收通知书，义务人在文书上签字、盖章即为签收，此时，签收主体的确认十分重要。例如，在农户贷款业务中，村委会未经农户授权就擅自代为接收债务逾期催收通知书的行为，就不能构成有效的催收证据。因此，银行应严格把握签收主体的合法性，并在合同中约定代为接收催收通知书的主体、地址，或者由客户出具授权书。此外，向债务人同住成年家属送达催收通知书是否构成诉讼时效中断，关键在于是否确定向债务人同住成年家属送达催收通知书，就能产生送达债务人的法律效力。债务人在向银行申请贷款时，预留联系地址，其功能之一就是表明该地址作为其受领送达的场所，债务人变更联系地址，有义务及时告知银行。债权人因不能直接向债务人催收，而选择通过向其同住成年人送达催收通知书，可以认定银行采取合理方式在主张债权。

（2）邮寄催收的风险。一是挂号信存根未注明信函内容的情况。通过挂号信形式邮寄催收通知书的，存根备注栏未注明内容为"催收通知书"的，根据目前法院的实际判例来看，若债务人在诉讼纠纷中以此为由提出抗辩，有的法院判定此邮寄行为具备催收效力，有的法院却不认可该行为具备催收效力；二是邮寄催收通知书被退回的情况。实践中有债务人因地址变更、名称变更等原因，导致催收通知书被退回，对此类情况，能否认定对债务人的催收有效，不同法院的裁判也不尽相同。一些地方高级人民法院已经就邮寄催收的相关法律效力作了规定，在信函被拒收退回、债务人否认收到或者虽承认收到信函但否定是银行向其催收等情况发生时，认定诉讼时效中断，或将举证责任课加给债务人，如果债务人不能证明，则认定诉讼时效中断，至于催收信函因无人签收退回的，不能产生诉讼时效中断的法律效力。

第

四

篇

金融立法

关于政府购买服务的法律风险研究

农业银行广西分行　蒋佳瑜

摘　要

自《国务院办公厅关于政府向社会力量购买服务的指导意见》（国办发〔2013〕96号）和《国务院关于加强地方政府性债务管理的意见》（国发〔2014〕43号）下发，各金融同业均在积极探索政府购买服务融资业务。截至12月30日，我行共接洽政府购买服务融资业务xx笔，已审批通过xx笔，审批金额xx亿元，已投放xx亿元。在业务审查过程中发现，各项目中存在着合同法律意识不强，忽视采购流程操作合法合规风险、担保风险的情况。为阐明此类风险存在的原因，切实防范经营管理中的法律风险的发生，我们就此进行了研究，并作研究报告如下。

一、政府购买服务概念和特点

政府购买服务，是指通过发挥市场机制作用，把政府直接提供的一部分公共服务事项以及政府履职所需服务事项，按照一定的方式和程序，交由具备条件的社会力量和事业单位承担，并由政府从部门预算经费或经批准的专项资金等既有预算中根据合同约定向其支付费用。

依据我国现行法律规定，政府购买服务适用政府采购法。从法律规定看来，政府购买服务与政府采购有着千丝万缕的联系，但二者是不一样的。第一，政府购买服务属于政府采购的范畴。第二，政府购买服务与政府采购强调的侧重点略有不同。政府购买服务强调的是投入方式，政府采购强调的是程序规范。第三，政府购买服务所涉及的服务范围不限于政府采购所适用的对象范围。

二、政府购买服务的主要问题

（一）立法不完善

1.相关法律法规及政策规定

我国的法律体系中既有法律，又有法规、规章和其他规范性文件。就政府购买服务这一法律关系，国内尚无法律和行政法规层面的规范性文件，但是近年来，中央及地方政府相继出台关于规制政府购买服务的指导意见及各项规定。如《国务院办公厅关于政府向社会力量购买服务的指导意见》《政府购买服务管理办法（暂行）》《财政部关于政府购买服务有关预算管理问题的通知》《国务院关于进一步做好城镇棚户区和城乡危房改造及配套基础设施建设有关工作的意见》《国务院办公厅关于推进城市地下综合管廊建设的指导意见》等。

广西壮族自治区也出台了多部行政规范性文件规范政府购买服务，如《广西壮族自治区人民政府办公厅关于政府购买服务的实施意见》（桂政办发〔2014〕30号）、《广西壮族自治区财政厅、广西壮族自治区民政厅、广西壮族自治区工商行政管理局关于加快推进我区政府购买服务工作有关问题的通知》（桂财综〔2015〕33号）、《关于印发推进全区政府购买服务改革工作实施方案的通知》（桂政办函〔2016〕40号）等。

上述规范性文件明确界定了政府购买服务的基本概念，明确了政府购买服务的概念范围、目的意义和相关要求，即"谁来买""买什么""向谁买""怎么买"的基本问题，为政府购买服务工作的开展提供方向指导。但直至调查报告完成日，政府购买服务还没有专门的法律来规范，目前实践中参照预算法、政府采购法、合同法、招标投标法的规定为指导。

2.立法缺失带来的问题

（1）"部门立法"导致政府购买服务与"PPP"边界不清，购买范围和实施程序存在政府任意性。

各类行政规范性文件中要求"服务"必须突出公共性和公益性，由各级财政部门负责制定本级政府购买服务指导性目录，确定政府购买服务的种类、性质和内容。但由于部门各自的"立法"行为，使政府购买服务中的"购买对象"的范围与PPP项目采购的范围以及实施程序存在边界不清的问题，即政府购买的服务是否包含基础设施建设，在项目实施过程中应该按照《政府购买服务管理办法（暂行）》重点完善预算程序和采办程序还是重点完成物有所值和财政可承受能力评价。如今大量的实际上为政府采购工程直接套用政府购买服务，使购买主体因为各种原因选择适用对自身更为有利的流程，进而选择依附性更高的承接主体，绕开政府财政能力论证和物有所值评价环节，导致项目生命周期效率不高、项目成本高于一般传统模式，因而经不起时间的考验。

（2）评估体系与监督体系不健全，服务质量难以保证。

由于相关法律法规的缺失，政府所购买的服务的评估体系与监督体系不健全，公共服务质量难以保证。政府购买服务的评估通常应该从两个方面进行：一方面要评价政府在购买公共服务过程中是否做到了以最少的财政支出买到了最多的公共服务；另一方面要评价社会组织提供的公共服务是否符合要求，这应该由服务的享用者作出评价。但在当前的社会实践中，这两方面的评估是很难实现的。对于前者，政府购买了什么服务，向谁购买了服务，由于信息不透明等原因，是一个棘手的问题。而对于后者，对于社会组织生产和提供的公共服务普遍缺乏科学的、系统的评价体系和强有力的监督体系，尤其是缺乏专门的人员对服务提供过程中的技术问题的监管。在现有体制下，对公共服务的监管权大多掌握在政府部门手中，这些部门与主管部门的关系尚且不说，仅其与能够生产公共服务的社会组织的关系就足以让监管黯然失色。[1]

因此政府购买服务需要专门的法律予以规范，如"政府购买服务法"，统一解决预算法无法解决政府购买服务中"先预算后采购"还是"先采购后预算"以及政府购买服务与PPP边界不清、操作流程混淆等问题，而不是笼统的参照政府采购法、预算法、招标投标法等。

（二）预算管理问题

由于政府购买服务的项目实施周期一般较长，少则3至5年，长则20年，对于收益全部来自于政府付费的项目来说，财政预算则是承接主体能够正常运营的唯一水源。当前关于预算制度的相关法律表明，国家在推行国家年度预算制度的同时，正在逐步探索跨年度预算的编制，原则是统筹兼顾、勤俭节约、量力而行、讲求绩效和收支平衡，但目前尚未有长期预算的规制出台。虽然政府出台规范性文件对政府购买服务项目的预算编制作了规定，政府购买项目应纳入既有政府预算，但效力层级相对较低，且跨年度的项目是否属于后年度"既有"预算范围，并未有进一步的解释。

1　郭明丽：《论政府购买服务的法律规制》［D］.中国社会科学院，第21页。

（三）权力寻租问题

政府购买服务的操作中容易出现政府部门借着购买服务的名义，交给行业协会等自己管理的组织，实际上是借此转移经费，以此牟利的行为，更重要的是以这种方式购买到的服务的质量也难以保证。它不仅不能达到改革的目的，反而会加剧腐败。即使是相对独立的社会组织，由于资源的欠缺以及社会认可度不高，社会组织与政府很难处于平等地位，如前文所言，社会组织在这一交互行为中处于被动地位，很大程度上由政府主导，这就为主管部门谋取利益提供了温床。除此之外，缺乏竞争、监督不足、不够公开透明也容易导致权力寻租的产生。[2]

三、当前银行介入政府购买服务的法律风险及原因

（一）外部法律法规变化的风险

如前所述，尽管国家相关部门发布了一些意见、办法、通知，但多数原则性较强，效力层级较低，后续仍然需要对这些大原则进行细化，使之成为可供操作的具体实施制度，其政策效果才能显现，并最终落到实处。可以预见的是，国家对转变政府职能，加强社会公共服务的决心必然会带来政府购买服务相关立法的完善。法律法规的进一步完善才能明确政府和社会组织各自的责任，有效地规范和约束双方行为，防止政府权力滥用，制止社会组织的不良行为。

而法律环境的变化可能导致合同要素失去存在的基础，或者导致合同之基础动摇或丧失，继续履行合同会显失公平或得不到预期效益，那么变更政府购买服务合同内容或者解除合同则将会引起一系列的连锁反应。

（二）政府信用风险

1. 来自预算的风险

根据预算法第十三条规定，经人民代表大会批准的预算，非经法定程序，不得调整。各级政府、各部门、各单位的支出必须以经批准的预算为依据，未列入预算的不得支出。因此，政府购买服务支出应当依法列入预算。

地方财政预算受到当地经济发展水平、政府财政收支规模、行政力量干预等不确定因素的影响，不排除有调整的可能。尤其在下列情形下出现的机率

2　郭明丽：《论政府购买服务的法律规制》［D］.中国社会科学院，第22页。

较大：一是部分地方政府购买服务采购流程存在违法违规风险或者道德风险；二是项目经营过程中，因侵害公众利益，引起群体性事件，预算草案在听取选民及社会各界意见时被否决或被调整。

根据《国务院关于实行中期财政规划管理的意见》（国发〔2015〕3号）规定，强化中期财政规划对年度预算编制的约束，年度预算编制必须在中期财政规划框架下进行。据此，政府购买服务支出年度预算编制时还应受中期财政规划约束。但中期财政规划不等于中期预算规划，中期财政规划只是中期预算规划的过渡形态：第一，中央中期财政规划对地方财政预算编制起指导作用，而非约束作用；第二，中期财政规划的编制层级除财政部外，仅及于省级，且并非强制编制；第三，省级政府财政部门编制中期财政规划虽经同级政府批准后报财政部备案，但未经过地方人大审批，并不具有预算约束效力。

因此，期限较长的政府购买服务项目的政府应付费用可能会因各种原因面临预算调整甚至不再纳入预算的风险。

2. 当政者诚信缺失的风险

地方政府当政者在任期内只考虑本届政府的任期目标，缺乏长远考虑，任期届满异地为官后，留下的许多"后遗症"只能由下届政府负责。"新官不理旧账"成为"惯例"，势必影响履行期长达5至20年的政府购买服务合同的履行，导致政府不按合同履约等风险。若政府严重缺乏契约精神，同时缺乏法律措施的情况下，甚至存在预算内政府单方违约的风险。

3. 采购行为缺乏正当程序导致项目违法的风险

由于《国务院办公厅关于政府向社会力量购买服务的指导意见》及《政府购买服务管理办法（暂行）》等文件所设置的政府购买服务的采购流程要求与 PPP 模式下的财政承受能力和物有所值论证（"两个论证"）程序相比更为简单，并且地方政府有权因地制宜编制本级政府购买服务指导性目录开展政府购买服务。由此，实践中出现了多地政府为加快项目进程、规避"两个论证"，以政府购买服务之名而行单纯采购工程、变相融资之实等违背政府购买服务立法目的的行为，其中还有错用购买服务模式、违规选择承接方、逆采购流程操作、无预算就对外签订购买合同等违规现象。

（1）错用购买服务模式、违规选择承接主体的风险。

政府购买服务不得违反禁止性条款，即在行政规范性文件要求强制应用 PPP 模式的公共服务领域，如垃圾处理、污水处理等，不可适用政府购买服务模式。

承接主体的资质必须符合《政府购买服务管理办法（暂行）》以及购买主体所在地政府颁布的行政规范性文件的规定符合购买主体结合购买服务内容的具体需求。购买主体必须按照《中华人民共和国政府采购法》和《中华人民共和国合同法》等法律规范的相关规定，通过公开招标、邀请招标、竞争性谈判、询价、单一来源采购等方式确定供给主体。

错用购买服务模式或承接主体不适格可能导致项目违法，进而影响购买合同的效力。

（2）逆采购流程操作、无预算就对外签订购买合同等采购过程不规范的行为将导致项目存在瑕疵的风险。

当前采购操作执行中存在急躁现象，采购过程不规范。《政府购买服务管理办法（暂行）》中明确了"购买主体应当在购买预算下达后，根据政府采购管理要求编制政府采购实施计划，报同级政府采购监管部门备案后开展采购活动"的程序。根据《广西壮族自治区人民政府办公厅关于政府购买服务的实施意见》，政府购买服务的购买流程为：购买主体根据政府购买服务指导目录编制政府购买服务计划→财政部门对计划进行审核和批复→购买主体组织采购确定供给主体→签订购买服务合同→合同报同级财政部门备案。

程序的设计是为了防止政府权力滥用，政府的购买行为如果没有了程序保障，政府很容易在采购活动中肆意妄为。而政府购买的服务往往是与人们生活紧密相关的公用服务，购买服务程序如果得不到社会公众的普遍认可和尊重，会严重影响提供公共服务的社会组织或企业的服务质量和水平。实践发现，部分地方在项目采购中采取了"先上车后补票"的做法，先以政府会议纪要形式直接指定承接方，再到财政部门申请采用单一来源方式开展采购。还有部分地方政府为尽快向银行融资，先签订采购合同，再走采购流程等。这些问题政府违规操作的问题既为下届政府违约提供了把柄，又影响政府所购买的服务的质量和效果，为后续项目的执行和合同的履行埋下了风险。

特别是当项目出现采购人违法违规行为，需要重新采购的情况。对此政府采购法实施条例第七十一条作出了明确规定，有政府采购法第七十一条、第七十二条[3]规定的违法行为之一，影响或者可能影响中标、成交结果的，可能产生中标无效、撤销采购合同、重新采购等后果。无论"废标"发生在政府购买合同的履行前、履行中或者履行后，农业银行基于政府购买合同将获得的利益及项目前期营销的投入都将受到影响。

4. 政府变相承诺兜底的禁止性风险

国家审计署在《国务院2015年度中央预算执行和其他财政收支的审计工作报告》中就地方政府债务审计发现违规举债问题中指出，有的地方出现一些隐性债务，内蒙古、山东、湖南和河南等4个省份在委托代建项目中，约定以政府购买服务名义支付建设资金，涉及融资175.65亿元；浙江、河南、湖南和黑龙江等4个省在基础设施建设筹集的235.94亿元资金中，不同程度存在政府对社会资本兜底回购、固化收益等承诺。

根据担保法、预算法及《国务院关于加强地方政府性债务管理的意见》(国发〔2014〕43号)，政府若作出兜底承诺的，将因违反法律法规及行政规范性文件的禁止性条款而归于无效。

（三）担保法律风险

当前政府购买服务融资业务的担保方式为预期收益权、应收账款质押，若项目收益仅仅来源于政府付费的话，两者实际上均可视为应收账款，且两者皆属第一还款来源。

---

3 《中华人民共和国政府采购法》第七十一条 采购人、采购代理机构有下列情形之一的，责令限期改正，给予警告，可以并处罚款，对直接负责的主管人员和其他直接责任人员，由其行政主管部门或者有关机关给予处分，并予通报：

（一）应当采用公开招标方式而擅自采用其他方式采购的；

（二）擅自提高采购标准的；

（三）以不合理的条件对供应商实行差别待遇或者歧视待遇的；

（四）在招标采购过程中与投标人进行协商谈判的；

（五）中标、成交通知书发出后不与中标、成交供应商签订采购合同的；

（六）拒绝有关部门依法实施监督检查的。

第七十二条 采购人、采购代理机构及其工作人员有下列情形之一，构成犯罪的，依法追究刑事责任；尚不构成犯罪的，处以罚款，有违法所得的，并处没收违法所得，属于国家机关工作人员的，依法给予行政处分：

（一）与供应商或者采购代理机构恶意串通的；

（二）在采购过程中接受贿赂或者获取其他不正当利益的；

（三）在有关部门依法实施的监督检查中提供虚假情况的；

（四）开标前泄露标底的。

1. 预期收益权质押的法律风险

预期收益权质押能否实现主要取决于以下前提条件：第一，预期收益权本身应是一种可以出质的权利，不具有财产性或无法转让的权利等都无法出质；第二，根据"物权法定"原则，预期收益权是否属于担保法第七十五条规定的"依法可以质押的其他权利"尚无具体的法律法规、司法解释加以认定。在预期收益权的质押没有法律法规明确规定的前提下，实践中将该权利质押也不具有可操作性。

当前政府购买服务项目中承接主体使用项目中所取得的预期收益权向银行质押融资，预期收益权外延较大，是否包含非财产权利及无法转让的权利尚未明确；且预期收益权在物权法范畴并未明确其操作性。因此银行作为预期收益权的质权人或将面临无法实现担保的风险。

2. 应收账款质押操作性风险

（1）应收账款设立质权的法律依据。应收账款质押在法律性质上属于权利质权。物权法第二百二十三条规定："债务人或者第三人有权处分的下列权利可以出质：……（六）应收账款……"担保法第七十五条规定："下列权利可以质押：……（四）依法可以质押的其他权利。"《最高人民法院关于适用〈中华人民共和国担保法〉若干问题的解释》第九十七条规定："以公路桥梁、公路隧道或者公路渡口等不动产收益权出质的，按照担保法第七十五条第（四）项的规定处理。"

《应收账款质押登记办法》第二条规定："本办法所称应收账款是指权利人因提供一定的货物、服务或设施而获得的要求义务人付款的权利以及依法享有的其他付款请求权，包括现有的和未来的金钱债权……本办法所称的应收账款包括下列权利：……（二）提供医疗、教育、旅游等服务或劳务产生的债权……"

因此，政府购买服务项下的应收账款可以设立质权，以向政府提供服务而产生的债权设立质权具有法律依据。

（2）政府购买服务应收账款质权难以通过折价、变卖、拍卖的一般方式实现。对于权利质权的实现方式，我国担保法和物权法均未作出具体规定，仅规定了动产质权的一般实现方式。担保法第七十一条第二款规定："债务履行期届满质权人未受清偿的，可以与出质人协议以质物折价，也可以依法拍卖、变卖质物。"物权法第二百一十九条第二款规定："债务人不履行到期债务或者发生当事人约定的实现质权的情形，质权人可以与出质人协议以质押财产折价，也可以就拍卖、变卖质押财产所得的价款优先受偿。"由此可见，动产质权的一般实现方式包括将质押财产折价、拍卖或变卖，这三种处理方式的法律效果也有所不同。无论折价、拍卖或是变卖，出质人均无可避免地丧失对质押财产的所有权。

当前司法实践中认为，由于此类收益权属于将来获得的金钱债权，其可通过直接向第三债务人收取金钱的方式实现质权，故无需采取折价或拍卖、变卖之方式。并且，收益权均附有一定之负担，其经营主体的特定性以及经营过程中经营主体所应承担之义务，均非可转让的财产权利，依其性质不能作为折价或拍卖、变卖的对象。

若由于外部法律环境变化或政府购买合同双方任何一方的问题无法继续履行购买合同，政府的付款行为失去了合同基础，银行如何向政府收取将来的金钱以提前收回贷款，在操作上将存在难题。

四、风险防范建议

（一）加强合同法意识，转变观念，完善政府购买服务合法合规性

政府购买服务合同是民事合同，而非行政合同，受合同法的调整，政府方与社会资本方互为平等的民事主体，社会资本方有抗辩的权利，政府方没有兜底的义务。因此，政府购买服务融资并不是变相的政府融资，更不是政府按揭。政府必须依照向社会组织购买公共服务的立法原意，根据现有的法律法规开展政府购买服务业务。

1.根据预算法正确理解预算管理制度，理性看待政府承诺函

根据预算法和《财政部关于政府购买服务有关预算管理问题的通知》，按"先预算，再采购""未列预算不得支出"的原则监督政府履职。[4] 根据预算法第三十五条规定，政府为承接主体（借款主体）提供担保违反法律禁止性规定，

---

4 《中华人民共和国预算法》第十二条　各级预算应当遵循统筹兼顾、勤俭节约、量力而行、讲求绩效和收支平衡的原则。

各级政府应当建立跨年度预算平衡机制。

第十三条　经人民代表大会批准的预算，非经法定程序，不得调整。各级政府、各部门、各单位的支出必须以经批准的预算为依据，未列入预算的不得支出。

《中华人民共和国政府采购法》第六条　政府采购应当严格按照批准的预算执行。

《财政部关于政府购买服务有关预算管理问题的通知》规定，政府购买服务所需资金列入财政预算，从部门预算经费或经批准的专项资金等既有预算中统筹安排。

银行应理性看待政府出具的此类财政兜底性质的承诺函。[5]

银行要逐年根据申请部门、地方财政、地方人大的财政预算安排流程，对项目支付费用纳入预算情况实时跟踪落实到位。

2. 根据政府采购法加强项目运作的全流程管理，防范过程违法风险

根据《中华人民共和国政府采购法》《财政部关于推进和完善服务项目政府采购有关问题的通知》和《政府采购竞争性磋商采购方式管理暂行办法》等，督促政府依法合规适用采购方式、公开采购流程。[6] 不可违反《政府购买服务管理办法（暂行）》禁止性规定。[7] 银行要全程关注和监督政府采购流程和项目

5　《中华人民共和国预算法》第三十五条　地方各级预算按照量入为出、收支平衡的原则编制，除本法另有规定外，不列赤字。

……省、自治区、直辖市依照国务院下达的限额举借的债务，列入本级预算调整方案，报本级人民代表大会常务委员会批准。举借的债务应当有偿还计划和稳定的偿还资金来源，只能用于公益性资本支出，不得用于经常性支出。

除前款规定外，地方政府及其所属部门不得以任何方式举借债务。

除法律另有规定外，地方政府及其所属部门不得为任何单位和个人的债务以任何方式提供担保。……

6　《中华人民共和国政府采购法》第四条　政府采购工程进行招标投标的，适用招标投标法。

第二十七条　采购人采购货物或者服务应当采用公开招标方式的，其具体数额标准，属于中央预算的政府采购项目，由国务院规定；属于地方预算的政府采购项目，由省、自治区、直辖市人民政府规定；因特殊情况需要采用公开招标以外的采购方式的，应当在采购活动开始前获得设区的市、自治州以上人民政府采购监督管理部门的批准。

第三十一条　符合下列情形之一的货物或者服务，可以依照本法采用单一来源方式采购：（一）只能从唯一供应商处采购的；（二）发生了不可预见的紧急情况不能从其他供应商处采购的；（三）必须保证原有采购项目一致性或者服务配套的要求，需要继续从原供应商处添购，且添购资金总额不超过原合同采购金额百分之十的。

《财政部关于推进和完善服务项目政府采购有关问题的通知》（财库〔2014〕37号）规定，对于采购需求处于探索阶段或不具备竞争条件的公共服务，符合政府采购法第二十七条规定申请适用公开招标以外的采购方式的，财政部门要简化申请材料要求，也可以改变现行一事一批的管理模式，实行一揽子批复。

《财政部关于推进和完善服务项目政府采购有关问题的通知》（财库〔2014〕37号）规定，对政府采购社会公共服务的"还应当征求社会公众的意见"。

《政府采购竞争性磋商采购方式管理暂行办法》第六条第一款　采购人、采购代理机构应当通过发布公告、从省级以上财政部门建立的供应商库中随机抽取或者采购人和评审专家分别书面推荐的方式邀请不少于3家符合相应资格条件的供应商参与竞争性磋商采购活动。

第七条　采用公告方式邀请供应商的，采购人、采购代理机构应当在省级以上人民政府财政部门指定的政府采购信息发布媒体发布竞争性磋商公告。……

7　《政府购买服务管理办法（暂行）》第二十一条　承接主体应当按合同履行提供服务的义务，认真组织实施服务项目，按时完成服务项目任务，保证服务数量、质量和效果，主动接受有关部门、服务对象及社会监督，严禁转包行为。

建设的合法性和规范性。

（二）优选政府购买服务三要素，防范政府信用风险

一是优选政府方。优先选择财力雄厚、行政规范、历史信用好的地方政府，降低政府违约风险。二是优选采购内容。应优先支持民生项目，注重项目的社会效益，尽量不介入政府形象工程等民众认同度不高的项目，在源头上减少政府违约的可能。三是优选社会资本方。优选实力强、规模大的社会资本参与的项目，比如大的企业集团或上级政府的国企。优选社会资本方不仅对项目的履约能力强，而且对政府的话语权强，这样就使得地方政府的违约成本高，其违约的可能性就会降低。

（三）组建银团贷款，分担风险

当地的重大重点项目首先考虑组建银团，抱团取暖，增加对政府的话语权，分担政府信用风险。

（四）补充担保方式，增强贷款安全保障

一是除采取政府购买服务资金的应收账款质押外，尽量增加其他抵（质）押财产或关联企业担保，为农业银行贷款安全增加一定的安全保障。二是适时引入银行保函提供支付保证。即对于支付周期较长的政府付费项目，由政府财政资金存管银行出具支付保函，保函金额应不低于一个支付周期对应的支付金额。

（五）增加合同性保障措施，提高购买服务合同各方违约成本

一是政府购买服务相关法律法规尚未完善阶段，该阶段承接主体依附性强，根据合同法的公平原则，合同必须明确约定政府履约过程中无法履行支付义务的违约责任，明确约定政府终止或解除合同的具体情形和标准。二是相关法律法规日渐完善阶段，该阶段承接主体依附性弱，合同必须防范承接主体任意使用不安抗辩权终止合同履行情况，对不安抗辩权的行使做出一定的限制条件：（1）政府不适当履行支付义务应持续一段时间，如超过三个以上的付费周期；（2）承接主体不存在政府方可以拒绝或延迟付费的的重大过错或过失；（3）提前通知。

（六）关注法律法规变化，适时协商修改相关合同条款

因政府购买服务相关法律法规正在不断完善中，政府购买服务项下相关合同应将法律法规变化剔出不可抗力条款，合同各方不可因法律法规变化终止或解除合同。

析赤道原则：现状、问题与路径选择

中国进出口银行　杨　琴

摘　要

赤道原则（the Equator Principles，简称EPs）是用以确定、评估和管理项目所涉及的环境与社会风险的金融行业基准，其推崇的可持续发展理念殊值肯定。但自赤道原则产生以来，金融界围绕是否应当接纳赤道原则所展开的争论从未休止。本文从考察赤道原则的产生历史、演进过程、主要内容以及主要特点出发，在归纳揭示赤道原则积极价值的同时，从国家经济发展水平、与相关经济主体之间的利益冲突、金融机构的执行能力及执行成本等多个角度深入剖析了我国贷款银行接纳赤道原则可能遭遇的主要现实问题，提出我国贷款银行在实践中应当在综合考虑各方面因素的条件下权衡决策是否接纳赤道原则。

引　言

金融机构的项目融资活动往往会对环境和社会的可持续发展施加影响，由此引发了人们对金融机构如何在项目融资活动中承担社会责任的思考。赤道原则（the Equator Principles，简称EPs）正是在提倡企业社会责任的浪潮中产生的现象，其是由世界主要金融机构根据国际金融公司的政策和指南建立的，在融资过程中用以确定、评估和管理项目所涉及的环境与社会风险的金融行业基准。

在可持续发展已经成为我国当前经济发展的基本政策，低碳金融、生态金融等绿色金融理念正在我国金融界得以不断深化的大背景下，赤道原则所推崇的可持续发展理念契合于我国经济社会的长远发展目标。但金融界就赤道原则本身一直存有争论，并且赤道原则也确实并非践行可持续发展以及绿色金融理念的唯一可选途径，因此对于我国贷款银行而言，是否应当以及如何接纳赤道原则，是一个需要研究的问题。

一、赤道原则的产生及发展现状

（一）赤道原则的产生

2002年10月，在荷兰银行和国际金融公司的主持下，荷兰银行、巴克莱银行、西德意志州立银行和花旗银行决定起草一个用于解决环境与社会风险问题的原则框架供金融机构参考，即赤道原则。2003年6月，包括花旗银行、巴克莱银行、荷兰银行和西德意志州立银行在内的7个国家的10家国际银行率先宣布采纳并实行赤道原则，这些银行也被称为"赤道金融机构"或"赤道银行"。据赤道原则官方网站披露，目前赤道原则已被来自全球38个国家的101家金融机构所接受，覆盖全球超过85%的项目融资。[1]绝大部分赤道银行分布于欧美发达国家。截至目前，我国仅有兴业银行于2008年宣布采纳赤道原则，成为我国首家赤道银行。[2]

（二）赤道原则的发展现状

1. 赤道原则的演进

到目前为止，赤道原则共经历了2006年及2013年两次修订。2006年修订后的赤道原则Ⅱ主要解决赤道原则Ⅰ在实施过程中的适用范围、审查程序等方面的问题，2013年对赤道原则Ⅱ的修订则涉及更多方面，修订内容不仅包括赤道原则的适用范围、借款人应遵从的责任、透明度、公众参与等方面，同时对金融机构就融资活动中的环境和社会风险审查责任也提出了更高要求。

从赤道原则Ⅰ到赤道原则Ⅲ，赤道原则内容的演进呈现出适用范围日益广泛并且对赤道金融机构和客户的要求日益细化严格的特征。以赤道原则的适用范围为例，赤道原则Ⅰ在适用范围方面仅适用于"项目资金总成本超过5000万美元的项目融资"，赤道原则Ⅱ则将适用范围明确为"项目资金总成本超过1000万美元的项目融资、项目改建和扩建、项目融资顾问活动"，赤道原

1　参见网址：https://equator-principles.com/members-reporting/。

2　参见网址：http://business.sohu.com/20081103/n260404939.shtml，2016年3月5日最后访问。

则 III 在赤道原则 II 的基础上将"符合一定标准的用于项目的贷款、过桥贷款"也囊括进赤道原则的适用范围之中。又如在赤道原则金融机构和客户的公开报告方面，赤道原则的历次修订均扩充并细化了需要公开报告的内容。可以预见的是，随着社会的进一步发展以及可持续发展理念的进一步强化，赤道原则的未来发展也必将变得更加细化和严格。

2. 赤道原则 III 的主要内容

赤道原则 III 包括正文、附件和附录三个部分，其中正文又包括序言、范围、方法、10项具体原则以及免责声明等5项内容。具体而言，"序言"部分申明了赤道原则的价值和目标；"范围"部分界定了赤道原则的适用范围，包括项目资金总成本达到或超过1000万美元的项目融资、项目融资咨询服务、满足一定条件的用于项目的公司贷款和过桥贷款；"方法"部分规定了赤道原则金融机构实施赤道原则的具体方式，包括仅向符合赤道原则要求的项目提供融资、要求并指导客户遵守赤道原则、完成社会和环境评估工作、聘请独立环境和社会顾问进行独立审查以及参与信息共享。

"原则声明"部分列明了赤道金融机构应当遵守的10项具体原则，包括：

（1）"审查和分类"。赤道原则根据融资项目潜在的社会影响、环境影响和风险程度，依从高到低的标准将融资项目分为 A、B、C 三类，要求赤道银行在客户申请项目融资时，根据前述标准在审查的基础上对项目进行归类。

（2）"环境和社会评估"。赤道原则明确，赤道银行应当要求客户对于每一个被评定为 A 类和 B 类的项目开展环境和社会评估，并且应当提交令赤道银行满意的、能够有效解决项目中环境与社会风险问题的评估文件。对于特定项目，赤道原则要求评估文件应当重点关注环境选址、污染标准、设计规范以及施工标准等与环境社会风险具有紧密联系的方面。

（3）"适用的环境和社会标准"。赤道原则要求，对环境和社会风险的评估过程应当首先满足东道国相关法律、法规和行政许可的要求，其次还应当符合赤道原则规定的适用标准。赤道原则要求评估过程应当符合如下标准：如果项目位于非指定国家（即未被列于赤道原则协会网站指定国家列表中的国家），则评估过程应当符合当时适用的国际金融公司社会和环境可持续性绩效标准，以及世界银行集团环境、健康和安全指南；如果项目位于指定国家（即被列于赤道原则协会网站指定国家列表中的国家），则评估过程在社会和环境问题方面，应符合东道国相关的法律、法规和行政许可的要求。当然，东道国的法律应当符合赤道原则中关于环境社会风险评估、建立管理体系和计划、支持利益相关者参与以及建立利益相关者投诉机制等原则的要求。

（4）"环境和社会管理系统以及赤道原则行动计划"。该原则明确，赤道银行应要求客户针对评为 A 类或 B 类的项目开发或维持一套环境和社会管理体系，并准备相关的环境和社会管理计划。如果管理体系或计划不能令赤道银行满意，则客户应当和赤道银行共同达成一份赤道原则行动计划。

（5）"利益相关者参与"。赤道原则明确，针对评为 A 类或 B 类的项目，赤道银行应要求客户证明其已经采用合理方式持续与利益相关者开展了有效的活动，客户应当建立合适的磋商机制以支持利益相关者尤其是土著居民表达其利益诉求。

（6）"投诉机制"。赤道原则规定，赤道银行对于 A 类以及部分视情况而定的 B 类项目，应当要求客户建立投诉机制，并将可能受到影响的社区作为主要对象，以便客户搜集并促进解决项目的社会和环境风险问题。

（7）"独立审查"。赤道原则规定，对于 A 类以及部分视情况而定的 B 类项目，客户应当聘请独立第三方专家对环境和社会评估文件、环境和社会管理计划、环境和社会管理体系以及利益相关者参与流程等文件进行独立审查，以评估项目是否符合赤道原则。此外，赤道原则要求该独立第三方专家应当提出或者认可一套合适的、能促使项目符合赤道原则的"赤道原则行动计划"，以便监督项目的实施持续符合赤道原则。赤道原则要求对于存在潜在高风险影响的用于项目的公司信贷，独立第三方专家应当特别审查项目对土著居民的不利影响、对重要栖息地的影响、对重要文化遗产的影响、大规模的重新安置所产生的影响等关键方面。此外，赤道原则还特别规定，对于用于项目的公司贷款，应当由赤道银行来判断独立第三方专家的独立审查是否合适和充分。

（8）"承诺性条款"。赤道原则要求赤道银行和客户在订立合同时应当在合同中加入有关承诺性条款。承诺性条款的内容除了要求客户承诺项目的所有重要方面需遵守东道国法律法规以及行政许可的要求外，对于 A 类和 B 类项目，客户还应当在融资文件中承诺项目在环境和社会风险控制方面符合赤道原则的要求。例如，项目在兴建和运作期间，应当符合赤道原则所要求的环境和社会管理计划以及赤道原则行动计划；又如，客户应向赤道银行定期提交符合相关环境和社会风险控制要求的报告。赤道原则要求赤道银行应当对客户是否遵守相关承诺的情况进行监督，并可以在适当的时候采取补救措施。

（9）"独立监测和报告"。赤道原则要求客户为 A 类以及部分视情况而定的 B 类项目聘请一名独立社会和环境顾问，或聘请有资格且经验丰富的专家，对客户定期提交给赤道银行的报告或对环境社会风险的监测信息进行核实。

（10）"报告和透明度"。赤道原则规定，对于 A 类以及部分视情况而定的 B 类项目，客户至少要保证环境和社会影响评估的摘要可在线获取；对于每年二氧化碳排放量超过100，000公吨的项目，客户应当在项目运作阶段就温室气体排放水平向公众报告。而赤道银行则在适当保密的前提下，应当至少每年向公众报告项目相关交易的数量以及其实施赤道原则的过程和经验。赤道原则要求赤道银行按照其"附件 B"的最低报告要求进行报告，而赤道原则的相关附件 B 要求赤道银行至少公布项目交易相关数据和执行报告、项目融资咨询服务数据、项目融资和用于项目的公司贷款数据、过桥贷款数据、执行赤道原则的情况以及项目融资的项目名称报告等。

赤道原则在"免责声明"部分，特别申明了金融机构采纳赤道原则的自愿性和独立性。

（三）赤道原则的主要特点

赤道原则的产生和发展现状实际上彰显了赤道原则如下显著特点：

1. 赤道原则反映了西方发达国家金融机构的价值取向

赤道银行目前多分布在发达国家，赤道原则由发达国家的国际大型银行发起，并在其主导下得以推行和不断演进。可以说，赤道原则的产生在很大程度上反映了发达国家发展到一定阶段时对环境和社会的特定发展诉求，代表了西方发达国家金融机构尤其是大型跨国金融机构发展到一定水平时的价值取向。

2. 赤道原则由金融机构自愿接纳

是否接纳赤道原则，从根本上属于企业自治的范畴，由金融机构根据其客观实际情况及需求自愿选择加入。但需要特别提出的是，尽管赤道原则由金融机构自行选择接纳，但受到国际关注的金融机构总是有可能面临国际金融组织、非政府组织甚至某些发达国家的压力，是否接纳赤道原则成为国际组织或发达国家批评干涉非成员国金融机构的重要理由，例如，前世界银行行长沃尔福威茨（Paul Wolfowitz）就曾于2006年公开批评我国银行机构给非洲发展中国家贷款时无视"赤道原则"，忽视人权与环境标准。[3] 此外，2007年5月，美国地球之友和银行监察组织联合发布了一份题为《是时候变绿了：中国银行业所面临的环境责任》的报告，称我国金融机构正大规模提供海外项目融资，但

3　《世行行长：中国给非洲穷国贷款无视"赤道原则"》，参见网址：http://business.sohu.com/20061024/n245977160.shtml。

海外项目融资与国内贷款一样，并没有采取相应的环境和社会风险控制措施。

3. 赤道原则不具有强制执行力

赤道原则的推行依赖于赤道金融机构的自愿遵守，即"赤道原则没有对任何法人、公众或个人设定任何权利或责任。……假如适用的法律法规与赤道原则中提出的要求存在明显冲突，则优先遵守当地的法律法规。"尽管赤道原则不具有一般意义上法律法规的强制效力，但这并不意味着赤道原则金融机构可以无视赤道原则的规范约束。国际组织尤其是赤道原则倡导者的推动和监督力量、赤道银行中跨国银行的示范效应以及来自社会的监督压力，都会形成强大的约束力量，促使赤道银行自觉遵从赤道原则的要求。

4. 赤道原则要求赤道银行具备较强的控制环境和社会风险的专业能力

赤道原则要求赤道银行在提供融资前需要按照赤道原则的内容对拟提供融资的项目进行环境与社会风险影响的评价，并在风险判断的内容与程序方面进行详尽的审查。因此，如果一家金融机构愿意接纳赤道原则从而成为赤道银行，但却不具备专门的机构和人才，缺乏参与和编制环境社会影响报告的能力、实质审查环境社会影响报告的能力以及判断环境社会风险因素的能力，那么其实际上很难真正落实赤道原则的要求。

二、推行赤道原则的现实问题

赤道原则背后所体现的可持续发展理念，其所倡导的环境、社会以及经济协调发展的价值为当下时代所认可。对于金融机构自身来说，接纳赤道原则也能够带来一定的积极意义：第一，基于声誉溢出效应，金融机构凭借其"赤道银行"的身份，可以彰显其理念和价值取向，这能够为其赢得良好的声誉，从而可以吸引具有相关偏好的客户；第二，由于赤道银行多为国际大型银行，那么如果加入赤道银行之列，则通过长期的学习和借鉴，可以促使赤道银行在示范效应的带动下逐渐改变和提升自身的行为规范水平，长此以往，有助于赤道银行内部形成良性循环机制。

但是，与赤道原则的积极意义并存的是，赤道原则的推行仍面临一系列的现实问题：

（一）赤道原则并非匹配所有国家目前的经济发展水平

对于非发达国家而言，经济发展往往是最为迫切的目标，并且同时又是一个相对缓慢且艰难的过程。如果接纳赤道原则，那么一些直接涉及经济发展和民生的项目就极有可能因为不符合赤道原则的要求而难以获得融资，从而不能得以实施。

在项目融资实践中，对环境和社会具有一定负面影响的项目，往往具有较高的经济价值。在面临经济价值和环境、社会可持续发展价值的两难选择时，对于亟需发展经济的非发达国家而言，适宜的选择恐怕仍是需要首先考虑经济发展，同时尽量将环境和社会风险控制在一定的容忍度范围之内。事实上，发达国家现今的发展水平，在历史上也同样是以对环境和社会风险给予一定的容忍度为代价换来的。对于容忍度的标准，如果融资项目的各种条件符合东道国法律法规的要求，该国政府通过审批的方式也容忍了融资项目潜在的环境社会风险问题，那么贷款银行按照赤道原则的标准对项目融资的再次评价是否必要和正当，值得探讨。

无论如何，由发达国家大型金融机构发起并创设的赤道原则，实际上难以符合所有国家经济发展状况，也难以匹配所有国家尤其是非发达国家对环境和社会风险的容忍度。

（二）赤道原则与相关经济主体存在利益冲突

如上文所述，具有一定环境和社会风险的融资项目往往能给项目发起人和东道国带来较高的经济利益。如果因为遵守赤道原则而不能对这类项目进行融资，则出于经济利益的考虑，项目发起人和东道国都可能对赤道原则持抵触态度。保护环境和社会可持续发展的效果往往需要通过长期实践来得以检验，但对于项目发起人和东道国而言，经济利益在短期内却唾手可得，因此，基于经济主体趋利避害的一般特点，项目发起人和东道国往往会采取规避和抵制的态度。而对于金融机构来讲，环境和社会的可持续发展固然重要，但金融业务的可持续发展对自身而言更具有直接的意义，如果接纳赤道原则可能严重影响金融机构的正常持续发展，那么这类金融机构将不会轻易接纳赤道原则。

（三）遵守赤道原则将产生较高成本

在实践中，项目融资被大量运用在非发达国家，而赤道原则将项目资金总成本达到或超过1000万美元的项目融资纳入其适用范围，这意味着赤道银行相当一部分境外项目融资都将被纳入赤道原则的规范之中。此外，非发达国家或地区的环境和社会问题往往相当复杂，项目所在地的东道国极有可能不执行国家法律法规的规定，甚至某些东道国实际上可能缺乏有效控制环境和社会风险的法律规定。在此情况下，对于一些出口信贷金融机构尤其是重点致力于非发达国家项目融资的官方出口信贷机构而言，如果接纳赤道原则，意味着将因为履行赤道原则所规定的审查和监督义务消耗巨大的精力和成本，并且还极有可能伴随低下的经营效率。这类金融机构实际上缺乏接纳赤道原则的动力。

（四）金融机构难以具备赤道原则要求的风险控制能力

赤道原则 Ⅲ 实际上建立在一个假设基础之上，即金融机构不仅应当履行其金融职能，还应当具备诸多非经济职能，如能够有效参加环境社会影响报告的编制，能够对环境社会影响报告进行实质审查，能够知晓不同的项目究竟存在何种具体的环境社会风险，并且能够了解控制环境社会风险的措施以及判断相关措施是否能够起到控制风险的效果。然而，这些标准并非一般的金融机构能够满足，金融机构也没有足够的能力要求客户必须达到。这主要体现为：

1.金融机构缺乏控制环境和社会风险的专门机构、专门人员和专业知识

赤道原则要求金融机构参与客户编制环境社会影响评估报告的过程，并对报告进行实质审查。但在缺乏专业知识的情况下，金融机构一般只有依赖第三方评估机构的评估报告。然而，第三方评估机构毕竟不为金融机构所控制，金融机构应该在多大程度上信赖第三方评估机构的判断，在现实中令人怀疑。

2.金融机构缺乏对环境社会风险进行持续监控的能力

赤道原则要求金融机构持续监控项目贷款过程中的环境与社会风险。然而，环境与社会风险问题是一个相当复杂和专业的问题，金融机构实际上难以做到持续有效的主动监督，同时也难以判断客户提交的报告内容与现实中环境与社会风险之间的关系。

3.金融机构难以有效执行赤道原则所要求的利益相关者互动机制

赤道原则强调贷款银行应通过建立与项目利益相关者的互动机制，以便及时识别融资项目的环境风险。利益相关者互动机制要求贷款银行明确利益相关者，对利益相关者进行分类或分组；指导客户与利益相关者建立磋商机制，就环境与社会风险问题进行磋商；指导客户建立投诉机制并加强投诉管理，在信息公开的基础上关注利益相关者的利益诉求。然而，贷款银行往往并没有足够的经验建立利益相关者互动机制，并且如何在追求经营效率和满足利益相关者诉求之间寻求平衡，往往非常困难。

（五）金融机构难以处理环境和社会风险事件的后果

事实上，如果客户违反其对环境和社会风险控制的责任，贷款银行除了停止融资之外，并没有其他有效的纠错手段。此外，对于融资项目已经形成的环境与社会风险，赤道银行也难以有所作为。由此，在赤道银行所具有的威慑力明显不足，并且控制手段有限的情况下，其实际上很难真正在控制环境和社会风险中起到特别大的作用。这导致赤道银行将不得不面临这样一种尴尬的局面：一旦融资项目发生了难以控制的环境和社会风险事件，赤道银行一方面缺乏有效的控制和解决手段，另一方面，由于赤道原则要求赤道银行参与客户评估报告的编制，审查评估报告的内容，并就控制环境和社会风险对客户进行指导和监督，这无形中将贷款银行推至一种控制环境和社会风险的关键地位，在融资项目出现环境和社会风险问题时，贷款银行容易受到来自各界的诟病和压力，其声誉也将受到一定影响。

三、我国贷款银行的选择

综合上文对推行赤道原则现实问题的分析，可以预见，即便金融机构认可赤道原则体现的可持续发展理念，知晓接纳赤道原则可能有助于改进自身的行为规范，并获得良好的声誉效应，但在面临是否接纳赤道原则的选择时，不会轻易作出决定。事实上，是否接纳赤道原则与是否践行可持续发展理念之间不是等同关系。金融机构实践可持续发展理念或者绿色金融理念可以通过多种方式和途径进行，并非一定要通过接纳赤道原则来达成。在国际层面，赤道原则并非唯一的绿色金融国际通行标准[4]，在国家层面，更是存在绿色金融的多种规范和实践途径。因此，赤道原则并非践行可持续发展理念的唯一选择。当然，履行赤道原则的困难以及践行绿色金融路径的多样性并不意味我国金融机构必然排斥接纳赤道原则。是否接纳赤道原则，以下方面可以作为参考因素：

（一）是否具备履行国际标准的基本能力

赤道原则要求赤道银行具备一定的审查环境和社会风险的能力以及持续监督客户控制环境和社会风险的能力，而这些能力均需要建立在专门机构、专门人员以及专业知识储备的基础上，同时要求金融机构具备一定的经验。从我

4　例如《招商银行加入了联合国环境规划署金融行动》。参见网址：http://www.cmbchina.com/cmbinfo/news/newsinfo.aspx?guid=ef93c5e8-501c-4289-92dd-38c06f63b10b。

国兴业银行发布的相关报告来看，执行赤道原则需要配套的组织框架、制度体系以及管理流程[5]，这意味着银行工作负荷的增大，在专业方面的压力也相应增加。因此，在选择是否接纳赤道原则之前，金融机构应当自测是否已经具备了前述基本能力，以便切实履行赤道原则。

（二）能否承担赤道原则带来的风险和压力

基于前文对赤道原则推行障碍的分析，以我国目前的经济发展状况和绝大多数金融机构的发展水平为基础，金融机构如果接纳赤道原则，在短期内容易面临运营效率低下、项目参与方抵触、经营成本增加、不能实际有效控制环境和社会风险以及难以处理环境和社会风险事件后果等诸多问题。在相关风险和压力没有得到详细论证评估并且金融机构尚未充分准备有效应对措施之前，不宜草率决定接纳赤道原则。

（三）是否取得了执行绿色信贷政策的良好效果

虽然我国绝大多数金融机构目前都没有接纳赤道原则，但基本都正在执行与赤道原则具有同质理念的绿色信贷政策，并且正在形成极富个性化的认识和经验。尽管国内绿色信贷政策与国际赤道原则在内容方面有明显差异，但由于同样是基于可持续发展以及绿色金融理念的绿色信贷政策，故可以从执行效果角度为金融机构在选择是否接纳赤道原则时提供参考。

1. 我国的绿色信贷政策

2007年7月，原国家环境保护总局、中国人民银行和原银监会联合发布了《关于落实环保政策法规防范信贷风险的意见》[6]，提出了绿色信贷的应用方式和范围。2008年1月，原国家环保总局与世界银行国际金融公司联合制定了"绿色信贷环保手册"，明确了我国的行业环保标准。2012年2月，原银监会发布《绿色信贷指引》[7]，要求银行业金融机构调整信贷结构，有效防范环境和社会风险，促进经济发展方式转变和经济结构调整。2014年6月，银监会办公厅原印发了《绿色信贷实施情况关键评价指标》[8]，要求银行业金融机构每年对

5　《兴业银行的绿色宣言——赤道原则年度执行报告（2008—2009）》，参见网址：
http://download.cib.com.cn/netbank/download/cn/Sustainable_Finance/Report_2008_2009_chidao.pdf.
6　参见《关于落实环保政策法规防范信贷风险的意见》，环发〔2007〕108号。
7　参见《中国银监会关于印发绿色信贷指引的通知》，银监发〔2012〕4号。
8　参见《中国银监会办公厅关于印发〈绿色信贷实施情况关键评价指标〉的通知》，银监办发〔2014〕186号。

绿色信贷实施情况进行自评价，从而形成了我国较为完整的绿色信贷政策。

就我国目前处于推行绿色金融的初级阶段而言，绿色信贷政策具有指引金融机构控制贷款风险，以及促进社会经济结构的转变和可持续发展的积极意义。

2. 绿色信贷政策执行效果的参考意义

与赤道原则专注于规定项目的具体审查和程序事宜不同，我国绿色信贷政策目前还主要停留在倡导和指引阶段，其内容主要体现为引导金融机构在宏观方面建立推行绿色信贷的日常管理机制，建设相应的管理体系，并接受监管机构的监督，其并没有严格规定金融机构在融资项目中具体的审查和监督义务。在落实绿色信贷政策的过程中，大多数银行都建立了相应的制度。有的银行实行"环保一票否决制"，即对不符合环保要求的企业一概不予贷款，同时重点扶持绿色企业；又如启用"绿色信贷标识"，将绿色信贷项目区别对待。[9]

尽管由于绿色信贷政策在我国推行的时间并不长，目前其整体施行状况和效果还缺乏权威的分析数据，并且现阶段的绿色信贷政策总体上的严苛程度不及赤道原则，但基于绿色金融的相通理念，对于具体的贷款银行而言，其执行国内绿色信贷政策效果方面的情况对于衡量自身是否能够接纳更严苛、更国际化的绿色金融标准方面起到重要的参考作用。如果贷款银行在相应时期内缺乏执行绿色信贷政策的专门机构和人员，或者事实上也并未在绿色信贷政策的执行方面取得良好的效果，那么在面临是否接纳赤道原则的抉择时，应更为慎重。

四、余论

在实现环境、经济与社会的可持续发展道路上，我们对具有正面推动意义的方法和路径持肯定态度。因此，对于赤道原则这样以可持续发展和绿色金融为理念，并且具有一定通行意义的国际标准，我国金融机构尽管短期内达不到接纳该原则的条件，也可以对其持开放态度，在绿色金融实践中合理汲取其参考价值。以我国目前的经济发展水平、我国金融机构的一般水平以及绿色信贷政策在我国目前的执行现状为基础，我国金融机构可以对赤道原则作进一步的关注和研究：

第一，肯定赤道原则背后的理念和价值取向，同时在继续推行绿色信贷

9　中国人民银行也积极倡导企业贷款实行"环保一票否决制"，即对于违反环境管理规定的企业，不予提供贷款。参见《央行：企业贷款"环保一票否决制"》，参见网址：bank.hexun.com/2010-09-04/124801744.html。

政策的过程中储备相应的专业知识、专业人才以及专业经验。提升控制风险的能力和水平，调整信贷结构，增强自身可持续发展的能力，为将来接纳绿色金融国际通行标准打好基础。

第二，金融机构在推行绿色信贷政策的过程中，应当经常对执行效果进行适当评估，对金融机构自身控制环境和社会风险的能力、对国际标准可能带来风险的承受能力进行必要评估，以不断了解自身在践行绿色金融方面所处的客观水平。

第三，以国际化的视野关注赤道原则等绿色金融国际标准的发展，关注赤道银行的示范案例，关注我国赤道银行的发展动态。在能力所及范围内，借鉴其他金融机构在实践绿色金融方面的成功经验，并不断完善内部绿色金融相关管理制度、体系和方法，逐步提升自身的绿色金融实践能力。

近年涉及商业银行及其从业人员刑事犯罪问题的趋势分析及建议

中国银行股份有限公司广东省分行课题组

摘　要

　　近年来，从公开报道和司法机关披露情况看，涉及商业银行及其员工的刑事犯罪案件不断增多。刑事案件造成的后果和影响极其严重，故亟需加强认识并加以防范。本文首先从涉及商业银行刑事犯罪的趋势及特征出发，发现案件数量、涉及罪名范围出现双升，案件结构更为复杂；其次，进一步对商业银行及其从业人员可能涉及的几个主要罪名进行研究，分析了相关刑事犯罪的行为特征，并总结犯罪高发的原因；最后，本文从银行实际工作角度出发，提出加强员工法律意识培养、以风险可控为前提选择客户、加强内控建设、防范风险传染等建议，以期实现更好预防商业银行及从业人员涉刑事犯罪的目的。

一、银行刑事犯罪的趋势和特征

　　根据最高人民检察院在 2015 年通报的数据[1]，从 2014 年 1 月至 2015 年 6 月，全国检察机关共批准逮捕金融领域刑事犯罪案件 20665 件，其中 2014 年，检察机关共批准逮捕金融犯罪案件 12883 件，同比上升 59.4%；2015 年 1 至 6 月，批准逮捕金融犯罪案件 7782 件，同比上升 54.7%。近年来的涉及商业银行刑事犯罪有以下特征：

---

[1] 来源：国务院新闻办公室网站《最高检通报检察机关查办金融领域刑事犯罪工作情况发布会》，参见网址：http://www.scio.gov.cn/xwfbh/qyxwfbh/Document/1450038/1450038.htm。

（1）刑事案件数量显著提升。从趋势上看，近年来，金融犯罪整体呈现快速上升趋势，根据最高检通报，金融领域职务犯罪中，银行是重灾区。

（2）涉案罪名范围及业务领域扩大。一是犯罪性质从贪污贿赂类犯罪转向授信、其他业务等破坏管理秩序罪领域（如违规出具金融票证罪，对违法票据承兑、付款、保证罪、洗钱罪等）；二是案发领域从传统的表内业务向同业、表外等业务扩散，票据业务连续出现大案要案；三是部分财富公司、投资公司、互联网金融公司冒用银行信用，非法集资风险易通过民间借贷、担保圈、客户链等渠道向银行体系传递。

（3）犯罪主体身份变化。在过往案例中，银行涉刑犯罪人员主要是高管、网点负责人等主要负责人员，但目前银行刑事犯罪人员开始出现以授信岗位为主和业务一线化的特点。银行授信人员、理财经理、客户经理、业务经理等人，由于与存贷款业务打交道、接触现金及客户较多，成为容易误入歧途的高危人群。目前关于授信人员违法放贷、理财经理"飞单"、客户经理倒卖客户资料的案件时有发生。

（4）犯罪形式呈现复合型特点。一是犯罪手段多样化，例如伪造、涂改、虚开业务凭证，收款不入账，伪造印章，利用亲属、朋友及下属员工犯罪等，部分手段还呈现隐蔽性。二是内外牵连的复合型犯罪增多，即银行内部工作人员与外部犯罪分子相互勾结共同作案。例如，外部诈骗分子实施的集资诈骗、贷款诈骗、信用卡诈骗等犯罪，可能是银行内部工作人员不尽职，甚至相互勾结才能得逞。

（5）犯罪后果影响恶劣。刑事案件造成的影响是多方面以及极其恶劣的。一是犯罪的行为和结果直接危及资产质量，造成银行财务损失。二是犯罪得逞说明银行风险控制和内部流程出现疏漏，可能引发监管处罚。三是银行受到的社会关注和舆论关注高，承担的社会责任大，故涉及银行的刑事犯罪可能带来极大声誉风险。四是司法机关依法追责，会使涉案员工承担严重法律后果，给个人和家庭都带来不可弥补的影响。

二、涉及商业银行及其从业人员刑事犯罪行为模式

为更好地了解涉及商业银行及其从业人员的哪些行为或哪些情形可能构成犯罪从而遭受刑事处罚，笔者进一步分析了近五年具有典型代表的案例，梳理、总结了部分罪名中反映的刑事犯罪的行为特征和模式。

（一）违法发放贷款罪[2]行为分析

根据刑法第一百八十六条的规定，违法发放贷款罪是指银行或者其他金融机构的工作人员违反国家规定发放贷款，造成的损失达到法定追诉标准的行为。

（1）未严格审查授信申请人及相关方的主体资格、还款能力、授信用途。授信申请人在申请贷款中存在借用他人身份证，使用过期或虚假身份证，伪造公章、法定代表人签名，提供虚假的工作证明、工资证明、银行流水记录、财产证明、用途等情况，而银行工作人员未能严格审查。如在供应链融资等业务中，未核实授信申请人的供应商的主体资格，在行内业务规范要求必须由供应商亲自或者委托代理人到场并当面签名和盖章的前提下，仍然未要求面签相关协议，未核实供应商签名和盖章的真实性。又如在信用证等融资业务中，交易对手早已和授信申请人终止业务，相关借款用途根本不存在，但银行审查人员疏于审查，仍向授信申请人提供授信。

（2）未严格履行审查抵押物、贷后审核的义务。如抵押人使用伪造的房地产评估报告、土地使用权证、房产证等虚假材料提供抵押，或抵押物实际已被查封冻结等，但银行工作人员在未认真审查核实的情况下，便同意发放贷款。在贷款发放后，银行工作人员未进行实地核查，未及时发现授信申请人虚构经营状况、原法定代表人已离职、所借贷款没有专款专用等异常情况。

（3）配合授信申请人制造虚假资料。如指导授信申请人虚增公司注册资本，并对相应的财务数据和报表进行美化修改以符合贷款规模；明知申请人没有实际经营场所和固定住所，采取借用他人经营场所和住所拍照的方式，使申请人符合条件；提示申请人提供虚假的政府承诺函；伪造保证人的公司章程，增加保证人的资信背景；诱导保证人签署空白保证合同，并自行填写保证金额等。

（4）违反放贷流程。如银行管理人员利用其管理层地位，在明知借款人

---

2 《中华人民共和国刑法》第一百八十六条 银行或者其他金融机构的工作人员违反国家规定发放贷款，数额巨大或者造成重大损失的，处五年以下有期徒刑或者拘役，并处一万元以上十万元以下罚金；数额特别巨大或者造成特别重大损失的，处五年以上有期徒刑，并处二万元以上二十万元以下罚金。

银行或者其他金融机构的工作人员违反国家规定，向关系人发放贷款的，依照前款的规定从重处罚。

单位犯前两款罪的，对单位判处罚金，并对其直接负责的主管人员和其他直接责任人员，依照前两款的规定处罚。

关系人的范围，依照《中华人民共和国商业银行法》和有关金融法规确定。

冒用他人名义，并改变贷款用途的情况下，不进行贷前调查，不召开审贷委员会进行研究，而且逆流程操作，先放贷后补办贷款手续，违反贷款管理相关法律规定。

（5）违法发放贷款并归自己使用。如银行工作人员利用工作之便，对贷款申请资料没有严格审查及评估便发放贷款，且事先与客户约定，将银行发放给客户的部分流动资金借给自己使用。

（二）违规出具金融票证罪[3]行为分析

根据刑法第一百八十八条的规定，违规出具金融票证罪是指银行或者其他金融机构的工作人员违反规定，为他人出具信用证或者其他保函、票据、存单、资信证明的行为。

1.违背真实业务背景出具票证

如明知企业提供的贸易背景虚假、保证金系高息借款、申请承兑的真实用途与事实不符的情况下，仍违规为其出具银行承兑汇票；明知某公司未提供合同业务增值税发票，仍在申报表上填写"已取得发票"等不实信息，使银行承兑汇票顺利通过审批；指点借款人出具假凭证；替企业联系保证人出具保证金，违规出具银行承兑汇票等。又如伙同客户内部员工挪用企业公款，并在明知客户银行资金已被挪用、账内无资金的情况下，仍开具"单位定期存款开户证实书"，供该员工应付上级部门财务检查之用；在没有收到现金的情况下，违反规定为某居民出具活期储蓄存单。

2.未严格审查业务申请资料

在未审查原件，仅对出票人公司提供的与收款人购车合同复印件（系伪造）审查的情况下，便同意开立银行承兑汇票。

3.未经审批提供担保

未报信贷部门审批，私自在承诺函及保证合同上签字，并加盖私刻的某支行行政公章，保证在贷款人某公司不能偿还贷款时，由该支行履行偿还贷款义务。

3　《中华人民共和国刑法》第一百八十八条　银行或者其他金融机构的工作人员违反规定，为他人出具信用证或者其他保函、票据、存单、资信证明，情节严重的，处五年以下有期徒刑或者拘役；情节特别严重的，处五年以上有期徒刑。

单位犯前款罪的，对单位判处罚金，并对其直接负责的主管人员和其他直接责任人员，依照前款的规定处罚。

（三）对违法票据承兑、付款、保证罪[4]行为分析

根据刑法第一百八十九条的规定，对违法票据承兑、付款、保证罪是指银行或者其他金融机构的工作人员在票据业务中，对违反票据法规定的票据予以承兑、付款或者保证，造成重大损失的行为。

（1）在办理票据业务中玩忽职守，对没有真实委托付款关系的票据予以承兑。

（2）对背书不连续（以其合法方式取得的例外）、形式要件欠缺、签章与预留印鉴不符、票载金额（文字与数码记载）不一致、超过时效期限及其他违反票据法规定的票据予以付款。

（四）贷款诈骗类罪名行为分析

因行为特征较为相同，为行文方便，将贷款诈骗罪及骗取贷款罪一并分析。根据刑法第一百九十三条的规定，贷款诈骗罪[5]是以非法占有为目的，诈骗银行或者其他金融机构贷款的行为。根据刑法第一百七十五条之一的规定，骗取贷款罪[6]是指以欺骗手段取得银行或者其他金融机构贷款，给银行或者其他金融机构造成重大损失或者有其他严重情节的行为。

4　《中华人民共和国刑法》第一百八十九条　银行或者其他金融机构的工作人员在票据业务中，对违反票据法规定的票据予以承兑、付款或者保证，造成重大损失的，处五年以下有期徒刑或者拘役；造成特别重大损失的，处五年以上有期徒刑。

单位犯前款罪的，对单位判处罚金，并对其直接负责的主管人员和其他直接责任人员，依照前款的规定处罚。

5　《中华人民共和国刑法》第一百九十三条　有下列情形之一，以非法占有为目的，诈骗银行或者其他金融机构的贷款，数额较大的，处五年以下有期徒刑或者拘役，并处二万元以上二十万元以下罚金；数额巨大或者有其他严重情节的，处五年以上十年以下有期徒刑，并处五万元以上五十万元以下罚金；数额特别巨大或者有其他特别严重情节的，处十年以上有期徒刑或者无期徒刑，并处五万元以上五十万元以下罚金或者没收财产：

（一）编造引进资金、项目等虚假理由的；

（二）使用虚假的经济合同的；

（三）使用虚假的证明文件的；

（四）使用虚假的产权证明作担保或者超出抵押物价值重复担保的；

（五）以其他方法诈骗贷款的。

6　《中国人民共和国刑法》第一百七十五条之一　以欺骗手段取得银行或者其他金融机构贷款、票据承兑、信用证、保函等，给银行或者其他金融机构造成重大损失或者有其他严重情节的，处三年以下有期徒刑或者拘役，并处或者单处罚金；给银行或者其他金融机构造成特别重大损失或者有其他特别严重情节的，处三年以上七年以下有期徒刑，并处罚金。

单位犯前款罪的，对单位判处罚金，并对其直接负责的主管人员和其他直接责任人员，依照前款的规定处罚。

1. 编造虚假背景以骗取贷款

以非法占有为目的，编造引进资金、项目等虚假理由；使用虚假的经济合同、证明文件；伪造对方单位的公章和法人代表私章；利用已失效的合同充当新的合同；使用虚假的产权证明作担保；超出抵押物价值重复担保等行为骗取贷款。此外，银行工作人员可能利用自身身份，以帮助客户办理相关业务为由，获取客户的身份、财产等资信证明材料，并以客户名义伪造申请材料，向银行申请贷款。

2. 配合、协同犯罪分子诈骗银行贷款

银行工作人员与第三人勾结串通，在明知第三人存在骗取或诈骗贷款的情况下，仍然予以审批通过。

（五）侵犯公民个人信息罪[7]行为分析

根据刑法第二百五十三条之一规定，侵犯公民个人信息罪是指违反国家有关规定，向他人出售或者提供公民个人信息，情节严重的行为；或违反国家有关规定，将在履行职责或者提供服务过程中获得的公民个人信息出售或者提供给他人的行为；或窃取或者以其他方法非法获取公民个人信息的行为。

银行工作人员将公民个人信息出售给他人的行为主要包括：银行工作人员收集其在履行职责和提供服务过程中可以获取和知悉的客户个人信息；或利用职务便利、未经客户书面授权同意，擅自查询客户的征信信息；与外部人员勾结，提供外部人员指定的个人信息；与银行内部其他人员勾结，共同利用职务之便获取客户信息等，并以一定的对价向外出售。如果银行工作人员基于个人交情向他人提供个人客户信息但不收取费用，或他人以有偿为诱饵要求银行工作人员提供个人客户信息，但他人最终并没有支付允诺的对价，仍可能构成本罪。

---

7 《中华人民共和国刑法》第二百五十三条之一 违反国家有关规定，向他人出售或者提供公民个人信息，情节严重的，处三年以下有期徒刑或者拘役，并处或者单处罚金；情节特别严重的，处三年以上七年以下有期徒刑，并处罚金。

违反国家有关规定，将在履行职责或者提供服务过程中获得的公民个人信息，出售或者提供给他人的，依照前款的规定从重处罚。

窃取或者以其他方法非法获取公民个人信息的，依照第一款的规定处罚。

单位犯前三款罪的，对单位判处罚金，并对其直接负责的主管人员和其他直接责任人员，依照各该款的规定处罚。

（六）非法集资罪名行为分析

非法集资罪名包括非法吸收公众存款罪及集资诈骗罪。根据刑法第一百七十六条的规定，非法吸收公众存款罪[8]是指非法吸收公众存款或者变相吸收公众存款，扰乱金融秩序的行为。而所谓变相吸收公众存款，是指未经中国人民银行批准，不以吸收公众存款的名义，向社会不特定对象吸收资金，但承诺履行的义务与吸收公众存款性质相同的活动。根据刑法第一百九十二条规定，集资诈骗罪[9]是指以非法占有为目的，使用诈骗方法非法集资的行为。

1. 伪造银行理财产品

银行工作人员利用银行工作的便利，以私自伪造银行理财产品协议书的方式向客户出售理财产品，吸收客户资金并挪为己用。（非法吸收公众存款罪）

2. "理财飞单"行为

银行工作人员与第三人勾结，私自销售非本金融机构发行的理财产品或非本金融机构代销的第三方理财产品。行为人通常在推销中会有意模糊推荐项目与正规金融机构的关系，甚至直接在银行与客户签订投资协议误导投资者其投资的项目是银行推出的产品。（非法吸收公众存款罪）

3. 以非法占有为目的，骗取客户集资

如银行工作人员辞职后对外仍以银行员工的身份自称，并以银行的名义向以往客户推荐投资或者理财计划并以高息利诱，骗取客户集资；又如银行工作人员利用在银行工作能够结识各种具有投资潜力客户的便利，以自己的名义向其推荐虚假的投资项目，许以高息，骗取客户集资。此外，银行员工与他人相勾结利用其在银行工作的便利或身份协助他人集资诈骗，构成集资诈骗罪的从犯。（集资诈骗罪）

8　《中华人民共和国刑法》第一百七十六条　非法吸收公众存款或者变相吸收公众存款，扰乱金融秩序的，处三年以下有期徒刑或者拘役，并处或者单处二万元以上二十万元以下罚金；数额巨大或者有其他严重情节的，处三年以上十年以下有期徒刑，并处五万元以上五十万元以下罚金。

单位犯前款罪的，对单位判处罚金，并对其直接负责的主管人员和其他直接责任人员，依照前款的规定处罚。

9　《中华人民共和国刑法》第一百九十二条　以非法占有为目的，使用诈骗方法非法集资，数额较大的，处五年以下有期徒刑或者拘役，并处二万元以上二十万元以下罚金；数额巨大或者有其他严重情节的，处五年以上十年以下有期徒刑，并处五万元以上五十万元以下罚金；数额特别巨大或者有其他特别严重情节的，处十年以上有期徒刑或者无期徒刑，并处五万元以上五十万元以下罚金或者没收财产。

（七）部分失职罪名行为分析

失职罪名主要分析国有公司、企业、事业单位人员失职罪[10]及签订、履行合同失职被骗罪。[11]根据刑法第一百六十八条的规定，国有公司、企业、事业单位人员失职罪，是指国有公司、企业的工作人员，由于严重不负责任，造成国有公司、企业破产或者严重损失，致使国家利益遭受损失的行为。根据刑法第一百六十七条的规定，签订、履行合同失职被骗罪是指国有公司、企业、事业单位直接负责的主管人员，在签订、履行合同过程中，因严重不负责任被诈骗，致使国家利益遭受重大损失或者特别重大损失的。

1. 放任下属机构的违法行为

银行管理层明知下属分支机构或下属人员违法发放贷款，却对该等行为不予制止，严重不负责任，给银行造成重大损失。

2. 未严格执行管理规定

在办理贷款业务过程中，严重不负责任，没有认真执行银行内部关于贷款的有关规定发放贷款，给银行造成重大损失。

3. 未严格履行签约前审查义务

未严格履行签约前审查义务主要是未严格审查对方提供的公文、证件，真实履约能力，合同标的（如未对标的物的真实性和是否与合同要求相符的情况进行审查）和对方签订合同的真实意图等。

4. 签订合同时轻规则重关系

对于所谓友好合作单位，行为人发现对方情况异常，如资信、负债、履行能力等转坏，不及时调整合同签订、履行方案，相信友好关系，继续签订、履行合同，导致被骗。

10　《中华人民共和国刑法》第一百六十八条　国有公司、企业的工作人员，由于严重不负责任或者滥用职权，造成国有公司、企业破产或者严重损失，致使国家利益遭受重大损失的，处三年以下有期徒刑或者拘役；致使国家利益遭受特别重大损失的，处三年以上七年以下有期徒刑。

国有事业单位的工作人员有前款行为，致使国家利益遭受重大损失的，依照前款的规定处罚。

国有公司、企业、事业单位的工作人员，徇私舞弊，犯前两款罪的，依照第一款的规定从重处罚。

11　《中华人民共和国刑法》第一百六十七条　国有公司、企业、事业单位直接负责的主管人员，在签订、履行合同过程中，因严重不负责任被诈骗，致使国家利益遭受重大损失的，处三年以下有期徒刑或者拘役；致使国家利益遭受特别重大损失的，处三年以上七年以下有期徒刑。

三、银行刑事犯罪高发的原因分析

造成近年银行刑事犯罪案件高发的原因，笔者分析可能有以下几个方面：

（一）银行员工法律意识不足，风险防范意识薄弱

部分银行员工自身法律素养欠佳，对法律风险认识不足，对违规行为可能造成违法、犯罪的后果的严重性认识不足，或者存在认识上的偏差。例如，有的员工认为，仅是工作操作失误不会构成犯罪，存在侥幸心理，而实际上，失误与失职仅是一字之差，如国有公司、企业、事业单位人员失职罪的定罪客观要件之一就是行为人严重不负责任；有的员工认为，只要不存在收受好处等情形，即不构成犯罪，但依据刑法规定，涉及银行员工的罪名绝大多数不以收受好处为要件，如洗钱罪、背信运用受托财产罪及各类渎职犯罪等；还有的员工认为，只有具体经办人员才会被追究刑事责任，管理人员和单位不会被追究责任，但签订、履行合同失职被骗罪的犯罪主体就是直接负责的主管人员，另违法发放贷款罪、违规出具金融票证罪的犯罪主体也可以是单位。

（二）银行经营面临的外部风险增加，外部风险向内渗透

有学者曾做过研究[12]，凡是金融秩序混乱的时期，也是金融犯罪大案、要案的高发时期，尤其是外部风险向内渗透，外部犯罪分子勾结银行内部员工、拖银行员工下水，或者银行员工被外部犯罪分子利用客观上帮助了犯罪分子，从而带出了银行员工参与犯罪的刑事案件。近年，银行跨业、跨界经营进入新阶段，风险呈现新型化、复杂化、交织化特征，风险在各种区域、客户、产品间和不同渠道间的传染速度加快，例如伴随互联网金融蓬勃发展而暴露出来的P2P、理财方面的刑事案件明显增加，2015年全国非法集资新发案件数量近6000起。

（三）经济下行期不良贷款案件高发，暴露涉刑问题

近年，随着外部经济环境下行，银行不良资产增加，一些在经济上行期没有暴露出的问题随着不良贷款案件的发生而暴露了出来。例如，近期在贸易融资领域通过民事诉讼追偿授信过程中，因为融资方涉嫌虚构贸易背景而暴露出了涉嫌骗贷的刑事案件；甚至出现个别借款人或担保人无法按约还款

12　白建军：《金融犯罪的危害、特点与金融机构内控》[J].政法论坛：中国政法大学学报，1998年第6期，第54—62页。

后，主动披露或承认骗取贷款的行为，企图达到利用刑事程序拖延民事诉讼，甚至恶意逃废债务的目的，在此过程中银行工作人员在业务办理中的疏忽或过失即可能被暴露出来。

（四）业务人员对规章制度执行不严，为银行工作人员职务犯罪埋下隐患

合规是不违法的前提。以违法发放贷款罪为例，本罪是指工作人员违反国家规定发放贷款的行为[13]，此处"国家规定"主要是指商业银行法，但由于商业银行法关于发放贷款的规定较为模糊，实际认定罪责时可能要参照监管规定。又如违规出具金融票证罪是指工作人员违反规定，为他人出具信用证或者其他保函、资信证明等的行为[14]，此处"规定"的范围更广，除了包括法律法规及监管制度，甚至还包括金融机构内部的制度和规章。可见，遵守规章制度不但是规范业务发展的需要，更是保护员工不受法律追究的手段。

部分机构或经办人员执行制度不严不实，或是存在重业务轻制度的思想；个别银行员工道德自律意识缺失，无法抵御利益诱惑，无视法律法规和规章制度，为一己私链而走险。这些违纪违规行为的存在是职务犯罪的隐患，可能使银行和个人处于被刑事追责的危险境地。

（五）国家加大职务犯罪打击力度

中共十八届四中全会审议通过《中共中央关于全面推进依法治国若干重大问题的决定》，对全面推进依法治国作出了全面的战略部署，将法治建设摆在更加突出重要的位置。2014年以来，全国各级检察机关更是加大

13　《中华人民共和国刑法》第一百八十六条　银行或者其他金融机构的工作人员违反国家规定发放贷款，数额巨大或者造成重大损失的，处五年以下有期徒刑或者拘役，并处一万元以上十万元以下罚金；数额特别巨大或者造成特别重大损失的，处五年以上有期徒刑，并处二万元以上二十万元以下罚金。

银行或者其他金融机构的工作人员违反国家规定，向关系人发放贷款的，依照前款的规定从重处罚。

单位犯前两款罪的，对单位判处罚金，并对其直接负责的主管人员和其他直接责任人员，依照前两款的规定处罚。

关系人的范围，依照《中华人民共和国商业银行法》和有关金融法规确定。

14　《中华人民共和国刑法》第一百八十八条　银行或者其他金融机构的工作人员违反规定，为他人出具信用证或者其他保函、票据、存单、资信证明，情节严重的，处五年以下有期徒刑或者拘役；情节特别严重的，处五年以上有期徒刑。

单位犯前款罪的，对单位判处罚金，并对其直接负责的主管人员和其他直接责任人员，依照前款的规定处罚。

了严厉打击金融领域各类刑事犯罪力度，查办了一批金融领域职务犯罪。国家法治建设和打击犯罪力度的加强，让犯罪分子更加无所遁形，涉及银行刑事犯罪案件持续暴露。

四、对银行防范刑事法律风险的建议

刑事案件的原因复杂、内外因素交织，且一件刑事案件造成的影响需要付出巨大的代价才能逐渐消除。因此，在当前金融领域刑事犯罪形势严峻的情况下，商业银行应高度重视涉及银行业刑事犯罪方面的趋势，以预防为主，防患于未然，尽量避免刑事案件对银行正常经营管理造成侵蚀，也为员工营造合规成长的良好环境。从加强银行内部管理角度，本文提出以下建议：

（1）加强员工法律意识培养，提高全员的法律意识。在内外部形势更加严峻、业务压力不断增大的背景下，增强员工法律素养和法律意识，依法合规开展业务，既是保护银行资金安全、维护良好声誉的基本要求，也是银行保护员工职业发展、担当社会责任的体现。银行应开展全行员工范围内的预防职务犯罪普法学习和测试，持续加强员工法律意识培养。

（2）以风险可控为前提开展业务合作、选择客户。对于新业务、新产品要充分评估风险，及时拟定行内制度，规范内部管理和风险控制流程，避免管理真空。在客户选择方面，应以客户合法经营为前提，审慎根据客户背景、行业背景、贸易背景选择受理对象，对客户伪造贸易背景、虚构企业报表、参与民间借贷等情况予以重视，不予开展合作或采取清退措施。

（3）持续加强内控案防及合规建设。当前，内外部宏观经济形势复杂多变，我国经济金融运行中不稳定因素仍然较多，经济下行压力较大，且预计当前形势还将持续较长时间，一些在经济上行期没有暴露出的问题预计会逐渐暴露。严密内控管理和合规经营是防范法律风险的基础。在经济下行期间，银行要更加重视严格内部管理，持续加强内控案防及合规建设。

（4）严防外部刑事犯罪风险向行内传染。近两年来P2P网络借贷机构数量成倍增长，非法集资案件大量爆发，风险迅速蔓延，并且呈现披着互联网的外衣向线上转移的趋势，司法机关办理的此类案件明显增多，此前e租宝、泛亚事件等即给银行业带来非常严重的负面影响。对此，银行应严防死守，加强重点领域风险防控，筑牢"防火墙"，切断传染通道，避免外部犯罪风险向行内传染、渗透，以防范案件为重点，要求各机构"管好自己的人""看好自己的门"，落实管理和监督责任；对银行员工有无参与民间借贷、客户和业务真实性等强化排查力度，做到有疑必查，有规必守，有责必罚。

（5）夯实银行法律风险防控工作。合格的银行法律专业人员是法律风险防控的基础，对完善法律风险防控机制具有十分重要的意义，但从实践中看，部分银行法律专业人才数量不足、整体素质还有待提高，不能完全适应形势变化。因此，银行应当把提高法律专业人员能力建设一项重要工作，持续夯实法律风险防控基础。

关于我国反洗钱刑事立法的几点思考

富滇银行股份有限公司重庆分行　赵文俊

摘　要

中国人民银行会同反洗钱工作部际联席会议成员单位共同制定并发布了《中国2008—2012年反洗钱战略》（以下简称《战略》），以统筹、指导和推动全国反洗钱工作的开展，共同预防和打击洗钱犯罪行为。这体现了我国政府打击洗钱犯罪的决心和毅力。2008年至2016年，中国反洗钱以中国国情为基础结合国际相关立法，在刑事立法方面作出了重大的改进，建立起了相对完整的反洗钱刑法制度，为我国打击洗钱犯罪提供了法律保障。为了更好地完善反洗钱刑事法律体系，打击犯罪，本篇论文在简要回顾相关立法历程的基础上，对目前我国刑事法律制度进行了详细的分析，提出了修改的建议，希望能为今后的反洗钱工作做出贡献。

文章共分为三部分。第一部分是对我国反洗钱刑事立法的状况的简要概述。第二部分是文章的主体部分，详细分析了我国反洗钱刑事法律所存在的不足，提出了与之相对应的修改意见。第三部分阐明了建立健全我国反洗钱刑事立法的重要性和必要性。

逐本溯源，上世纪90年代，以全国人民代表大会常务委员会制定的《关于禁毒的决定》（现已失效）颁布为标志，我国反洗钱执法工作正式进入法制的轨道。在这之后的近30年中，洗钱犯罪在手段、方式、上游犯罪的种类上都有了新发展，随着国际间经济、政治合作的不断深化以及司法协助的不断加强，洗钱行为已经成为世界各国共同打击的对象。

由于反洗钱实质上是为了避免犯罪分子以各种形式将犯罪收益及其来源予以隐瞒，从而保证犯罪行为得到法律的追诉，有罪之人能够受到法律的制裁。因此，建立健全反洗钱相关法律制度就显得格外重要。另外，反洗钱法律体系的建立是一项十分复杂的立法工程，需要立法机关、各级政府、金融机构的相互配合，也需要多层级法律文件配套实施。在此背景下，我国已经逐步形成了以《中华人民共和国反洗钱法》（以下简称《反洗钱法》）为统领，刑事、行政多法律部门综合配套的多级反洗钱法律体系。[1]

反洗钱的打击对象是上游犯罪的收益及其来源，打击手段是要使行为人受到刑事制裁。因此刑事立法的完备对于反洗钱法律体系的建立就显得格外重要。

一、我国反洗钱刑事立法的状况概述

（一）我国反洗钱刑事立法并未统一规定在刑法典之中，而是以刑法条文、刑法修正案以及单行刑事法律体现

1.1979 年制定的刑法（以下简称"79 刑法"）是否能够惩罚洗钱行为，一直存在争议

该法是在改革开放的背景下制定的，是我国第一部真正意义上的刑法典。从这部刑法典字面上看并没有对洗钱犯罪作出规定，因此大多数学者认为"79 刑法"没有洗钱罪的相关规定。但笔者认为，法律是具有滞后性的，从当时社会经济发展水平、犯罪手段以及金融业发展的客观情况上讲，立法者们对这种"新型犯罪"是无法预见的。另外，"79 刑法"保留了窝藏隐瞒罪，这对于预防"掩饰隐瞒犯罪收益及其来源"起到了一定的作用。

2.我国新刑法及其修正案关于"洗钱罪"的规定

1997 年颁布的刑法在反洗钱刑事立法方面有了重要进展。首先，第一次专门规定了洗钱罪，并扩大了洗钱罪的犯罪范围，将洗钱罪的上游犯罪由毒品犯罪扩大到黑社会性质的组织犯罪、走私犯罪。其次对洗钱的具体行为方式也作出了规定。在随后的刑法修正案三、六中都扩大了洗钱罪上游犯罪的范围，增加了恐怖活动犯罪和贪污贿赂犯罪、破坏金融管理秩序犯罪和金融诈骗犯罪。这些变化一方面反映了我国政府对洗钱类犯罪打击力度的不断加大，另一方面

---

1 有关反洗钱的法律法规包括《中华人民共和国反洗钱法》《中华人民共和国刑法》《金融机构反洗钱规定》《金融机构大额交易和可疑交易报告管理办法》《金融机构大额和可疑外汇资金交易报告管理办法》（现已失效）《中国人民银行反洗钱调查实施细则（试行）》等。

也反映出洗钱犯罪的多样性和隐蔽性等特征。

3.《关于禁毒的决定》（现已失效）是一部单行的具有反洗钱性质刑事法律

这部法律颁布于 1990 年。将毒品贩运与清洗毒赃行为确立为立法目标，是我国对洗钱行为首次在刑事犯罪方面作出的反应。该决定第 4 条规定了掩饰、隐瞒出售毒品获得财物的非法性质和来源的行为，构成犯罪。[2]虽然该单行刑事法律中没有出现明确的"洗钱"罪名和"洗钱"字样，但根据我国刑法学界的通说，均认为这是确立了清洗毒赃犯罪的刑法规范[3]，从而为毒品犯罪的反洗钱提供了法律依据。

（二）我国反洗钱刑事立法中洗钱罪的主体不是上游犯罪的主体

根据我国刑法第 191 条的表述可以看到，洗钱罪是指明知是"上游犯罪"所得和收益，通过"提供资金账户""转账"等方式掩饰隐瞒犯罪收益和来源。这显然是在帮上游犯罪分子逃避法律制裁的行为。而我国洗钱罪并没有包括上游犯罪的主体。

（三）我国刑法中的洗钱罪只处罚"直接故意"犯罪

我国刑法中规定的洗钱罪属于"直接故意"犯罪。直接故意是指明知自己的行为会发生危害社会的结果，并希望或者追求该结果发生的主观态度。主观方面是犯罪构成中必不可少的要素。刑法第 191 条的"明知"一词表明了洗钱罪的主观构成要件。另外，"为掩饰、隐瞒其来源和性质"这一特定目的，表明了本罪属于目的犯。从刑法理论上讲目的犯是不存在间接故意的，因此，我国洗钱罪只能由直接故意构成,间接故意和过失不能构成洗钱罪的主观方面，不能成立洗钱罪。

二、我国反洗钱刑事立法存在的不足与改进

对于洗钱行为的处理最终都要借刑法予以评价，这是由洗钱的上游行为性质所决定的。反洗钱刑事立法的科学与否直接关系到反洗钱的执法效果和对洗钱行为的预防。因此，刑事法律规范应在反洗钱法律体系中处于核心地位。

本文第一部分简要介绍了我国反洗钱刑事立法的状况，在此基础上结合

2　《关于禁毒的决定》（现已失效）第四条。

3　赵秉志：《刑法评论（第二卷）》［M］.2003 年版 . 北京：法律出版社，第 201 页。

国际反洗钱相关立法经验，笔者认为我国反洗钱刑事立法还存在不足，在今后的刑事立法中需要改进。具体表现在以下几个方面：

（一）我国刑法对洗钱罪上游犯罪的规定与我国《反洗钱法》相关规定不一致

我国刑法第 191 条及相关修正案对洗钱上游犯罪情形做了列举式规定，先后将毒品犯罪、黑社会性质的组织犯罪、走私犯罪、恐怖活动犯罪、贪污贿赂犯罪、破坏金融管理秩序犯罪、金融诈骗犯罪纳入到洗钱上游犯罪当中。到目前为止，我国刑法对洗钱上游犯罪的规定共有 7 种。言下之意，对为上述 7 种犯罪的洗钱行为才能构成洗钱罪。但是根据我国 2006 年颁布的《反洗钱法》第二条的规定，反洗钱的上游犯罪并仅仅不限于上述 7 种犯罪。[4] 这样就造成刑法与《反洗钱法》相关规定不一致，给执法带来了困惑。

洗钱的本质是严重危害金融秩序和司法审判的犯罪行为。根据罪刑法定原则，刑法渊源只能是最高立法机关依法制定的刑事成文实体法律规范。其他法律性文件不能创设刑法罚则，例如行政法规与规章、习惯法、判例都不能成为刑法的渊源，这些最多也只能成为理解构成要件要素的材料。国际条约与国际公约等也不能成为刑法的渊源，因为在刑事领域，实体法上判决的依据只能是本国的刑事实体法律规范，只能由刑法规定。

我国刑法是否应该将洗钱罪上游犯罪的范围扩大呢？哪些犯罪也应该纳入到洗钱罪的范围中呢？

首先，扩大洗钱上游犯罪范围是国际形势所趋。因为伴随着改革开放的不断深入，我国的经济发展对世界的依赖性不断增强。

其次，国际洗钱方式和种类的日益多样化和复杂化以及中国加入反洗钱国际公约后所承担的义务的增加也在一定程度上决定我国应扩大洗钱上游犯罪范围。

最后，扩大洗钱上游犯罪范围也是我国打击洗钱犯罪的需要。我国目前刑法规定的 7 种洗钱上游犯罪对于打击洗钱犯罪是远远不够的。如国内犯罪分子将盗窃、诈骗犯罪所得赃款赃物转移到境外进行清洗，通过包装后再转入国

---

4 《中华人民共和国反洗钱法》第二条："本法所称反洗钱，是指为了预防通过各种方式掩饰、隐瞒毒品犯罪、黑社会性质的组织犯罪、恐怖活动犯罪、走私犯罪、贪污贿赂犯罪、破坏金融管理秩序犯罪、金融诈骗犯罪等犯罪所得及其收益的来源和性质的洗钱活动，依照本法规定采取相关措施的行为。"

内进行投资。类似这样的犯罪按照罪行法定的原则是不能以洗钱罪论处。由于立法的不完备，使得相当一部分违法犯罪行为不能得到法律的惩罚，给洗钱犯罪开辟了新的土壤。我国《反洗钱法》起草工作小组组长俞光远认为：从近几年司法实践看，各种形势的洗钱活动有不断上升的势头，其中一个主要原因就是对这类犯罪所得的洗钱活动打击不力，尚未有效遏制。[5] 如果在刑法中能扩大洗钱上游犯罪的范围，将有利于更好地防止和打击这些犯罪的洗钱行为。

《联合国反腐败公约》对国际洗钱罪的上游犯罪范围作了界定。该范围分为最大范围和最小范围。最大范围是给各缔约国提供了一种立法导向和参考，不具有强制性。但是，最小范围是必须执行的最低标准。该最小范围除了我国刑法所规定的 7 种犯罪外，还包括了诈骗，盗窃等犯罪。由此可见，我国刑法对洗钱罪上游犯罪范围的界定仍显得较为狭窄。

我国《反洗钱法》以及相关法规似乎已经认识到了这一不足。《反洗钱法》在第 2 条 "……等犯罪……" 就说明了这一点。但是这样的弥补工作不足以对洗钱犯罪起到关键的作用。比如对于诈骗罪的洗钱行为来说虽然会受到《反洗钱法》的制裁，但是无法使其受到刑罚的处罚。我国在今后的刑事立法中应扩大对上游犯罪的规定，使其与其他反洗钱法律法规相一致，与国际反洗钱公约相协调。

（二）未将洗钱罪的上游犯罪行为人纳入洗钱罪主体范围中

从主体的性质上讲，可分为自然人和单位。我国刑法与《联合国反腐败公约》的规定是一致的。但从我国现行刑法和之后的修正案来看，我国并未将洗钱罪上游犯罪主体纳入到洗钱罪的主体中。

对此问题国内学者也有不同意见。多数学者主张，上游犯罪主体对洗钱犯罪而言是一种帮助性质的，这些犯罪的行为人成为洗钱罪的主体是不适合的，而只有当上游犯罪的行为人与洗钱罪的主体勾结共谋时才可成为洗钱罪的共犯。[6] 然而从《联合国反腐败公约》第 23 条第 2 款第（5）项 "缔约国……可以规定本条第 1 款所列犯罪不适用于实施上游犯罪的人" 的表述中可以推断出国际上对洗钱罪的主体的弹性很大，不限于明确列明的犯罪的主体。

西方国家对于洗钱罪上游犯罪分子本人实施洗钱行为是否构成洗钱罪在

5　罗欣：《〈联合国反腐败公约〉与我国洗钱罪的构成》［A］.《中国刑法学年会文集（第二卷）》［C］.北京：中国人民公安大学出版社，2004 年。

6　阮方民：《洗钱罪比较研究》［M］.北京：中国人民公安大学出版社。

刑事立法上有确切的规定。比如美国刑法规定为金融交易罪，英国刑法将其规定为隐瞒或转移犯罪收益罪。[7]

　　而我国现行刑事立法"明知是法定的 7 种犯罪的所得及其产生的收益，并出于掩饰、隐瞒其来源和性质的目的才构成洗钱罪"的规定显然不利于对洗钱犯罪的制裁，更不利于加强洗钱犯罪的国际协调与合作和相关国际司法协助。因此，笔者建议洗钱罪上游犯罪主体应当纳入到洗钱罪的主体范围中，并取消刑法第 191 条"提供""协助"表述。

（三）洗钱罪的主观方面只能由"直接故意"构成，"间接故意"也可够成洗钱罪的主观心态

　　根据我国刑法规定，洗钱罪的主观方面要求行为人必须明知是法定的 7 种犯罪的所得及其产生的收益，并出于掩饰、隐瞒其来源和性质的目的才构成洗钱罪。"明知……而提供……"的表述排除了间接故意和过失构成本罪的可能。

　　明知包括知道和应当知道。直接故意与间接故意的区别在于行为人的意志因素上，直接故意是行为人追求和希望危害结果的发生，而间接故意是行为人对危害结果采取了放任的心理态度。根据《联合国反腐败公约》的规定，洗钱行为方式是多种多样的，在此基础上行为人主观方面也因上游犯罪的不同而不同。由于犯罪本身的复杂性，金融机构、贸易公司、跨国公司在提供相关服务的过程中就有可能审查不足而放任了洗钱犯罪。

　　放置、离析和融合是洗钱行为的三个阶段，三个阶段有各自不同特点。《联合国反腐败公约》对洗钱罪的构成要求也不尽相同。对于放置和离析阶段的洗钱行为，包括财产进行转换或转移的行为和处置犯罪所得的财产的相关权利行为，这不仅要求行为人"明知财产为犯罪所得"，而且具有"隐瞒或掩饰犯罪所得"之目的。对于这两个阶段来说只能由直接故意构成。但是，对于第三阶段的融合来说只要求行为人知道或应当知道自身获取、占有、使用的财产来源于法律规定的特定犯罪所得，就可以构成犯罪。[8] 因此对于第三阶段的融合来说是可以由间接故意构成的。

　　因此，我国在修改洗钱罪立法时，可以根据洗钱犯罪的三个阶段分别对主观要件加以区别规定，设置不同的犯罪构成，在一定范围内将间接故意认定为洗钱犯罪的主观要件。另外，在制度上可以建立主观上的推定制度，在排除

7　徐汉明、贾济东、赵慧：《中国反洗钱立法研究》［M］.北京：法律出版社。
8　顾肖荣：《金融犯罪惩治规制国际化研究》［M］.北京：法律出版社。

合理怀疑的基础上推定出行为人对于洗钱犯罪的故意心态。

（四）洗钱罪的财产刑的数额应当具体化，并且对单位犯罪的罚金数额作明确规定

根据我国刑法洗钱罪刑罚的规定，单处罚金的额度为洗钱数额的 5%—20%。这种处罚方式有一定的合理性：即洗钱数额越高，罚金的数额就越大，符合罪与罚相适应原则。但是笔者认为这种建立在洗钱数额之上的罚金具有不确定性。首先，对于洗钱数额的确定是一项长期复杂的工作，需要大量金融、审计人员的参与，另外取证也比较困难。洗钱数额的正确与否直接影响到罚金的比例。因此，笔者建议在罚金的适用上规定一个或几个确定的数额或者一个或几个数额区间，这样就避免了因洗钱数额的不准确而造成罚金适用上的偏差。

除了自然人外，单位也能成为洗钱罪的主体。具体体现在刑法第 191 条第 2 款，但规定的十分笼统，只是说对单位判处罚金，并没有明确规定罚金的数额。单位犯罪是应该适用第 1 款中对自然人犯罪罚金的规定，还是另有他法，不得而知。这样会给司法审判带来困惑。笔者希望在今后的相关立法中对此问题能够给予明确的规定。

三、发挥刑事立法对洗钱犯罪制裁核心作用的意义

（一）刑事立法的完备是我国建立法治国家的必然要求

民主与法制是建立法治国家不可或缺的两个条件。民主要求刑法的制定必须有代表人民意志的机构作出，其他法律不能与其相违背。刑法肩负着惩罚犯罪保护人民的重任，只能由全国人民代表大会制定。但由于法律的滞后性，又需要对法律作变更和完善，使其与其他法律规范相协调。法制的完备是建立法治国家的硬件条件。民主与法制构建起了法治的基础。

因此，完备的刑事法律规范有利于我国更好地维护社会的安宁与稳定。

（二）进一步完善反洗钱的刑事立法与国际反洗钱规范相符合

当今，洗钱已经发展成为高度复杂的跨国性犯罪。为了逃避法律的制裁，洗钱者往往将"黑钱"转移到在数个国家。各个国家的银行都为客户提供了健全的保密制度，致使对洗钱犯罪的追究变得十分艰难。面对此种情形，国际反洗钱立法也在不断发展，不断扩大上游犯罪的范围。我国刑法第 312 条与国际公约所要求的"各缔约国尽可能将所有犯罪列为洗钱罪的上游犯罪"，

并不相符。⁹

为了更有效地打击洗钱及其相关犯罪，加大国际间反洗钱刑事司法协助，我们的反洗钱刑事立法也应该与国际上的反洗钱立法发展保持一致，适时修改我国的反洗钱刑事立法。

综上所述，刑事立法在反洗钱的法律制度中处于核心地位，反洗钱刑事立法的完备与否直接关系到我国反洗钱执法的成效。结合国外的立法经验，可以看到我国刑法对反洗钱规定还十分粗陋，通过本文的写作希望能为反洗钱刑事立法起到一定的作用。

9　赵秉志：《关于我国刑事法治与〈联合国反腐败公约〉协调的几点初步探讨》〔J〕．法学杂志，2005 年第 1 期。

第五篇

中国银行业法律合规前沿问题研究（第四辑）（2018）

法律风险管理

浅析商业银行并购贷款法律合规问题

招商银行总行法律合规部　周春梅

并购贷款是为了开展并购活动而发放的贷款，在国家将鼓励和扶持境内外并购作为经济新常态下促进行业发展重要手段的宏观背景下，商业银行并购贷款业务在可预见的将来必然具有广阔的发展前景。本文基于商业银行法律合规管理的角度，从并购贷款涉及的众多法律合规问题中，选取并购审批和核准登记、并购贷款担保增信、并购贷款的股权和资产监控以及跨境担保外管问题等有代表性和研究价值的几个领域，结合笔者对商业银行法律合规事务处理和参与并购贷款项目的经验，进行了理论和实践相结合的探讨，以期为商业银行开展并购贷款业务提供参考和借鉴。

一、何为并购贷款

并购（Mergers and Acquisitions， M&A）包括兼并和收购两层含义，是指通过企业合并，资产或股权收购实现对目标企业或相关资产控制的交易行为。并购贷款，顾名思义，就是为了开展并购活动而发放的贷款。

（一）并购贷款与传统信贷业务的差异

对于商业银行而言，并购贷款与传统信贷业务存在较大差异，并购贷款业务的开展也由此给商业银行带来了不小的挑战。

首先，开展并购贷款时，除了对于作为贷款企业的客户进行综合评估外，还需要对并购的目标企业进行研究分析；其次，并购成功与否取决于多项因素，不仅涉及企业自身的经营前景和行业发展状况，也涉及不同企业文化兼容、人员安置是否能稳妥落地，而这些复杂因素必然影响并购贷款能否成功回收；再次，在当前的经济环境下，企业走出去和引进来的需求十分旺盛，通过并购贷款介入跨境并购的商业银行还需兼顾不同国家、地区对于并购业务的不同要求；最后，并购涉及国家行业管制、公司治理、外汇政策、税收安排、上市许可等多方面的法律法规和监管政策，而并购行为的合法合规性直接影响并购贷款的安全性，商业银行在开展并购贷款业务时理应对并购所涉及的各项政策法规有所涉猎。

（二）我国现阶段对于并购贷款的态度

近年来，国务院在推进国际产能和装备制造合作、大力发展电子商务、加快培育外贸竞争新优势、加快发展服务贸易、促进云计算创新发展培育信息产业新业态等指导意见中无一例外地将鼓励和扶持境内外并购作为经济新常态下促进行业发展的一项重要手段，作为商业银行核心监管机构的银监会（已撤销）也几次修订《商业银行并购贷款风险管理指引》，督促商业银行在合理把控风险的前提下积极开展并购贷款，响应国家优化产业结构的号召，不断提升针对企业兼并重组的金融服务水平。这些政策层面的动向充分反映了监管当局引导商业银行介入当今以整合社会资源，节约生产成本，引进先进技术和管理经验等为目的的兼并重组活动的积极态度，也昭示了政府对商业银行身体力行，发挥中流砥柱的作用，以金融服务于国计民生的热切期望。

随着亚太自贸区、"一带一路"、金砖国家新开发银行、亚洲基础设施投资银行、丝路基金等区域经贸与金融合作机制的推进，商业银行并购贷款业务在可预见的将来必然具有广阔的发展前景。

（三）并购涉及众多法律合规问题

并购除了包含公司法上所规范的吸收合并和新设并外，实践中，从广义上理解，在不发生公司实体变化情形下对特色业务、产品或商标的收购或控制也可纳入其范畴。例如国内最大血糖仪及试条生产商三诺生物参与竞购拜耳集团旗下的糖尿病设备业务一例，就是三诺生物顺应国内高端医疗设备国产化进程需求，拟将拜耳上述业务整合成自己旗下的品牌，实现拜耳血糖仪扩大市场，提高品牌知名度的一项并购活动，遗憾的是未能成功。

除了形式上的多样性以外，并购还可能涉及上市、退市、境内外资金资产调拨等各种环节，运转流程横跨资本市场、资金市场和实业市场。并购业务本身的复杂性决定了商业银行在开展并购贷款业务时需要具体情况具体分析，时刻面对不同的法律合规问题。对于这些问题的准确理解和妥善应对有利于商业银行在科学评估并购行为成功几率的基础上合理确定并购贷款策略。本文将从专注于商业银行业务法律合规审查工作的专业人员角度，就商业银行并购贷款所涉部分重要法律合规问题进行分析，以期为商业银行开展并购贷款业务提供参考和借鉴。

二、并购审批和登记核准

如前所述，并购是一项非常复杂的商业交易活动，除了常规的工商登记变更外，往往还涉及国家行业准入、上市和退市、税务审批等要求，跨境并购更关涉国家的外管政策，内外投融资的限制或禁止性要求，任何一个环节出现差错或延误，均可能对并购成功与否产生影响，进而影响到并购贷款的回收进程。

以笔者参与的一项并购贷款业务为例来分析，境内实际控制人拟在香港设立 SPV 公司，收购美国上市公司流通股份以实现私有化和退市，然后再拆除境内 VIE 结构，由境内核心企业收购香港关联企业的核心资产，最终实现境内上市。在这个过程中，境外私有化进程由银行境外机构以银团贷款的方式发放境外并购贷款，以境外公司的股权作为担保物；境内收购和上市进程由银行境内机构在监管允许的比例范围内发放并购贷款解决资金融通需求，并以境内股权、物业和实际控制人担保作为增信措施。这个项目的代表性在于，其整体流程几乎包含了常规并购项目所有可能涉及的环节，而每个环节都涉及对应的登记审批问题。

首先，境外私有化和退市。在以实际控制人新设 SPV 公司收购美国上市公司流通股，从而实现退市的过程中，需要符合当地美国证券交易委员会（SEC）合法合规性要求。同时，是否符合当地监管要求还会直接影响境内上市成功与否，因境外退市是否合乎当地立法和监管要求，是否与原流通股股东设定对赌安排或其他可能影响未来境内上市公司资产或经营的条件，这些情况是我国证券发行和监督管理机构在进行上市审核时所关注的一个重要环节。其次，境内拟上市核心企业收购境外资产属于对外投资，需要在国家发改委和省级发改部门、商务部或省级商务主管部门办理备案或核准手续，同时此环节中所产生的资金转移还需核查是否应按国家外管机构要求办理外汇登记或备案手续。最后，境内核心企业完成资产收购后，在境内还需要经历 IPO 上市的监督和审核流程。

不管是哪个环节，办妥监管审批、登记和核准手续都会直接影响并购成功与否。商业银行在核查企业是否依法合规办理必要的审批、登记和核准手续时，应将以下几方面作为重点予以关注：一是并购是否涉及国有资产，如是，则须核实企业履行国有资产重组的审批手续，以防范国有资产流失风险以及由此可能导致的并购贷款风险；二是并购所涉行业是否存在特殊产业政策要求（例如与国家安全有关，属于限制经营或特许经营领域，等等），如是，应核实企业是否具备相应主体资格或获得必要许可；三是并购项下的资产和资金往来是否具有合理商业背景，是否可能涉嫌偷逃税款，转移定价或不当利益输送等违法违规情形；四是跨境并购的安全审查、外汇管理等特殊政策要求是否得到满足。这些方面往往是监管当局对并购行为监督管理的核心落脚点，关系到并购行为是否合法有效的认定，从而直接影响并购贷款的安全性。

三、并购贷款的担保增信手段

担保作为信贷业务常规增信手段，在并购贷款中占有举足轻重的地位。并购贷款往往具有金额巨大，时间较长和分阶段推进的特性，与此相对应，商业银行要求借款人提供的担保也具有种类混搭，分段落实等特点。具体来说：并购项目中采用的保证担保一般是要求开展并购的企业的实际控制人提供，通过将实际控制人的个人责任与并购贷款的安全性捆绑，督促实际控制人着力推进并购；股权、资产和资金的担保通常是围绕着并购企业及其控股股东，并购企业的关联企业进行设计，核心目的是以设置担保的方式控制并购活动中的核心资产，维护并购贷款的安全。

以上担保方式从法学理论的角度可统一划分为人的担保和物的担保两大类，对于这两类担保所涉及的核心环节，诸如：担保人的资质是否符合立法要求，是否依法履行了相应的登记手续，是否为合法可抵质押的资产或权利，等等，属于和一般信贷业务类似的常规问题，笔者不再赘言。此处仅就落实并购贷款所涉担保措施需要特别关注的几个点予以阐述：

1. 把握进展流程，妥善实施分段担保

并购行为不是一项简单的买卖交易，从最初的磋商，谈判，到签署协议，具体实施，到最终的完成登记和办理收尾工作，往往会持续较长一段时间。如果涉及到跨境、上市或退市，耗费数年的时间也很正常。在这个过程中，由于并购通常会涉及到资产或股权的转移，而这些资产或股权往往又是银行发放并购贷款时设定的担保物，因此在并购贷款持续过程中提前解除担保，重新办理新的担保或变更担保措施的情形时有发生。

商业银行在处理时需牢牢把握三个核心点：一是解除担保是否确有必要，

例如用于提供担保的股权或资产是否必须转移所有权，有无其他股权或资产可替代，或能否采取其他措施规避办理转移，等等，只有当并购的进一步开展以银行解除担保为前提，不配合释放担保物并购就无法进行下去的情况下，方能考虑提供配合；二是释放担保前要落实补充担保措施，在信贷人员评估补充担保可接受的前提下，办妥补充担保的各项手续，然后才能进行担保物的释放；三是考量已解除担保的资产或股权是否有可能在变更所有权后重新抵质押给银行，关注企业并购进程，在具备重新抵押的条件后第一时间要求企业配合办理相关手续。

2.结合行业特点，慎选担保财产和担保方式

不同行业的企业核心资产不同，例如制造行业的机械设备、厂房，房地产企业的土地、房屋，高新科技行业的知识产权，贸易加工企业的应收账款，等等。鉴于企业的核心资产通常是企业利润来源的重心，商业银行为并购贷款谋求担保增信的时候，应当结合行业差异的特点，有针对性地选取对企业具有核心价值的财产设置物权担保，方能达到有效保障并购贷款安全的效果。

在准确选择核心资产的基础上，还需结合实际情况灵活确定适当的担保方式。举例来说，以现金提供担保按照目前担保法司法解释、物权法的规定，既可设定为存单质押，也可设定为保证金质押，两者在法律性质和适用法律上有所区别。存单质押属于权利质押，保证金质押属于动产质押。结合当前的立法和司法实践，保证金质押需要满足担保法司法解释要求的"特定化"和"移交占有"，实践中很多银行将收取的保证金存放在企业名下的账户中，并允许满足特定条件下的资金流入流出，这容易引发法院对于保证金是否"特定化"和"移交占有"的质疑。最高人民法院判例曾确认在银行实际控制账户的前提下，保证金帐户以出质人名义开立可以认定为"移交占有"；在保证金账户特定的前提下，与保证金业务相关的金额浮动不影响质押效力。[1]这对司法机构认定"特定化"和"移交占有"具有一定的指导意义，但我国并非判例法国家，实践中仍不能排除部分司法机构在审理案件时持有其他意见的可能。相比之下，存单质押在法律关系上更为清晰明确，可考虑优先选择。

再如，动产既可用于抵押，也可用于质押，两者的核心区别在于是否移交占有。对于商业银行而言，两者各有利弊，采用动产质押可以更好地控制相关动产，但需要考虑如何存放，且此等控制必然导致企业无法有效运用相关动

1　《农业发展银行安徽分行诉张大标、安徽长江融资担保集团保证金质权确认之诉》［J］. 最高人民法院公报，2015 年第 1 期。

产获取收益；与此相反，动产抵押不会影响抵押人对相关动产的使用，但商业银行的监控如果不到位，所能产生的担保效果又将十分有限。

又如，对于很多优秀的科技型企业，知识产权是十分重要的核心资产，能够创造巨大的物质财富，我国担保法和物权法均许可以知识产权中的财产权提供质押，但实践中，知识产权经济价值波动较大且缺乏统一客观评估标准的特性会导致对其质押价值的准确判断存在难度，知识产权的时间性和地域性特点也决定了商业银行接受其为质物必然要投入充分的人力物力持续跟踪了解权利状态，一旦发生贷款风险如何及时有效地就出质知识产权进行变现也是个难点，因此，采纳知识产权质押需要详细甄别易变现、市场认可度高以及增值潜力大的知识产权。

总的来说，精准把握各类担保的法律定性，结合企业的实际情况，灵活采纳不同担保方式，是有效保障并购贷款第二还款来源，维护商业银行作为贷款人合法权益的重要手段，不容忽视。

3. 关注地域差异，办妥担保手续

在找准了担保财产，确定了担保方式之后，还需要通过办妥担保手续来敲砖定钉，方能真正达到担保增信的效果。由于并购涉及到的是企业的全局性战略规划，金额所需资金往往十分巨大，商业银行为了保障其巨额贷款资金的安全性，在担保增信手段上通常会要求囊括尽可能多的核心资产。这些资产可能位于不同省市，跨境的情况下还有可能在其他国家和地区，相应的，担保手续的办理也需要关注和了解各项财产所在地的地域性要求。

仍以前述笔者参与的并购贷款项目为例，企业拟提供其位于境内的多地物业办理抵押，但是由于并购贷款分两个阶段，第一阶段是银行境外机构贷款，第二阶段是银行境内机构贷款，为了确保两个阶段的贷款都能享受担保增信，物业抵押考虑采取顺位抵押的安排。按照我国物权法第187条的规定，以土地使用权、建筑物等提供抵押的，抵押权自登记时设立。鉴此，为了确保抵押权有效设立，商业银行有必要通过适当的途径从抵押物所在各地登记机构分别详细了解当地对顺位抵押的态度，包括是否接受顺位抵押登记，抵押物的价值如何评估，债权金额如何登记和计算，等等，这项工作应作为并购贷款尽职调查的一项重要内容办理。

四、并购贷款中的股权和资产监控措施

银监会（已撤销）《商业银行并购贷款风险管理指引》要求商业银行在开展并购贷款业务时，应在借款合同中约定保护贷款人利益的关键条款，其中就包括了对借款人或并购后企业重要财务指标的约束性条款、特定情形下获得的额外现金流用于提前还款的强制性条款等。此等要求是基于对并购贷款回收与借款人或并购后企业经营管理状况息息相关的考虑而设。实践中，商业银行为了有效保障并购贷款的安全性，除了财务指标和账户的监控外，往往还会结合实际情况就借款人或并购企业的股权、资产提出限制性要求，具体包括：（1）未经银行同意，不得擅自进行兼并或销售其核心资产；（2）限制资本性支出，租赁支出，借款，进行大额投资；（3）禁止或限制在未经银行同意的情况下进行股权变更或控制权变更，防止借款人在并购过程中不当剥离核心资产；（4）禁止或限制修改兼并协议或重要债务凭证；等等。[2]

从法律性质上来分析，纳入合同文本的监控安排构成银行和借款人之间约定的债权债务关系，受法律保护，但其实际效果取决于多方因素。

首先，该等监控安排在被设定为借款人合同义务的同时，还须通过协议明确借款人违反该等义务需要承担的违约责任，确保银行在获知不利情形发生时能够掌握主动权。一般来说，银行可在协议中约定，一旦借款人出现违反监控措施的行为，银行有权采取停止发放新的贷款、宣布已发放贷款提前到期、计收违约金、处分担保物以清偿贷款等措施。赋予银行采取各种行动的选择权，既能在一定程度上对借款人形成威慑，也确保了双方在确定借贷关系时就对双方特定情形下的权利义务有清晰的预见和了解。

其次，银行对协议约定的股权、资产和账户监控的及时性和有效性对于确保监控安排的实际效果也很重要。如果银行不能随时了解借款人的经营状况和重大行动，即使协议中做出再周全的安排，也将形同虚设。以账户监控为例，银行通常会要求借款人在协议中承诺，其会将银行作为主要或唯一结算银行，在银行开立结算账户，日常经营收支和并购过程中发生的资金往来通过该账户办理（如为集团公司，该安排往往更加复杂，银行可能要求集团公司和各附属公司统一使用银行提供的系统化现金管理服务）。需要指出的是，即使银行约定了账户监控安排，借款人的相关业务往来也都通过监控账户进

2　冯静生：《对我国商业银行发展并购贷款的思考》［J］.中国农村金融，2010年第6期，第59—63页。

行，如果银行在实际操作中将其等同于一般结算业务处理，是达不到实际账户监控效果的，必然要区分于一般结算，由专人结合对借款人的财务和经营状况，定期或不定期进行账户收支分析，才能真正实现实时了解借款人动态的监控效果，确保及时发现异动和采取合理措施。

最后，借款人道德风险的防范也会影响监控安排的实际效果。如前所述，监控安排在法律性质上来讲是合同义务的一种，而合同义务的履行最终是依赖于借款人的诚实守信。如借款人发生道德风险，恶意逃废债，则监控安排的效果将大打折扣。一般来说，借款人的道德风险是无法百分百避免的，但银行可通过对借款人历史信贷记录的查询，与借款人业务往来情况的分析，以及对借款人自身经营状况和所处行业的研究判断来评估借款人发生道德风险的可能性大小。一个以诚信为基准，具备一定期间稳健经营和拓展经历，在市场或行业上有一定口碑的企业，自然对违约所造成的信誉风险和随之而来的交叉违约风险更为忌讳，其认可的监控安排所具备的约束效力也会更强。

五、跨境担保涉及的外管问题

跨境并购从资金流向的角度可分两类，一是境内企业海外并购，二是境外企业境内并购。无论是在哪种情形下发生的并购贷款，都可能涉及跨境担保问题。在人民币国际化进程加快和放松外汇管制的大背景下，国家外管局2014年5月发布《跨境担保外汇管理规定》（以下称"规定"）及其操作指引，在跨境担保的管理上做出了一系列调整。

首先，规定按照担保当事各方注册地的不同将跨境担保分为内保外贷、外保内贷和其他形式跨境担保。其中内保外贷对于债务人范围的界定限于注册地在境外，与原对外担保相关制度的规定相比有所收窄，外保内贷则将债权人、债务人分别限定为境内金融、非金融机构，并将委托贷款排除在外，非符合限定条件的外保内贷需要批准后方能办理；其次，以登记备案替代审批核准，规定内保外贷和外保内贷施行登记管理，其他形式跨境担保，除外汇局另有明确规定外，担保人、债务人不需要到外汇局办理登记或备案；再次，以往的商业银行融资性内保外贷指标核定要求被取消，办妥登记的内保外贷或外保内贷在担保履约时允许当事人自行办理；最后，内保外贷和外保内贷项下违约后暂停新签约的惩罚机制，等等。

在处理跨境并购项目时，需要准确理解上述跨境担保政策，从法律合规的角度还应重点把握以下两点：

1. 担保登记对于担保合同效力的影响

规定明确了外管局对跨境担保合同的核准、登记或备案情况以及规定明确的其他管理事项与管理要求，不构成跨境担保合同的生效要件。这一规定改变了原《境内机构对外担保管理办法实施细则》关于"担保人未经批准擅自出具对外担保，其对外出具的担保合同无效"的原则，将行政审批和管理要求与合同生效要件分离看待，有利于维护民商事领域法律关系的稳定性。但需要指出的是，2000 年最高法关于适用担保法若干问题的解释吸收了当时人行和外管局规定的口径，将"不符合外管机构要求的对外担保合同无效"这一监管理念上升到司法解释的层面，而该司法解释目前亦处于有效状态。这种不同机构立法步调不一致的局面有可能导致司法实践中对未经审批或登记的对外担保合同是否有效的判定出现不同认识和结果，需予以重点关注，勿因外汇局的最新规定而片面疏忽办理必要的核准、登记或备案手续。

2. 特殊审批要求

整体来看，规定将监管重心从事前审批调整为事后管理，顺应了行政管理简政放权的大趋势。但对于部分特殊情形，外管局还是保留了事前批准的要求，包括：未经外管局批准，内保外贷项下债务人不得将担保项下资金调回境内使用；担保履约后，担保人未获债务人足额清偿的，内保外贷项下未经外管局批准担保人须暂停签订新的内保外贷合同，外保内贷项下未经外管局批准债务人须暂停签订新的外保内贷合同；超出规定所界定范围的外保内贷未经批准不得办理；等等。商业银行在发放并购贷款时，如接受跨境担保，除了把握当前监管松绑的精神外，也有必要仔细研究各种例外情形，避免因触及监管红线而导致担保无效的法律风险以及因违规导致处罚的合规风险。

六、结论

综上所述，并购是一个环节众多，涉及专业领域面广，出现不可控因素几率高且持续时间长的高端商业活动。在经济新常态的今天，作为推进企业整合，提升管理经验，引进新技术新模式的重要手段，其必将在我国商业领域占据越来越重要的地位；与此相应，与并购行为相配套的并购贷款，在商业银行众多产品中也必将脱颖而出，成为越来越受瞩目的新兴业务增长点。

在此背景下，商业银行有必要对并购贷款做全方位深入分析研究。而该项业务复杂性和专业性强的特点决定了，除了有前瞻性和精准性的行业、财务、企业文化等分析研究外，对并购贷款涉及的众多法律合规问题也需投入精力进行必要查实、考证和探讨。这是因为，法律合规问题决定的是市场准入以及权益保障的基本点，任何一个环节的疏忽都可能导致并购行为的失败，从而催生并购贷款形成不良。

本文所探讨的各项法律合规问题并不能涵盖并购贷款可能面临的所有问题，尤其是在跨境并购的情形下，境外私有化、去红筹、拆除 VIE 结构，任何一个环节都可能滋生出疑难法律合规问题。这些问题需要我们在熟知商业银行业务模式，时刻关注立法发展变化和监管动态，不断参与各类并购贷款项目以获取实战经验的基础上进行持续研究和探讨，只有如此方能满足并购贷款这种商业银行特殊融资模式对技术性和专业性的潜在要求。

关于加强跨境业务法律风险防范的思考

中国银行股份有限公司广东省分行课题组

摘　要

　　近年来商业银行跨境业务蓬勃发展，业务规模越来越大，交易结构也日趋复杂，业务办理中隐藏的法律问题及法律风险日渐呈现出来，为切实做好相应法律风险防范，本文在对跨境业务法律风险作全面思考的基础上，提出了业务从事前环节、合同签署环节、材料转递补及保存环节到纠纷处理环节的法律风险防范建议，以求达到加强商业银行跨境业务法律风险管理的目标。

　　近年来，随着国家"走出去"战略的实施、"一带一路"倡议的落实以及各自贸区的设立，商业银行跨境业务蓬勃发展，各级机构办理的跨境业务规模越来越大、种类越来越多，交易结构也日趋复杂。在业务办理过程中，需要理清的法律问题以及潜藏的法律风险亦逐渐呈现出来，为切实做好跨境业务法律风险防范，本文在对跨境业务法律风险作全面思考的基础上，提出有关建议。

　　根据有关法律规定[1]，结合商业银行业务情况，本文项下"跨境业务"定义为：涉及境外[2]客户，或者与该项业务有关的动产或不动产在境外，或者与该项业务有关的法律事实涉外的业务。

1　最高人民法院关于适用《中华人民共和国涉外民事关系法律适用法》若干问题的解释（一）第一条　民事关系具有下列情形之一的，人民法院可以认定为涉外民事关系：
（一）当事人一方或双方是外国公民、外国法人或者其他组织、无国籍人；
（二）当事人一方或双方的经常居所地在中华人民共和国领域外；
（三）标的物在中华人民共和国领域外；
（四）产生、变更或者消灭民事关系的法律事实发生在中华人民共和国领域外；
（五）可以认定为涉外民事关系的其他情形。
2　基于本文研究目的，本文项下使用"境外""国外""外国"等包括港澳台地区；而使用"我国""国内""中国"等时，则不包括港澳台地区。

一、商业银行跨境业务基本情况

目前商业银行广泛开展跨境业务，业务类型囊括负债、资产与中间业务。商业银行跨境业务总体上呈现以下态势：

（1）业务规模大且种类多。跨境业务对公、个人业务条线均有涉及。主要业务品种包括跨境贷款，跨境投融资与并购金融服务，跨境资产转让，银行承兑汇票，汇款、托收、信用证等国际结算业务，国际保函，国际信用证项下贸易融资产品，国际保理类授信产品，个人出国金融，跨境电子商务合作，等等。

（2）涉及区域广。遍布港澳台、各大洲主要国家和地区，主要集中在经济发达地区，涉港业务占比高。

（3）发展前景广阔。跨境金融可以推动国内商业银行全球化经营趋势，统筹利用境内外金融资源满足客户需求，特别是随着"自贸区""一带一路"政策深化，预计未来发展前景广阔。

（4）业务日益复杂，风险逐渐暴露。一项跨境业务涉及境内外银行、境内外企业多方主体；融合多项金融服务，例如信贷业务与融资租赁结合，国际结算、贸易融资与远期结售汇等金融衍生品配合叙做，境内理财资金募集、投资，与境内企业境外并购融资需求相对接等。业务复杂化，事前防控如跟不上，相应的风险将会逐渐暴露。

总之，跨境业务已成为带动商业银行综合效益提升、塑造全球品牌影响力、抢抓国家战略机遇加快发展的重要业务，而随着国家各项利好政策的大力推行，业务必将更快发展，风险防控必须抓紧跟上，研究跨境业务法律风险的重要性已凸显出来。

二、跨境业务法律关系及有关法律规定

跨境业务法律关系，主要体现为跨境债权债务关系，主要是合同之债，商业银行可能为债权人，亦可能为债务人；跨境担保关系，包括物保人保，包括对外提供担保以及接受境外担保，商业银行可能为债权人及担保权人，亦可能为担保人。

规范跨境法律关系的法律规定包括国内立法、国际条约、国际惯例等。有关法律规定具有以下特点：

（1）以冲突规范为主。此类规范仅指引国际民商事法律关系应适用何种

法律，并不规定具体的权利义务。[3]

（2）国内立法规定分散、复杂。《中华人民共和国民法通则》第八章、《中华人民共和国涉外民事关系法律适用法》专典专篇之外，还有各单行法规与司法解释并存。

（3）跨境业务监管规定多，政策性强。仅跨境人民币业务就涉及十几项监管规定，资金跨境收付或资产所有权跨境转移等亦将涉及外汇监管政策。

三、跨境业务法律风险分析

由于跨境业务办理中具有涉外因素，法律规则体系复杂，不同于国内业务，跨境业务可能存在以下法律风险：

（一）跨境业务涉及的涉外事项分布境外，信息严重不对称

跨境业务中与法律风险有关的信息可能分布在境外，例如事关境外主体是否具有行为能力、境外物权或债权状况等，这些信息直接影响客户与商业银行之间的法律关系。此外，涉及的信用风险、市场风险、流动性风险等其他风险信息也可能在境外，例如，企业分红情况、财务指标、公司年报、应收账款履约情况等。

跨境业务中，境内外信息不对称的情况十分严重。因对境外情况，特别是法律规定的不了解，判断需关注哪些事实本身即有难度，所收集的信息是否全面并不确定；重要事实来源于境外，亦难以确定其是否真实准确。信息不对称的直接后果便是业务风险评估可能不准确，风险防控措施亦可能不到位。

（二）跨境业务涉及不同法律规范，且可能存在法律冲突，业务办理依据的法律规则复杂

由于不同国家和地区的法律体系及规则存在差异，跨境业务办理需考虑冲突规范。根据我国涉外民事关系法律适用法，银行跨境业务有关的主要法律冲突规范及有关风险包括：

3　国际民商事法律关系，涉及到多国或地区，各地法律对同一问题的规定不同，存在法律冲突。为了解决法律冲突，就产生了规定某类国际民商事法律关系应受何种法律调整和支配的法律规范，此类规范称之为冲突规范。冲突规范是国际民商事法律关系最主要的调整方法。另一种调整方法，是直接规定国际民商事法律关系中当事人的具体权利与义务，多见于国际条约和国际惯例。

1. 境外交易对手的行为能力需依据境外法在境外调查

判断民事主体是否有行为能力，应当适用属人法，简单而言，自然人依照其经常居所地法律判断，法人及其分支机构适用登记地法律。[4]

如果跨境业务涉及境外客户，便需要依据境外客户属人法调查客户的行为能力。国内银行对境外法律并不熟悉，一旦有失误，与无/限制行为能力者叙做业务，将可能导致该客户在跨境业务项下所实施的一切法律行为均无效，包括其签署的法律文件、作出的承诺、提供的担保等。

2. 跨境业务中涉及的境外财产可能需依据境外法调查物权状况

不动产物权适用不动产所在地法。动产物权，也以适用物之所在地法为原则，但动产具有移动性，一般是适用能够引起动产物权变动的法律事实发生时动产所在地的法律。[5] 动产物权的法律适用问题，还存在例外[6]，需具体问题具体分析。[7]

跨境业务主要需根据前述规则确定债务人、保证人的主要财产或者担保涉及的物权的适用法律问题。确定适用境外法律的，需要根据境外法律确定物权问题，包括是否享有所有权、所有权是否有瑕疵、所有权是否允许转让、是否允许设立担保物权等，跨境物权调查的难度相比国内业务更复杂，一旦在物权上存在瑕疵，最终可能导致损失。

3. 跨境业务合同选择适用的法律不当可能产生相应的法律风险

当事人可以协议选择涉外合同适用的法律。所选择的法律，可以是中国法，

4　《中华人民共和国涉外民事关系法律适用法》

第十二条　自然人的民事行为能力，适用经常居所地法律。

自然人从事民事活动，依照经常居所地法律为无民事行为能力，依照行为地法律为有民事行为能力的，适用行为地法律，但涉及婚姻家庭、继承的除外。

第十四条　法人及其分支机构的民事权利能力、民事行为能力、组织机构、股东权利义务等事项，适用登记地法律。

法人的主营业地与登记地不一致的，可以适用主营业地法律。法人的经常居所地，为其主营业地。

5　例如，动产质权自出质人"交付"质押财产时设立，动产在广州交付的，动产质权问题适用国内法律，动产在香港交付的，则适用香港法律。

6　主要有：允许当事人协议选择动产物权所适用的法律；运输途中货物物权变动一般适用运输目的地法、船舶和飞行器的物权关系需另查《中华人民共和国海商法》和《中华人民共和国民用航空法》的特殊规定；法人主体终止有关物权关系一般适用法人属人法；遗产继承中动产一般适用被继承人死亡时经常居所地法律等。

7　《中华人民共和国涉外民事关系法律适用法》还规定，类似于动产物权的权利质权，适用质权设立地法律。

也可以是外国法、国际惯例等。当事人选择的合同适用法律将主要适用于解决合同的内容、效力问题。

每一笔存在跨境因素的合同均应考虑选择适用法律的问题。选择不当可能发生的不利局面，如，选择了境外法，但不熟悉境外法的规定，导致合同的内容甚至效力存在瑕疵；当事人选择适用的法律被管辖法院排除，导致合同法律风险不确定性增加等等。

（三）跨境业务需符合多项监管政策，合规风险防控压力大

相较于法律规定，跨境业务的监管规定更为庞杂，更新更快，且常根据内外部局势变化放宽或者收紧。银行业务如不符合政策规定，将面临监管处罚、带来声誉风险。

（四）跨境业务纠纷解决成本高，司法救济道路艰难

跨境案件，无论在境外办理还是境内办理，无论商业银行是案件当事人还是协助执行人或其他角色，均与非跨境案件不同，纠纷处理成本高昂。国内案件中商业银行通过司法程序作为权利的最后救济途径的期待在跨境案件中往往十分难以实现，例如：事前约定争议解决机制不当导致境外司法机关保护其本国利益而对我方不利、适用外国法、无法查明外国法、参加境外诉讼引起媒体高度关注、判决裁决跨境执行被拒绝或者难以执行；材料转递环节疏漏导致域外形成的证据在境内诉讼仲裁中无证据效力等。

四、法律风险防范及应对措施

（一）事前环节：准确判断适用法律，高度重视境外风险信息收集与评估，有针对性地做好事前风险防控

跨境业务开展之前，首先应当根据有关冲突规范判断业务中是否可能适用外国法；再以此为基础，结合各类风险防控需求，确定需收集哪些境外风险信息；对于收集到的信息，除传统风险评估外，还应当根据所适用的外国法进行法律风险上的评估。在这一系列的前期工作基础上，更有依据地做好风险防控。

下面将以常见的商业银行接受"境外担保"[8]为例，作具体说明[9]：

1. 以属人法为基础，关注与境外担保主体有关的风险信息，确保担保人有担保能力

保证人、抵质押人（下称"担保人"）为境外主体的，了解其在所属地与其提供担保有关的基本信息。这是基于行为能力等主体问题适用属人法的冲突规范，依据境外主体的属人法，从法律上判断其是否适格的担保主体；亦了解境外主体的基本财务情况，从资信能力上判断其担保能力。具体包括：

（1）担保人是否具有民事行为能力；

（2）是否被允许作担保人；

（3）担保人与债务人之间的关系是否影响担保人提供担保以及担保程序；

（4）担保人属于上市公司的，上市公司提供跨境担保是否有特殊规定；

（5）担保人股东董监高情况、外部信用评级、财务状况、经营状况、负债及其履约情况、担保情况、诉讼仲裁情况等影响其资信的信息；

（6）担保人提供有关担保应符合怎样的公司内部决策程序，以及外部登记、审批、备案手续。

提醒特别关注在百慕大、处女岛、开曼群岛等地注册的离岸公司，需更加注重公司资信能力。这些公司可能没有实际营运，担保能力非常有限。即使是在香港上市，香港对于海外公司在香港上市的要求也远远低于对香港本土公司的要求，不能认为必然资金实力雄厚。

2. 以物之所在地法为基础，关注与境外财产有关的风险信息，确保物权能有效设立

境内外保证人的主要财产、境内外抵质押人提供的抵质押物在境外，或者将在境外交付或登记的，在财产所在地（包括交付登记地，下同）调查财产有关情况。这一方面是基于物权适用物之所在地法的基本原则，依据在境外的财产所在地的法律，判断物权问题；另一方面，也是基于担保财产是第二还款

8　此处"境外担保"，包括境外主体提供的物保、人保，以及境内主体提供的，但保证人的主要财产或者抵质押物在境外的担保。

9　根据境外担保实际情况，部分可能仅需关注第 1 类有关境外主体的信息，例如，境外注册企业提供在境内的房产作抵押的；部分可能仅需关注第 2 类有关境外财产的信息，例如，有关财产在境外，但担保人注册地为境内的；部分可能需同时关注第 1、2 类信息，例如，在境外注册的、并且主要财产亦在境外的保证人提供的保证担保；而第 3 类信息，则无论是主体在外，还是财产在外，均应予以关注。还需注意，如果担保人国籍、住所或注册地、上市地、财产所在地、收益来源地归属于多个不同的国家或者地区的，还需要完成涉及多个国家或者地区的境外调查。

来源的考虑，需全面准确地了解在境外的财产的事实状况。具体如下：

（1）对有关财产，担保人是否享有合法有效的所有权及处分权；

（2）财产上是否存在多个权利人，如存在，各权利人是否均同意担保；

（3）财产上是否存在任何权属争议；

（4）有关财产依据当地法律是否属于可转让的财产；

（5）有关财产上是否设立有其他权利或权能，包括担保权，占有、使用（有偿或者无偿）、收益情况等；这些权利或权能是否将对商业银行有不利影响，应当如何防范；

（6）财产价值评估情况如何；

（7）财产价值是否容易波动，如是，如何防控；

（8）以有关财产提供担保应办理怎样的外部登记、审批、备案手续。

3. 关注与担保有关的其他重要信息，全面确保担保有效设立并能顺利履行

（1）担保的形式及内容是否符合当地法律；

（2）是否存在任何可能导致担保效力瑕疵的情形，如存在，应如何处理；

（3）如果担保无效，担保人是否应对债权人承担赔偿责任等；

（4）如发生担保履约，涉及资金跨境收付或资产所有权跨境转移的，具体手续如何，是否存在任何法律障碍。

4. 在调查方式上，提供以下可选方式作参考

（1）要求客户提供证明材料；

（2）要求境内关联人提供有关说明及佐证材料；

（3）通过外国政府网站、我国驻当地使领馆、该国驻我国使领馆等公开信息渠道了解有关情况；

（4）委托当地中行海外机构协助调查；

（5）委托当地律师、会计师、评估机构等第三方专业机构协助调查；

（6）委托当地公证机构协助调查。

其他跨境业务，亦普遍需关注境外主体、财产问题，其冲突规范相同，风险要点可作类推，可参考上述示例办理，业务实际开展时根据具体细节再作具体分析。

（二）合同签署环节，充分利用合同领域对当事人意思自治的尊重，在磋商中争取最有利的结果

合同约定不违反法律禁止性规定的，法律普遍承认当事人协商一致的结果，使合同磋商中争取商业银行利益最大化成为可能。不同的跨境业务，为争取利益需关注的具体合同条款各有不同，需视具体业务具体分析，各类跨境合同应普遍关注的要点可总结如下：

第一，核查境外主体代表的身份[10]，确保其能有效代表境外主体完成合同磋商及签署。例如，依据境外公司所属地关于公司的法律规定、关于授权（委托代理）的法律规定、政府登记文件信息、公司组织文件等来确定法定代表人、授权人身份。

第二，跨境合同使用中文，更好地确定合同文字表述是否于商业银行有利。如将在境内诉讼，我国法律也规定必须有中文译本。可同时提供外文版本，但约定中外文不一致的，以中文为准。以外文为准的，应当请具备一定外文资质的律师对外文文本合同风险进行把控。

第三，合同中选择适当的法院或者仲裁机构为争议解决机构，尽量减少跨境诉讼仲裁执行过程中的不便。

1. 建议优先选择仲裁

以仲裁解决跨境争议，最大优势在于便于国际间执行。[11] 全球大多数国家已成为 1958 年《承认及执行外国仲裁裁决公约》（"纽约公约"）缔约国，签署国有义务依据纽约公约承认并执行其他缔约国颁布的仲裁裁决。与之相反的是，至今未在全球范围内就国外法院判决的执行制定类似于纽约公约的规定，国外法院判决执行在很大程度上取决于各国间订立的双边条约或安排，我国至今尚未与美国、英国、法国、日本、韩国等世界上主要国家建立相互承认法院判决的关系。[12]

仲裁还有保密性强、自主性强、时效较快等优势。仲裁以非公开方式进行，仲裁裁决不公开，可避免诉讼中程序、判决、有关文件公开，易引起公众或媒体关注的情形；仲裁尊重当事人选择的仲裁机构、适用法律、仲裁程序等，不

10　此处仅指对方代表身份核查，对方主体基本资料的调查问题，已以前文"以属人法为基础，关注与境外担保主体有关的风险信息，确保担保人有担保能力"论述。

11　内地与香港、澳门、台湾达成了相互执行民事判决及仲裁裁决的安排，在立法层面消除了选择诉讼或者仲裁时关于跨境执行方面的顾虑。

12　截至 2016 年 2 月 5 日查询信息。

受制于法院的硬性规定以及法官自由裁量权；仲裁还可就适用简易程序在各方达成协议，仲裁裁决亦通常为终局裁决，不会有冗长的法院上诉程序。

如希望以仲裁方式解决争议，当事方应当达成有效的书面仲裁协议。[13] 根据我国仲裁法的有关规定，仲裁协议应当具有下列基本内容：请求仲裁的共同意思表示；仲裁事项；选定的仲裁委员会。选定仲裁委员会时，应当仅选定一个仲裁机构，仲裁机构名称准确，例如，选定"中国广州仲裁委员会"，或者"华南国际经济贸易仲裁委员会"。[14]

2. 确要选择诉讼的，在管辖法院选择上综合考虑各因素

隔离相对方所在国法院管辖，避免法院基于本国保护等原因对相对方有所倾斜。[15] 可选择我国法院（但并非所有情况下均可以约定由中国法院管辖[16]），或其他与合同争议有实际联系地之第三国法院[17]管辖。

便于未来执行，如案件涉及主要财产位于境外，选择境内或者其他地区法院管辖，应注意查明约定管辖法院所在地与相关财产所在地之间是否存在承认与执行司法判决的条约等。如无，则需考虑其他便利执行国法院，或者约定

13　形式可以是专门的仲裁协议，也可以是业务合同中的仲裁条款。

14　最高人民法院关于适用《中华人民共和国仲裁法》若干问题的解释

第三条　仲裁协议约定的仲裁机构名称不准确，但能够确定具体的仲裁机构的，应当认定选定了仲裁机构。

第四条　仲裁协议仅约定纠纷适用的仲裁规则的，视为未约定仲裁机构，但当事人达成补充协议或者按照约定的仲裁规则能够确定仲裁机构的除外。

第五条　仲裁协议约定两个以上仲裁机构的，当事人可以协议选择其中的一个仲裁机构申请仲裁；当事人不能就仲裁机构选择达成一致的，仲裁协议无效。

第六条　仲裁协议约定由某地的仲裁机构仲裁且该地仅有一个仲裁机构的，该仲裁机构视为约定的仲裁机构。该地有两个以上仲裁机构的，当事人可以协议选择其中的一个仲裁机构申请仲裁；当事人不能就仲裁机构选择达成一致的，仲裁协议无效。

15　相对方属于港澳台地区的，可以适当放宽。

16　最高人民法院关于适用《中华人民共和国民事诉讼法》的解释

第五百三十二条　涉外民事案件同时符合下列情形的，人民法院可以裁定驳回原告的起诉，告知其向更方便的外国法院提起诉讼：

（一）被告提出案件应由更方便外国法院管辖的请求，或者提出管辖异议；

（二）当事人之间不存在选择中华人民共和国法院管辖的协议；

（三）案件不属于中华人民共和国法院专属管辖；

（四）案件不涉及中华人民共和国国家、公民、法人或者其他组织的利益；

（五）案件争议的主要事实不是发生在中华人民共和国境内，且案件不适用中华人民共和国法律，人民法院审理案件在认定事实和适用法律方面存在重大困难；

（六）外国法院对案件享有管辖权，且审理该案件更加方便。

17　合同履行地、合同签订地、标的物所在地等。

财产所在地法院管辖，或者还是约定仲裁。

还须注意，管辖法院的选择对于法律适用将有影响。法院可能依据所在地关于法律适用的法律、其他强制性法律法规、社会公共利益或公共政策等规范来排除当事人选择的法律；并且对于当事人没有选择或者不允许当事人选择的领域，较可能适用法院地法。因此，选择某地法院管辖，还应当调查评估法院地法是否可能于我方不利，法院是否可能排除当事人拟选择适用法律及相应后果，再综合确定是否选择该地法院管辖。

3. 在合同适用法律上，作出适当选择

建议优先选择适用中国法，境内较为熟悉，可更有把握地评估及防控合同法律风险。适用外国法的[18]，应当聘请具备相应资质的律师对合同进行法律审查。还应明确约定本合同项下业务所适用的国际惯例，主要是国际贸易中适用的惯例，例如《跟单信用证统一惯例》等，这些任意性的国际贸易惯例，要通过当事人的协议选择而适用。

须注意，就合同约定的适用法律并不适用于当事人主体资格问题、不动产物权设立等，该等问题，还是应结合前文论述，另查明适用法律。

4. 总结经验，不断完善合同条款

伴随跨境业务的发展、国内外形势的变化、立法司法变化以及认识的深化，有关合同条款也应及时评估和修订。

以上仲裁协议效力、管辖法院选择、适用法律选择等，涉及复杂法律专业问题，业务人员应当适时咨询所涉及国内外法律专业人员意见，充分重视合同审查工作。

（三）材料转递及保存环节，始终为证明及保护商业银行权益做好准备

1. 依法办理形成于境外的材料的公证认证手续

如将以境内诉讼仲裁方式解决争议的，按我国民诉证据规则[19]，形成于境外的民事法律行为、有法律意义的事实和文书等，需办理域外证据的公证认证

18　主要是将在境外诉讼的，据了解不能够或不适宜选择中国法的，可以选择适用外国法。

19　最高人民法院关于民事诉讼证据的若干规定

第十一条　当事人向人民法院提供的证据系在中华人民共和国领域外形成的，该证据应当经所在国公证机关予以证明，并经中华人民共和国驻该国使领馆予以认证，或者履行中华人民共和国与该所在国订立的有关条约中规定的证明手续。

当事人向人民法院提供的证据是在香港、澳门、台湾地区形成的，应当履行相关的证明手续。

手续，否则可能影响其在境内诉讼仲裁[20]中的证据效力。

（1）怎样办理域外公证认证。对在香港／澳门形成的证据，须先经司法部任命的委托公证人（香港）／（澳门）进行公证，经中国法律服务（香港）／（澳门）公司加章转递，才可在内地使用。在台湾形成的证据，应先由当事人在台湾户籍所在地（或公司注册地）的地方法院公证处进行公证，公证书正本交当事人，公证书副本由台湾海基会寄送予本省公证员协会，当事人持公证书正本至省公证员协会，经公证员协会审核公证书正、副本一致后，在公证书正本上盖章确认后，可以在内地使用。

其他域外证据，当事人应首先向其所在国公证机构办理公证，公证书再交中国驻该国的使、领馆认证后，在我国才具有证明效力。而外国当事人所在国与中华人民共和国没有建立外交关系的，可以经该国公证机关公证，经与中华人民共和国有外交关系的第三国驻该国使领馆认证，再转由中华人民共和国驻该第三国使领馆认证。[21]

（2）哪些材料需办理域外公证认证。不仅仅是签署的合同，前文提到的事前调查环节在境外形成的材料，以及其他所有与证明跨境业务项下权利义务关系有关的形成于境外的事实与材料均应当进行域外公证认证，例如，境外主体身份证件、婚姻证明、营业执照、公司章程、股东会或董事会决议、授权书等，境外财产有关权属证书等，这些主体以及财产方面的证明材料如不能被采纳作为境内诉讼仲裁中的证据，则主体适格性以及物权问题将无法证明，亦将影响合同有效性及商业银行其他权利义务主张。

（3）准确认识域外公证认证的作用。经过公证认证的材料，无疑可以减少各方争议，在司法程序中具有更强的证明力。但亦不能迷信域外公证认证，扩大其作用。事实上，常见境外公证人只证明文件上签名的真实性、合法性，我国使领馆认证时也只是对公证机构以及公证员的真实性予以确认，公证认证

20　虽然关于域外公证认证的要求来自于民诉证据规则，各仲裁机构适用的仲裁规则中并不一定会强制要求域外证据公证认证，但司法实践中，国内仲裁机构无法完全摆脱诉讼域外证据规则的限制，不能排除仲裁员以民事诉讼的证据标准对待仲裁案件的证据，并且法院对仲裁裁决有监督权，仲裁机构不适用诉讼域外证据认定规则的存在仲裁裁决被撤销的风险。综上，我们还是认为未经公证认证的域外证据可能影响其在境内仲裁中的证据效力。

21　最高人民法院关于适用《中华人民共和国民事诉讼法》的解释

第五百二十四条　依照民事诉讼法第二百六十四条以及本解释第五百二十三条规定，需要办理公证、认证手续，而外国当事人所在国与中华人民共和国没有建立外交关系的，可以经该国公证机关公证，经与中华人民共和国有外交关系的第三国驻该国使领馆认证，再转由中华人民共和国驻该第三国使领馆认证。

机构对文件内容均不予负责。经过域外公证认证的，实体权利上是否符合所适用的法律、是否符合商业银行其他管理要求，还是要经过详尽的事前调查；合同条款是否能够妥善保护商业银行利益，也还是要经过专业的合同审查。

（4）境内签署的文件，可免域外公证认证。在境内签署授权书、合同等文件，可免域外公证认证，提高效率，减少成本。若合同一方当事人为境外主体，为了证明文件确在境内签署，建议要求当事人在国内公证机构面前签署。境内签署文件以外，仍有其他行为、事实、文件形成于境外的，例如主体基本资料、境外财产权属证书等，仍应办理域外公证认证。

如约定由境外诉讼仲裁机构解决争议的，当地将如何认定域外证据效力，应事前咨询当地法律专业人士意见；至于境内诉讼要求的公证认证手续是否仍然办理，如客户愿意配合依然建议办理，有利于日后根据需要转为在境内诉讼。

2. 妥当、全面保存业务材料

形式要"妥当"，要书面化，口头沟通结果应补充书面确认；要集中化，一个项目、一笔业务涉及的各项材料应当集中保管；去个人化，各方沟通应当尽量使用公司邮箱处理，使用私人邮箱沟通的结果，应通过各方公司邮件再行确认，更应避免使用微信、手机聊天记录等难以保存的证据。

内容要"全面"，全流程保存，包括事前调查过程中形成的材料，特别是客户身份证明、婚姻证明、公司章程、营业执照、公司决议、政府文件、当地律师意见等；合同签署过程中形成的材料，包括授权书、磋商过程中形成的会议纪要、沟通记录、合同中外文文本、声明承诺书、合同的修订及补充等；合同履行过程中形成的材料，财务会计记录、借据、传票、还款记录等；对方违约的证明材料，逾期记录、财务指标、其他合同项下违约情况等。

（四）跨境业务创新应符合国家政策，防范合规风险

跨境项下各项新业务、新产品的开发应在政策允许的范围内；对于政策出台限制性、禁止性规定的，有关操作不触犯国家的明文禁令。

（五）妥善处理跨境业务争议和纠纷

1. 争取以非诉方式解决争议

除诉讼仲裁外，商业争议还可以选择商业谈判、民间调解等非司法方式解决，其具有费用较低、时间较快、程序灵活、保密性强、对客户关系损害最小等优点。谈判、民间调解结果可以达成协议，对各方亦有法律约束力，但此

等协议通常不能直接申请强制执行，因此，在必要时，仍应适时启动诉讼仲裁程序维权。

2. 及时做好诉讼仲裁准备，依法维护商业银行权益

启动诉讼仲裁法律程序前应及时做好以下工作：及时梳理合同，特别注意合同约定适用法律及争议解决机构；整理证据，以支持商业银行主张，对于商业银行可能承担责任的，寻找能够减免责任的证据；征询当地律师的意见，尽快保全财产等。

五、加强商业银行跨境业务法律风险管理的建议

（一）制定商业银行跨境业务法律风险防范指引

按商业银行跨境业务特点及发展态势，业务份额持续扩大，业务结构日趋复杂，办理跨境贷款等跨境业务并不能完全参照传统的境内业务执行，因此，商业银行有必要就跨境业务法律风险防范研究制定具体的指引或参考，指导业务实操，防范法律风险。

（二）及时监测、报告新型跨境业务法律风险

跨境业务中创新模式较多，监管政策发展变化亦快，最新自贸区政策下的各类业务摸索创新，有些可能在整个国内金融体系都属尝鲜，创新过程中风险的暴露会有一个过程，司法机关的态度尚不明朗，故应加强跨境业务发展情况监测，一旦发现风险苗头，及时报告、妥善应对，在实践中及时评估新型业务、产品的风险，反复检验和完善有关风险防控措施。

（三）加强与海外机构的合作，在风险防控上做好联动

无论是事前调查、合同签署、材料转递、当地监管政策评估，还是应对跨境纠纷，商业银行海外机构的协助均可起到重要作用，海外机构还可协助联络当地政府机构，协助办理公证，协助聘请当地律师、会计师、评估机构等第三方专业机构协助调查等，对防控风险具有重要意义。因此，建议在业务联动发展时，同步考虑法律风险的"联控"。

（四）强化跨境业务涉及法律知识的普及

跨境业务专业性较强，其涉及的法律问题复杂、特殊，而目前银行同业内部法务人员对于跨境业务涉及法律知识的掌握却普遍不足；业务人员对跨境

业务项下事前调查、域外公证认证的范围、作用等理解亦有较大偏差。应加强跨境业务基本法律知识普及，提高一线人员法律风险防范意识。

（五）业务部门与法律部门通力合作，重视跨境纠纷的解决

对于出现争议或纠纷的跨境业务，在尚未进入到诉讼仲裁阶段前，即应确保法律专业人员提前介入，法律事务工作量大或者较为复杂的，可以外聘律师协助，具备境外法因素的，应当及时聘请当地律师。通过法律人员与业务人员的配合，争取纠纷得到及时处理，尽量避免进入司法程序，增加纠纷解决成本。

第六篇

不良资产处置

"互联网+"时代的不良资产业务法律模式探索与风险分析

中国东方资产管理股份有限公司 姜 晨

摘 要

　　近年来"互联网+"概念蓬勃发展，根据《国务院关于积极推进"互联网+"行动的指导意见》，大力推动互联网+传统行业模式创新发展。不良资产业务作为金融资产管理公司的传统业务，结合互联网平台，不断创新求存，探索新模式、新方法是发展方向之一。本文以传统不良资产业务经营模式为基础，结合互联网新产品、新渠道探索"互联网+不良资产"业务新模式，梳理各类模式的法律关系和核心风险，进而提出参考建议，为业务创新提供借鉴。本文第一部分简要介绍了"互联网+不良资产"业务的优势和困境；第二部分从互联网金融、网络拍卖、网络委托处置三方面探索"互联网+不良资产"业务的创新模式，提炼法律架构并防范核心风险；第三部分展望新时期不良资产业务发展方向，机遇与挑战并存。

　　随着"互联网+"深入各个领域，不断促进传统行业另辟蹊径谋求发展。互联网信息成本小和参与门槛低等特点，为传统行业打开新局面和新方向。在金融领域，不良资产作为四大金融资产管理公司（以下简称 AMC）的传统业务，一直披着神秘的面纱。1999年，AMC 在金融危机滋生大量不良资产的背景下应运而生，全社会对"不良"的概念唯恐避之而不及；如今经济进入下行周期，新一轮不良资产涌入市场，在信息壁垒逐渐被打破、金融业务门槛逐渐降低的新时期，越来越多投资者关注到不良资产这个特殊金融领域，以期在其中大展拳脚。

　　"互联网+不良资产"是不良资产业务新时期的探索方向之一。本文结合"互联网+"思维，探索不良资产业务新模式，总结归纳其法律架构和风险点并提出参考建议，为业务创新提供借鉴。

一、"互联网＋不良资产"模式的优势和困境

不良资产是金融领域中的另类，但在"资产荒"时期，不良资产逐渐褪去神秘外衣，吸引众多投资人的目光。互联网以其无限的可能性和创造力，在监管尚未全部到位之时悄然改变了金融行业的格局，"互联网＋不良资产"模式同样机遇与挑战、优势与困境并存。

（一）优势

1. 资金募集快，盘活存量资产

互联网金融，以 P2P 借贷、股权众筹为例，颠覆了传统金融模式，拉直了投融资关系，压缩传统金融机构凭借牌照优势获得的中间收益。由于参与门槛低、操作较便利，互联网金融拥有强大的资金募集能力。不良资产具有处置周期长、收益不稳定的特性，给 AMC 较大资金成本压力，借助互联网金融的资金募集能力盘活不良资产，在不良资产市场体量巨大的现状下，能够缓解 AMC 自持处置压力。

2. 参与人数广，推动处置效率

传统不良资产由于信息不对称体现出地域性特点，一直是专业人士和少数群体的游戏。AMC 各地分支机构需要协调多方人员，获取财产线索，推动司法程序，对当地人力资源的依赖性较强。互联网具有信息成本低、全民参与度高的特点，恰恰符合不良资产处置的资源需求。通过扩大参与人员范围，降低信息获取成本，提高资源协调水平，推动资产处置效率。

3. 基础资产多，提高规模效应

劳动密集型的逐户处置不良资产已是过去式，整合资源、增值运作更大有可为。传统不良资产处置由于协调成本大、信息壁垒高，导致部分适合整体运作的不良资产项目错失良机。与逐户处置相比，因抵押物相邻、产业联动等因素整体运作可能产生 1+1>2 的效果，此时互联网大数据的优势立显。不良资产持有者的资产信息在互联网中形成庞大的基础数据，借助大数据功能分析不良资产特点，挖掘增值运作的机会，能大幅提高不良资产处置的规模效应。

4. 信息透明化，促进交易公平

不良资产的国有性、政策性程度较高，对社会经济可能产生较大影响，因此在政策性不良资产业务时期，监管机构针对不良资产处置发布各类规章政策，力求提高不良资产处置的公开、公平、公正性，通过各方制衡避免利益输

送和国有财产流失。互联网时代的信息透明度高，参与门槛低，使处置流程在网络平台中更趋于公开和规范，对交易的公平性而言有着极大的进步意义。

（二）困境

1. 与监管政策的衔接

互联网时期新生事物频出，正由于监管政策的滞后性，给予了互联网创新产品迅速发展的空间。对于 AMC 而言，"互联网 + 不良资产"的创新模式探索可能在不同程度上存在对传统监管政策的突破。避免固步自封，不断创新求存，同时仍应当与现有监管政策妥善衔接，是面临的首要困境。

2. 特殊司法政策能否继续沿用

政策性时期，最高法对 AMC 不良资产业务出台了各类特殊司法政策。商业化转型时期，原有司法政策是否继续适用在各地司法实践中出现了差异。"互联网 + 不良资产"模式由于业务范围广，可能大幅度提高司法政策运用的频繁程度。在互联网高度市场化的运作模式中，司法政策是否延续可能会面临不小的挑战。

3. 不良资产特殊魅力不复存焉

不良资产业务不同于固定收益类项目，是通过时间沉淀而收获惊喜，这正是它最具魅力之处。互联网业务是建立在公开、透明的预期上，向来作为少数人游戏的不良资产，能否与互联网范围广、透明度高的特点相融合？这需要在不断探索的过程中寻求答案。

二、互联网 + 不良资产业务模式探析

传统不良资产业务的运作模式已较为成熟，而借助互联网开拓新渠道和新方法，形成"互联网 + 不良资产"业务模式，主要可分为以下几类，下面简要就上述业务模式的法律结构和法律风险展开分析。

		传统模式	互联网模式
金端	自有资金	以自有资金收购不良资产	
	外部资金	对接外部资金，通过结构化分层，投资人获取与风险相对应的收益	通过互联网金融对接资金端
产端	对外转让	通过向第三方转让资产，获取差价收益	通过网络平台实现不良资产销售
	自行处置	通过债务重组、和解、司法程序、破产分配等方式取得收益	通过网络平台取得财产线索
	委托处置	委托第三方采取上述方式处置不良资产	通过网络平台委托第三方处置

（一）互联网金融

随着经济下行的压力，银行释放大量不良资产。传统不良资产处置平均需要二至三年的时间，在没有政策性时期低成本资金支持的现状下，大量购买银行的不良资产，长期占用经济资本，已不符合市场化要求。如何盘活存量不良资产，充分利用市场流动性，在降低资本占用的基础上扩大市场规模，与近年来势头正猛的互联网金融对接不失为一个可以探索的路径。

根据国务院《关于促进互联网金融健康发展的指导意见》，互联网金融包括七类主要业态，包括互联网支付工具，基于传统金融行业发展的互联网信托、互联网基金、互联网保险、互联网消费金融、股权众筹融资和互联网借贷中的小额贷款业务。此外，互联网借贷中的 P2P 借贷和股权众筹融资则是创新金融模式。对于"互联网 + 不良资产"业务，除了借助传统金融工具外，P2P 借贷和股权众筹可在资金端开辟新渠道，一方面可快速募集资金充分盘活不良资产，另一方面因投资人分散可加快处置决策效率。

1. P2P 借贷

个体网络借贷（以下简称 P2P）本质属于借贷法律关系，近年来发展迅猛。随着 2015 年底银监会（现已撤销）会同有关部门向社会公众发布《互联网借贷信息中介机构业务活动管理暂行办法（征求意见稿）》，P2P 业务逐渐趋于规范。

根据《关于促进互联网金融健康发展的指导意见》中对 P2P 的定义，是指个体和个体之间直接通过互联网形成的借贷关系，是一种直接融资形式。但实践中 P2P 平台除开展直接融资业务外，还发展了债权转让、收益权转让等其他形式业务。《互联网借贷信息中介机构业务活动管理暂行办法（征求意见稿）》中虽并未允许 P2P 平台开展上述业务，亦未明确限制。P2P 平台在不做"资金池"、不以自身信用提供担保的前提下开展债权转让、收益权转让业务已十分普遍，现基于上述现状分析不良资产业务与 P2P 资金的对接模式：

（1）直接融资模式。通过规范的 P2P 融资模式，AMC 或旗下 SPV 作为融资方直接通过 P2P 平台借款，该模式法律关系最为直接。尽管 P2P 募集资金速度快，但与 AMC 同业拆借资金相比成本较高，并且与不良资产项目难以直接关联，因此直接融资模式并不适用于 AMC 不良资产业务。

（2）债权分割转让。由于点对点借贷模式中投资人和借款人难以完美匹配，P2P 平台创新了债权转让模式，即先形成债权，再通过 P2P 平台将债权向投资人拆分转让。该模式降低了点对点借贷的撮合成本，形成准资金池的效果。对于不良资产而言，通过债权分割转让与 P2P 资金对接，主要法律关系如下图：

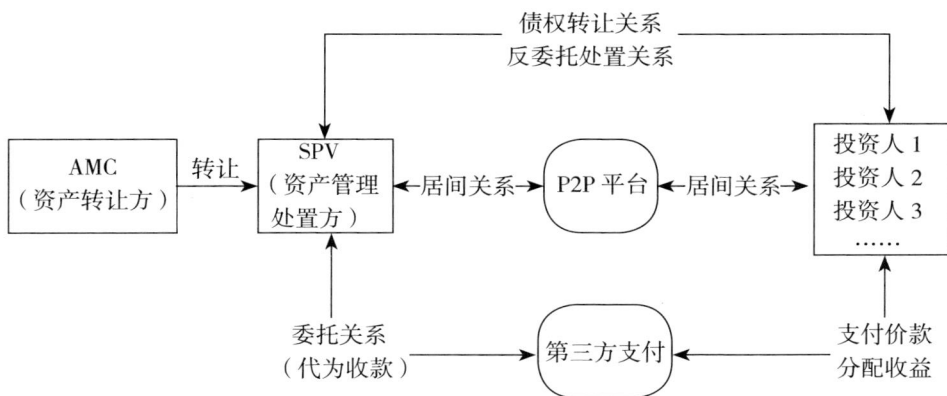

在上述法律关系中，主要风险点如下：

①债权分割转让及担保权利的实现。债权分割转让后形成多个债权人对应一个债务人的法律关系，最大的障碍莫过于担保权利的实现。根据《最高人民法院关于适用〈中华人民共和国担保法〉若干问题的解释》中的"主债权被分割或者部分转让的，各债权人可以就其享有的债权份额行使抵押权"可知债权允许分割转让。同时，根据《中华人民共和国物权法》规定，"债权转让的，担保该债权的抵押权一并转让"，尽管实践中因债权人众多难以办理抵押权变更登记或质物转移占有，但根据最高法裁判规则[1]可知，债权转让未办理抵押变更登记的不影响抵押权效力，因此担保权利难以分割转让可能并不构成债权分割转让的实质障碍。然而值得注意的是，在实现担保权利时权利主体过多仍可能导致难以统一行权，因此在债权分割转让时应当提前做好实现债权及相关担保权利时关于统一行权的安排，可采取统一委托行权或统一回购债权等方式。

② AMC 不良资产转让相关政策规范。尽管债权分割转让在法律上可以实现，但 AMC 对外转让不良资产有严格的程序性要求。一方面对受让人范围有一定限制，另一方面需遵循特定的公开程序，而 P2P 平台中对上述限制难以直接把控。因此 AMC 直接将债权分割转让给 P2P 投资人存在政策障碍，建议考虑通过公开程序将不良资产转让给 SPV，再由 SPV 对接 P2P 平台。

1　最高人民法院：湖南绿兴源糖业有限公司、丁兴耀等与怀化市鹤城区城市建设投资有限公司借款合同纠纷申请再审民事裁定书（〔2015〕民申字第 2040 号）。

③ AMC 受托处置及便利性。对于 P2P 投资者而言，他们并非需求不良资产本身，而是以不良资产为概念的固定收益产品。因此投资人受让债权后往往反委托 AMC 继续处置不良资产。首先，在超额收益方面，在投资者取得固定回报后，超额回收及尚未处置完毕的债权可作为 AMC 的处置清收费用安排；其次，在处置便利性方面，由于债权人过多，应当在分割转让之初即设定为了便于集中处置的回购或代理行权安排，避免因个别债权人阻碍影响整体处置，同时可暂缓向债务人发送债权转让通知；最后，AMC 不应对债权回收作出承诺或保证，确保债权洁净转让。

（3）收益权分割转让。

转让债权并受托处置模式在转让环节和处置工作上均十分不便，因此实践中 AMC 尝试通过转让不良资产收益权的准证券化模式与第三方合作。同样的，P2P 平台在监管尚未明确限制前，大规模开展收益权拆分转让业务。相比于债权转让，收益权转让模式中基础资产并未实现转移，因此投资人更依赖于转让方的信用和兑付能力。不良资产收益权分割转让业务模式如下图：

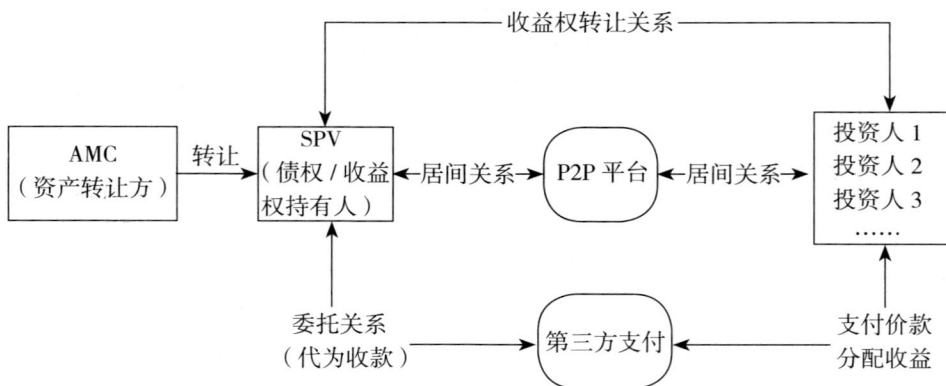

在上述法律关系中，主要风险点如下：

①发行收益权产品政策障碍。根据 2011 年《国务院关于清理整顿各类交易场所切实防范金融风险的决定》，"除依法设立的证券交易所或国务院批准的从事金融产品交易的交易场所外，任何交易场所均不得将任何权益拆分为均等份额公开发行，不得采取集中竞价、做市商等集中交易方式进行交易；不得将权益按照标准化交易单位持续挂牌交易，任何投资者买入后卖出或卖出后买入同一交易品种的时间间隔不得少于 5 个交易日；除法律、行政法规另有规定

外，权益持有人累计不得超过 200 人。"为了防范私自发行证券化产品，国务院的上述规定限制了等额设定收益权并公开转让行为。因此实践中，P2P 平台通过实名认证、设置起投金额、不均等拆分收益权等方式限缩募集范围，向私募靠拢，避免被认定为公开发行。然而 P2P 平台分割收益权往往导致投资人突破了标准私募产品的人数限制，近期监管愈加严格已逐步对各类私募产品收益权拆分转让的行为有所限制。

②设定投资门槛。P2P 平台因投资门槛极低而发展壮大，然而证券化产品风险较高，传统金融行业类似产品均对投资人有明确的资质和投资门槛限制。P2P 平台拆分转让上述传统金融权益以突破监管要求，存在一定合规风险。然而，对于不良资产债权收益权的拆分转让，尚无明确的监管规定，但仍应当比照不良资产证券化的有关要求，设定投资门槛和投资人资质限制，确保投资人了解收益权产品，具有相应的风险承受能力。

③风险隔离。法律并未明确界定收益权的概念，通常将其认定为通过合同约定形成，依托于基础资产取得收益的权利。由于基础资产未实质转移，收益的兑付主要依靠于基础资产持有人、收益权发行方的信用，市场上收益权产品的实质即为销售信用。监管政策将 P2P 平台定义为信息中介，不应承担兑付责任，那么对于收益权发行方而言仍存在一定的兑付义务，该义务基于合同约定，源于基础资产。为做好风险隔离，首先，建议设立 SPV 与 P2P 投资人对接，做好风险隔离；其次，避免刚性兑付承诺，可以考虑分级设定收益权，将优先级对接 P2P 资金，SPV 通过自持劣后级提供一定程度的信用增级。

2. 股权众筹

根据《中国人民银行、工业和信息化部、公安部等关于促进互联网金融健康发展的指导意见》，股权众筹融资指通过互联网形式进行公开小额股权融资的活动，同时明确规定融资方应为小微企业。证监会作为监管机构于 2014 年 12 月发布《关于就〈私募股权众筹融资管理办法（试行）（征求意见稿）〉公开征求意见的通知》后尚未发布进一步的监管规定。

股权众筹本质上是股权业务，是一种私募股权融资形式。对于不良资产业务而言，投资人并非获取固定汇报，而是以股权形式注入资金，共同承受不良资产业务风险，以期获取超额收益。结合现有股权众筹模式，对接不良资产业务的法律关系如下图：

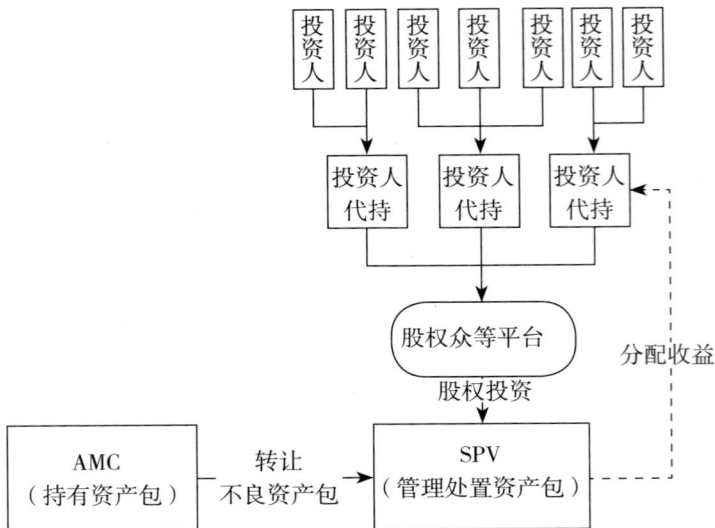

针对上述法律关系，主要风险点如下：

（1）融资主体限制。股权众筹是通过互联网促进小微企业发展的一种模式，而 AMC 作为大型金融企业，并不符合股权众筹对业务对融资方的要求。因此，建议以不良资产包为基础设立 SPV，以其作为融资方开展股权众筹，投资人以股权形式介入不良资产包业务。值得注意的是，由于不良资产具有特殊性，以不良资产经营为主业的融资人应当按照股权众筹相关政策要求，向投资人充分披露经营范围、业务风险和经营决策等重要事项。

（2）投资人准入门槛。与债权不同，股权众筹具有高风险、高收益的特点。大众投资者投资经验少，抗风险能力弱，通常不允许直接或间接参与此类高风险投资，然而股权众筹的本质特征决定了大众投资者是其主要募集对象，为避免群体风险，应当设定较高的投资人门槛，并对投资人的风险偏好、资产水平等情况严格审查。《私募股权众筹融资管理办法（试行）（征求意见稿）》对投资人规定了基本门槛，应在此基础上进一步提高准入标准，并审慎审查。

（3）投资人数限制及股权代持风险。股权众筹具有较大开放性，但融资企业仍不能突破法律对股东以及合伙人数量的限制。融资人为股份有限公司的，股东人数不得超过 200 人；融资人为有限责任公司的，股东人数不得超过 50 人；融资人为有限合伙企业的，合伙人数量不得超过 50 人。对于互联网股权众筹而言，上述人数限制轻易会被突破，因此部分平台通过股权代持在形式上满足法律规定。然而股权代持在收益分配、权利行使等方面，可能因信用风险和操作风险引发纠纷，实践中应提前通过协议安排将上述代持风险予以隔离。

（4）运营及偿付风险。尽管股权众筹中投资人较为分散，便于融资方做出经营决策，但股权投资与债权投资很大的区别在于投资人对日常经营有较强的参与度。因此，融资人应当注意勤勉尽责，并及时充分披露经营情况。另一方面，市场上股权众筹业务仍存在刚性兑付之风，因此应当注意实现融资主体与 AMC 的风险隔离，并随市场环境尽量拒绝刚性兑付，实现真正的股权投资效果。

（二）网络拍卖

AMC 拥有不良资产一级批发商的牌照，收购不良资产并对外出售，是处置不良资产的重要渠道之一。传统模式中除少数通过协议转让外，不良资产多采取拍卖、公开竞争性出售、挂牌等途径实现公开转让。随着传统媒介的没落，通过传统方式公开转让不良资产由于在招商引资方面收效甚微，已逐渐流于形式。

互联网在信息传递的公开性和便捷性上有较大优势，通过互联网实现不良资产公开转让，无论在操作成本还是招商力度上较传统模式有所改善。2015年初，中国信达与淘宝开展战略合作，通过淘宝资产拍卖平台打开不良资产销售的新渠道，值得关注并探讨。

1.法律模式

通过网络拍卖出售不良资产模式的法律关系如下图：

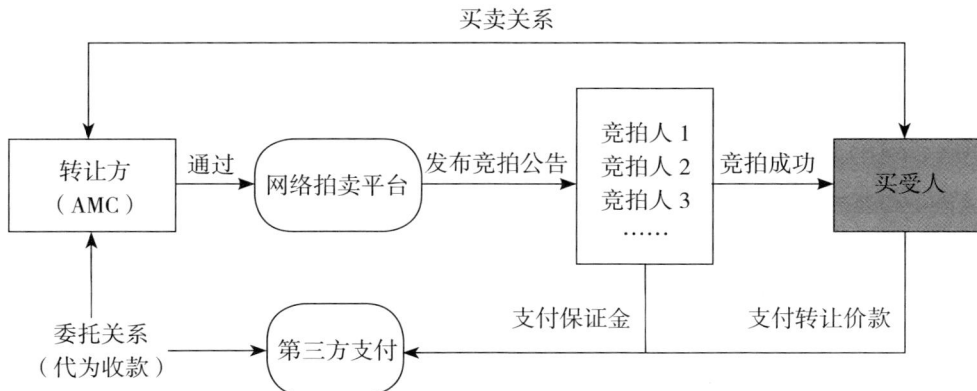

网络拍卖与传统拍卖之间存在较大差异。传统拍卖受合同法和拍卖法约束，委托人和拍卖人之间是委托合同关系，拍卖人以自己名义从事拍卖活动，

委托人和竞买人之间原则上不直接发生关系。在网络拍卖中，网络平台看似扮演了传统拍卖中拍卖人的角色，但法律关系却并不相同。下面以淘宝资产处置拍卖为例，比较二者的异同：

	传统拍卖	互联网拍卖
法律关系	委托关系＋买卖关系	买卖关系＋服务关系
公告	拍卖人在传统媒体上发布	委托人通过网络平台发布
竞买人资质审查	拍卖人审查	竞买人自行审查承担责任
保证金	拍卖人收取	第三方支付平台
拍卖物	拍卖人负责展示	委托人负责展示
竞拍流程	拍卖师主持	网络预先设定流程
价款支付	拍卖人收取并转付	第三方支付平台
拍卖品交付	拍卖人负责交付	买卖双方自行交付
后续追责	可向拍卖人追责	买卖双方自行追责

从上表可知，与传统拍卖相比，网络拍卖中网络平台的义务和责任被淡化，平台提供标准化的产品或服务，买卖双方借助该产品和服务实现类似传统拍卖的买卖关系。

2. 法律风险及防范

（1）买受人资质。由于金融不良资产的特殊性，为了防止利益输送及国有资产流失，对不良资产的受让方有一定限制。根据《金融资产管理公司资产处置管理办法》（财金〔2008〕85号），"资产公司不得向下列人员转让不良资产：国家公务员、金融监管机构工作人员、政法干警、资产公司工作人员、国有企业债务人管理层以及参与资产处置工作的律师、会计师、评估师等中介机构人员等关联人。资产公司在处置公告中有义务提示以上人员不得购买资产。"传统拍卖中，除在公告中提示上述事项外，拍卖人有义务对竞买人的资质予以审查。但在网络拍卖中，缺少拍卖人审查环节，如何确保买受人资质符合相关规定呢？首先，借助网络平台的实名认证，确保竞买人的身份真实；第二，在拍卖公告中明示买受人资质的要求，由意向竞买人自行核实并决定是否参加拍卖；第三，AMC仍然应当对最终确定的买受人身份行当面核验，由于在拍卖程序前核验身份成本较高，但重新进行网络拍卖成本较低，AMC可在竞拍结束后再对买受人身份予以核验；第四，在竞买公告、成交确认书及最终的交易合同内均应当明确约定买受人资质不符时的违约责任和损害赔偿责任。

（2）瑕疵担保。网络拍卖与传统拍卖相比，受众广泛但缺乏沟通，可能出现竞买人对不良资产的特殊性认知不足即参与竞拍的现象。除充分披露不良资产存在的瑕疵外，应做好瑕疵担保责任的免责安排。在传统拍卖中，买受人对于拍卖标的瑕疵未声明，根据拍卖法第六十一条，买受人有权要求拍卖人承担责任。但在网络拍卖中，网络平台并非拍卖人，无需承担法定责任，并且实践中网络平台往往明示标的的瑕疵争议由买卖双方自行解决。在缺乏中间环节缓冲压力的情形下，有必要在竞拍公告、成交确认书及最终交易合同内约定相应的免责条款。

（3）价款支付。传统拍卖中，买受人一般将价款支付给拍卖人，由拍卖人转付给委托人，实践中也可通过合同约定由买受人直接支付给委托人。在网络拍卖中，网络平台仅提供一种产品或服务，买卖双方自行达成买卖关系，价款应当由买方直接支付给卖方。以淘宝拍卖为例，相关价款均由第三方支付平台——支付宝收取并转付，这是网络平台在拍卖服务外另行提供的委托支付服务。理论上 AMC 可以要求买受人直接付款，但实践中以阿里巴巴为例的大型平台，掌握资金流转是其主要目的。因此为了防范第三方支付风险，一方面应当明确约定第三方支付的相关责任，另一方面建议将第三方支付的信用风险转嫁给买受人，即约定 AMC 收到款项而非买受人支付款项视为买受人义务履行完毕。

（4）网络平台的责任。与传统拍卖关系中的拍卖人不同，网络平台仅提供技术服务，不承担拍卖人的法定义务和责任，但实践中对以下方面应予以重视：首先，由于网络平台技术原因导致买卖关系出现纠纷，如信息披露错误、价款转付不及时等，应当明确相应的损失赔偿责任；其次，对于商业机密、公司信息泄露等事项应明确相应的责任，尤其对于竞拍底价泄露与买卖关系密切的核心信息泄露，应当另行明确转让方有权单方宣布拍卖结果无效，并要求网络平台承担相应的责任。

（三）互联网委托处置

在传统不良资产处置中，借助第三方力量十分重要。不仅因为以律师为首的第三方深谙当地司法环境，更因为对于个案而言，第三方提供的财产线索能给予很大的帮助。通过委托第三方处置资产，AMC 取得处置回收，第三方机构取得委托代理费用也是一种常见的不良资产业务运营模式。

在互联网推动下，共享经济模式对传统行业产生了极大影响。正如 Uber 颠覆了传统出租车行业，Airbnb 颠覆了传统的酒店行业，互联网也可能改变不良资产的委托处置模式。借助网络平台发布资产信息，一方面通过大数据整合资产以提高集中处置效益，另一方面提供掌握财产线索者可在大量资产信息中挑选"接单"，大大降低委托方与受托方的接洽成本，提高委托处置效率。目前，市场上存在部分试水委托处置不良资产的网络平台，但该类业务尚未规范化运作。

1. 法律模式

互联网委托处置模式法律关系如下图：

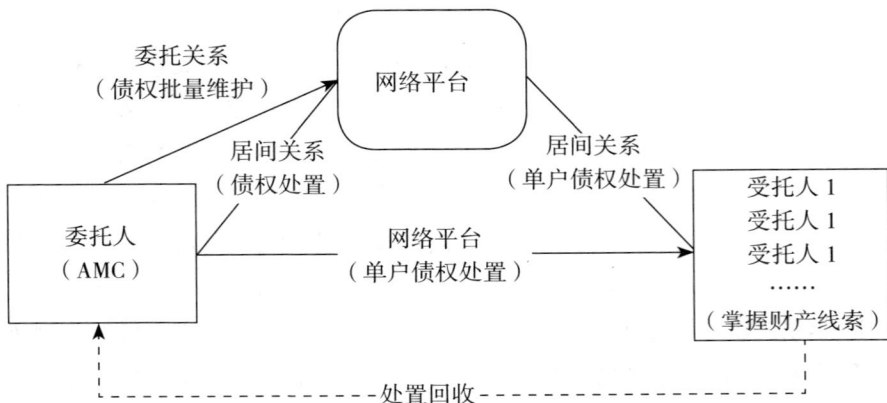

在互联网委托管理处置不良资产业务中，存在两方面法律关系。第一，对于债权的日常管理维护，如催收、公告等事务性事项，为便于集中管理，形成 AMC 与网络平台之间的委托关系；第二，在寻找提供财产线索的第三人，委托第三人实现资产处置回收方面，AMC 与第三人形成委托关系，网络平台提供居间服务。

2. 法律风险分析

（1）居间关系。

由于网络平台提供了委托人和受托人之间的订立委托合同的媒介服务，因此网络平台与委托人形成了居间法律关系。居间人应当将有关订立合同的事项向委托人如实报告。对于不良资产委托处置而言，核心风险在于受托人资质审查和信息真实性验证。由于互联网扩大了潜在受托人的范围，委托人难以对潜在受托人的资质逐一审查，审核受托人资质的义务应当由居间人承担。根据合同法第四百二十五规定，"居间人故意隐瞒与订立合同有关的重要事实或者提供虚假情况，损害委托人利益的，不得要求支付报酬并应当承担损害赔偿责任"。法律仅规定了居间人主观故意隐瞒的责任，并未强制要求居间人负有谨慎审查义务并承担损害赔偿责任。因此在法定之外，委托人与居间人之间应当明确居间人对受托人资质的审查义务及相应的违约责任和损害赔偿责任。

（2）委托关系。

①受托人资质。根据《不良金融资产处置尽职指引》（银监发〔2005〕72号），"采用委托第三方追偿债务方式的，应在对委托债权价值做出独立判断的基础上，结合委托债权追偿的难易程度、代理方追偿能力和代理效果，合理确定委托费用，并对代理方的代理行为进行动态监督，防止资产损失。采用风险代理方式的，应严格委托标准，择优选择代理方，明确授权范围、代理期限，合理确定费用标准和支付方式等内容，并加强对代理方的监督考核"。虽然上述规定对受托人资质并未明确限定，但AMC在实践中一般仅接受在不良资产处置方面有相关经验的律师事务所为主，其他中介机构为辅的法人作为受托人。一方面，法人的经营范围、注册资本、治理结构等各方面较为规范，便于审查资质；另一方面，避免了鱼龙混杂的自然人带来道德风险。但互联网委托处置不良资产业务中，为了提高资产委托处置效率，势必要在一定程度上扩大受托人范围。互联网思维是从B2B到C2C的演变，因此AMC如何设定受托人门槛并严格审查是互联网委托处置业务中的难点。

②授权范围。传统委托处置中，AMC多委托律师事务所处置不良资产，授权范围常包括诉讼代理事项。但在网络委托中，受托人范围扩大势必导致管理困难，因此应当在扩大受托人范围的同时严格限缩授权范围，尤其在实体权利的处置方面应尤为注意。在网络平台上谨慎表述委托授权事项并谨慎出具授权书，避免受托人自行处分不良资产实体权利，影响委托人权益。

由于司法程序规范性较高，因此司法程序授权并不适用于互联网委托代理，暂时应当继续保留传统律师中介机构管理方式。

③处置回收。在受托人范围大、管理成本高的情形下，为避免受托人窃取回收现金，应当在委托代理合同及相应的授权书中明确设立委托人名义的专户，仅以款项到达专户内作为实现回收的标准，必要时可由居间人协助管理。同时，应当对受托人私下收受利益，影响债权回收的行为，设定较高的损害赔偿责任。

④受托人报酬。对于委托处置的费用，根据《金融资产管理公司资产处置管理办法》（财金〔2008〕85号）规定，"资产公司委托处置资产时，必须遵守回收价值大于处置成本的原则，即回收的价值应足以支付代理处置手续费和代理处置过程中发生的诉讼费、公证费、资产保全费和拍卖佣金等直接费

用，并应有结余。"在互联网委托处置业务中，受托人往往基于其掌握财产线索而接受委托，并非专职于不良资产业务的机构或个人，因此采取风险代理的方式更为合理，可参考适用 AMC 关于委托处置不良资产的相关政策。但是，由于互联网的高度市场化，根据资产实际情况调整报酬比例以提高资产处置效率也并非不可取。

⑤违约责任和损害赔偿责任。在互联网委托处置业务中，除传统委托处置业务中的违约责任和损害赔偿责任外，可额外增加如下约束：第一，为防止潜在受托人在不具备处置能力的情况下恶意"接单"，应当就其受托行为设定一定比例的保证金，提高门槛；第二，应当设置清收目标，在未能达成清收目标前解除委托关系则需扣除一定比例的保证金作为违约金；第三，应当就委托处置设定相应的时限，避免受托人长期未能实现回收影响资产处置进度，并在超过时限时有权解除委托关系并扣除保证金；第四，在处置行为对委托人产生权益损失时，受托人应当承担损害赔偿责任。

三、结语

"互联网＋"时代拓展了不良资产业务思路，创新了不良资产运作模式，尽管目前"互联网＋不良资产"的业务模式尚在探索之中，但随着互联网发展日新月异、新品迭出，不良资产业务的互联网化也令人充满期待。同时，由于互联网产品发展速度快、创新力度大，应当敏锐发掘创新产品，充分厘清法律框架，严密把控相关风险，在机遇与挑战并存的互联网时代开拓创新、稳步前行。

银行不良贷款盘转规范性问题研究

浙江温州龙湾农村商业银行　叶　丹

摘　要

　　政府为稳定当地经济，对企业采取帮扶政策；银行为化解不良压力，对存量客户采取盘活方式处置；客户为减少自有资金支出及防范银行抽贷，要求银行用新发放贷款清偿旧贷款。本文拟从盘转贷款的现状出发，分析不良贷款盘转的合规性及民事效力、动因；并通过分析盘转贷款风险及贷款盘转的负面影响，研究政府干预鼓励帮扶、银行贷款清收处置与贷款出险后盘转如何平衡；探索贷款盘转过程中及盘转后，贷款如何加强动态管理，防止出现一味盘转，放松盘转后贷款管理，出现贷款"盘死"，银行不良债权长期化的不利局面。

　　2016年上半年，温州不良贷款余额降至275.07亿元，不良贷款率降至3.52%，这是温州2011年9月发生局部金融风波以来首次出现1至6月持续"双降"。[1] 不良贷款的处置是银行业近5年来的热门话题，各大银行纷纷通过司法处置、贷款上划、核销、资产转让、贷款盘转等方式做好不良贷款处置工作。从各种处置方式来看，通过贷款盘转方式并未将风险全部转移，而是仍以隐性的方式留在表内，维持贷款规模，掩盖利润，增大风险系数。从当前看，这种通过以时间换空间的方式来实现短期不良压降的效果，在银行资产质量未根本好转的情况下，确实起到了降低不良账面数据的作用。从长远看，是全面好转，实现银企共赢，还是继续恶化，形成长期不良债权，存在不确定性。规范盘转贷款，摸清风险底数，防范风险恶化，是盘活贷款规范化管理和银行持续稳健发展的应有之义。

1　载于《温州日报》，2016年7月29日第1版。

一、银行不良贷款盘转的效力及合规性分析

贷款盘转主要是指银行实质不良贷款通过以贷还贷、贷款平移等借新还旧形式进行清偿，旧贷清偿资金最终仍来自银行信贷资金的周转贷款。当前银行以贷还贷等不良贷款盘转较为普遍。

以贷还贷等贷款盘转的效力问题曾一度存在争议，尤其是转贷后的新合同是否有效、保证人是否承担保证责任等问题。尽管从近几年司法判决来看，对民事效力基本持认可态度，但理论上对此争议从未停止，同时从金融政策法规来看，贷款盘转并不符合金融政策法规的规定，影响金融管理秩序，在经济法领域仍有不合规之嫌。

主张盘转贷款新合同无效的法律依据主要是《中华人民共和国合同法》第五十二条关于合同无效的五种情形规定。[2] 第一，以贷还贷等周转贷款扰乱金融秩序，干扰国家金融监管部门对银行信贷资产的有效监管，有损害国家利益之嫌。第二，以贷还贷等周转性贷款在利息、展期等方面违反了《贷款通则》等金融强制性规定。第三，以贷还贷等周转贷款在未向保证人披露的情况下，银行通过追加保证人转移贷款风险，存在银行与借款人恶意串通，损害保证人利益的嫌疑。第四，以贷还贷等周转性贷款存在以合法形式掩盖非法目的嫌疑，违背了金融法规中要求发放贷款的效益性、安全性和流动性原则。

但上述认为无效的理由，从民事法律规范角度来讲并不足以否认新合同的效力，故一直未能成为学术界及实务界的通说。一是银行与借款人之间系双方合意办理转贷业务，并不存在欺诈、胁迫情形。二是合同只有在违反法律、行政法规强制性规定的前提下，才可能导致无效，并非违反法律规定就无效，导致合同无效所依据的法律系有效力层级要求的。另民事领域对"强制性规定"进行严格限定，仅在违反效力性规定时才影响民事行为效力。而在法律、行政法规层面，并无禁止以贷还贷等贷款周转的禁止性规定，《贷款通则》、"三办法一指引"等金融法规仅属于行政规章。三是银行与借款人恶意串通损害保证人利益，仅能从个案分析判断，不能断定以贷还贷等贷款周转的形式就属于恶意串通。四是以贷还贷等周转贷款目的在于清偿贷款，化解不良贷款，而且

2　《中华人民共和国合同法》第五十二条　有下列情形之一的，合同无效：（一）一方以欺诈、胁迫的手段订立合同，损害国家利益；（二）恶意串通，损害国家、集体或者第三人利益；（三）以合法形式掩盖非法目的；（四）损害社会公共利益；（五）违反法律、行政法规的强制性规定。

从效益性角度来讲，随着信贷客户资信状况的好转，银行效益性并不绝对受不利影响，掩盖非法目的并不成立。

最高人民法院经济庭主编的《经济审判指导与参考》关于以贷还贷一文，确定了以贷还贷行为效力。[3] 在金融监管法律法规等相关规定来看，也倾向于承认盘转贷款的效力，允许信贷业务实践中存在以贷还贷等盘转贷款。

中国人民银行办公厅在 1997 年 5 月 19 日中国人民银行浙江省分行《关于银行流动资金周转贷款有关合同合法性问题的请示》所作的批复称："以贷还贷"是指借款人向银行以清偿先前所欠同一银行贷款的行为，新的借款合同只是对原借款合同中贷款期限等合同条款的变更，不能视为新借款合同虚构借款用途、双方意思表示不真实。该行为并未违反《中华人民共和国商业银行法》及《贷款通则》等有关金融法律、行政法规和规章的规定。因此，"以贷还贷"的借款合同应属有效。依据人行的上述规定，贷款周转实质上系原合同贷款期限的变更，只要原合同真实有效，新贷的效力不受质疑。笔者认同人行对新贷效力的界定，但对认可新贷效力的原因并不认同，新的借款合同是一个独立合同，不应视为系原合同贷款期限的变更。

2006 年 3 月 20 日《农村合作金融机构信贷资产风险分类指引》（银监发〔2006〕23 号）对借新还旧类贷款的分类进行了规定，要求对符合下列条件的借新还旧贷款原则上划为关注类：借款人生产经营活动正常，能按时支付利息；重新办理了贷款手续；贷款担保有效；属于周转性贷款。为清收贷款本息，保全资产等目的发放的借新还旧贷款至少划为次级类。2007 后 7 月 3 日《贷款风险分类指引》（银监发〔2007〕54 号）规定，借新还旧贷款至少划为关注类。可见银监部门承认借新还旧等周转贷款的存在，与原人行态度一致，要求在分类上进行合理认定。

2014 年 7 月 23 日《中国银行业监督管理委员会关于完善和创新小微企业贷款服务提高小微企业金融服务水平的通知》（银监发〔2014〕36 号）为解决小微企业倒贷（借助外部高成本搭桥资金续借贷款）问题，降低小微企业融资成本，要求积极创新小微企业流动资金贷款服务模式，通过新发放贷款结清已有贷款，允许小微企业继续使用贷款资金。

但也有部分金融规定对以贷还贷等周转贷款进行限制，如《关于地方政府融资平台贷款监管有关问题的说明》（银监办发〔2011〕191 号）规定，对

---

3 曹士兵：《关于以贷还贷》［A］.《经济审判指导与参考（第一卷）》［C］.北京：法律出版社，1999 年，第 225—226 页。

于到期的平台贷款，一律不得展期和以各种方式借新还旧（含跨行）。《中国银监会关于切实做好 2011 年地方政府融资平台贷款风险监管工作的通知》（银监发〔2011〕34 号）规定对于到期的平台贷款本息，一律不得展期和以各种方式借新还旧。

可见从当前金融法规领域，除平台贷款外，其他类型贷款的盘转贷款存在均予以认可，但在贷款分类上须做好严格划分，合理披露风险水平。尽管政府融资平台贷款和项目贷款有明确的规定不得办理以贷还贷等周转贷款，但笔者认为，尽管有此类规定，但仍不至于导致民事效力无效。

二、银行不良贷款盘转的动因分析

贷款盘转曾一直以一种"面上较为隐蔽，实际上公开"的方式存在，也因此滋生了"倒贷"现象，市场上部分主体利用短暂的还贷资金调度谋取高利。如果注意观察，社会上还有许多"垫资广告"（即民间非正规的，为银行到期贷款清偿提供资金周转的业务），侧面也反映了银行贷款中，隐藏着部分到期无力清偿贷款的风险客户。

2011 年民间借贷风波之后，因贷款压缩、投资积压、账款回收难等引发的普遍性资金周转困难导致银行信贷风险增加，以贷还贷等贷款盘转也成为化解信贷风险，降低融资成本，维持经济稳定的一项重要举措，贷款盘转成为"面上公开"的还款方式。2011 年以前，如检查发现贷款系"以贷还贷"，则表明信贷资产质量有问题，相应的经办人和审批人员会被要求写一系列的报告、说明，并有相应的整改或处罚。

贷款盘转的存在及审视，与整体经济形势、银行经营情况等密切相关。在经济下行和低迷期，市场信贷资金需求低迷，"两链"风险和投资失利或回收缓慢等因素引发多数客户资金紧张甚至债务危机；银行信贷投放规模增速要求和考核等多种因素影响下，银行贷款投放的回收策略对经济社会稳定影响大。贷款盘转作为一种较为缓和的形式，有其存在的必要性和合理性。

从政府层面来看，帮扶困难企业，化解"两链"风险，维护区域经济稳定，要求金融机构要承担起帮扶责任，防止一味压贷、抽贷、收贷造成当地企业陷入债务危机，引发"倒闭潮、停工潮、跑路潮"等，搅乱当地经济，影响社会稳定。在 2011 年 9 月末金融风波爆发后，银行对风险客户采取收贷的策略加剧了企业资金链断裂，出现了备受媒体关注的温州老板"跑路潮"，甚至跳楼等事件。政府部门、人行、银协等机构纷纷出台各类公开通知和意见，加强金融调控，提出帮扶要求，并形成帮扶解困会商机制，大力倡导和要求金融服务实体经济。同时政府部门通过协调会、派驻联络组、司法立案限制、查封限制、政策调整等措施对金融企业收贷行为进行一定的限制和干预。如温州银监分局出台的《关于进一步改善对中小企业金融服务的指导意见》（温银监发〔2011〕70号）[4]，《加强银行业金融机构创新服务实体经济的实施意见》（温银监发〔2013〕2号）[5]，《温州银监分局办公室关于进一步完善风险企业帮扶和不良贷款处置工作机制的通知》（温银监办〔2013〕103号）。[6] 2014年2月温州市银行业协会出台《温州市银行业、金融机构风险企业帮扶和不良贷款化解处置自律公约》。[7] 受上述地方政府影响和干预，不良贷款户在确无资金清偿贷款的情况下，银行在不良贷款处置过程中，除了以贷还贷、贷款平移等方式持续信贷支持外，难找其他有效途径。

从银行层面来看，贷款盘转在一定程度上有利于减少银行经营的不良冲击，也有利于贷款风险迅速短期化解，减少股东和公众的莫名恐慌。一方面贷款盘转是迅速降低不良贷款，防止不良贷款集中爆发的有效措施。贷款核销需消耗利润，银行几年来的经营成果可能一时难以用于冲抵集中爆发的不良且利润的集中消耗导致盈利水平迅速下降，出现亏损，影响正常经营运转；不良贷款转让对价低，部分贷款收回存在可能性，以低价转让直接导致银行较大损失；对作为独立法人的农商行而言，又无上级行可划拨不良。采取贷款盘转的方式，逐步消化不良，减少外部市场环境迅速变化带来的集中不利影响。另一方面贷款盘转是应对催收无效贷款，降低贷款风险的有效措施。对陷入债务危机的不

4　文件要求"出现暂时性困难的可转型企业，结合市政府有关部门提出的分类清单，提出具体帮扶措施，不抽资、不压贷；对暂时出现风险问题的企业，要在地方政府和有关部门的领导下，采取稳妥措施，积极帮扶，为企业提供实实在在的金融支持。"

5　要求"大力探索企业流动资金贷款还款方式"。各银行业金融机构要积极完善信贷管理模式，实现信贷供应与企业生产周转的无缝对接。大力推广优质小微企业"增信式""分段式"两种创新的流动资金贷款还款方式。

6　提出了"帮扶解困会商机制"，要求市银行业协会要按照《温州市银行业协会关于多家银行授信客户帮扶解困会商工作（暂行）办法》，认真组织开展帮扶解困会商工作。特别是要做好会商前的准备工作，要筛选一批有帮扶前景的风险企业，协调相关银行顾全大局，统一行动。对个别授信金额特别大、涉贷银行多、社会影响大的风险企业，可以请求监管部门帮助组织银企会商。要做好会商意见落实的监督工作，努力取得实际效果。

7　自律公约明确对企业实行分类、分级帮扶和处置，对于帮扶名单里的风险企业，坚决做到不抽资、不压贷、不缓贷，并适时跟进信贷服务。自律公约一个重要原则就是"保健扶伤不救死"。

良户，迅速处置不良贷款并不一定得到清偿，相反通过贷款盘转，以贷款盘转作为条件引入有效的抵质押资产和有实力的担保人，将无处置抓手的贷款户变得有抓手。而且贷款盘转对银行贷款责任追究方面，也起到一定的掩饰和缓冲作用，银监等上级管理部门对银行不良贷款的上升采取问责、约谈、取消任职等监管措施，或不良贷款上升与干部的业绩、升迁，员工收入挂钩，形成银行外部监管压力。通过贷款盘转可减轻经办人员和审批人员不良考核压力，在现有的考核体系内可有效地缓解问责和监管压力。

从客户角度分析，由于客户生产经营资金回笼周期与贷款周期不匹配，中长期贷款利息高于短期贷款，将导致融资成本增加，且短期贷款到期时，如通过"倒贷"形式转贷，也将额外支出融资成本，故对贷款周转也存在较大的需求。当前形势下陷入资金危机的客户，通过资金周转暂时缓解债务压力，给予一定的时间进行资金回笼、投资回收，不至于使银行收贷成为"压死客户的最后一根稻草"。

三、银行不良贷款盘转风险分析和防范

（一）操作风险分析和防范

不良贷款盘转相比于正常贷款放款来讲，存在较大的操作风险，因操作不当可能引发贷款合同无效、担保无效或被撤销的风险，具体分析如下：

第一，实为以贷还贷的贷款盘转，合同中未披露真实贷款用途，而以购买生产经营材料或资金周转等虚构用途的风险。明确披露"以贷还贷"的真实用途可能引起银行内部管理层及外部监管层的关注，导致银行内部存在部分贷款实为贷款盘转，但名义上是正常贷款周转或正常用途的贷款。长期以来，部分客户经理明知客户续贷的贷款实为归还前一笔贷款，但在审查时，仍从形式上查看客户相关购销合同予以放款。在贷后管理中，对资金流向也仅监控至款项是否流入交易对手账户，至于所谓的交易对手是否仅起到过桥作用，则不再深究。

上文提到对于明确"以贷还贷"用途的贷款合同，倾向于承认其效力，但是对于此类在贷款合同中虚构贷款用途的情况，则效力问题应视具体情形进行分析。在贷款清收时，保证人往往以银行明知贷款用途虚构，贷款资金实为以贷还贷为由而主张贷款合同无效，法律依据为"恶意串通，损害第三人利益"。银行通过对借款人用途的宽泛审查，指导、协助或纵容借款人虚

构用途，通过要求借款人增加保证的方式，将贷款风险转移至保证人，损害保证人利益。出于金融债权保护及保证人为他人提供保证"自审风险、自担风险"等原因，立法上对银行的审查义务要求较低，仅形式上审查，对保证人举证责任要求较高，须提供证明银行恶意的主观故意。同时以骗取贷款罪、违法发放贷款罪等作为刑事惩罚威慑，导致借款人往往不轻易提出或承认提供的资料虚假或是银行唆使提供虚假资料。由于保证人举证困难，导致此类情形下贷款无效难成立。

但从银行操作来看，实践中仍存在较大的风险隐患，如提供购销合同模板、为客户填写合同内容、为客户寻找交易对手、口头指导客户操作、提供过渡账户等，都可能留下不利的证据。银行日常信贷管理工作中，对以贷还贷等属于贷款周转的，应据实填写用途。在贷后管理时，加强贷款用途管理，关注贷款资金流向，对客户经理故意隐瞒用途的，应及时做好识别和问责。同时在信贷流程管理中，应规范信贷流程，客户经理不得"越俎代庖"。

第二，以贷还贷等周转贷款新增保证人未能知悉以新还旧的风险。对于主从合一的保证借款合同，由于保证人在合同上签字，对合同中表明的"以贷还贷"用途应当知悉，可保证人常提出：签订合同时，合同内容空白，贷款用途尚未填写。由于限于当前文书鉴定水平，填写内容短期内的先后顺序难以鉴定，同时保证人作为理性人，在签约时，明知签订空白合同的后果而仍签字，又有点自愿授权填写的意思。故在此情形下，除非保证人拍照留存当时签约情形或有足够的人证证明空白合同事实，否则难以证实不知悉贷款用途而不承担保证责任。

在主从合同分离情况下，保证合同或保证函单独就保证事宜进行约定，未涉及主合同，则需新增保证人另出具声明，向银行书面陈述已明确知悉贷款用途为以贷还贷等周转性贷款。银行以此声明或经保证人签字确认的告知书等为依据，证明保证人已知悉用途，避免保证人依据《最高人民法院关于适用〈中华人民共和国担保法〉若干问题的解释》第三十九条的规定主张不承担民事责任。

第三，贷款盘转过程中，借款人以自有财产为原无财产担保的债务提供财产担保，可能存在被撤销的风险。按《中华人民共和国企业破产法》第三十一条的规定，人民法院受理破产申请前一年内，债务人对没有财产担保的债务提供财产担保的，管理人有权请求人民法院予以撤销。贷款盘转过程中，借款人追加抵质押物强化担保，对银行来讲有利于风险化解。在此情形下，仅增加抵质押物且明确物保人保由银行自由选择清偿的情况下，对银行债权保全来讲，在原有风险水平基础上追加，有利无害。但往往借款人追加抵质押物时附加条件，如要求以抵押物置换保证人、要求增加贷款金额等。之后如出现借款企业申请或被申请破产，则可能导致追加的抵质押物被撤销的风险。故银行在追加抵押物时，应分析企业的破产风险，同时在放弃保证时，应注意设定放弃保证人的条件，如明确"借款人提供的抵质押物如被认定为无效或撤销的，保证人继续按原保证合同约定承担保证责任"。

第四，贷款平移至担保人，担保人作为借款人办理贷款，担保人配偶不承担债务的风险。浙江省高院《关于执行生效法律文书确定夫妻一方为债务人案件的相关问题解答》明确，夫妻一方擅自对外担保且另一方未因担保行为获益所产生的债务，可以认定为个人债务。《最高法民一庭关于夫妻一方对外担保之债能否认定为夫妻共同债务的复函》（〔2015〕民一他字第9号）明确夫妻一方对外担保之债不应当适用《最高人民法院关于适用〈中华人民共和国婚姻法〉若干问题的解释（二）》第二十四条的规定认定为夫妻共同债务。故在贷款平移至担保人时，对担保人进行信用状况分析，如担保人主要财产均在配偶一方名下或配偶实力较强的，应尽量要求担保人配偶承担保证责任或共同还款责任，防止在平移后贷款追偿时债权落空。

（二）其他风险分析和防范

1. 盘转贷款逃废债风险分析和防范

不良贷款盘转易引发客户的信用风险。盘转过程中，如何防范客户进行资产转移或负债增加影响偿债能力的风险，须谨慎考量。"边盘转边逃债"，部分客户利用与银行贷款盘转协商或贷款盘转后，对名下财产进行转移。盘转后贷款到期清收时，银行发现债务人名下已无财产可供执行。因此对盘转的贷款，须做足盘转前的财产查询和盘转过程中财产监控，防止债务追索落空的风险。

在盘转前，须对借款人和保证人名下的财产进行细致查询和多方打听，对优质资产应采取措施，通过先采取诉前保全、诉中查封等处置方式促使相关债务人增设抵押、现金赎回、追加担保、缴存押金等方式掌握贷款风险化解的主动权，同时考虑对完全无抓手的关联贷款的一并处置。如客户未提供任何措施要求盘活，则银行应优先选择拒绝盘活，处置不良贷款。如基于实际考虑，选择了在客户原有贷款的基础上进行简单盘转，则在贷款过程中，须做好财产的监控。据了解，个别地区政府部门曾牵头建立"联查联控"机制，即将房管、工商、民政、土地等部门房产、股权、婚姻、土地等变动与银行进行联动，控制不良贷款户的失信行为，设置行政审批前置联动程序，为银行业监控不良贷款户财产的转移提供了有效的手段。但同时由于行政审批效率提速的要求，此类做法并未能持续推开。建议银行业加强与政府部门的协商，争取"联查联控"机制的持续规范运行，在防止逃废债与提速行政审批二者兼顾的前提下，优化机制，为银行业提供常规的查控途径，切实防范金融逃废债行为，保护金融债权。

此外还可要求客户出具"不转移财产承诺"，明确贷款申请时以名下财产作为资信审查主要依据，并承诺在贷款未清偿前，未经贷款银行同意不转移财产。在客户违反承诺时，是否构成骗取贷款等刑事责任，尚有可探讨空间。

2. 内部风控管理失效的风险及防范

从内部贷款风险审查来看，盘转贷款审查中，银行有被客户绑架的感觉。常规的一套风控审查标准不再完全适用，而盘转贷款的风控审查标准尚处于个案分析层面，未形成统一的标准，上级部门也无任何规制，导致盘转贷款游离于常规风控体系之外。盘转贷款的存续及占比提升，导致信贷资金的虚假循环和授信管理的监管与预警制度得不到执行，盘转贷款的授信管理处于失效状态，风险预警信息无法采取对应的措施。对盘转贷款如何做好风控，明确标准，形成有效的制约，亟待解决。

从信贷客户角度来讲，盘转贷款客户享受的审批便捷与贷款优惠导致正常贷款客户选择套取盘转贷款的银行信贷政策红利。在经济下行期，客户资金紧张，债务清偿压力大，且银行业不良贷款水平相较以往处于高位运行，不良贷款盘转成为信贷客户贷款清偿的一种途径。对生产经营正常或盘转不至于导致风险恶化的贷款，银行对"以贷还贷"等盘转申请审批通过率较高。同时在客户面对债务危机时，盘转意愿不强，银行通过盘活优惠利率促进客户盘活。在周转贷款占贷款比例过高的情况下，容易形成扭曲的信贷业务模式，引导客户尽量盘活，以代替正常的续贷。同时在利率作为风险的定价时，盘活优惠利率反而低于正常贷款利率，出现定价扭曲，引起客户利率讨价还价，或宁等到期逾期后盘活，而不主动归还的局面，形成恶性循环，对银行正常信贷产生不利的社会评价。银行在盘转贷款政策制订时，须注意与正常贷款形成横向比较，防止出现因信贷政策不合理而导致"劣币驱逐良币"现象。

3. 道德风险分析和防范

通过贷款盘转将事实上不良的贷款变成正常贷款，实是为贷款第一责任人推卸责任提供了便利，使不良贷款责任追究形同虚设。贷款盘转导致信贷客户长期占用信贷资金，对信贷引入存在问题的贷款进行长期掩盖，直至出现风险后才予以追责。

贷款管理部门要关注盘转贷款，对盘转贷款要形成明确的责任认定程序，提前做好贷款检查，提前做好道德风险防范。在客户经理绩效考核时，对盘转贷款的占比及对利润的影响要纳入。

4. 政策变动风险分析和防范

监管部门对盘转贷款作为风险化解的一种措施，已引起关注。针对盘转贷款，如何区分资产质量以真正识别银行资产质量的真实水平，应该是监管层在信贷资产质量监管中着重要解决的问题。贷款分类偏离度增大导致不良贷款数据不能反映真实水平，银监部门在考核时，提出"实际不良贷款"的概念，将本金或利息逾期90天以上但尚未纳入五级不良贷款管理的贷款，均统计为不良贷款，并在此实际不良贷款基础上计算拨备覆盖率、拨贷比、资本充足率等指标。随着整体经济环境的变化及银行业不良处置的推进，对利用盘转贷款掩盖风险的做法，监管层或许也会采取一定的方式"揭开面纱"，并采取监管措施。

盘转贷款作为临时性风险处置的措施之一，盘转次数、盘转贷款利息清偿情况、盘转贷款金额下降情况、盘转贷款变动趋势等都应成为银行业信贷风险管理的重点，并制订明确的盘转贷款整体控制和化解策略，有计划地走出特殊时期的非正常盘转，保证信贷资产质量的向好趋势。

四、银行贷款盘转的影响和规范管理探索

（一）银行贷款盘转的影响

银行贷款盘转如作为短期内缓和民间借贷风波对银行信贷风险反弹的影响，在可控的范围内银行以时间换空间方式，缓和银行债务对不良户的冲击，维持当地经济和社会稳定，无可厚非。但从整体宏观经济判断，经济发展形势未见明朗，企图通过宏观经济的发展来消化不良贷款，短期内难获实效，而对银行来讲，盘转贷款问题持续存在而错过解决不良债权的最佳时机，加大后期不良债权处置成本，将导致不良债权长期化，反而对银行造成不良影响。随着盘转贷款占比的提升，银行收益能力下降，信贷投放受限，客户质量不佳，且背负沉重的历史包袱，对银行持续稳健发展和金融改革都将产生不利影响。

（二）银行贷款盘转规范管理探索

不良债权的处理实际上是一个综合工程，是社会经济制度变革与经济结构调整的一个组成部分。一旦银行业发生严重不良贷款问题，就会对该国金融稳定与金融安全构成最严重威胁。[8] 贷款盘转作为不良债权处置的方式之一，导致不良债权隐藏在表内，作为一颗或大或小的定时炸弹成为威胁银行乃至整个金融系统的安全隐患。规范银行贷款盘转的管理，防范不良债权的长期化至关重要。

对盘转贷款的管理须格外注重宏观经济形势的影响，银行业金融机构须把握宏观经济走势，提前布局。宏观经济形势整体向好，经济缓慢上行，不良贷款化解将受益于宏观经济发展。但如果宏观经济持续低迷，盘转贷款可能在体系内循环存在，制约银行发展。规范盘转贷款的管理，支持脱困并防控风险，引导盘转贷款向好发展，这是当前银行业亟待解决的问题。

首先，探索形成有效的盘转贷款风险识别体系。一是盘转贷款应坚持"公开运作"原则，在贷款用途上明确披露"以贷还贷""归还应急转贷资金"等贷款盘转用途。银行基于稳健运营的自身需求，须摸清风险底数。对社会上存在的垫资行为，银行可通过产品创新，如推出"转贷宝"等创新产品，直接为客户提供转贷服务，将转贷业务正常化、规范化，促使原本游离在银行体系之外的实质转贷行为纳入到银行风控体系。二是对盘转贷款做好风险等级划分，以便对不同等级风险的贷款采取不同的处置策略。考虑盘转户的经营、资产、债务、还息还款、前景等因素，考虑盘转原因的不同，如是否为因贷款期限不合理导致客户资金错配而引起的盘转、是否因需强化担保而进行的盘转、是否属于为化解不良压力而进行盘转等，并依据盘转户不同的风险水平，从贷款金额上可采取压缩型贷款盘转、等量滚动型贷款盘转和滚雪球型贷款盘转等类型。从贷后管理频率上，可依据风险程度采取长短不一的灵活管理方式。三是对盘转贷款做好贷后风险持续跟踪识别。盘转贷款期间，借助系统定期关注盘转户的还息、债务纠纷、资产、流量等变动情况，确保如发生不利变动，能及时识别，防止出现"一盘转就放松管理"的情况。

其次，探索形成精确的盘转贷款风险计量方法。依据银行利润水平、资本水平、不良水平、监管指标要求等因素，对盘活贷款做好规划，并进行总量控制。在盘转贷款管理过程中，通过设置定期跟踪的指标体系进行风险计量，

8 李玉梅、张肃平：《日本不良债权长期化的原因、影响及其启示》[J].商业经济研究，2010年第31期。

如对盘转贷款利息清偿情况、盘转户账户流量变动情况、盘转户涉诉情况、融资变动情况等进行分析，掌握总体风险水平。

再次，切实落实有效的盘转贷款风险控制措施。一是制订科学合理的盘转贷款授权体系，形成内部有效制约。在支行与总部权限划分上，原则上以权限上收，总部统一审批为主，以便统筹管理全行盘转贷款风险，对权限下放支行的，则须明确可操作的标准，防止不同基层行社盘转标准不统一，盘转贷款跨行质量差别过大。二是明确盘转贷款的审批标准和条件，把好盘转关口。制定和完善借新还旧等周转贷款审批条件，制定更科学、切合实际和更具操作性的盘转标准。如对本应进入处置的盘转贷款应严格控制并逐步降低，严禁未增加担保的情况下以贷收息。按盘转目的不同，分别设定审批标准，如对逃废债企业、进入诉讼处置的企业盘转应提高标准，落实财产的有效监控；对为贷款补办担保、无效担保转有效担保的盘转贷款优先审批，维护金融债权。在盘转时，对欠息和盘转金额进行严格控制，原则上应清偿欠息并适当下降贷款本金，如盘转金额增大，则需有足够的理由，如对客户资金流入的确信和有效控制、强化担保、置换他行贷款并增加抵押物等。三是完善盘转贷款问责机制。对信贷人员的不良考核标准，应考虑为化解不良而进行的盘转贷款规模，否则将导致信贷人员过分追逐短期利益。对一定标准金额的盘转及多笔数的盘转贷款应引起关注，对经办人员和审批人员提前进行问责，防范道德风险。

最后，有效提高盘转贷款个性化方案设计和风险审查水平。盘转贷款通常会出现各种新情况、新问题，在不良处置过程中，利用好客户可支配的财产，只要能给客户未来带来现金流入的资产都可以作为还款来源。盘转过程中，银行应着眼于盘转后贷款的有效抓手，利用合同设计、贷款重组设计、担保设计、引入监管人等方式灵活办贷。同时应配备专业人员对相关方案进行风险审查和评估，防范法律风险。

第七篇

银行卡

银行卡盗刷案件法律风险现状及对商业银行的应对建议

华夏银行总行法律事务部　刘　鹏

摘　要

　　银行卡被盗刷案件在近些年频频发生，司法机关对于此类案件的审判态度也在不断发生着转变，近一段时间来从最高人民法院公布的典型案例，到法院的司法审判案例，都在向着对银行不利的方向发展。从目前的司法裁判情况看，在银行卡盗刷案件中，如果是伪卡盗刷，在银行卡安全防范技术没有明显提高的情况下，银行几乎无法在诉讼中占据优势地位。司法裁判规则在银行卡安全防范技术未明显提升的当下，已经成为银行卡业务的固有风险。在未来，即使银行卡安全防范技术获得高度提升，也不能完全避免承担"未能识别伪卡"责任的情况出现。针对这一情况，银行应当早做应对，只有制定好应对的策略和措施，方能在最大程度避免声誉风险的同时，维护好自身的财产权益。银行卡被盗刷，现在早已经算不上是什么新闻，而这种盗刷案件频频见诸报端之后，随之而来的是从监管部门到司法机关再到普通民众对银行卡盗刷案件无法杜绝的深层次思考和探寻，与此同时，司法机关在审判中对于此类案件的审判态度也在发生着变化。从早些年以前认定持卡人过错，到各个法院审判态度不一，再到最高法院出面从各个方面开始统一将主要的民事责任归于银行，司法机关的态度发生了很大的转变。

　　社会舆论对于银行卡盗刷案件的讨论从浅层次向深层次发展。对于银行卡盗刷案件，最敏感的自然是各类媒体。在百度搜索中键入"银行卡盗刷"的关键字，搜索结果多达29.7万条之多，由此可见媒体对于银行卡盗刷案件的关注程度。

在财经网上，有一个专题，名称即为"银行卡保卫战：谁为盗刷买单"见下图：

这一主题网页对银行卡盗刷相关案例及解决建议进行了探讨。这个2012年建立的网页上，一项投票调查表明，人们对于谁要对银行卡被盗刷承担责任看法不一，态度比较分散（见下图）。

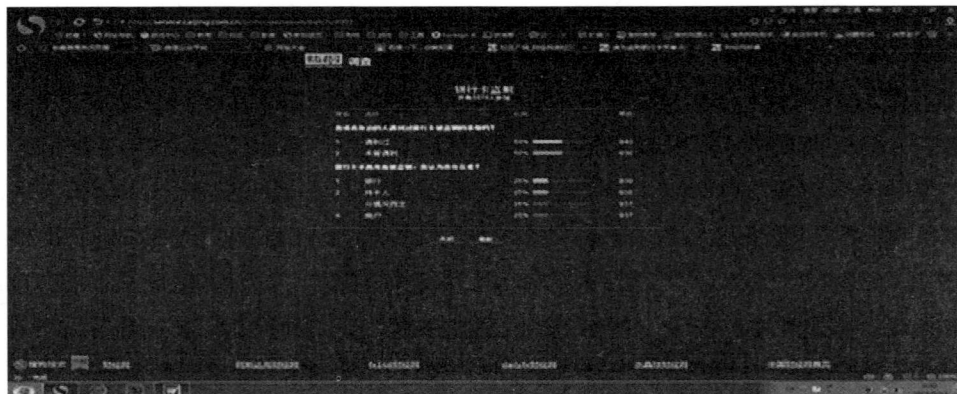

随着银行卡盗刷案件数量的持续增长，以及舆论的广泛关注，不断有评论者发声，开始呼吁，司法机关在司法裁判中应当向储户倾斜，以裁判倒逼商业银行提高银行卡防伪技术。

例如，在《银行须对集体盗刷负全责》一文中，作者浦江潮提出："笔者认为，除非有证据证明客户存在过错，否则就应该由银行承担全部损失。唯有如此，才能倒逼银行提高 ATM 安全水平，保护客户银行卡内的资金安全"[1]；同一个作者，在《银行卡被集体盗刷 谁来担责？》还提出："我国《商业银行法》规定：'商业银行应当保障存款人的合法权益不受任何单位和个人侵犯。'显然，保障客户银行卡内的存款安全，是银行不可推卸的法律责任。事实上，银行承担客户全部损失的案例也是有的。譬如，2011 年，郑州市民金先生银行卡里的 1.3 万元被他人盗取，在向银行索赔无果后诉至法院，郑州市中原区法院审理认为，金先生证明了存款数目及所持银行卡没有丢失，即已完成自己的举证责任，而银行无法举证自己无过错，故判决银行赔偿金先生的全部损失及利息。我认为，这样的判决才是合情合理的，也唯有如此，才能'倒逼'银行提高 ATM 安全水平，保护客户银行卡内的资金安全。"[2]

在《"盗刷全赔"应成银行服务规则》一文中，作者更是要求银行卡"盗刷全赔"，应成为银行的一种服务规则："首先，银行应在提高管理、服务水平和技术升级上舍得投入成本，不给非法得利者可乘之机，确保储户承担零风险。当然，仅靠银行自律是行不通的，要通过司法解释，使'盗刷全赔'成为全国统一规定，而不能由各地法院自行其是，以保证法律的统一性。特别是，如果一律判处银行负全责，可以倒逼银行保证银行卡的唯一性和不可复制性，就可以规避盗刷案件的发生。"[3]

在《"银行卡被盗刷"判全赔的示范价值》一文中作者提出："这种'实质审查义务'并非额外加重银行的负担。因为作为发卡方，银行负有银行卡的安全保障义务，要切实提升银行卡防伪、识伪的科技水平，不能让用户因银行自身的技术不过关和银行卡自身存在的安全隐患而遭受意外损失。"[4] 同时，作者还提出："应及时修订完善现有法律，包括确立银行'实质审查义务'的裁判规则，并针对各种可能情形，出台具体操作细则，规范银行和用户在信用卡保管、使用上的权利义务，规定他人用伪卡盗刷而造成的用户意外经济损失

1　参见浦江潮：《银行须对集体盗刷负全责》，载中国消费者报，2013 年 7 月 29 日。网址：http://bank.hexun.com/2013-07-29/156570952.html。

2　参见浦江潮：《银行卡被集体盗刷 谁来担责？》，载长沙晚报，2013 年 7 月 26 日，第 2 版。

3　参见《"盗刷全赔"应成银行服务规则》，载燕赵晚报，2015 年 6 月 6 日。网址：http://opinion.people.com.cn/n/2015/0616/c1003-27161948.html。

4　参见符向军：《"银行卡被盗刷"判全赔的示范价值》，载人民法院报，2015 年 6 月 17 日，第 2 版。网址：http://www.chinacourt.org/article/detail/2015/06/id/1651664.shtml。

应由银行'买单'。"[5]

司法机关对于盗刷案件的审判态度由持卡人担责向银行先担责后追偿发展。

由于银行卡盗刷刑事案件的侦破难度很大，司法机关对此类案件的关注也越来越多。近年来，包括最高法院在内的各级法院及法院相关媒体对于银行卡盗刷案件的解释、文章数量都呈明显的上升趋势。笔者查阅人民法院网网页时，一个网页上竟有三条信息是有关银行卡业务的（见下图）。

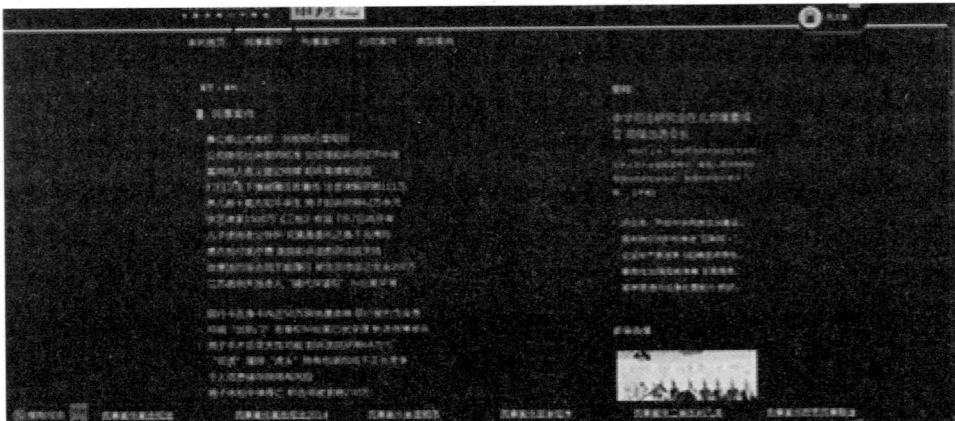

司法机关为了保护储户的利益，已经不再适用"先刑后民"的司法裁判原则。虽然目前对于银行卡盗刷案件的责任分担没有统一的司法解释作为裁判标准，各地司法裁判尺度不一，裁判理由和适用法律也有所区别，但是包括最高法院在内的司法机关对于此类案件都给与了较高关注，通过典型案例、公报案例、指导案例以及法官学术文章等方式不断探讨和细化此类案件的裁判规则和裁判理由。从近年来大量的此类案件司法判决和法官撰写的文章中，已经可以梳理出一些司法机关的裁判原则。这些原则从整体上来说更倾向于保护储户的利益，但对于银行而言，则是不利的。

一、司法裁判中已经形成的裁判原则

笔者对近年来影响较大、审判法院级别较高的案件判决书及法官文章进行了梳理。就目前而言，已经基本成型的裁判规则包括以下几点：

因银行储蓄卡密码被泄露，他人伪造银行储蓄卡骗取存款人银行存款，

5　同上。

存款人依其与银行订立的储蓄合同提起民事诉讼的，人民法院应当依法受理。[6]

本条规则是已经由最高人民法院的批复文件确认的。在最高人民法院《关于银行储蓄卡密码被泄露导致存款被他人骗取引起的储蓄合同纠纷应否作为民事案件受理问题的批复》（法释〔2005〕7号）中，最高人民法院针对四川省高级人民法院的请示，作了如上批复。

在因银行卡被盗刷引起的案件中，民事案件是刑事案件的犯罪行为派生出来的行为。因此，司法机关对民事案件的审理无需以相关刑事案件的处理结果为前提，可不适用"先刑后民"原则。[7]

这一裁判原则的直接出处是北京市高级人民法院一位法官撰写的文章。而事实上，在银行卡盗刷引起的民事纠纷案件中，银行方往往会以刑事案件未经审判为由进行抗辩，许多司法机关事实上采取了如本条裁判原则一致的做法，其基本理念就是要首先保护储户的利益。

银行卡被盗刷案件的举证责任分配中，法院应根据公平和诚实信用原则，综合当事人举证能力等因素确定举证责任的承担。银行应对其已尽交易安全保障义务及持卡人存在过错承担举证责任。[8]

这一裁判原则同样来自北京市高级人民法院法官的文章。同时，最高人民法院在类似案件的司法解释中也谈到这一观点。最高人民法院在《关于天津市邮政局与焦长年存单纠纷一案中如何分配举证责任问题的函复》（〔2003〕民一他字第16号）中指出："焦长年主张自己在天津市邮政局下属储蓄所办理的存款账户中的存款数额少了9045元……其举证责任在于，证明自己与天津市邮政局之间存在储蓄合同关系，证明自己的存款数目，存折和取款卡没有丢失。焦长年提交了存折和取款卡，即已完成了举证责任。根据证据学原理，只能要求主张事实发生或者存在的当事人承担举证责任；而不能要求主张事实不存在或者没有发生的当事人负举证责任。因此不能要求焦长年举证证明自己没有为异地取款行为。"照此，也可以推出在举证责任分配上，法院不能要求储户证明自己没有过错，而只能要求银行证明储户有过错。

如银行提供持卡人用卡过程中存在不规范使用银行卡和密码的证据，在

6　最高人民法院《关于银行储蓄卡密码被泄露导致存款被他人骗取引起的储蓄合同纠纷应否作为民事案件受理问题的批复》。

7　参见张燕：《本案储蓄卡被盗刷银行应否承担赔偿责任》，载中国法院网，2012年4月21日。网址：http://www.chinacourt.org/article/detail/2015/04/id/1600167.shtml。

8　同上。

持卡人没有充分证据予以反驳的情况下，可以认定持卡人没有尽到妥善保管密码的义务，对其损失应承担责任。[9]

储户的举证责任包括：（1）证明自己与商业银行之间存在储蓄合同关系；（2）证明自己的存款数目；（3）证明存折和取款卡没有丢失。[10]

前述两个裁判规则同样源自最高法院《关于天津市邮政局与焦长年存单纠纷一案中如何分配举证责任问题的函复》（〔2003〕民一他字第16号）。此处不再赘述。

商业银行的举证责任包括：（1）商业银行主张储户恶意支取的，应当就储户使用或者指使他人使用取款卡从商业银行取款的事实负举证责任。[11]（2）商业银行主张自动柜员机无法识别交易主体的，属于商业银行的机器系统存在安全缺陷。因此导致无法举证的，应当由商业银行对由此而产生的储户存款被盗取的风险承担责任。[12]（3）商业银行应对犯罪嫌疑人利用伪卡进行的交易中密码泄露的过错负有举证责任。商业银行在没有证据证明储户对卡盗刷存在违约或违法犯罪情形的，应先行承担资金损失。[13]（4）商业银行主张储户泄露银行卡密码的，应当就储户泄露银行卡密码的事实承担举证责任。

本条内容综合了较多的司法解释和案例判决要点，但核心要点是一致的。

---

9 参见《最高人民法院〈关于天津市邮政局与焦长年存单纠纷一案中如何分配举证责任问题的函复〉（〔2003〕民一他字第16号）》。

10 同上。

11 同上，最高法院批复在谈到银行的举证责任时指出："天津市邮政局主张焦长年恶意支取，则应当就其使用或者指使他人使用取款卡，于2000年5月13、14、15日在成都市火车站邮局、走马街邮局取款的事实负举证责任。"

12 同上，最高法院在批复中对柜员机风险承担的问题指出："关于本案涉及的风险负担问题，由于自动柜员机是天津市邮政局设置的，天津市邮政局从中获得经营收益，如果邮政局认为在自动柜员机上进行人机交易这种特殊的交易方式，导致其无法识别交易主体，无法证明在成都市使用取款卡从焦长年账户中取款的是什么人，而这一机器系统因存在安全缺陷而发生过储户存款被盗取的事实又为天津市邮政局自认，也就是说天津市邮政局承认其设置的自动柜员机从技术上尚无法充分保护储户的存款安全，为了维护储户的合法权益和邮政储蓄的公信力，应当由邮政储蓄部门对由此而产生的储户存款被盗取的风险承担责任。"

13 参见《2014年度上海法院金融商事审判十大案例》，"伪卡盗刷案件中银行应承担赔偿责任"——陈某诉甲银行借记卡纠纷案。网址：http://www.110.com/ziliao/article-667281.html，2015年5月31日访问。在该案中，法院在判决书中指出："甲银行对陈某负有全面履行储蓄存款合同的义务。根据储蓄存款合同的性质，甲银行负有按照陈某的指示，将存款按约支付给陈某或者陈某指定的代理人，并保证陈某借记卡内存款安全的义务。陈某提起本案诉讼的请求权基础是储蓄存款合同关系，合同具有相对性，故即使案外人存在刑事犯罪或者民事过错，也应由甲银行承担违约责任后，依法向刑事犯罪或者民事过错方进行追偿。"

即：对于自身机器设备功能的缺陷或者不足，银行应当承担责任；对于储户在用卡中的过错，银行负有举证责任。

因犯罪分子利用盗装的设备窃取密码和银行卡信息制作克隆卡导致储户损失的，不适用"密码交易视为本人交易"规则。[14]

本条规则源自广东清远市城区法院的一份判决书，之所以将这一判决的内容归纳为裁判规则，是因为这一裁判已经收录到最高人民法院主编的《中国审判案例要览》2010年民事卷。在该案中，储户将自己的银行卡交给其妻子去取款，而其妻子在 ATM 机上操作时被犯罪分子安装在 ATM 机上的盗码设备盗取了银行卡密码及卡号，进而导致存款丢失。在该案的判决书中，审判法官指出，为储户提供安全的取款环境是商业银行的法定义务，商业银行无权单方面增加储户的义务。刘某妻子在银行提供的 ATM 机上取款时，并不知道该 ATM 机上被不法分子安装了摄像装置，其亦无法识别。由储户在借记卡上设置自己能掌握和控制的密码，是保障储户存款安全和防范犯罪的一个手段。但本案事实证明，尽管储户遵守保密义务，犯罪分子仍能破解和利用储户设立的密码。在技术不断进步且犯罪手段不断变化的今天，不具体分析失密的原因，不考虑储户是否存在过错，一概以'凡使用密码进行的交易，均视为持卡人本人所为'这一格式条款作为银行免责理由进行抗辩，把一些本应由银行承担的责任推向储户，无疑加重了储户责任，有违公平原则，故判决银行承担全部赔偿责任。[15] 尽管本案裁判法官的这一观点目前尚未在全国得到普遍性的采纳和适用，但是鉴于其已经载入"审判案例要览"，且犯罪分子要盗取存款同样涉及到伪卡盗刷的问题，有必要引作裁判原则。

对于因犯罪分子在银行设备上安装盗码器，窃取储户银行卡信息和密码造成储户损失的，应当认定商业银行未提供必要的安全、保密环境，造成储户

14　广东清远市清城区法院〔2009〕城法民初字第 1206 号"某银行与刘某储蓄合同纠纷案"，见《刘灿华诉中国工商银行股份有限公司清远连江支行储蓄合同案（储蓄合同）》（刘德），载《中国审判案例要览》（2010 民事：240）。

15　转引自《银行卡盗刷案件裁判规则 14 条原则，10 余年典型案例解析》，载微信公众号"天同诉讼圈"。

信息被盗取、账户资金受损失的，银行应承担赔偿责任。[16]

犯罪嫌疑人通过在银行自助设备上安装盗码器窃取储户开号和密码的案件在一段时间曾非常频繁地爆发，司法机关有多个案例对于此类案件的责任认定均倾向于银行未尽应有的安全保障义务，因此应当承担损害赔偿责任。较为典型的案例包括：

（一）江苏无锡法院〔2009〕锡民终字第1283号"李某诉某银行等储蓄合同纠纷案"

在该案中，储户李某办理了中国银行的借记卡，在其持卡到工商银行 ATM 机上办理取款时，被犯罪分子在工商银行的 ATM 机上安装的盗码设备窃取了银行卡及密码信息，后制作了伪卡，盗刷了卡内资金。在该案中，二审法院在判决中指出："江阴工行应当保障其经营场所及交易机具的安全，加强监控，但其在他人安装非法设备后未及时发现、制止，导致在接受李志华委托发起电子支付指令过程中借记卡信息外泄，江阴工行没有全面履行安全防范义务，应对李志华由此造成的损失承担赔偿责任。"并因此判决银行承担储户损失的全部资金及利息。[17]

16　犯罪嫌疑人通过在银行自助设备上安装盗码器窃取储户开号和密码的案件在一段时间曾非常频繁地爆发，司法机关有多个案例对于此类案件的责任认定均倾向于银行未尽应有的安全保障义务，因此应当承担损害赔偿责任。较为典型的案例包括：江苏无锡法院〔2009〕锡民终字第1283号"李某诉某银行等储蓄合同纠纷案"，见《李志华诉中国银行股份有限公司江阴支公司等储蓄合同纠纷案》（周耀明、薛崴），载《人民法院案例选》（201003/73：168）；另见《持卡人跨行在 ATM 取款被盗的责任认定——李志华诉中国银行股份有限公司江阴支公司、中国工商银行股份有限公司江阴支公司信用卡纠纷案》（周耀明、薛崴），载《人民法院案例选（法制社月版）》（200912/12：101）；另见《持卡人跨行在 ATM 取款被盗的责任认定》（薛崴），载《人民司法·案例》（201012：78）；云南昆明中院〔2011〕昆民四终字第391号"赵某与某银行储蓄合同纠纷案"，见《赵滨诉中国农业银行股份有限公司昆明官渡区支行储蓄合同纠纷案——银行卡存款被盗取的民事责任主体和责任范围的认定》（侯佳），载《人民法院案例选》（201301/83：120）；天津红桥区法院2011年9月29日判决"李某与某银行储蓄合同纠纷案"，见《李政诉中国建设银行股份有限公司天津红桥支行、中国建设银行股份有限公司天津南开支行借记卡纠纷案》，载《天津市高级人民法院公报》（201102/5：41）；湖南怀化中院〔2007〕怀中民三终字第28号"王小光与中国工商银行股份有限公司洪江市支行储蓄合同纠纷案"，见《银行对储户履行保密义务的责任认定》（谌蔚、李艳红），载《人民司法·案例》（200822：82）等。

17　参见《李志华诉中国银行股份有限公司江阴支公司等储蓄合同纠纷案》（周耀明、薛崴），载《人民法院案例选》（201003/73：168）。

（二）云南昆明中院〔2011〕昆民四终字第391号"赵某与某银行储蓄合同纠纷案"

在该案中，储户在银行卡未离身的情况下收到存款银行转账成功的短信，立即采取了挂失措施，后经侦查发现，是储户在该银行另一网点 ATM 机上取款前后，有可疑人员在其取款的 ATM 机上安装了可疑设备。法院在判决中提出，根据公安机关立案侦查等事实，已经高度盖然官渡支行对其营业场所设置的 ATM 机的安全疏于管理，构成失职，造成赵滨存款账户资金损失。根据《最高人民法院关于天津市邮政局与焦长年存单纠纷一案中如何分配举证责任问题的函复》，官渡支行作为设置交易机器的主体，应对 2009 年 11 月 24 日 23 时 3 分至 10 分，该账户在福建晋江所发生的异地转账、取款系正确支付给赵滨本人或受其合法委托的受托人承担举证责任。……官渡支行应对其营业所监控不力造成赵滨资金账户内 55550 元被错误支付及扣划承担全部责任。

（三）湖南怀化中院〔2007〕怀中民三终字第28号"王某与某银行储蓄合同纠纷案"

在该案中，储户到银行查询存款时，发现信用卡上的存款，已被他人取走。公安机关破案后查清，犯罪分子采取在自动门刷卡器上粘贴电子仪器，并在自动取款机上安装微型摄像机以获取原告信用卡信息资料和密码，然后再仿造原告的信用卡来盗取卡内资金。银行在自动取款机处安装有监控设备，在案发前后没有审查监控录像资料。法院据此在判决书中指出："储蓄存款合同，是指存款人将其货币存入储蓄机构，储蓄机构在存款人取出存款时按约定或规定支付存款本金或利息的协议。原告将属于自己所有的人民币存入洪江工行，其凭存折可以支取存款本金和利息，洪江工行按规定应向原告履行支付存款本金和利息的义务。由于洪江工行管理不善，导致原告的存款被他人盗取，原告并无过错，洪江工行应当向原告支付存款本金和利息。"并判决银行承担储户损失资金及利息的赔偿责任。审判法官在该案基础上撰写的文章中总结的裁判要旨中还强调：对于商业银行法规定的为储户保密的原则应当全面理解。"为储户保密，不仅是指银行应当对储户已经提供的个人信息保密，也包括应当为到银行办理交易的储户提供必要的安全、保密的环境。银行如果没有履行该义务，即构成违约，应当承担相应违约责任。"

二、对司法机关裁判原则的分析

对于银行与储户在银行卡盗刷案件中的法律关系，司法裁判的认证逻辑如下：

（一）储蓄合同关系是银行与储户间的基础法律关系

银行与储户之间的法律关系，最基础的就是储蓄合同关系，银行在储户开立存款账户时与储户签署储蓄合同的相关协议，建立储蓄合同关系，并因此对储户承担相应义务。

因此，司法对于存款案件审理的起点，也就是储蓄合同关系。因为储蓄合同关系的建立，银行对储户承担了合同义务，只不过，这里的合同义务并不仅仅指双方在合同中明确约定的权利义务，还包括商业银行法、银行业相关行政法规，以及人民银行、银保监相关管理规定中银行对储户承担的义务。

在银行卡盗刷民事纠纷案件中，司法机关更倾向于使用上述法律法规和行政规章规定的银行义务（其原因很简单，就是因为在银行与储户订立的格式合同中，银行是不可能承担太多义务的），在此类案件中司法机关最常引用的银行义务包括：

（1）商业银行法第六条"商业银行应当保障存款人的合法权益不受任何单位和个人的侵犯"的规定，强调的是银行对于储户存款权益的保障义务；

（2）商业银行法第二十九条第一款"商业银行办理个人储蓄存款业务，应当遵循存款自愿、取款自由、存款有息、为存款人保密的原则"的规定，主要是在强调商业银行"为存款人保密"的义务。

在此基础上，司法裁判文书会对法律和行政法规的规定进行重新解释，随着技术发展产生的新情况，将其纳入法律条文的理解当中，进而作为裁判依据。例如，对于"商业银行保障存款人合法权益不受侵犯"这一法律规定，司法机关会倾向于解释成商业银行对于存款人的存款负有安全保障义务，进而将这种安全保障义务延伸到银行对于伪卡负有识别义务，对于储户在 ATM 机上取款的安全保障义务等；对于商业银行"为存款人保密"的义务，司法机关会倾向于解释成银行应当对存款人存款卡的信息同样具有保密义务，应当确保银行卡的信息不被他人复制等。

（二）伪卡盗刷的资金不视为储户已经取走资金，银行向储户承担的资金支付义务仍然存在

对于伪卡盗刷，司法机关倾向于认定储户与商业银行之间的储蓄合同关系，对于因合同关系中的存款丢失，司法机关适用的是过错责任原则。按照多个司法机关在裁判文书中的表述，可以看出，对于此类案件司法机关裁判的逻辑是：银行与储户之间存在储蓄合同关系，按照储蓄合同的相关约定以及银行卡使用的交易惯例及相关法规和规章规定，储户将自有资金存入银行，以银行卡加银行卡密码的形式从银行取款。对于他人窃取储户的银行卡和密码信息后，制作伪卡到商业银行自助机具上取款，因商业银行的取款机具无法识别伪卡，导致储户真实银行卡中的资金被窃取的，或是因犯罪嫌疑人使用的不是真实的银行卡，而商业银行未能予以识别的，此类情况属于商业银行的机具存在安全隐患导致，被犯罪嫌疑人盗取的资金不应当认定为储户已经取走。因此，如果储户要求银行按照储蓄合同的约定履行资金支付义务，商业银行应当履行合同，向储户支付其资金。

在这种纠纷案件中，储户主张的内容实际是要求商业银行履行储蓄存款合同义务，因此储户只需就储蓄合同的存在，银行卡未被盗刷前的资金余额，以及在盗刷当时真实的银行卡仍由储户自己掌握三点事实进行证明即可。

而事实上，在伪卡盗刷案件中，储户在盗刷当时仍然掌握着真实的银行卡这一事实很难证明，司法机关在对于这一事实进行认定时一般采用的方式是储户证明在银行卡盗刷前后，真实的银行卡仍由自己掌握，加上按照生活常理推断在银行卡盗刷前后的有限时间内储户不可能往返于被盗刷地和储户所在地之间，通过将事实与常理推断相结合的方式，来认定储户在盗刷当时是否仍然掌握着真实的银行卡。

对于银行卡密码泄露这一事实的成因，在现实中无论是银行还是储户都很难证明对方在银行卡密码泄露中是否存在过错。如果双方均无法证明对方存在过错，则要考虑，因为从银行取款需要的是密码和银行卡两个介质相加方可实现，因此只要有能够证明储户账内资金不是储户自己（通过真实银行卡加密码的形式）取走，银行就负有依照储蓄合同和储户要求支付资金的义务。基于以上原因，司法机关在此类案件的裁判中基本上都是判令银行履行储蓄合同义务，向储户支付相应资金。

如果银行和储户任何一方能够证明银行卡密码泄露的原因是对方存在过错，或者依赖于公安侦查机关的侦查发现了银行卡密码泄露的原因，则泄露银行卡密码的一方，应当对因为其泄露银行卡密码而导致卡内资金被盗取的损失承担责任。如果密码是储户泄露的，那么储户应当损失自担；如果密码是银行泄露的，或者是因为银行未尽到安全保障义务而导致泄露的，则银行应当对储户承担损害赔偿责任。

鉴于此，如果银行有证据能够证明储户泄露了银行卡密码，则在伪卡盗刷案件中可以适当减轻自己的责任，由银行和储户按照过错责任的比例分担责任；而对于储户而言，如果双方均无证据证明银行卡密码泄露的原因，则只需证明前文所述的储蓄合同关系真实有效、盗刷前余额以及真卡在自己掌控即可。

如果通过银行调取监控或者通过其他侦查手段查实了银行卡信息和密码丢失的原因，此时就要判断银行卡信息及密码丢失的责任人。如果储户的卡和密码是因为犯罪分子通过在银行的自助机具上安装了盗码器等设施，而被窃取了密码，则司法机关会倾向于认为，银行的自助机具是由银行布设，属于银行的服务场所，因此银行对于储户的安全保障和保密义务必然适用于这些机具。银行对于犯罪分子在银行场所安装盗码器之类的设施未及时发现，存在失职，对于因为此种原因导致储户银行卡信息及银行密码泄露，进而导致他人通过制作伪卡盗取储户银行卡内资金的，银行当然要承担损害赔偿责任，同时当然也要履行储蓄合同约定的资金支付义务，二者竞合，就是银行要赔偿储户被盗刷的资金损失。

在一些案件中，银行抗辩称，虽然机具上有盗码器，但是储户在取款时未用手遮挡也是密码被窃取的原因，主张储户在密码泄露中存在过错。但是司法机关对于这一辩解并未予以认定。司法机关认为，刘某妻子在银行提供的 ATM 机上取款时，并不知道该 ATM 机上被不法分子安装了摄像装置，其亦无法识别。造成借记卡密码泄露的最直接原因是 ATM 机上被安装了摄像装置，并非刘某妻子在输入密码时未用手遮挡。若银行认为储户在 ATM 机上输入密码时为防范密码被泄露，一定要进行遮挡，银行可在设置 ATM 机时对输入密码进行特别的保护，使他人无法窥视，这样，即使不法分子安装摄像装置亦无济于事，此亦系银行为提高 ATM 机安全性能可采取的行之有效的方法。[18] 从判词看，司法机关并不认为持卡人输入密码时未用手遮挡是造成密码被盗取的主要原因，

18　见广东清远市清城区法院〔2009〕城法民初字第1206号"某银行与刘某储蓄合同纠纷案"，见《刘灿华诉中国工商银行股份有限公司清远连江支行储蓄合同案（储蓄合同）》（刘德），载《中国审判案例要览》（2010 民事：240），转引自公众微信号"天同诉讼圈"文章"银行卡盗刷案件裁判规则 14 条原则，10 余年典型案例解析"。

主要原因还是银行对自己的营业场所管理不善，未尽到安全保障义务，导致犯罪嫌疑人在机具上安装了盗码器，进而窃取了储户的银行卡信息和取款密码。

在伪卡盗刷中还有一种常见的原因是犯罪分子没有安装盗码器，而是在银行的机具上或者机具周围张贴了诈骗性的小告示，引导持卡人通过电话等方式联系犯罪嫌疑人，再诱导持卡人说出自己的银行卡信息及取款密码，进而制造伪卡进行盗刷。在此类案件中，银行对于其营业场所存在未尽到安全保障义务的过错，而持卡人也存在疏忽大意，未能识别诈骗分子诈骗行为的过错。因此，对于此类案件的资金被盗责任，需要根据银行和持卡人的过错大小，按照比例进行分担。如果银行进行了必要的安全提示，例如在自助设备的屏幕上滚动显示"不要轻信张贴的小广告"等内容，则银行的责任应当有所减轻，其应当承担的只是与其未及时发现并清理诈骗信息这一未尽安全保障义务相对应的责任。储户按照诈骗信息致电犯罪嫌疑人，并自己说出了银行卡的信息和密码，应当对因此造成的卡内资金损失承担主要责任。[19]

盗码器盗取银行卡信息的情况可能发生在发卡行的经营场所，也可能发生在其他银行的经营场所。对于甲银行的持卡人到乙银行的自动取款机上取款时，被他人安装在乙银行自助机具上的盗码器盗取银行卡信息后制作伪卡盗刷资金的，司法机关裁判中的逻辑是：首先，鉴于甲银行与持卡人之间存在储蓄合同关系，持卡人对于银行卡信息泄露没有过错，持卡人银行卡资金是被他人制作伪卡盗刷的，因此甲银行应当对其无法识别伪卡导致持卡人资金被盗刷承担责任，应当依照储蓄合同的约定履行资金支付义务；其次，甲银行与乙银行之间就持卡人到乙银行取款时向持卡人支付资金这一行为所产生的法律关系属于民法上的委托代理关系。因代理人履行代理义务的结果由被代理人承担，且甲银行与持卡人之间的储蓄合同具有相对性，因此乙银行在代理甲银行为持卡人提供资金支付服务时给持卡人造成的损害，应当由甲银行向持卡人承担责任，

19　例如，天津一中院〔2008〕一中民二终字第833号"某银行与唐某储蓄合同纠纷案"中，法院就认为银行未尽到足够的安全保障义务，未及时发现犯罪分子在自助取款机上设置的挡板、遮挡摄像头设备及张贴的广告，而持卡人在行使权利时未尽到必要的注意义务，双方均应承担50%的责任。见《唐红旺诉中国工商银行股份有限公司天津兰州道支行储蓄存款案（ATM交易）》（赵伟），载《中国审判案例要览》（2010商事：226；另见《唐红旺诉中国工商银行股份有限公司天津兰州道支行储蓄存款合同纠纷案》，载《天津市高级人民法院公报》（201001/2：61）。转引自公众微信号"天同诉讼圈"文章"银行卡盗刷案件裁判规则14条原则，10余年典型案例解析"。

在甲银行向持卡人赔付后，可以依照代理关系向作为代理人的乙银行追索。[20]

如果发生在其他银行的经营场所，就涉及到责任分担的问题。而且盗码器盗取信息的情况也并不仅仅发生在银行的营业机具上，还有可能发生在餐馆、酒店等各类消费场所。对于在这些场所发生的银行卡密码信息窃取，其责任应当如何分担？笔者认为，在此种情形下，银行与商家并不存在资金支付上的委托代理关系，因此类盗刷导致持卡人银行卡信息及密码被盗取的，应当根据商家和持卡人的过错情况进行相应的责任分担。

从以上的分析不难看出，在伪卡盗刷的案件中，因为银行未能识别伪卡，所以银行无论如何都是要对储户资金的丢失承担责任。

（三）真卡盗刷的，储户应当对其丧失真卡的过错承担主要责任

在伪卡盗刷之外，还存在真卡盗刷的案件。真卡盗刷包括储户在诉讼中无法举证证明银行卡依然由其控制，进而司法机关按照常理推断被盗刷的银行卡为真卡的情况和由于储户的过错使其失去对银行卡的控制，从而导致有人利用其银行卡及密码取得卡内资金的情况。

对于储户主张银行卡被盗刷，却无法提供真卡仍尤其控制的证据的，法院判决倾向于由储户承担举证不能的不利责任。例如，在聂晓斌诉中国工商银行宾县支行储蓄存款合同纠纷提审案（最高人民法院〔2004〕民一提自第 3 号判决书）中，最高人民法院的判词指出：本案中，虽然聂晓斌提供了有关证言，证明其从未丧失对银行卡的控制，但事实上确有犯罪嫌疑人利用聂晓斌的银行卡和密码取走存款……聂晓斌关于其已将银行卡剪断、密码已烧毁的证言不能对抗存款被持有其真实银行卡的人冒领的事实……聂晓斌对存款被冒领明显负有过错，对因此造成的损失应当自负相应责任……[21]

对于储户因轻信犯罪嫌疑人的欺骗，按照犯罪嫌疑人的指示行事，导致其银行卡脱离自己控制，进而使卡内存款被他人冒领的，则应当由储户自己承担存款损失的责任。例如，在温州市法院裁判的一起存款被冒领案件中，储户

20　见《刘中云诉中国银行股份有限公司衡阳分行、中国建设银行股份有限公司衡阳市分行财产损害赔偿纠纷案——消费者取款时银联卡号及密码被他人复制，卡上存款被取走，由提供银联卡的银行承担赔偿责任》，《人民法院报》2014 年 3 月 16 日第三版。网址：https://www.chinacourt.org/article/detail/2014/03/id/1228971.shtml。

21　见《聂晓斌诉中国工商银行宾县支行储蓄存款合同纠纷提审案（最高人民法院〔2004〕民一提自第 3 号判决书）》，载《最高人民法院司法观点集成（商事卷②）第二版》，刘德全主编，人民法院出版社，2014 年底第 2 版，第 1057 页。

轻信犯罪嫌疑人的欺骗，开立一张银行卡并开通了电子银行功能，卡上联系电话却预留了犯罪嫌疑人的电话号码，而该银行为客户提供利用一个银行卡的电子银行绑定同名下其他银行卡的功能，犯罪嫌疑人利用此功能将储户的另一张同名银行卡进行了电子银行绑定后盗走了其中的资金。法院审理认为："万先生要求银行承担赔偿责任，但是其提供的证据不能证明银行在履行储蓄存款合同时存在违约行为，也不能证明银行直接划转了其银行卡内的款项。相反，银行提供的证据能够证明万先生在办理银行卡时预留了他人的电话号码，而且还向上述号码的持有人泄露了银行卡密码。银行根据操作人的指令、密码及验证码完成手机银行转账流程并无过错。据此，法院驳回了万先生的诉讼请求。"[22]

（四）银行"内鬼"参与导致储户存款丢失案件的，银行应当承担因对员工管理不善导致的资金损失责任

在近期的存款丢失案件中，相当一部分是银行的内部人员参与其中，通过虚假陈述、欺骗等方式，骗取储户办理本不想办理的业务，或者直接骗取储户的资金，用于违法犯罪活动。在这类案件中，只要银行的内部人员确实参与其中，则在民事审判当中，银行一般都是无法脱责的。司法裁判在此类案件中，一般裁判的逻辑首先就是银行内部管理不严格导致内部人员作案，因此应当对由此产生的储户损失承担赔偿责任。

此类案件与一般的银行卡盗刷案件之间存在的重大区别之一就是对于此类案件，银行除面临司法裁判的民事赔偿责任外，还极有可能面临监管部门的严厉处罚。"在近日召开的 2015 年度银监会系统法治工作（电视电话）会议暨监管法规培训班上，银监会主席尚福林指出，要加强全行业守法，加大问责惩戒力度，提高监管震慑力。当前要专项查处内外勾结诈骗客户存款的案件，严格按照相关规定处罚当事人和相关责任人，深查严纠管理漏洞，为全行业重敲警钟，确保客户合法权益和银行业合规经营。"[23]

（五）商业银行应当及时感知社会舆论和司法审判态度的变化，采取有效应对措施

银行卡被盗刷案件中，银行所承担的不仅仅是资金损失责任，更多的是

22　见《并非所有存款"不翼而飞"银行都要担责》，载《人民法院报》2015 年 5 月 14 日第 3 版。网址：http://rmfyb.chinacourt.org/paper/html/2015-05/14/content_97665.htm?div=-1。

23　参见《存款"丢失"谁负责 银监局已开展全面排查》，载《人民日报》，2015 年 2 月 12 日。网址：http://www.chinacourt.org/article/detail/2015/02/id/1554784.shtml。

声誉风险损失。从目前的司法裁判态度看，银行在银行卡盗刷案件中处于不利地位，这是目前银行卡盗刷案件高发加上司法要倾向于保护消费者利益的现状使然，也是我国银行卡安全技术相对落后的状况使然。银行无法改变这种司法裁判的现状，因此有必要从风险防范的角度和积极应诉的角度做好相关的风险防范工作，认真研究司法裁判规则，针对规则采取相应的风险防范和化解措施，有效避免各种损失。

笔者认为，银行至少可以从以下几个方面进行必要的风险防范，努力确保银行卡盗刷案件中银行自身权益、声誉风险损失降到最低：

1. 对储户进行必要的培训，确保其掌握基本的防骗、防盗方法

在司法裁判案例中，多个司法裁判文书中都提到银行"未尽到风险提示、未能告知客户防止银行卡密码被盗刷的方法"等问题，并以此作为判决银行承担一定的责任的依据。针对这一情况，银行应当利用不同的媒介，反复向客户传导银行卡使用的风险防范的重要性和风险防范技巧，一方面通过提高储户安全用卡意识和能力，避免不必要的银行卡盗刷案件发生，另一方面通过反复、多方位的提醒，有效履行银行的风险提示义务，一旦遇到诉讼也可有申辩的空间。

2. 通过购买特定商业保险等方式，适度进行银行卡盗刷的风险转移

按照目前银行卡被盗刷案件司法裁判的基本逻辑，只要是伪卡盗刷，司法机关即可以认定银行未能识别伪卡，应当承担伪卡盗刷的资金损失，并依据银行与储户之间的合同关系判令银行承担按照储蓄存款合同向储户支付款项的责任。在这种情况下，即使银行全部使用了芯片卡，也只能降低伪卡盗刷的概率而不能完全避免这种损失。这种风险，其发生概率不大，但是对于银行包括声誉风险在内的其他风险影响都很大。对于这种风险，银行有必要采取转移风险的方式对其进行化解，最好的转移风险的方式就是购买银行卡盗刷方面的保险。目前，市场上已经存在向储户推销的银行卡盗刷保险产品。例如市场上已有的平安产险推出的"个人账户资金损失保险"、阳光保险推出的"信用卡盗用保险"、中银财险推出的"旅游险系列产品"中涉及信用卡盗刷的保险等。[24]如果银行与保险公司沟通，相信保险公司也是非常愿意合作的。

3. 按照司法裁判的关节点，将银行应尽的安全保障和保密义务落实到制度流程当中，确保执行到位

在银行卡盗刷案件中，司法裁判主要关注一些关节点，并在对这些关节

---

24 参见《防止信用卡盗刷 大家来看一看这三款保险》，载《理财周报》，2014年9月4日。网址：http://money.sohu.com/20140904/n404052327.shtml。

点事实进行认定的基础上适用法律，作出裁判。因此，银行有必要认真研究司法裁判的关节点，并在这些关节点上，积极做好相应的风险防范和安全保障工作，以便在涉诉时避免因相关责任未尽到导致败诉。笔者梳理认为，司法裁判中体现的主要关节点有以下几个：

（1）伪卡的识别问题。伪卡盗刷是银行在面临司法审判时最难辩驳的一点。在现有司法裁判中，只要储户能证明在银行卡被盗刷时真卡一直由其控制，则司法机关无论是通过常理的推断，还是通过具体证据的认定，或者通过证明责任的分析，一般都会认定银行应当对伪卡盗刷承担主要责任，在此情况下，银行的损失不可避免。鉴于此，商业银行应当想方设法降低伪卡盗刷的成功概率，通过及早推行芯片卡等方式，提高伪卡制造的难度和银行识别伪卡的技术。

（2）银行延伸营业场所的安全防范问题。所谓银行延伸营业场所，是指除了有人员实时在场的银行营业厅之外的，其他在司法裁判中会被认定为银行营业场所的地方。从司法裁判的案例看，银行ATM机的取款间、银行ATM机本身，以及无人看管的银行自助机具等地点，均会被司法机关认定为银行的营业场所。银行在这些场所中，均应适度加强安全保障和保密工作，从而有效防范银行卡盗刷类案件的发生。结合司法裁判的规则，笔者认为银行应当从以下几个方面做好银行延伸营业场所的安全防范和保密工作：第一，要确保延伸营业场所的洁净和功能单纯。即避免在这些延伸场所出现本不属于银行自身的海报、贴纸、广告等，确保该延伸场所只有银行赋予的各项功能，除此之外不应当再有其他非银行自身的功能。延伸营业场所的便捷，应当是在ATM取款机放置亭之外，如果银行设置了台阶，应当在台阶之外。如果ATM机是直接裸露置放，则营业场所的边界应当在ATM机机身之外。如果裸露的ATM机上方设置了顶棚的，边界应当及于顶棚的适当范围之外。这一关节点的实现手段，一是要在放置ATM机或者建设延伸场所时，就与该机具的受托管理方在合同中明确约定银行延伸场所的边界范围，且在合同中明确约定，在ATM机的边界范围内，不得摆放、张贴或者涂刷任何与银行及银行ATM机无关的内容。二是要加强对延伸场所的巡查，发现可疑情况，立即处理。图示中就是两个延伸场所的洁净工作和功能单纯工作处理得不好的例子，小广告和海报贴满了整个ATM机取款厅。这种情况就是银行或者银行所委托的机构明显地没有尽到必要的安全保障和保密义务。第二，要加强对延伸场所的巡查和监控力度。所谓加强对延伸场所的巡查力度，就是指要频繁地安排人员到延伸场所进行巡查，巡查的内容包括营业场所的入口或门口是否被安装了盗刷器，或者是否有其他可疑的、不属于银行自己的小广告、小贴纸等疑似犯罪分子实施诈骗线索的物件。对于可疑的摆放、张贴、涂刷内容，一经发现立即清除；所谓加强监控力度，就是银行要利用安置在延伸场所的相关监控设备，及时检查是否有人未经许可在延伸场所中进行张贴、摆放、涂刷活动，一旦发现，立即制止，或者立即派员到现场进行撤除、销毁等工作。

三、在案件发生后的第一时间做好证据留存

在司法裁判的案例中，不乏储户自己丢失银行卡或者将银行卡及密码交给他人导致银行卡被盗刷后，又矢口否认的情况。针对这种情况，银行应当在事前即做好相关证据的搜集和保存，为日后诉讼做准备。具体包括：

在储户致电银行或者到银行表示存款丢失的第一时间，询问客户银行卡是否丢失？银行卡是否还在身边？并询问几个只有实际持有银行卡才能回答的问题，例如银行卡的验证码，有效期等；询问是否曾经将银行卡交给他人，或者将取款的密码等信息告知他人、有无委托他人代为取款、刷卡的经历。对于储户的回答，如果是电话，应当进行电话录音；如果是储户直接到银行柜台，应当要求储户填写存款丢失说明之类的表单并签字。

根据储户提供的信息，翻看储户相关的取款监控记录，查找是否存在储户银行卡信息被犯罪分子通过盗刷器等方式盗取，或者通过张贴的小广告被骗取的情况，进一步巩固证据。

相关证据材料，应当作为银行的重要证据，保存时间至少3年，以便在与储户产生诉争或者与客户协商解决时予以佐证。

四、做好对储户损失先行赔付的准备，降低银行的声誉风险

银行卡盗刷案件中，现有证据无法查明储户是否丢失过密码，是否因储户过错导致银行卡被复制制作伪卡的情况，为了降低银行的声誉风险，银行可以考虑设立银行卡盗刷赔付准备金，在经分析认为资金损失远小于可能的声誉风险损失的情况下，对此类客户先行赔付，并与客户签署银行卡盗刷民事权益的转让或者委托协议，由储户将银行卡盗刷资金损失的追偿权转让给银行或者委托银行代为追偿，并由银行通过集中与公安机关合作等方式，追查银行卡盗刷案件线索，追回被盗刷的资金。